JN441531

譯註 庸學辨疑

이상익(李相益)

成均館大學校 儒學大學 韓國哲學科 졸업

同 大學院 東洋哲學科 졸업(哲學博士)

육군사관학교 철학과 교수 역임

現 영산대학교 학부대학 교수

저서 : 『歷史哲學과 易學思想』(성균관대 출판부, 1996)

『서구의 충격과 근대 한국사상』(도서출판 한울, 1997)

『畿湖性理學 硏究』(도서출판 한울, 1998)

『儒家 社會哲學 硏究』(심산, 2001)

『儒教傳統과 自由民主主義』(심산, 2004)

『畿湖性理學論考』(심산, 2005)

역서 : 『隱峰野史別錄』(安邦俊 原著, 崔英成 공역, 아세아문화사, 1996)

『譯註 四七新編』(李瀷 原著, 도서출판 다운샘, 1999)

譯註 庸學辨疑

초판 1쇄 인쇄 2006년 3월 1일

초판 1쇄 발행 2006년 3월 5일

원 저 | 조언유

역 주 | 이상익

펴낸이 | 최원필

펴낸곳 | 심산출판사

주 소 | 서울시 마포구 연남동 567-39 301호

전 화 | 02-324-6280~1

팩시밀리 | 02-324-6412

E-mail | simsan@korea.com

등 록 | 제1-2114호(1996년 11월 28일)

ISBN 89-89721-52-0 93150

※ 책값은 뒤표지에 표시되어 있습니다.

譯註 庸學辨疑

趙彦儒 原著

李相益 譯註

심산

譯 序

지난 가을, 서울에 사시는 趙壎泳 선생께서 여러 자료가 든 가방 하나를 들고 부산으로 譯者를 찾아오셨다. 趙壎泳 선생과 譯者는 이미 學緣이 있어서 知舊의 사이였다. 趙壎泳 선생은 譯者보다 20여년이나 年上으로, 일찍이 中堅企業을 일궈 自手成家하셨다. 그럼에도 불구하고, 1998년 즈음 50대 후반의 나이로, 學業에 미련이 남아 成均館大學校 儒學大學院에 진학하셨다. 그 즈음 譯者는 同 大學院에 出講하고 있었는데, 그때 趙壎泳 선생과 처음 알게 된 것이다. 그 후, 한 동안 매주 古典講讀을 함께 하면서 學緣을 두텁게 한 바 있었다. 그러나 譯者가 부산으로 이사한 뒤로는 별로 접촉할 기회가 없었다.

먼저 그 동안의 소식을 물으니, 유학대학원(석사과정)을 졸업하신 뒤로, 다시 대학원 박사과정에 진학하셨고, 각고의 노력 끝에 논문제출자격 종합시험까지 통과했으며, 지금은 박사학위논문을 준비하는 중이라고 하신다. 이러한 연유로 譯者는 그 분을 '사장님' 으로 부르지 않고 '선생님' 으로 부르는 것이다.

趙壎泳 선생의 가방 안에는 『心齋遺稿』(景仁文化社 影印本, 上下卷)와 『庸學辨疑』(筆寫複寫本), 그리고 『영양 주실 마을』(안동대학교 안동문화연구소 지음)이라는 책자 등이 들어 있었다. 우선 譯者의 눈에 띈 것은 『영양 주실 마을』이라는 책자였다. '주실 마을' 이라 하면 알 만한 사람은 다

아는 우리나라 屈指의 文鄕이다. 그런데, 그날 알고 보니 趙壎泳 선생이 바로 그 마을 출신이시란다. 譯者는 그때서야 비로소 趙壎泳 선생이 老齡에도 불구하고 儒學 공부에 精力을 기울이시는 까닭을 십분 이해하게 되었다.

'心齋' 는 趙壎泳 선생의 5代祖 趙彦儒 先生의 號이다. 心齋는 당시 嶺南의 碩儒로서, 많은 詩文을 남겼다. 心齋의 死後, 곧 文集을 간행하기 위하여 편집과 교정까지 마쳤는데, 여의치 못한 사정으로 미처 간행하지 못하게 되었다고 한다. 그 후 한 世紀가 넘는 세월 동안 온갖 風霜을 겪는 사이, 본래 11卷으로 편집한 『心齋遺稿』 가운데 제6권과 제7권은 失傳하게 되었는바, 文集의 간행을 더 이상 미룰 수 없어 2002년 마침내 景仁文化社를 통해 筆寫本을 그대로 影印하여 간행하게 되었다고 한다. 그런데 최근에 『心齋遺稿』의 일부인 『庸學辨疑』를 발견하게 되었으며, 그 감격을 이기지 못해 특별히 顯彰할 방법을 찾던 중, 그것을 번역하여 간행하기로 결정하게 되었다고 한다.

정황을 파악하고 나니, 趙壎泳 선생은 그 번역작업을 譯者에게 맡기기 위해 부산으로 찾아오신 것이었다. 그런데 '주실 마을' 이 어떤 마을이며, '心齋의 집안' 이 어떤 집안이었던가? '주실 마을' 은 옛날에는 물론이요, 오늘날에도 전국에서 가장 많은 博士를 배출한 마을로 알려져 있다. 몇 년 전의 記事를 기억하고 있는데, 그 때에도 25명가량의 박사를 배출하였고, 또 그 분들 한 분 한 분이 모두 綺羅星같은 업적을 남겨서 世間의 注目을 받게 된 것이었다. 또한 '心齋의 집안' 은 '남으로부터 글을 빌리지 않고, 養子를 빌리지 않으며, 돈을 빌리지 않는다' 는 이른바 '三不借' 로 널리 알려진 집안이다. 譯者는 본디 力量도 부족하려니와, 그러한 배경을 충분히 알고 있던 터라, 감히 번역작업을 맡겠노라고 승낙할 수 없었다. 그러나 趙壎泳 선생은 그러한 '世間의 名聲' 에 구애받지 않겠다고 하시면서, 譯者에게 맡아줄 것을 간곡히 청하셨다. 譯者도 이 기회에 '주실 마을의 전통' 을 접해보는 것이 유익할 것이라는 생각이 불현듯 들어, 끝내 사양하지 못하고 감히 승낙하게 되었다.

『庸學辨疑』는 〈中庸辨疑〉와 〈大學辨疑〉 두 篇으로 구성되어 있다. 그 내용은 『中庸』과 『大學』의 本文 및 朱子註를 해설한 것이다. 주지하듯이, 『大學』과 『中庸』은 程朱學(性理學)의 핵심 經典으로서, 程朱學의 성립은 『大學』·『中庸』의 表章과 맥락을 같이 하는 것이다. 『庸學辨疑』의 성격에 대해서는 뒤의 解題에서 논하기로 하겠거니와, 이 책을 접하면 우리는 무엇보다도 '先賢들이 古典을 얼마나 정밀하게 읽으셨던가' 하는 점에 놀라게 된다. 譯者도 『大學』과 『中庸』에 많은 관심을 가지고 있었지만, 이토록 정밀하게 문제를 제기해 본 적은 없었다. 또한 이 책에는 『大學』과 『中庸』의 註釋史에서 논란이 되어 왔던 구절들에 대해서 독창적인 해석을 제시하는 곳도 군데군데 눈에 뜨인다. 이 기회에 譯者도 『大學』과 『中庸』을 다시 한 번 꼼꼼히 공부하게 된 것이다. 그러나 筆寫本에 가끔씩 섞여있는 草書를 제대로 解讀한 것인지, 또 번역은 제대로 된 것인지, 譯者 또한 장담할 수 없는 부분이 있다. 江湖諸賢의 叱正을 바라는 바이다.

이 譯書가 출간되면, 오는 仲春에 그것을 한 권 들고 '주실 마을' 을 찾아보기로 약속하였다. '주실 마을' 곳곳을 尋訪하면서 先賢들의 文香을 체험할 것을 생각하니, 벌써부터 가슴이 설렌다. 두어 달 남은 기간을 손꼽아 기다리며, 번역작업을 마무리하고자 한다.

2006年(丙戌) 立春節

이상익 삼가 씀

解 題

1. 心齋의 家系와 學問淵源

心齋 趙彦儒(1767~1847)는 慶北 英陽 출신으로서, 오늘날에도 屈指의 文鄕으로 널리 알려진 '주실 마을' (경상북도 영양군 일월면 주곡리)이 그의 고향이다. 오늘날의 '주실 마을'을 개창한 始祖는 壺隱 趙佺으로, 心齋는 壺隱의 8代 宗孫이다. 心齋의 本貫은 漢陽으로서, 그의 先祖들은 서울에서 世居했었다. 그런데 1519년 己卯士禍로 靜庵 趙光祖 先生 등이 賜死되고 그 禍가 一族에게까지 미치자, 靜庵의 三從叔인 趙琮은 서울에서의 정치적 박해를 피해 一家를 이끌고 慶北 榮州로 피난하였다. 이후 趙琮의 자손들은 영주뿐만 아니라, 풍기 · 예천 · 안동 · 영양 등으로 퍼져 나갔다. 그 가운데 趙琮의 손자 趙源은 英陽의 咸陽吳氏 吳澤의 사위가 되면서 英陽에 정착하게 되었다. 壺隱은 바로 趙源의 孫子로서 '주실 마을'에 터를 잡았고, 壺隱의 손자 趙頵은 學舍를 설립하여 子弟들의 교육에 심혈을 기울였다. 그 결과 趙頵의 두 아들 壺峯 趙德純과 玉川 趙德鄰이 文科에 급제하여, 주실 마을의 文風이 세상에 널리 알려지기 시작하였다. 心齋는 바로 壺峯의 5代 宗孫이다.[1)]

1) 안동대학교 안동문화연구소 지음, 『영양 주실 마을』, 예문서원, 2002, 제2장 ·

心齋는 아버지 愚溪 趙明復과 어머니 晉州鄭氏(鄭仁模의 따님) 사이에서 태어났다. 心齋는 안으로는 壺隱 이래의 家學을 계승하고, 밖으로는 退溪 李滉 先生의 學脈을 계승하였다. 心齋의 학문 형성에 큰 영향을 끼친 두 인물은 族曾祖 晩谷 趙述道와 外叔 立齋 鄭宗魯인 것 같다.[2] 晩谷은 玉川 趙德鄰의 손자였고, 玉川은 心齋의 5代祖 壺峯 趙德純의 아우였다. 心齋는 〈祭先師晩谷先生文〉, 〈先師晩谷先生墓所榮羮告由文〉, 〈先師晩谷先生遺事〉, 〈書先師晩谷先生文集後〉 등의 글을 남겼다. 이것으로 볼 때, 心齋는 晩谷으로부터 많은 가르침을 받았으며, 晩谷은 아마도 心齋의 학문 형성에 가장 큰 영향을 끼친 인물인 것 같다. 그런데 心齋는 晩谷을 추모하는 글 〈先師晩谷先生遺事〉에서 다음과 같이 술회한 바 있다.

嗚呼라! 東方의 道學은 陶山(退溪 李滉)에서 集成되었는데, 그 嫡傳을 얻은 분은 西厓(柳成龍)와 鶴峯(金誠一) 두 先生이시다. 玉川 先生은 일찍이 外家에 노닐어, 厓翁(柳成龍)의 旨訣을 들을 수 있었다. 晩谷 先生은 일찍이 庭訓을 이어 받고, 또 妻家에서 鶴老(金誠一)의 心法을 私淑하였으니, 淵源의 由來가 이미 확실한 바가 있다. 또한 湖學(李象靖의 학문)의 흥성함이 東南 지역에서 으뜸인 시절을 만나서는, 나가서는 師友들과 講討하는 도움이 있었고, 들어와서는 兄弟들과 우애를 나누는 즐거움이 있었다.[3]

제4장 참조.

2) 心齋의 外曾孫인 西坡 柳必永이 찬한 心齋의 行狀에 의하면, 心齋는 7~8세 때부터 族曾祖 晩谷에게 受學하기 시작하였고, 10세 때에는 外叔인 立齋 鄭宗魯에게 就學하였다. 心齋에게 '心齋'라는 號를 지어준 사람도 立齋였는데, 立齋는 愚伏 鄭經世의 후손이었다(『西坡先生文集』 卷23 頁4-5, 〈外曾祖考成均生員心齋趙公行狀〉 참조).

3) 『心齋遺稿』 卷11 頁32, 〈先師晩谷先生遺事〉 : 嗚呼! 東方道學, 集成於陶山, 而得其嫡傳者, 厓鶴二先生也. 玉川先生, 蚤遊外庭, 得聞厓翁之旨訣. 先生旣襲庭

위의 인용문은 心齋의 學問淵源을 그대로 보여주는 자료이다. 玉川의 外家는 西厓 柳成龍의 後孫家였고, 晩谷의 妻家는 鶴峯 金誠一의 後孫家였다. 晩谷은 '일찍이 庭訓을 이어받았다' 고 했는데, 이는 '주실 마을' 의 家學을 계승했다는 뜻이다. 즉 晩谷은 家學의 전통을 바탕으로, 退溪 門下의 여러 學脈들과 두루 交遊하면서 자신의 학문을 형성했던 것이다. 晩谷은 특히 大山 李象靖(1711~1781)과도 깊은 交遊가 있었다고 했는데, 大山은 鶴峯의 학맥을 이었으나, 영남 유림들 사이에서 '퇴계의 嫡傳' 으로 두루 信望을 얻었던 인물이다.[4] 또 心齋의 外家는 愚伏 鄭經世의 後孫家였는데, 愚伏은 西厓의 門人이었다. 또한 心齋의 따님은 西厓의 後孫家로 出嫁하였다. 이와 같은 사실들로 볼 때, 心齋의 집안은 退溪를 '東方 道學의 集成者' 로 尊崇하고, 退溪 門下의 양대 學脈인 虎派(鶴峯 金誠一 계통)·屛派(西厓 柳成龍 계통)와 두루 인연을 맺고 交遊하면서, 家學의 전통을 형성하였던 것이다.

특히 大山 李象靖은 '理主氣資' 를 宗旨로 삼아 퇴계학파의 '理氣二元論的 色彩' 를 상당 부분 완화시켰던 인물이다. 大山의 이러한 학문적 입장은 晩谷을 통해 心齋에게 전해진 것으로 보인다. 즉 心齋는 退溪를 지극히 존숭했지만, 心齋의 『庸學辨疑』와 그 밖의 철학적 논문들에는 '互發論의 색채' 는 거의 드러나지 않기 때문이다.

2. 心齋의 學風 : 治心之學

10세에 外叔 立齋에게 就學한 心齋는, 15세부터는 科擧 공부를 시작한

訓, 又從甥舘, 私淑鶴老之心法, 淵源所自, 已有端的. 又値湖學之盛, 甲於東南, 出則有師友講討之益, 入則有壎篪唱和之樂.

4) 최영성, 『韓國儒學思想史』 IV, 아세아문화사, 1995, 287-288쪽 참조.

것 같다. 그런데 立齋는 "科擧에 응하는 것은 비록 폐지할 수 없지만, 우리 儒學의 진실한 공부는 따로 있다. 마땅히 內·外와 輕·重의 구별을 알아야 할 것이다."라고 당부하였다. 心齋는 마침내 '近裏之學'에 留心하게 되었고, 父親의 命으로 科擧 공부도 병행하였다.[5] 그 결과, 心齋는 47세가 되어서야 生員試에 합격했다.

心齋가 평소에 주로 공부한 내용은 程·朱의 諸書, 『朱子語類』와 『心經』·『近思錄』 등이었다. 心齋는 특히 『退溪集』 가운데 '四七論辨'에 관한 부분은 직접 손으로 베껴가면서 沈潛해서 연구하였고, 그에 대해 남들이 물으면 자기 말처럼 외워가면서 설명해 주었다고 한다. 이것으로 볼 때, 心齋는 性理學의 理氣心性論에 대한 이론적인 탐색에도 많은 노력을 기울인 것 같다. 그러나 心齋의 이러한 공부는 결국 모두 '자신의 마음을 다스리기 위한 것'이었던바, 그리하여 立齋는 心齋에게 '心學'[6]으로 許與하였고, '心齋'라는 堂號를 내려주었다.[7] 心齋는 '心齋'라는 堂號를 자신의 座

---

5) 『西坡先生文集』 卷23 頁5, 〈外曾祖考成均生員心齋趙公行狀〉: 成童治擧子業, 立翁戒之曰 "應擧雖不可廢, 吾儒眞工自在, 當知內外輕重之別." 公遂留心於近裏之學, 而以親命傍治時工.

6) 여기서 말하는 '心學'이란 '마음을 다스리는 학문'을 뜻하는 것으로서, 이것은 孔·孟이래 程·朱와 退溪의 宗旨이기도 하였다. 陽明學에서 말하는 '心學'이란 자신의 마음을 진리의 표준으로 삼는 '心卽理學'을 근본으로 전제하는 것으로서, 이는 '마음을 다스리는 학문'(즉 惟精惟一의 精一之學)과는 본래 상반된 것이다. 그런데 王陽明은 '心學'이라는 이름 아래 '心卽理學'과 '精一之學'을 병행시켰던바, 이는 이해하기 곤란한 처사이다. 王陽明의 後學들이 左·右로 분열한 것은 여기에서 기인한다. 心卽理學에 치중한 左派는 '猖狂自恣(미치광이처럼 스스로 방자하게 굶)'에 빠졌고, 精一之學에 치중한 右派는 결국 朱子學과 같은 노선으로 回歸하였다.

7) 『西坡先生文集』 卷23 頁6, 〈外曾祖考成均生員心齋趙公行狀〉: 取洛建諸書, 及退陶集中四七辨, 手自抄寫, 反復潛究, 人有質問, 如誦己言. 於語類心近, 用工尤多. 凡有疑晦, 就質於立翁, 立翁許以心學, 命以心齋扁號, 盖取呂藍田詩意也.

右銘으로 삼고, 그에 걸맞게 살려고 노력했던 것 같다. 心齋는 스스로 〈心齋記〉를 남기고 있는데, 그 全文은 다음과 같다.

일찍이 요즘 사람들이 글을 하는 것을 보니, 대부분 訓詁와 詞章에 빠져, 외우는 숫자를 힘쓰고 글을 얽어내는 것을 자랑으로 삼으니, 이것은 '口耳之學' 을 면하지 못하는 것이다. 봄꽃처럼 비록 화려하게 빛나지만, '마음에 얻은 것이 있다' 고는 말할 수 없는 것이다. 옛날의 學者는 오직 그 本性을 涵養하는 데 힘썼고, 그 밖의 것에 대해서는 배우지 않았다. 대개 君子의 學問은 마음(心)에 근본하니, 마음은 몸의 主宰者이다. 그 虛靈洞澈함은 티끌이 없는 밝은 거울과 같으며, 물결이 일지 않은 고요한 물과 같다. 보이지 않고 들리지 않을 때 삼가고 두려워하면, 다만 事物이 아직 이루어지지 않았을 때 항상 敬을 간직하여, 사람들로 하여금 어둡지 않게 하는 것이다. 그러므로 편안하고 한가하여 일이 없을 때에 재계하고 깨끗이 하여 그 안을 한결같이 하고, 재계하고 공손하게 하여 그 안을 기르되, 근심하고 두려워하기를 머리 위에는 神祇[8]가 임해 계신 듯이 하고 발 밑에는 깊은 연못과 얇은 얼음이 놓인 듯이 하면, 虛室生白[9]하여 고요한 가운데의 工夫가 지킴이 견고해질 것이다. 呂藍田의 詩에 이르기를 "孔子 門下에서 우뚝 서서 한 가지도 일삼음이 없었는데, 다만 顔子만이 '心齋' 를 터득했네." 라고 하였다. 이 詩는 글을 짓고 학문을 하는 累가 顔子처럼 마음을 재계하여 일삼음이 없는 것만 못함을 말한 것이다. 이러한 뜻은 孔子와 顔子의 問答 가운데 자세히 드러나 있으니, 潛心하여 玩索한다면 心齋에 처하는 道를 알 수 있을 것이다. (무슨 말인가? 그대는 그 뜻을 한결같이 하여, 귀로 듣지 않고 마음으로 들으며, 마음으로 듣지

---

8) 神祇(신기) : 하늘의 神靈과 땅의 神靈

9) 虛實生白 : '빈 방은 밝음을 낳는다' 는 말로, 사람의 마음도 妄想이 없어지면 道를 깨달을 수 있다는 뜻. 『莊子』 〈人間世〉 참조.

않고 氣로 들으라. 귀는 들음에 그치고, 마음은 知覺에 그친다. 氣란 마음을 비워 사물을 기다리는 것이다. 오직 道는 '빈 곳' 에 모이니, '비움' 이 '心齋' 이다.)[10] 그러나 내가 '心' 으로써 '齋' 의 이름을 삼은 것은 어찌 顔子의 일을 나 또한 배울 수 있다는 뜻이겠는가? 돌이켜보니, 文藝의 小技로써 반평생을 科擧工夫의 구덩이에 매몰되어, 學問이 모두 顚倒되었던 것이다. 그리하여 몸과 마음으로 하여금 멀리 날아올라 전혀 收拾할 곳이 없게 하였으며, 어느새 桑楡[11]의 경지에 이르러서는 志慮가 衰耗하여, 方寸의 사이 神明의 집에 티끌과 때가 날로 쌓여도 씻어내고 털어낼 줄 모르게 되었다. 그러한 즉, 마침내 君子들로부터 버림을 받아 小人으로 귀착될 것임이 또한 분명하다. 오직 道는 '빈 곳' 에 모이니, '비움' 이 '心齋' 이다. 오직 그 天賦의 本然之心은 오히려 一段의 虛明한 곳이다. 그러므로 진실로 능히 이 마음을 떨쳐 일으켜 嚴肅하게 整齊하고, 本原을 함양하여 齋莊하게 整齊하면, 그 '心齋' 라는 이름의 뜻을 돌이켜 봄에 거의 可할 것이다.[12]

---

10) 괄호 안의 부분은 『莊子』 〈人間世〉의 내용을 인용한 것으로서, 『心齋遺稿』의 原本에서는 삭제하고자 괄호를 표시해 두었다. 괄호 안의 내용은 일부가 〈心齋記〉의 끝 부분과 중복되기도 한다.

11) 桑楡(상유) : 뽕나무와 느릅나무. 지는 해의 그림자가 뽕나무와 느릅나무 끝에 남아 있다는 뜻에서, '해가 지는 곳' (서쪽) 또는 '해가 지는 때' (저녁)를 뜻하며, 같은 맥락에서 '인생의 末年' 을 뜻하기도 함.

12) 『心齋遺稿』 卷9 頁31-33 : 嘗觀今人爲文, 率多泥於訓詁詞章, 誦數是力, 纂組是誇, 此未免口耳之學, 春華雖燁燁, 而謂有得於心則未也. 古之學者, 惟務養其性, 其他則不學. 盖君子之學, 本於心, 心者, 身之主也. 虛靈洞澈, 如明鏡之無塵, 止水之無波, 不睹不聞, 而戒謹恐懼, 則只是事物未形之時, 常常持敬, 令人不昏昧而已. 是故, 燕閒無事之時, 齊明以一其內, 齊遬以養其中, 惕然悚然, 若神祇之臨其上, 淵氷之處其下, 則虛室生白, (靜裡工夫) 守得牢固矣. 呂藍田詩云 "獨立孔門無一事, 只輸顔氏得心齋." 此詩言爲文爲學之累, 不如顔氏之心齋無事, 其義詳見於孔顔問答中, 而潛心而玩索之, 則知所以處心齋之道矣. (何

心齋는 呂藍田의 詩句에 보이는 대로 '學問의 궁극적 경지'는 '心齋'라고 보았던 것이다. '心齋'가 뒷받침되지 않는 한, '文藝의 小技'와 같은 學問이란 결국 志慮를 소모시키고 方寸을 더럽힐 뿐이라는 것이다. 위의 인용문에서 말하는 '孔子와 顔子의 問答'이란 『莊子』〈人間世〉에 보이는 '心齋'에 관한 문답으로서, 그 관련 부분을 인용하면 다음과 같다.

顔回가 말하기를, "저는 더 나아갈 수가 없습니다. 감히 그 방법을 묻습니다." 仲尼가 말하기를, "齋戒하라. 내 장차 네게 말하겠노라. 私心을 지니고 齋戒하려고 하면, 그것이 쉽겠는가? 쉽다고 여기는 자는 하늘이 마땅하게 여기지 않을 것이다." 顔回가 말하기를, "저의 집은 가난하여, 술을 마시지 않고 매운 채소를 먹지 않은 지가 몇 달이 되었습니다. 이와 같으면 齋戒했다고 말할 수 있겠습니까?" 仲尼가 말하기를, "이것은 '祭祀지낼 때의 齋戒'이지, '마음의 齋戒(心齋)'가 아니니다." 顔回가 말하기를, "감히 묻자온대, '心齋'란 무엇입니까?" 仲尼가 말하기를, "너는[13] 뜻을 한결같이 하라. 듣기를 귀로 하지 말고 마음으로 들으며, 듣기를 마음으로 하지 말고 氣로 들으라. 귀는 듣는 데 그치고, 마음은 知覺하는 데 그친다. 氣란 (마음을) 비워 사물을 기다리는 것이다. 오직 道는 빈 곳에 모이니, '비움(虛)'이 '마음의 齋戒'이다." 顔

也? 若一其志, 不以耳聽之而以心聽之；不以心聽之而以氣聽之. 聽止於耳；心止於符. 氣也者, 虛而待物者也. 惟道集虛, 虛者, 心齋也.) 然吾之以心名齋者, 豈以爲顔氏之事, 我亦可學哉? 顧以文藝小技, 半生乾沒於科臼中, 學都倒了. 使一箇身心, 飛揚悠遠, 全無收拾處, 而輥到桑榆之境, 志慮衰耗, 至於方寸之間, 神明之舍, 塵垢日積, 而不知所以滌濯振拂, 則終爲君子之棄, 而小人之歸也, 亦明矣. 唯道集虛, 虛者, 心齋也. 唯其天賦本然之心, 猶有一段虛明之處, 故苟能提撕此心, 而嚴肅整齊, 涵養本原, 而齋莊整齊, 則其於顧名思義, 亦庶乎其可也.

13) 원문의 '若' 字는 '2인칭 대명사'임.

回가 말하기를, "제가 아직 마음을 齋戒하지 않았을 때에는 참으로 스스로 顔回였습니다만, 마음을 齋戒하고 나니 처음부터 顔回가 있지 않습니다. 이것을 '비움'이라 할 수 있습니까?" 孔子가 말하기를, "충분하다. 내가 네게 말하리라. 네가 그 울타리 안에 들어가 논다고 하더라도, 그 이름을 느낌이 없게 하라. 들어오면 울고, 들어오지 않으면 그친다. 門도 없고 담도 없는 한 집에서 不得已하게 살면, 거의 될 것이다. 자취를 끊기는 쉬워도 땅을 걸어 다니지 않기는 어려우며, 사람의 부림을 당하면 거짓을 행하기 쉬우나 하늘의 부림을 당하면 거짓을 행하기 어렵다. 날개가 있는 것이 난다는 말은 들었으나, 날개가 없는 것이 난다는 말은 듣지 못했으며, 앎이 있으므로 안다는 말은 들었으나, 앎이 없으므로 안다는 말은 듣지 못했다. 저 빈 곳을 보건대, 빈 방은 밝음을 낳으며, 吉祥은 빈 곳에 머문다. (마음이) 아직 고요하게 비어 있지 않음을 일컬어 '坐馳'[14]라 한다. 귀와 눈이 안으로 통함에 따라서 마음의 앎을 쓰지 않으면, 鬼神도 장차 와서 머무르려 하거늘, 하물며 사람이랴? 이것이 바로 萬物의 變化에 順應하는 것으로서, 禹·舜이 樞紐로 삼은 바요, 伏羲와 几蘧(궤거)가 종신토록 행한 바이니, 하물며 평범한 보통 사람들이랴?"[15]

---

14) 坐馳(좌치) : 몸은 이곳에 고요히 앉아 있으나, 정신은 物欲에 이끌려 먼 곳으로 달아난 상태를 말함.

15) 『莊子』〈人間世〉: 顔回曰 "吾無以進矣, 敢問其方." 仲尼曰 "齋, 吾將語若. 有心而爲之, 其易邪? 易之者, 皞天不宜." 顔回曰 "回之家貧, 唯不飮酒, 不茹葷者, 數月矣. 如此則可以爲齋乎?" 曰 "是祭祀之齋, 非心齋也." 回曰 "敢問心齋." 仲尼曰 "若一志, 無聽之以耳而聽之以心, 無聽之以心而聽之以氣! 聽止於耳, 心止於符. 氣也者, 虛而待物者也. 唯道集虛. 虛者, 心齋也." 顔回曰 "回之未始得使, 實自回也; 得使之也, 未始有回也; 可謂虛乎?" 夫子曰 "盡矣. 吾語若! 若能入遊其樊而無感其名, 入則鳴, 不入則止. 無門無毒, 一宅而寓於不得已, 則幾矣. 絶跡易, 無行地難. 爲人使易以僞, 爲天使難以僞. 聞以有翼飛者矣, 未聞以無翼飛者也; 聞以有知知者矣, 未聞以無知知者也. 瞻彼闋者, 虛室生白, 吉祥

위에 보이는 바 '心齋'의 핵심적 의미는 '마음을 비운다'는 것으로서, 구체적으로는 '自意識을 버린다'는 것과 '私欲을 비운다'는 것이다. 心齋는 『莊子』에서 '마음을 비운다'는 뜻을 취하고, 그것을 程朱學의 '涵養省察'과 같은 맥락으로 이해하였다. 心齋에게 있어서 이러한 자세는 무엇보다도 '守拙의 삶'으로 표현되었다. 한편, 心齋는 〈揭示心齋名義〉라는 詩를 남기기도 했는데, 그 全文은 다음과 같다.[16]

無中含有以心名	無 가운데 有를 머금어, '心'이라 이름하니,
靜裏斯齋不自輕[17]	고요한 가운데 이 齋는 스스로 가볍지 않도다.
道集虛靈當室白[18]	道는 虛靈한 곳에 모여, 비운 마음 밝아지고,
志由眞一本原明	뜻은 참된 하나에 말미암아, 本原이 밝도다.
且看義理窮新得	또한 義理를 살펴, 새로운 뜻을 터득하고,
須向工夫踐古程	모름지기 工夫를 향해 옛 工程을 밟아가네.
獨立孔門顔氏訣	孔門에 우뚝 선 顔子의 旨訣이여.
昭昭千載日星呈	천년 동안 밝게 빛난 해와 별이 드러나네.

止止. 夫且不止, 是之謂坐馳. 夫徇耳目內通而外於心知, 鬼神將來舍, 而況人乎? 是萬物之化也, 禹舜之所紐也, 伏羲几蘧之所行終, 而況散焉者乎?"

16) 『心齋遺稿』 卷2 頁51.

17) 『心齋遺稿』의 原本에는 '靜裏'(고요한 가운데)에 대해서는 '反顧'(돌이켜보니)라는 校正語가 표시되어 있다.

18) 心齋의 〈心齋記〉에서는 『莊子』 〈人間世〉편의 '唯道集虛'와 '虛室生白'이라는 말을 인용하고 있다. 따라서 '道集虛靈當室白'에서의 '當' 字는 아마도 '虛' 字의 誤字일 것으로 짐작된다. 그 다음의 對句 '志由眞一本原明'과 대조해 보아도, '虛室白'이라야 '本原明'과 순조롭게 相應된다. 따라서 이곳에서는 '虛' 字로 간주하고 번역하였다. 만약 원래대로 '道集虛靈當室白'이라 한다면, '道는 虛靈에 모이는데, 이는 虛室生白에 해당되고'라고 해석된다.

〈心齋記〉와 〈揭示心齋名義〉는 실로 心齋 자신의 학문적 입장을 응축해 표현한 기록일 것이다. 그리하여 心齋의 行狀에서는 心齋의 평생 학문을 '마음을 다스리는 학문(治心之學)' 이라고 규정하고, 다음과 같이 부연하였다.

> 一生의 用工은 오로지 '治心之學' 에 있었으니, 얻음과 잃음에 마음이 흔들리지 않았고, 世間의 誹謗이나 稱譽에 개의치 않았으며, 오직 자신의 本分上에 마땅히 행해야 할 것에만 힘썼다. 마침내 用工이 더욱 두터워지고 心目이 더욱 정밀해짐에, 저술한 論說들이 모두 經典의 本旨를 發明하기에 충분하였다.[19]

心齋의 行狀에서는 心齋의 대표적인 논설들로서 〈心統性情說〉, 〈人心道心說〉, 〈浩氣說〉 및 여러 箴 · 銘 등을 들고 있는데, 이들은 모두 평생 '治心之學' 에 종사한 결과를 응축한 내용이라는 것이다. 心齋의 行狀에는 또한 心齋의 絶命詩를 소개하고 있는데, 그 全文은 다음과 같다.

平生守拙爲身規	평생토록 守拙[20]을 내 원칙으로 삼고서,
不錯人間有是非	세상의 是非에 얽혀들지 않았도다.
點撿心身多過失	心身을 점검하니, 過失이 많았구려.
到今垂死恨難追	이제 죽음 드리우니, 고칠 수 없음 한스럽네.

---

19) 『西坡先生文集』 卷23 頁10, 〈外曾祖考成均生員心齋趙公行狀〉 : 一生用工, 專在於治心之學, 得喪不動於中, 毁譽不關於心, 惟吾本分上當行是務, 而及其用工益篤, 心目愈精, 則著爲成說, 皆足以發明經旨.

20) 守拙 : 재주를 과시하며 華麗하게 살지 않고, 마음을 비워 '拙樸한 삶' (옹졸하고 순박한 삶)을 지킴. 곧 자기의 分數를 편안히 여기고 만족할 줄 아는 '安分知足의 삶' 을 뜻함.

生無可樂死無悲　살아서 즐거움 없었으니, 죽음도 슬프지 않네.
符到臨期我自知　符節이 이름에 임박한 기한, 스스로 알겠노라.
莫借刀圭扶護力　刀圭[21] 빌려 내 목숨을 扶護하지 말지어다.
樂復天命復奚疑　즐거이 天命에 돌아가는데, 다시 무엇 의심하랴!

위의 詩는 다분히 陶淵明의 詩風과 같은 분위기를 함축하고 있다.[22] '田園에서의 소박한 삶' 과 '즐거이 天命을 수용하는 것' 이 곧 心齋의 일생이었던 것 같다. 心齋는 위와 같은 詩를 남기고, 다음 날 殞命하였으니, 享年 81세였다.[23] 위의 詩에 나타나듯이, 心齋는 평온한 마음으로 자신의 삶을 마감하였다. 그가 소박하게 天壽를 누리고, 즐거이 天命에 되돌아갈 수 있었던 것은 평생 동안 마음을 다스린 결과였을 것이다.

---

21) 刀圭 : 藥을 뜨는 숟가락. 곧 '醫術' 을 뜻함.

22) 陶淵明의 〈歸田園居(田園에 돌아가 살리라)〉에서는 "守拙歸田園(素朴한 삶 찾아 田園으로 돌아가리라)" 이라 했는데, 心齋는 "平生守拙爲身規" 라 하였다. 또 陶淵明의 〈歸去來辭〉에서는 "悟已往之不諫, 知來者之可追.(지나간 일은 고칠 수 없음을 깨달았으니, 다가올 일은 고칠 수 있음을 알았노라.)" 라 했는데, 심재는 "點撿心身多過失, 到今垂死恨難追." 라 했다. 〈歸去來辭〉에서는 "富貴非吾願, 帝鄕不可期.(富貴는 내 소원이 아니요, 神仙 나라는 기약할 수 없다네.)" 라고 했는데, 心齋는 "生無可樂死無悲" 라 했으며, 〈歸去來辭〉에서는 "聊乘化以歸盡, 樂夫天命復奚疑.(애오라지 造化에 맡겨 목숨 다하는 데로 돌아가리니, 天命을 즐길 뿐 다시 무엇 의심하랴!)" 라고 했는데, 心齋는 "莫借刀圭扶護力, 樂復天命復奚疑." 라고 했다.

23) 『西坡先生文集』 卷23 頁6, 〈外曾祖考成均生員心齋趙公行狀〉 참조.

3. 『庸學辨疑』에 대하여

心齋의 『庸學辨疑』는 〈中庸辨疑〉와 〈大學辨疑〉의 두 篇으로 구성되어 있다. 心齋에 의하면, 『中庸』은 '聖人이 德을 이룬 책' 이요, 『大學』은 '初學者가 德에 들어가는 門' 이다.[24] 『庸學辨疑』의 기본적인 성격은 『中庸』과 『大學』의 '本文(經文)' 과 朱子의 集註 가운데 '어려운 부분' 이나 '의심스러운 부분' · '未盡한 부분' 을 해설하고, 『中庸章句大全』과 『大學章句大全』에 실린 諸家說에 대해 비판적으로 검토한 것이다. 따라서 心齋의 『庸學辨疑』는 朱子學을 경전해석의 기본노선으로 삼는 것으로서, 朱子의 해석을 敷衍하는 데에 주안점이 있다. 그러나 心齋가 朱子의 입장을 墨守하기만 한 것은 아니요, 朱子의 해석에 대해서도 타당하지 않다고 판단되는 부분에 대해서는 과감하게 異意를 제기하고 있다. 한편, 『庸學辨疑』의 敍述方式은 대부분 주요 논점에 대해 스스로 질문을 제기하고, 이에 대해 스스로 답변하는 問答 형식을 띠고 있다. 먼저 〈中庸辨疑〉에 대해 살펴보자. 심재는 〈中庸辨疑〉에서 다음과 같이 말한다.

> 『中庸』의 大旨는 '知 · 仁 · 勇' 三達德을 '道에 들어가는 門' 으로 삼는 것이요, 그 요점은 '知 · 仁 · 勇을 말미암아서 中庸에 부합함' 에 불과하다. '知' 는 '이 中庸을 아는 것' 이요, '仁' 은 '이 中庸을 체득하는 것' 이며, '勇' 은 '이 中庸에 힘쓰는 것' 이다. 知 · 仁 · 勇 三達德은 한마디로 표현하자면 '中庸' 일 뿐이다.

그런데 心齋에 의하면, 知 · 仁 · 勇의 三達德은 결국 '知 · 行의 中庸' 을

---

24) 따라서 心齋는 '四書' 를 『大學』 · 『論語』 · 『孟子』 · 『中庸』의 순서로 공부해야 한다고 설정하고 있다.

추구하는 것이다. 즉 知와 行에 있어서 '지나침과 모자람이 없음'을 실현하려는 것이 『中庸』의 목표로서, 『中庸』의 모든 내용은 이에 초점이 맞추어져 있다는 것이다. 心齋에 의하면, '知'는 '知'를 뒷받침하는 것이요, '仁'은 '行'을 뒷받침하는 것이며, '勇'은 (知·仁처럼 獨自的 位相을 지니는 것이 아니라) 知와 行에 용감한 것이다. 또한 『中庸』의 특징은 知와 行을 別個로 논의하는 것이 아니라 항상 '서로 길러주고, 서로 발현시켜줌(交相養 互相發)'의 관계로 규정한다는 데에 있다는 것이다. 예컨대 『中庸章句』 제4장에서 "道가 행해지지 않는 까닭을 내가 알겠으니, 知者는 지나치고 愚者는 미치지 못하는 것이다. 道가 밝혀지지 않는 까닭을 내가 알겠으니, 賢者는 지나치고 不肖者는 미치지 못하는 것이다."라고 한 것에 대해, 心齋는 다음과 같이 설명한다.

'知·愚'는 '知'에 속하고, '賢·不肖'는 '行'에 속한다. 그런데 聖人께서는 '道가 행해지지 않음'을 '知·愚의 지나침과 모자람'에서 말미암는 것이라 하고, '道가 밝혀지지 않음'을 '賢·不肖의 지나침과 모자람'에서 말미암는 것이라 하여, 반드시 서로 바꾸어서 설명하신 것은 무슨 까닭인가? (……) 知는 行이 없는 知가 없으며, 行도 知가 없는 行이 없다. 知와 行은 하나라도 빼놓을 수가 없으니, 서로 바꾸어서 설명한 것은 '知와 行이 相須하는 뜻'을 보여주기 위한 것이다.

또한 『中庸章句』 제9장의 "天下·國家도 고르게 할 수 있고, 爵祿도 사양할 수 있으며, 흰 칼날도 밟을 수 있으나, 中庸은 不可能하다."고 한 것에 대해서는 다음과 같이 설명한다.

6章에서는 '舜의 知'를 말했고, 8章에서는 '顔子의 仁'을 말했으니, 이 章에서는 마땅히 '勇에 능하지 못함'으로 '子路의 勇'을 말해야 할 것 같은데,

반드시 "中庸은 不可能하다"고 말한 까닭은 무엇인가? '勇' 이란 다만 '知·行에 용감함' 을 말하니, 知·行의 바깥에 있는 것이 아니다. 知·行에 過·不及이 있어서 中庸에 능하지 못한 까닭은 勇에 過·不及이 있기 때문이다. 5章에서는 '行하지 못함' 으로 6章의 '舜의 知' 를 일으켰고, 7章에서는 '밝지 못함' 으로 8章의 '顔子의 仁' 을 일으켰으니, 이 章에서는 '勇에 능하지 못함' 으로 10章의 '子路의 勇' 을 일으켜야 마땅할 것 같은데, "中庸은 不可能하다"고 말했다. 대개 '天下를 고르게 할 수 있음' 은 '知의 勇' 이요, '爵祿을 사양할 수 있음' 은 '仁의 勇' 이며, '흰 칼날을 밟을 수 있음' 은 '勇의 勇' 이다. 勇은 不可能하지 않다. 勇에도 또한 過·不及이 있어서 知·行이 中庸에 부합하기가 어려운 것이다. 그러므로 "勇에 不能하다"고 말하지 않고, "中庸은 不可能하다"고 하여, 下章의 '子路의 勇' 을 일으킨 것이다.

위의 두 인용문을 통해서, 知行論의 관점에서 知·仁·勇 三達德을 해명하는 것이 心齋가 『中庸』을 이해하는 기본적 입장임을 알 수 있겠다. 『中庸』을 논함에 있어서 또한 중요한 것은 '誠' 인데, 心齋는 '誠' 에 대해 다음과 같이 설명한다.

'誠' 은 이 『中庸』 一篇의 樞紐가 되니, 天道와 人道의 誠은 '鬼神의 誠' 과 '誠身의 誠' 을 곧장 계승한 것이다. 대개 '鬼神의 誠' 은 가릴 수 없는데, 이것은 '天道' 로 誠을 말한 것으로, 이 誠은 '眞實한 理' 이다. 이 章(제20장)에서 "몸을 참되게 함에는 방도가 있다(誠身有道)"고 한 것은 '人道' 로 誠을 말한 것으로, 이 誠은 '眞實한 마음' 이다. 여기에서는 두 가지를 총괄해서 "誠者, 天之道 ; 誠之者, 人之道."라고 말한 것이니, '天道의 誠' 은 '鬼神의 誠' 을 총괄하는 것이요, '人道의 誠' 은 '誠身의 誠' 을 포괄하는 것이다.

『中庸』의 '誠' 에 대한 논의는 '참됨(誠)' 과 '참되려고 노력함(誠之)' , 또는 '實理의 誠'과 '實心의 誠'으로 대별되는바, '誠의 位相' 역시 '知·行의 中庸'을 뒷받침하는 樞紐라는 점에 있다는 것이다.

이제 〈中庸辨疑〉의 몇 가지 특징을 살펴보자. 첫째는 『中庸』 전체를 유기적으로 이해하되, 각각의 미묘한 차이를 명확하게 해명하고자 했다는 것이다. 예컨대, 『中庸章句』 제1장에서는 "莫顯乎微"라 하고, 제16장에서는 "夫微之顯"이라 하며, 제33장에서는 "知微之顯"이라 한 것에 대해서, 心齋는 다음과 같이 각각의 의미를 변별하여 설명한다.

> 대개 形迹은 드러나지 않았지만 기미가 이미 움직였으면, 善·惡의 생각이 이 마음의 靈驗함에서 도망갈 수가 없으니, 이것이 곧 '莫顯乎微'이다. 안에 있으면 밖으로 드러나니, 爲己之學은 마땅히 마음을 세우는 초기에 더욱 삼가야 하는 것인바, 이것이 곧 '知微之顯'이다. 지나간 것은 굽혀지고 오는 것은 펴지니, '情狀의 妙함'은 '實理의 드러남'보다 더 가리기가 어려운바, 이것이 곧 '夫微之顯'이다. 그러한 즉, '莫顯乎微'와 '知微之顯'은 오로지 '心'으로 말하는 것이나, 이른바 '夫微之顯'은 '理'로 말하는 것이다.

또한 『中庸章句』 제1장에서는 '天命之謂性'이라 하고, 마지막 章(제33장)에서는 '上天之載'라 한 것에 대해서 다음과 같이 설명한다.

> 처음에는 '하늘이 命한 性(天命之謂性)'을 말하고, 끝에서는 '上天의 일(上天之載)'을 말했으니, '命'이라 하고 '載'라 하여, 서로 다르게 말한 까닭은 무엇인가? 대개 '命'은 '令'과 같고, '載'는 곧 '事'이다. 一理가 萬事로 나뉘게 되는 곳으로부터 말하면 곧 '命'인데, '命'은 곧 '理'이다. 萬事가 一理로 귀착되는 곳으로부터 말하면 곧 '載'인데, '載' 또한 '理'이다. 처음에 一理를 말한 것은 '無極이면서 太極(無極而太極)'인 것이요, 끝에서 다시 一理로 종합됨은 '太極은 본래 無極(太極本無極)'인 것이다. 首章에서는 一理

의 發出을 말했기 때문에 '命'을 말하고 '載'를 말하지 않은 것이며, 末章에서는 萬事의 歸宿處를 말했기 때문에 '載'를 말하고 '命'을 말하지 않은 것이다.

둘째는 『中庸』의 각 부분들에 대해 심화된 이해를 추구하고 있다는 점이다. 예컨대 『中庸章句』 제20장의 "배우지 않음이 있을지언정 배울진댄 능하지 못함을 남겨두지 않으며, 묻지 않음이 있을지언정 물을진댄 알지 못함을 남겨두지 않으며, (……)" 云云한 것에 대해서 다음과 같이 설명한다.

"배우지 않음이 있을지언정, 배울진댄 능하지 못한 것을 남겨두지 않는다."고 했는데, 이미 능하다면, 또 어찌 '審問'을 쓰는 것인가? "묻지 않음이 있을지언정, 물을진댄 알지 못하는 것을 남겨두지 않는다."고 했는데, 이미 안다면, 또 어찌 '愼思'를 쓰는 것인가? "생각하지 않음이 있을지언정, 생각할진댄 얻지 못함을 남겨두지 않는다."고 했는데, 이미 얻었다면, 또 어찌 明辨을 써서 반드시 '밝음'에 이르는 것인가? 이제 '讀書'라는 하나의 일로 말하자면, 그 句讀(구두)를 익히는 것은 '배워서 능하게 되는 것(學而能)'이요, 그 大義를 통하는 것은 '물어서 아는 것(問而知)'이다. '생각해서 얻음(思而得)'에 이르면, 그 精微한 뜻을 추구해서 얻은 것과 같고, '분변해서 밝아짐(辨而明)'은 그 界限의 極處를 분별하는 것과 같다. 한갓 句讀만 익히고 大義에 통하지 못하면, 진실로 善에 밝을 수 없다. 이미 大義에 통했어도 精微한 뜻을 추구해서 얻지 않고, 이미 精微한 뜻을 얻었어도 그 界限의 極處를 분별하지 못하면, 모두 '善에 밝다(明善)'고 말할 수 없는 것이다. 이것이 이미 배워서 능하더라도 또 묻지 않을 수 없고, 이미 물어서 알았더라도 또 생각하지 않을 수 없으며, 또 생각해서 얻었더라도 또 밝게 분변하지 않을 수 없는 까닭이다.

셋째는 『中庸』을 儒家의 다른 經典들과의 유기적인 관계 속에서 해명하고 있다는 점이다. 예컨대 『中庸章句』 제19장의 "武王과 周公은 達孝(사람들 누구나 공통으로 인정하는 孝)이셨다. 무릇 孝란 부모의 뜻을 잘 繼承하며, 부모의 사업을 잘 傳述하는 것이다."라는 내용에 대해, 心齋는 『書經』을 인용하면서 다음과 같이 설명한다.

'(부모의 뜻과 사업을) 잘 繼述함'은 '武王의 孝'이다. 武王의 孝는 『書經』「周書」의 〈立政〉篇을 보면 알 수 있다. 거기에서 말하기를 "또 武王께서는 (文王께서) 천하를 편안하게 하신 功을 계승하여 그 義德이 있는 사람들을 감히 바꾸지 않았으며, (文王께서 세우신) 계책을 계승하여 그 容德이 있는 사람들을 따르셨으니, 이로써 그 크고 큰 基業을 함께 받으신 것입니다."라고 하였다.[25] 대개 이 義德이 있는 사람들을 등용하여 백성들의 危急함을 구제한 것은 文王이 天下를 편안하게 하신 功인데, 그 功을 따라서 감히 바꾸지 않은 것은 武王의 孝이다. 이 容德이 있는 선비들을 임용하여 원대한 계획을 수립한 것은 文王이 後嗣를 위해 남기신 계책인데, 그 계책을 따라서 감히 어기지 않은 것은 武王의 孝이다. 文王의 義德이 있는 사람들을 등용하여 이 큰 基業을 받으시고, 文王의 容德이 있는 선비들을 임용하여 이 큰 基業을 계승하셨으니, 이른바 "그 분이 높이던 사람을 존경하고, 그 분이 친하게 여기던 사람을 사랑한다."는 말이 '繼述의 큰 것'이 아니겠는가?

넷째는 朱子의 해석에 대해 보완적인 설명을 가하는 부분이 많다는 점이다. 예컨대 『中庸章句』 제29장의 章下註[26]에 대해서, 心齋는 다음과 같이

25) 蔡沈은 "'義德이 있는 사람'이란 '亂世를 다스려 올바른 데로 돌이킨 재능이 있는 사람'이요, '容德이 있는 사람'이란 '아름다운 마음씨로 善을 즐거워하는 德量이 있는 사람'이다."라고 주석하였다(『書傳大全』 卷9 頁32 참조).

설명한다.

章下註에서는 "上章을 계승하여, 윗자리에 있으면서 교만하지 않음으로 말한 것이니, 또한 人道이다."라고 하였다. 무릇 '天地에 세워서 어긋나지 않음'과 '鬼神에게 質正하여 의심이 없음'은 '天道'인 것 같은데, '人道'라고 말한 까닭은 무엇인가? 대개 '天地에 세워서 어긋나지 않음'과 '鬼神에게 質正하여 의심이 없음'은 모두 上章의 '윗자리에 있으면서 교만하지 않음'을 계승해서 말한 것이니, 그 요점은 尊德性과 道問學의 공부에서 나오는 것이다. 그러한 즉, 어찌 '人道'가 되지 않을 수 있겠는가? 그것은 "어리석으면서 自用하기를 좋아한다."고 한 章에서 "아랫자리에 있으면서 (윗사람을) 배반하지 않음"을 언급한 것과 마찬가지로, 동일한 人道이다.

마지막으로, 『中庸章句大全』에 보이는 諸家說에 대해서 비판적으로 검토하고 있다는 점이다. 예컨대 『中庸章句』 제27장의 '明哲保身'을 논하면서, 心齋는 다음과 같이 말하고 있다.

'밝고 밝아 몸을 보존함(明哲保身)'은 다만 '침묵이 용납됨'에 그치는 것이 아니다. 대개 '(윗자리에 있을 때) 교만하지 않음'과 '(아랫자리에 있을 때) 배반하지 않음' 또한 明哲保身의 道이며, '(나라에 道가 있을 때 그 발언이 사람들을) 족히 興起시킴'과 '(나라에 道가 없을 때 그 침묵이 사람들에게) 족히 용납됨' 또한 明哲保身의 일이다. 그러한 즉, 子思께서 詩를 인용한 까닭은 上文의 '교만하지 않음'·'배반하지 않음'과 '족히 興起시킴'·'족히 용납됨'을 통틀어 증명하고자 한 것이니, 그러므로 "그것은 이것을 말함

---

26) 『中庸章句』나 『大學章句』에서, 朱子가 각 章의 마지막에 그 章을 총괄하여 마무리하는 설명을 붙인 것을 '章下註'라 함.

일 것이다"라고 결론을 맺은 것이다. 따라서 陳氏가 오로지 '(나라에 道가 없을 때) 그 침묵이 사람들에게 족히 용납됨'을 '明哲保身'으로 삼은 것은 道理에 있어서 완전하지 못한 것 같다.

이제 〈大學辨疑〉에 대해 살펴보자. 사실 經學史的으로 볼 때, 『中庸』의 해석을 둘러싼 쟁점은 별로 없었다. 그러나 『大學』은 해석상의 쟁점이 많았음은 물론, 編次上의 논쟁도 끊이질 않았다. 또한 『中庸』은 그 체계가 표면으로 잘 드러나지 않는 것과 달리, 『大學』은 '三綱領·八條目'이라는 체계가 분명하게 드러나는 경전이다. 心齋 역시 '三綱領·八條目'의 체계로 『大學』을 이해하고 있다는 점은 再論의 여지가 없다. 다만 心齋는 '先後本末論'과 '絜矩之道' 역시 『大學』의 全般的 體系를 관통하는 핵심개념으로 설정하고 있다. 先後本末論에 대해서는 아래에서 언급하기로 하고, 絜矩之道에 대한 언급을 살펴보기로 하자. 心齋는 다음과 같이 말한다.

『大學』의 八條目은 한결같이 모두 '絜矩'로 근본을 삼는다. 格物·致知는 絜矩에 대한 공부요, 誠意·正心·修身은 絜矩로부터 流出되는 것이며, 齊家·治國·平天下에 이르기까지 絜矩가 아니면 불가능한 것이다. 이것은 바로 『論語』의 〈十五志學章〉은 '法度를 넘지 않는다(不踰矩)'라는 세 글자가 一章의 要旨가 되는 것과 같다. 15세에 學問에 뜻을 둠은 이 矩를 배운 것이요, 30세에 섰던 것은 이 矩를 세운 것이며, 40세에 미혹되지 않았던 것은 이 矩에 밝았던 것이요, 50세에 天命을 안 것은 이 矩를 안 것이며, 60세에 귀에 거슬림이 없었던 것은 이 矩에 거슬림이 없었던 것이요, 70세에 마음이 원하는 바를 따른 것은 이 矩를 따른 것이다. 이것으로 그 "잡은 것은 簡約하지만 미치는 곳은 넓음"을 알 수 있겠다.

위의 인용문은 '絜矩之道'를 『大學』을 관통하는 핵심개념으로 설정하고, 그 위상을 『論語』의 '從心所欲不踰矩' 와 연결시켜 해명한 것이다.

이제 〈大學辨疑〉의 특징을 살펴보기로 하자. 〈大學辨疑〉의 취지나 서술 방식 역시 〈中庸辨疑〉의 경우와 大綱을 같이 한다. 즉 〈大學辨疑〉 역시 『大學』의 全般的 體系를 周密하게 규명하고, 다른 경전들과의 유기적 관계 속에서 『大學』의 내용을 설명하며, 朱子의 해석을 부연하고, 諸家說에 대해 비판적으로 검토하고 있는 것이다. 예컨대 心齋는 다음과 같이 말한다.

> (朱子는 經一章의 章下註에서) "(무릇 傳文에서는 복잡하게 經傳을 인용하여 統紀가 없는 것 같으나) 文理가 接續하고 血脈이 貫通한다." 云云하였다. 대개 傳1章의 '自明(스스로 밝힘)' 은 傳2章의 '自新(스스로를 새롭게 함)' 의 뜻을 일으킨 것이요, 傳2章의 '用極(지극함을 씀)' 은 傳3章의 '所止(머물 곳)' 의 내용을 일으킨 것이며, 傳4章의 '知本(근본을 앎)' 은 傳5章의 '致知(앎을 이룸)' 라는 말을 일으킨 것이다. 또한 '顧諟天之明命(이 하늘의 밝은 命을 되돌아보라)' 의 '顧(되돌아봄)' 字는 誠意 · 正心 · 修身 3개 章의 工夫에 착수하는 綱領이 되고, '作新民(새로워지는 백성들을 振作시켜라)' 의 '作(振作시킴)' 字는 齊家 · 治國 · 平天下 3개 章의 工夫에 착수하는 綱領이 되며, '止於敬(敬에 머물다)' 의 '敬' 字는 '傳文 6개 章 全體' [27]의 工夫에 착수하는 綱領이 된다. 그러한 즉, 무릇 이 몇 가지 것들이 모두 '위의 내용을 이어서 아래의 내용을 일으킨 것' 들로서, '文理가 接續하고 血脈이 貫通하는 것' 이다.

위의 인용문은 心齋가 朱子의 주석을 부연하는 것이요, 또한 『大學』의

27) 『大學章句』의 傳5章부터 傳10章까지, 즉 '八條目을 설명한 전체' 를 말한다. 『大學章句』의 傳1章부터 傳3章까지는 '三綱領' 을 설명하고 있으며, 傳4章은 '本 · 末' 을 설명하고 있다.

전반적 체계를 주밀하게 해명하는 것이기도 하다. 한편, 다음의 인용문은 諸家說을 비판적으로 검토한 例라 하겠다.

> 雲峰胡氏는 "智란 마음의 神明으로서, 衆理를 妙하게 운용한다" 云云하였고, 番易沈氏는 "智란 天理가 動靜하는 기틀을 머금는다" 云云하였다. 무릇 '智'가 바로 '衆理'이고, 바로 '天理'이다. 이제 '衆理를 묘하게 운용한다'거나 '天理를 머금는다'고 말한다면 '理로 理를 포함한다(以理包理)'는 病痛을 면할 수 없다.

그러나 心齋가 朱子說에 대해서는 부연하기만 하고 諸家說에 대해서는 비판하기만 한 것은 결코 아니다. 朱子說에 대해서도 의문을 제기한 곳이 여러 군데 있으며, 諸家說에 대해서도 높이 평가하고 수용한 곳이 많다.

한편, 『大學』의 註釋史에서 가장 문제가 된 부분은 〈格物致知章〉으로서, 이에 대해서는 다음과 같은 두 문제가 제기되고 있었다. 첫째는 '古本大學'에는 과연 〈格物致知章〉이 亡失된 것이냐 하는 점이다. 朱子는 '古本大學'은 〈格物致知章〉이 亡失된 것이라고 간주하고, 〈格物補傳(補亡章)〉을 지어 보충하였다. 이에 대해, 몇몇 학자들은 '古本大學'에는 錯簡은 있어도 亡失은 없다고 전제하고, 〈經一章〉의 '知止而后有定' 구절과 '物有本末' 구절 그리고 〈聽訟章〉을 〈格物致知章〉의 錯簡으로 간주하여, 이것들을 뽑아다가 〈格物致知章〉을 삼았다. 예컨대 晦齋 李彦迪의 『大學章句補遺』 역시 이러한 맥락에서 편찬된 것이다. 이에 대해 心齋는 다음과 같이 평한다.

> 여러 학자들은 '知止而后有定'과 '物有本末' 그리고 聽訟章을 格物致知章의 錯簡으로 간주하여, 이것들을 뽑아다가 格物致知章을 보완하려고 했다. 그러나 退溪는 이것을 잘못으로 규정하여, "正寢(본채)의 材木을 뽑아다

가 廊廡(행랑채)의 결함을 보완하려는 것"이라고 말했다. 退溪의 이 말씀은 물이 새는 것을 막은 것으로, 病廢가 없는 것이다.

心齋는 '先後本末論' 자체를 '三綱領·八條目'과 함께 經一章의 중요한 두 축으로 보는 것이다. 따라서 〈經一章〉에서 先後本末論에 해당되는 내용을 뽑아다가 〈格物致知章〉으로 삼는 것은 '正寢의 材木을 뽑아다가 廊廡의 결함을 보완하려는 격'이라고 단호히 비판하는 것이다. 둘째는 '物格'에 대한 해석문제이다. 주자는 '物格'을 '物理之極處 無不到'라고 해석했는데, '物理之極處 無不到'에 대한 해석이 문제가 되었던 것이다. 이에 대한 해석은 크게 둘로 나뉘고 있었다. 하나는 "物理의 지극함이 모두 (나의 마음에) 이른다."는 해석이다. 이것은 '物理가 곧 到의 主體'라고 보는 것으로서, 退溪의 '理到說'이 이것을 대표한다. 퇴계의 理到說은 理를 '能動的 存在'라고 전제함으로써 성립하는 것이다. 다른 하나는 "(나의 마음이) 物理의 지극함에 모두 이른다."는 해석이다. '理의 能動性'을 부정하는 사람들은 '到의 주체는 사람의 마음'이라고 본다. 嶺南學派에서는 대체로 理到說을 추종하였고, 畿湖學派에서는 대체로 理到說을 비판하는 것이 일반적인 상황이었다. 그런데, 心齋는 이 문제에 대해 '제3의 해석'을 제시하여, 다음과 같이 설명하고 있다.

'物理之極處 無不到'라는 말에서, 저 '到' 字는 진실로 "物理가 나의 마음에 저절로 이른다."는 말이 아니요, 또한 "나의 마음이 物理에 저절로 이른다."는 말도 아니다. '物理가 이른 곳'이 곧 '吾心이 이른 곳'이며, '吾心이 이른 곳'이 곧 '物理가 이른 곳'이다. 그렇다면 이른바 '到'라고 하는 것은 '극진한 곳에 이름(到盡)'을 말하는 것이니, 예컨대 '理到'·'精到'·'懇到'의 '到'와 같은 말이다. 物理의 極處가 저절로 극진한 곳에 이르러 남음이 없는 것이다.(物理之極處無不到, 則這到字, 固非物理之自到於吾心也, 亦非吾

心之自到於物理也. 物理之到處, 卽吾心之所到也 ; 吾心之到處, 卽物理之所到也. 然則所謂到者, 到盡之謂也. 如理到精到懇到之到而言. 物理之極處, 自到盡無餘也.)

心齋는 '物理之極處 無不到' 를 '物理의 極處가 저절로 극진한 곳에 이르러 남음이 없는 것' 이라고 풀이하고, '내 마음이 物理에 이른다' 거나 '物理가 내 마음에 이른다' 는 해석을 모두 거부하였다. 이러한 세 가지의 해석 가운데 어떠한 해석이 가장 타당한 것인지에 대해서는 더 논란이 있을 수 있다. 그러나 心齋의 해석이 〈補亡章〉의 "衆物之表裏精粗無不到, 而吾心之全體大用無不明." 이라는 구절과 가장 잘 부합하고 있다는 점은 쉽게 알 수 있을 것이다.[28]

한편, 위의 두 논점에 대해서, 心齋는 첫째 논점에 대해서는 退溪說을 전폭적으로 수용하고 있음과, 둘째 논점에 대해서는 退溪說과 견해를 달리하고 있음도 확인할 수 있다. 사실 心齋는 朱子나 退溪를 더 없이 존숭하면서도, 그들의 견해를 默從하지 않고 자신의 견해를 제시한 것이다. 이러한 비판적 학문태도는『庸學辨疑』전체를 관통하는 정신이기도 하다.

---

28) 朱子가 '物理之極處 無不到' 를 달리 표현한 것이 〈補亡章〉의 '衆物之表裏精粗 無不到' 라는 말이요, '衆物之表裏精粗 無不到' 는 '吾心之全體大用 無不明' 과 對句를 이루는 것이다. 그런데 '吾心之全體大用 無不明' 은 '吾心의 全體大用이 모두 밝아진다' 라고 해석되는 것이다. 이러한 해석에 비추어볼 때, '衆物之表裏精粗 無不到' 란 '衆物의 表裏精粗가 吾心에 이른다' 거나 '吾心이 衆物의 表裏精粗에 이른다' 는 말이 아니요, '衆物의 表裏精粗 그 자체가 모두 極盡하게 된다' 고 해석되어야 하는 것이다.

4. 그 밖의 철학적 著作들

心齋의 行狀에서는 心齋의 대표적인 철학적 論說들로서 〈心統性情說〉·〈人心道心說〉·〈浩氣說〉 등을 들고 있는데, 〈夜氣說〉·〈心齋記〉·〈講會錄序〉 등도 心齋의 철학사상을 살펴볼 수 있는 중요한 論說들이다. 그밖에 心齋는 性理學의 주요 개념들을 '詩'로 읊기도 하였으며, 學問과 修養의 방법을 '箴'이나 '銘'으로 남기기도 하였다. 예컨대 心齋의 〈閒中雜詠〉 43首[29]는 朱子의 〈性理吟〉 147首를 연상하게 하는 대표적인 哲學詩이다. 또 '箴'으로는 愼言箴, 修身箴, 安分箴, 好善箴, 改過箴, 懲忿箴, 窒慾箴, 戒懼箴, 愼獨箴 등을 들 수 있으며, '銘'으로는 心銘, 性銘, 氣銘, 仁銘, 義銘, 禮銘, 智銘, 信銘, 敬銘, 誠銘, 中銘, 勇銘, 道銘, 德銘, 忠銘, 恕銘, 學銘 등을 들 수 있다. 요컨대 心齋는 성리학의 주요 개념들을 모두 詩나 箴·銘으로 표현하고 있는 것이다. 이 책에서는 위에서 언급한 주요 論說들과 哲學詩 가운데 몇 편을 選譯하여 附錄으로 실었다.

마지막으로, 心齋의 行狀에서는 다음과 같이 말하고 있다.

> 『小學』과 『四書』에 나아가 要義를 뽑아 講錄을 만들었다. 『中庸』과 『大學』에 대해서는 더욱 자세하여, 章마다 分析을 가하고 각각 攷證하여, 『庸學辨疑』라고 이름지었다.[30]

---

29) 〈閒中雜詠〉 43首의 제목을 모두 소개하자면, "天, 地, 人, 理, 氣, 心, 性, 情, 仁, 義, 禮, 智, 信, 道, 德, 誠, 敬, 忠, 恕, 孝, 悌, 存養, 省察, 致知, 力行, 克己, 改過, 立志, 修身, 懲忿, 窒慾, 謹言, 慮事, 操守, 識量, 誨子, 睦族, 家法, 僕御, 交際, 教育, 處患, 安貧"이다.

30) 『西坡先生文集』 卷23 頁10, 〈外曾祖考成均生員心齋趙公行狀〉: 就小學及四書, 拈出要義爲講錄, 於庸學尤詳, 逐章分析, 各有攷證, 命曰庸學辨疑.

총 11卷의 『心齋遺稿』 가운데 제6권과 제7권이 失傳했었는데, 이제 우리는 그 중의 한 卷인 『庸學辨疑』를 확인하게 된 것이다. 그렇다면 나머지 한 卷의 내용은 "『小學』과 『四書』에 나아가 要義를 뽑아 講錄을 만들었다."는 것에 해당될 것이다. 이 한 卷도 곧 찾게 되어, 『心齋遺稿』의 全貌를 확인할 수 있게 될 날을 고대하는 바이다.

凡例

○ 本書는 心齋의 草稿本『庸學辨疑』를 底本으로 삼았다. 본 草稿本『庸學辨疑』는 훗날 제3자에 의해서 校正이 된 상태로 전해지는바, 校正事項을 번역에 최대한 반영하였다. 다만 校正事項이 오히려 心齋의 原文만 못한 것으로 판단되는 부분에 대해서는, 譯者가 그렇게 판단하는 이유를 밝히고, 따르지 않았다.

○ 草稿本『庸學辨疑』는 이미 校正作業을 거친 것임에도 불구하고, 誤字가 다소 발견된다. 譯註를 함에 있어서는 '誤字로 판단되는 글자'에 대해서는 誤字로 판단하는 근거를 脚註로 제시하고, 최대한 바로잡았다. 다만 '誤字로 의심되는 글자'에 대해서는 의심스러운 이유만을 脚註로 제시하고, 글자는 원래대로 두었다.

○ 번역은 가급적 원문을 直譯하였으며, 飜譯語의 일관성을 기하고자 하였다. 그러나 문맥상 어색한 곳은 달리 하였다.

○ 章節의 구분은 草稿本『庸學辨疑』의 구분을 그대로 따랐다.

○ 心齋가 出典을 밝히지 않은 인용문에 대해서는 가능한 한 原典을 확인하여 밝혔다.

○ 本文의 이해에 필요한 典故를 찾아 脚註로 처리하였다.

○ 難字難句를 풀이하여 脚註로 처리하였다.

○ 編輯에 있어서는 먼저 原文에 현대식 文章符號를 달아 제시하고, 그 아래에 번역문을 실었다.

○『心齋遺稿』 가운데, 心齋의 性理學을 살필 수 있는 몇 편의 詩文을 選別해 번역하여, 〈附錄〉으로 실었다.

○ 이 책의 末尾에는 譯者가 校正한『庸學辨疑』를 옛날식으로 편집하여, 〈附錄〉으로 실었다.

차례

譯序 5
解題 9
1. 心齋의 家系와 學問淵源 · 9
2. 心齋의 學風 : 治心之學 · 11
3. 『庸學辨疑』에 대하여 · 20
4. 그 밖의 철학적 著作들 · 32

凡例 34

《中庸辨疑》 37

序文 · 39 | 篇題 · 43 | 第1章 · 48 | 第2章 · 69 | 第3章 · 73
第4章 · 75 | 第5章 · 77 | 第6章 · 77 | 第7章 · 82 | 第8章 · 84
第9章 · 86 | 第10章 · 88 | 第11章 · 90 | 第12章 · 94 | 第13章 · 103
第14章 · 108 | 第15章 · 110 | 第16章 · 112 | 第17章 · 120 | 第18章 · 122
第19章 · 129 | 第20章 · 137 | 第21章 · 160 | 第22章 · 161 | 第23章 · 163
第24章 · 165 | 第25章 · 167 | 第26章 · 176 | 第27章 · 186 | 第28章 · 194
第29章 · 200 | 第30章 · 205 | 第31章 · 209 | 第32章 · 214 | 第33章 · 217

《大學辨疑》 ………………………………………… 225

序文 · 227 | 篇題 · 236 | 經1章 · 239 | 傳首章 · 281 | 傳2章 · 284
傳3章 · 286 | 傳4章 · 294 | 傳5章 · 296 | 傳6章 · 301 | 傳7章 · 310
傳8章 · 316 | 傳9章 · 325 | 傳10章 · 339

〈附錄〉 ………………………………………… 373

夜氣說 · 375 | 心統性情說 · 378
人心道心說 · 379 | 浩氣說 · 382
講會錄序 · 385 | 心齋記 · 387
大學 · 388 | 論語 · 389
孟子 · 390 | 中庸 · 391
理 · 392 | 氣 · 393
心 · 394 | 性 · 395
情 · 397 | 仁 · 398
義 · 400 | 禮 · 402
智 · 403 | 信 · 404
道 · 405 | 德 · 406
誠 · 408 | 敬 · 409
忠 · 410 | 恕 · 411
揭示心齋名義 · 412

索引 ………………………………………… 413

『庸學辨疑』 원문

中庸辨疑

中庸辨疑

<序文>

○ 人心之先於道心者, 盖人心危險, 易蕩而難制 ; 道心微妙, 易昧而難見. 故聖人敎人, 必先從危險難制處, 裁節防閑, 使微妙難見者, 擴充宣著, 以其用工之緩急言之也.

人心을 道心보다 먼저 말한 까닭은, 대개 人心은 危險하여 쉽게 放蕩하고 제어하기 어려우나, 道心은 微妙하여 쉽게 어두워지고 드러내기 어렵기 때문이다. 그러므로 聖人이 사람을 가르칠 때, 반드시 먼저 위험하여 제어하기 어려운 곳으로부터 절제하여 막아냄으로써, 미묘하여 드러내기 어려운 것으로 하여금 확충되어 드러나도록 한 것이니, 用工의 緩 · 急으로 말한 것이다.[1)]

○ 人心道心, 皆就已發處言. 故精一執中, 皆因其發而加工之事, 未說到靜時工夫. 如程林隱心學圖曰 "人心卽覺於欲者 ; 道心卽覺於義理者." 這箇覺字, 卽發字之義也. 觀於此, 則可知其人心道心之爲已發事也.

---

1) '用工' 은 '노력하다' · '공부하다' 의 뜻. '用功' 이라고도 표기함. '危險한 人心을 절제하는 공부' 가 '微妙한 道心을 드러내는 공부' 보다 더 급하므로, '人心道心論' 에서는 人心을 道心보다 먼저 언급했다는 뜻.

人心과 道心은 모두 '이미 발한 곳' 에 나아가 말하는 것이다. 그러므로 '惟精惟一 允執厥中' [2]은 모두 그 발한 것을 바탕으로 工夫를 더하는 일이니, '고요한 때(未發時)' 의 工夫를 말하는 것이 아니다. 예컨대 程林隱[3]의 〈心學圖說〉에서는 "人心은 欲望에 대해 知覺한 것이며, 道心은 義理에 대해 知覺한 것이다."라고 했는데, 여기에서의 '覺' 이라는 글자는 곧 '發' 字의 뜻이다. 이것으로 보면, 人心 · 道心이 모두 '已發' 에 속하는 것임을 알 수 있다.

○ 中不可執, 而精一便是執之工夫. 蓋聖人, 義精仁熟, 非有意於執中, 而自然無過不及. 故有執中之名, 而實未嘗有所執也.

'中' 은 '잡을 수 없는 것' 인데, '惟精惟一' 은 곧 '잡으려는 工夫' 이다. 대개 聖人은 義理가 精密하고 仁이 完熟하여, 中을 잡으려는 의도가 없어도 저절로 지나침이나 모자람이 없다. 그러므로 '中을 잡는다(執中)' 는 이름이 있게 되었으나, 사실은 일찍이 '잡을 것' 이 없는 것이다.

○ "人心惟危." 這箇人心, 亦可以人欲言之乎? 不可以人欲言之乎? 程氏遺書, 有言 "人心私欲 ; 道心天理." 朱子初從其說, 而及其晩年, 改定其說, 以爲人心流於不善, 然後始謂人欲. 觀乎此, 則人心未便是人欲, 而到不知所以治之, 方說得人欲. 然舜禹授受之際, 所以謂人心私欲者, 非若衆人所謂私欲者也.

---

2) '惟精' 이란 자신의 마음이 人心인지 道心인지 '정밀하게 살핌' 을 말하고, '惟一' 이란 '道心을 오직 專一하게 지킴' 을 말한다. '惟精惟一' 을 통해서 '진실로 그 中庸을 잡음(允執厥中)' 이 가능하게 되는 것이다.

3) 程林隱 : 이름은 復心, 林隱은 號. 元代의 유학자. 程林隱의 〈心學圖〉와 〈心學圖說〉은 『心經附註』의 첫머리에도 실려 있고, 퇴계의 『聖學十圖』에도 〈第八心學圖〉로 채택되어 있다.

但微有一毫把捉底意思, 則雖是道心之發見, 而終未離人心之境, 所謂動以人則有妄. 旣曰有妄, 則非私欲而何? 須是都無此意思, 自然從容中道, 方純是道心也.

"人心은 오직 위태롭다."고 했는데, 저 '人心'은 또한 '人欲'이라고도 말할 수 있는 것인가, '人欲'이라고는 말할 수 없는 것인가? 『程氏遺書』에는 "人心은 私欲이요, 道心은 天理이다."라는 말이 있다.[4] 朱子도 初年에는 이러한 주장을 따랐으나, 晩年에 이르러서 그 주장을 改定하여 "人心이 不善으로 흐른 다음에야 비로소 人欲이라 말하는 것"이라 하였다. 이것을 보면, 人心이 곧 人欲인 것은 아니요, (人心을) 다스릴 줄을 모른 다음에야 바야흐로 人欲이라 말할 수 있는 것이다. 그러나 舜과 禹가 (天下를) 주고받는 즈음에 '人心은 私欲'이라고 말한 것[5]은 衆人들의 이른바 '私欲'과는 다른 것이다. 다만 조금이라도 집착하려는 의도가 있다면, 비록 道心이 發現한 것이라도 끝내는 人心의 경지를 떠나지 못하는 것이다. 이것이 이른바 "사람으로써 움직이면 망령됨이 있다"는 것이다.[6] 이미 '망령됨이 있

4) 『程氏遺書』 卷24(鄒德久本, 伊川先生語10) 頁2 : 人心私欲, 故危殆. 道心天理, 故精微. 滅私欲則天理明矣.

5) 心齋의 "舜과 禹가 (天下를) 주고받는 즈음에 '人心은 私欲'이라고 말한 것"이라는 말은 무엇을 지칭하는 것인지 알기 어렵다. 舜이 禹에게 帝位를 물려주면서 "人心惟危 ; 道心惟微. 惟精惟一, 允執厥中."이라고 말한 대목이 실려 있는 『書經』 虞書 大禹謨에는 '人心은 私欲'이라는 내용이 보이지 않는다.

6) 『周易』 无妄卦 象辭에서는 "하늘 아래 우뢰가 지나가니, 사물과 더불어 망령됨이 없다.(天下雷行, 物與无妄.)"고 하였다. 이에 대해 程明道는 "无妄은 (小成卦) 震卦가 아래이고 乾卦가 위이니(震下乾上), 하늘로써 움직이는 것이다. 어찌 망령됨이 있겠는가? 사람으로써 움직이면 망령됨이 있게 된다.(『程氏遺書』 卷11, (師訓, 明道先生語1) : 无妄, 震下乾上, 動以天. 安有妄乎? 動以人, 則有妄矣.)"고 설명하였다. 无妄卦 象辭의 '天下雷行'은 无妄卦가 '震下乾上'의 모양임을 해설한 것인데, 程明道는 '震下乾上'을 다시 '天理에 따라 움직이는 것

다' 고 했으니, '私欲' 이 아니고 무엇이겠는가? 모름지기 이러한 의도가 전혀 없이 자연스럽게 조용히 道에 들어맞아야만 바야흐로 순수한 道心인 것이다.

○ "心之虛靈知覺, 一而已矣." 所謂心者, 指理而言乎? 指氣而言乎? 夫人之生也, 得天地之理以爲性 ; 又得天地之氣以爲形. 理與氣合, 所以爲虛靈知覺, 則所謂心者, 兼理氣而言.

(주자는) "心의 虛靈知覺은 하나일 뿐이다."라고 했는데, 이른바 '心' 이란 理를 가리켜 말하는 것인가? 氣를 가리켜 말하는 것인가? 무릇 사람이 태어남에, 天地의 理를 얻어 性이 되고, 또 天地의 氣를 얻어 形體가 된다. 理와 氣가 합쳐졌기 때문에 '虛靈知覺' 이 되는 것이니, 이른바 '心' 이란 '理와 氣를 겸해서 말하는 것' 이다.

○ 勿齋程氏曰 "虛靈, 心之體 ; 知覺, 心之用." 此說固然矣. 然虛靈知覺, 皆兼體用而言.

(小注에서) 勿齋程氏는 "虛靈은 心의 體요, 知覺은 心의 用이다."라고 했는데, 이러한 설명은 진실로 옳다. 그러나 虛靈과 知覺은 모두 體·用을 겸해서 말하는 것이다.[7]

○ 大學序言 "河南程氏兩夫子出, 而有以接乎孟氏之傳" 云云. 此序言 "程夫子兄弟者出, 得有所考, 以續夫千載不傳之

(動以天)' 이기 때문에 '无妄' 인 것이라고 설명한 것이다. 이러한 맥락에서 '動以人' 은 '人欲에 따라 움직이는 것' 이 되기 때문에 '有妄' 이 되는 것이다.

7) '虛靈과 知覺' 은 '體·用' 으로 구별되지만, 또한 '虛靈' 자체에도 體·用이 있고, '知覺' 자체에도 體·用이 있다는 뜻임.

緖" 云云. 程子之前, 周子作通書圖說等書, 始傳千載之緖, 則庸學序只言兩程, 而不言周子者, 抑何義? 盖河南夫子, 爲能拈出庸學二部於戴記玉藻等諸篇之中, 表章之功, 於庸學又有大焉. 所以只言兩程而不言周子也.

〈大學章句序〉에서는 "河南程氏 兩夫子께서 나오셔서, 孟子의 傳함에 접속하게 되었다." 云云하였고, 이 〈中庸章句序〉에서는 "程夫子 兄弟께서 나오셔서, 고증할 바를 얻어서 천년동안 전해지지 않던 端緖를 이으셨다." 云云하였다. 程子보다 앞서 周子는 『通書』와 〈太極圖說〉 등의 글을 지으셔서 비로소 천년동안 전해지지 않던 端緖를 전하셨다. 그러한 즉, 〈中庸章句序〉와 〈大學章句序〉에서 다만 두 程子를 언급하고 周子를 언급하지 않은 것은 또한 무슨 뜻인가? 대개 河南의 두 程夫子께서는 『戴記』의 〈玉藻〉 등 여러 篇 가운데서 능히 『中庸』과 『大學』 두 部를 골라 내셨으니,[8] 表章하신 功이 『中庸』과 『大學』에 있어서 더욱 컸던 것이다. 이것이 다만 兩程을 언급하고 周子를 언급하지 않은 까닭이다.

<篇題>

○ "中者, 不偏不倚, 無過不及之名." 中庸之名篇, 本是取時

8) 『戴記』는 『禮記』의 別稱. 현행 『禮記』는 漢代의 학자 戴聖이 편찬한 것임. 본래 戴德은 禮에 관한 옛 기록들을 刪定하여 85篇으로 편찬하였는바 이를 『大戴禮』라 한다. 戴德의 아우 戴聖은 『大戴禮』 85篇 가운데 다시 49篇을 발췌하였는바 이를 『小戴禮』라 한다. 『小戴禮』는 後漢 때에 국가의 기본적 禮書로 인정받았으며, 이후 『禮記』라 하면 『小戴禮』를 지칭하게 되었다. 〈玉藻〉는 『禮記』의 여러 篇名 가운데 하나임.

中之中, 則宜可以先言無過不及, 而其所以先言不偏不倚者, 何也? 名篇之義, 雖是取時中之中, 而所以能時中者, 蓋有那未發之中, 而有此未發之中, 然後方可以做君子之時中, 則此非所以先言不偏不倚者乎?

(주자는) "'中' 이란 치우치지도 않고 기대지도 않아서 지나침과 모자람이 없는 것의 이름이다."라고 했다. '中庸' 이라는 篇의 이름은 본래 '時中' 의 '中' 을 취한 것이니 마땅히 먼저 '지나침과 모자람이 없음' 을 언급해야 할 것인데, (주자는) '치우치지도 않고 기대지도 않음' 을 먼저 언급한 까닭이 무엇인가? 篇의 이름을 지은 뜻이 비록 '時中' 의 '中' 을 취한 것이라 해도, 능히 '時中' 할 수 있는 까닭은 대개 저 '未發의 中' 에 있는 것이다. 이 '未發의 中' 이 있고 난 다음에 바야흐로 君子의 時中을 이룰 수 있으니, 이것이 먼저 '치우치지도 않고 기대지도 않음' 을 언급한 까닭이 아니겠는가?

○ 程子曰 "不偏之謂中, 不易之謂庸." 朱子則於不偏下, 足了不倚無過不及六字, 而又以平常, 換不易者, 何也? 單擧不偏二字, 已兼未發已發, 而足了不倚等六字, 亦不過未發已發而已矣. 訓以不易, 已包平常之義, 而平常故不易, 則換以平常, 亦是不易之義也.

程子는 "치우치지 않는 것을 '中' 이라 하고, 바뀌지 않는 것을 '庸' 이라 한다(不偏之謂中, 不易之謂庸.)" 고 하였다. 그런데 朱子는 '치우치지 않는다(不偏)' 는 말 아래에 '기대지도 않아서 지나침과 모자람이 없음(不倚無過不及)' 이라는 여섯 글자를 추가하고,[9] 또 '바뀌지 않는다(不易)' 는 말을

9) 原文의 '足' 字는 '보태다' · '추가하다' 의 뜻으로서, 音은 '주' 임.

'平常' 이라는 말로 바꾸었으니, 무슨 까닭인가? 홀로 '不偏' 이라는 두 글자만을 언급해도 이미 未發과 已發을 겸하는 것인데 '不倚無過不及' 이라는 여섯 글자를 추가한 것 역시 '未發과 已發을 겸한다' 는 뜻에 불과하다. '不易' 으로 해석하면 이미 '平常' 이라는 뜻을 포함하고 있는데, 平常하기 때문에 바뀌지 않는 것이다. 그러한 즉, '平常' 으로 바꾼 것도 또한 '不易' 의 뜻인 것이다.

○ "中者, 天下之正道；庸者, 天下之定理." 何其於中而言道字, 於庸而言理字耶? 道是總括之名, 理是條目之謂, 而緊要都在於正字定字上. 盖以正字與中字合；定字與庸字合. 然其必於中而言道, 於庸而言理者, 豈無以哉? 夫道者, 只是率性之謂, 而謂之道, 則自是流行底物事. 故未發之中, 與已發之中, 由寂而感, 由感而寂, 循理相代, 隨時合宜者, 無非循其性之自然, 而流行於日用間者也. 其必曰道者, 非以是耶? 理者, 只是當然之謂, 而謂之理, 則實是有定體底物事. 故無論未發已發, 其所以常常如此者, 皆是當然而有定體者也. 其必曰理者, 非以是耶?

(程子는) "'中' 은 天下의 正道요, '庸' 은 天下의 定理이다."라고 했는데, 어찌하여 '中' 에 대해서는 '道' 字를 말하고, '庸' 에 대해서는 '理' 字를 말한 것인가? '道' 는 總括하는 명칭이고, 理는 條目을 말하는 것인데, 긴요한 것은 모두 '正' 字와 '定' 字에 있는 것이다. 대개 '正' 字는 '中' 字와 결합되고, '定' 字는 '庸' 字와 결합된다. 그러나 반드시 '中' 에 대해서는 '道' 를 말하고, '庸' 에 대해서는 '理' 를 말한 것이 어찌 까닭이 없겠는가? 무릇 '道' 란 다만 '본성을 따름(率性)' 을 말하니, '道' 라고 말하면 본래 '流行하는 것' 이다. 그러므로 '未發의 中' 과 '已發의 中' , '고요함으로부터 감응하게 됨' 과 '감응함으로부터 고요하게 됨' 등 理에 따라 서로 대신

하고 때에 따라 마땅하게 부합하는 것이 모두 '그 本性의 자연스러움을 따라 日用 사이에 流行하는 것' 이다. 그 반드시 '道' 라고 말한 것은 이러한 까닭이 아니겠는가? '理' 란 다만 '當然함' 을 말하니, '理' 라고 말하면 실로 '定體가 있는 것' 이다. 그러므로 未發 · 已發을 막론하고 그 '늘 이와 같은 까닭' 은 모두 '當然으로서 定體가 있는 것' 이다. 그 반드시 '理' 라고 말한 것은 이러한 까닭이 아니겠는가?

○ "放之則彌六合 ; 卷之則退藏於密." 盖費隱二字, 包盡乎其義也. 費是用之廣也 ; 隱是體之微也. 語其大, 則天下莫能載焉 ; 語其小, 則天下莫能破焉. 如鳶魚之活潑, 萬物之發育, 言道之極於至大而無外也, 所謂放之則彌六合也. 鬼神之不見, 禮儀之三百, 言道之入於至小而無間也. 所謂卷之則退藏於密也. 其他溥博如天之訓, 戒懼謹獨之工, 皆所以摸狀乎顯微無間之妙, 而放彌六處, 由體而達於用 ; 退藏密處, 由用而歸於體. 是道也, 散之爲萬事, 合之爲一理, 方其已發, 天地亦做不盡也 ; 及其未發, 絲毫亦無間隔也. 放彌六退藏密者, 一言以盡之, 費而隱而已.

(이 『中庸』이라는 책은) "풀어놓으면 六合[10]에 가득 차고, 말아서 거두면 隱密한 곳으로 물러가 숨는다."고 했는데, 대개 '費 · 隱' [11] 두 글자가 이러한 뜻을 모두 포함하고 있다. '費' 는 '用이 넓음' 을 말하고, '隱' 은 '體가 은미함' 을 말한다. 그 큼을 말하면 天下에 실을 수 있는 것이 없고, 그 작음을 말하면 天下에 깨뜨릴 수 있는 것이 없다.[12] 예컨대 '솔개와 물고기가

10) 六合 : 天地(上下)와 四方을 뜻함.

11) 『中庸章句』 제12장의 "君子之道, 費而隱."을 말함.

12) 『中庸章句』 제12장의 "夫婦之愚, 可以與知焉, 及其至也, 雖聖人, 亦有所不知

活潑潑한 것'[13]과 '萬物이 發育함'[14]은 道가 지극하게 커서 밖이 없음을 말한 것이니, 이른바 '풀어놓으면 六合에 가득 찬다'는 것이다. '鬼神이 보이지 않음'[15]과 '禮儀가 3백 가지나 됨'[16]은 道가 지극히 작은 것에 들어가서 틈이 없음을 말한 것이니, 이른바 '말아서 거두면 隱密한 곳으로 물러가 숨는다'는 것이다. 그밖에 '溥博如天'[17]의 가르침이나 '戒懼謹獨'[18]의 공부는 모두 '顯微無間'[19]의 妙를 더듬어 형용한 것이다. '풀어놓으면 六合에 가득 찬다'는 것은 '體로부터 用으로 통달하는 것'이요, '말아서 거두면 隱密한 곳으로 물러가 숨는다'는 것은 '用으로부터 體로 돌아오는 것'이다. 이 道는 흩어지면 萬事가 되고, 합쳐지면 一理가 되며, 바야흐로 이미 발했을 때에는 天地 또한 다하지 못하는 것이 되고, 그 아직 발하지 않았을 때에는 秋毫의 간격도 없는 것이다. "풀어놓으면 六合에 가득 차고, 말아서 거두면 隱密한 곳으로 물러가 숨는다."는 것은 한마디로 표현하자면 '費而隱'일 따름이다.

焉; 夫婦之不肖, 可以能行焉, 及其至也, 雖聖人, 亦有所不能焉. 天地之大也, 人猶有所憾, 故君子語大, 天下莫能載焉; 語小, 天下莫能破焉."을 말함.

13) 『中庸章句』 제12장의 "詩云, 鳶飛戾天, 魚躍于淵, 言其上下察也."를 말함.

14) 『中庸章句』 제27장의 "大哉! 聖人之道. 洋洋乎發育萬物, 峻極于天."을 말함.

15) 『中庸章句』 제16장의 "子曰, 鬼神之爲德, 其盛矣乎! 視之而弗見, 聽之而弗聞, 體物而不可遺."를 말함.

16) 『中庸章句』 제27장의 "優優大哉! 禮儀三百, 威儀三千."을 말함.

17) 『中庸章句』 제31장의 "溥博淵泉, 而時出之. 溥博如天, 淵泉如淵."을 말함.

18) 『中庸章句』 제1장의 "道也者, 不可須臾離也 可離, 非道也. 是故, 君子, 戒愼乎其所不睹, 恐懼乎其所不聞. 莫見乎隱, 莫顯乎微, 故君子, 愼其獨也."를 말함.

19) 顯微無間 : 드러난 것과 은미한 것 사이에 간격이 없음. 드러난 것은 '현상'을 말하고, '은미한 것'은 '본체'를 말하니, 즉 본체와 현상 사이에 틈이 없음을 말함. 程伊川의 〈易傳序〉에서는 "본체와 작용은 하나의 근원이며, 드러난 것과 은미한 것은 간격이 없다.(體用一源, 顯微無間.)"라고 하였음.

<第1章>

○ "天命之性." 夫天, 專言之則道也 ; 以形體謂之天 ; 以性情謂之乾 ; 以主宰謂之帝. 今於命性之上, 不曰乾曰帝, 而必曰天者, 何也? 盖命性, 主乎理, 而所謂天者, 理而已矣.

"하늘이 命한 것을 性이라 한다."고 했는데, 무릇 '하늘'은 오로지 말하자면 '道'이며, 形體로 말하면 '天'이라 하고, 性情으로 말하면 '乾'이라 하며, 主宰로 말하면 '帝'라 한다.[20] 이제 命 · 性의 위에 '乾'이나 '帝' 字를 붙이지 않고 반드시 '天' 字를 붙인 까닭은 무엇인가? 대개 命 · 性은 '理'를 주로 하는 것이니, 이른바 '天'이란 '理'일 따름이다.

○ "天以陰陽五行, 化生萬物, 氣以成形, 而理亦賦焉." 天命之性, 專以理言者也. 今曰 "天以陰陽五行" 云云者, 却似雜氣而言者, 何也? 性卽理也, 而人物稟生之初, 氣不得不與於其間也. 所謂理者, 不是懸空底物事, 而其於賦物爲性之際, 非氣則亦不能使之凝聚成形, 而爲所賦與之地, 故將釋天命之性, 而推其所以流行造化之實, 則夫所謂陰陽五行者, 自不得不提說. 然始焉以天而主之, 終焉以理而結之, 則其謂專以理言之者, 於此可見, 而豈可以提說二五之故, 便謂其雜氣而言耶?

(朱子는) "하늘이 陰陽五行으로 萬物을 化生함에, 氣로써 形體를 이루고 理 또한 부여했다."고 하였다. '天命의 性'은 오로지 理로 말하는 것이다.

20) 程伊川은 『周易』 乾卦 卦辭에 대한 해설에서 "以形體謂之天 ; 以主宰謂之帝 ; 以功用謂之鬼神 ; 以妙用謂之神 ; 以性情謂之乾."이라 하였다(『周易傳義大全』 卷1 頁3 참조).

이제 "하늘이 陰陽五行으로" 云云한 것은 도리어 '氣를 섞어서 말한 것' 같은데, 무슨 까닭인가? 性은 곧 理이다. 그런데 人·物이 태어나는 처음에는 氣가 不得不 그 사이에 간여하는 것이다. 이른바 '理'란 '허공에 떠 있는 물건'이 아니니, 사물에 부여하여 性이 되는 즈음은 氣가 아니면 또한 凝聚하여 形體를 이루어 (理를) 부여하는 바탕이 되게 할 수 없다. 그러므로 장차 '天命의 性'을 풀이하려 함에 流行·造化하는 실상의 까닭을 미루어 나간 것이니, 그러한 즉 저절로 이른바 '陰陽五行'을 이끌어다 말하지 않을 수 없었던 것이다. 그러나 시작할 때도 '天'으로 중심을 삼고, 마칠 때에도 '理'로써 맺었으니, 그러한 즉 '오로지 理로 말함'을 여기에서 볼 수 있다. 어찌 陰陽五行을 이끌어다 말했다는 까닭으로 문득 '氣를 섞어서 말한 것'이라 할 수 있겠는가?

○"天以陰陽五行, 化生萬物", 則先言理而後言氣也; "氣以成形, 理亦賦焉", 則先言氣而後言理也, 何也? 若論本原, 則卽有理然後有氣; 若論稟賦, 則有是氣而後, 理隨以具. 故天以陰陽五行一條, 先言理而後言氣者, 以其論本原, 則有理而後有氣者也. 天卽理, 而陰陽五行氣也; 氣以成形一條, 先言氣而後言理者, 以其論稟賦, 則有是氣而後, 理隨而具者也. 氣則陰陽五行, 而理卽天之所賦也.

"하늘이 陰陽五行으로 萬物을 化生한다"는 말은 먼저 理를 말하고 뒤에 氣를 말한 것이요, "氣로써 形體를 이루고 理 또한 부여했다"는 말은 먼저 氣를 말하고 뒤에 理를 말한 것이니, 무슨 까닭인가? 만약 本原을 논한다면 곧 理가 존재한 다음에 氣가 존재하나, 만약 稟賦를 논한다면 이 氣가 존재한 다음에 理가 따라서 갖추어지는 것이다. 그러므로 "하늘이 陰陽五行으로 萬物을 化生한다"는 조목에서 '먼저 理를 말하고 뒤에 氣를 말한 것'은

本原을 논하면 理가 존재한 다음에 氣가 존재하기 때문이다. '하늘'은 곧 '理'이고, '陰陽五行'은 '氣'이다. "氣로써 形體를 이루고 理 또한 부여하였다"는 조목에서 '먼저 氣를 말하고 뒤에 理를 말한 것'은 稟賦를 논하면 이 氣가 존재한 다음에 理가 따라서 갖추어지기 때문이다. '氣'는 '陰陽五行'이고, '理'는 곧 '하늘이 부여한 것'이다.

○ "天命之謂性, 率性之謂道." 性具健順五常之德；道爲日用當行之路, 則在人固然, 而在萬物, 亦可謂具是德行是路乎? 萬物各具一理, 而萬理同出一原, 則人物雖有通塞偏全之不同, 而其曰天命率性, 則人與物初無間隔, 而所謂德所謂道者, 未嘗不在是也. 以此推之, 則健順之德, 當行之道, 物物莫不有焉耳.

"하늘이 命한 것을 性이라 하고, 性을 따르는 것을 道라 한다."고 하였는데, 性은 '健順과 五常의 德'[21]을 지니고 있고, 道는 '日用에서 마땅히 실행해야 하는 길'이다. 그러한 즉, 사람에게 있어서는 진실로 그렇겠거니와, 萬物에 있어서도 또한 이 德을 갖추고 이 길을 실행한다고 말할 수 있는 것인가? 萬物은 각각 하나의 理를 지니고 있으며, 萬理는 하나의 근원에서 함께 나오는 것이다. 그러한 즉, 사람과 萬物은 비록 '通·塞'과 '偏·全'의 차이가 있지만 "하늘이 命한 것을 性이라 하고, 性을 따르는 것을 道라 한다."고 함에 있어서는 사람과 만물이 애초에 간격이 없으며, 이른바 '德'이라 하고 '道'라 하는 것도 일찍이 여기에 있지 않음이 없다. 이것으로 미루어 본다면, '健順의 德'과 '마땅히 실행해야 하는 道'는 사물마다 모두 지니고 있는 것이다.

---

21) 氣를 陰陽과 五行으로 분류했을 때, 陽의 德을 '健'이라 하고 陰의 德을 '順'이라 하며, 五行의 德을 '五常'이라 함.

○ "修道之敎" 曰 "若禮樂刑政之屬, 是也." 其釋修道之敎, 則當以心言之, 而今以禮樂刑政言之者, 何也? 盖禮樂, 心之發也 ; 刑政, 心之推也. 樂記曰 "樂以治心, 禮以治躬." 則纔說禮樂刑政, 心在其中也.

(朱子는) "修道之謂敎"를 풀이하면서 "禮 · 樂이나 刑 · 政과 같은 무리가 이것이다."라고 설명했다. "修道之謂敎"를 풀이할 때는 마땅히 '心'으로 말해야 할 것인데, 이제 禮 · 樂이나 刑 · 政으로 말하는 까닭은 무엇인가? 대개 禮 · 樂은 心이 發한 것이요, 刑 · 政은 心을 미루어나간 것이다. 『禮記』의 〈樂記〉에서는 "樂으로 마음을 다스리고, 禮로 몸을 다스린다."고 했으니, 다만 禮 · 樂과 刑 · 政을 말해도 문득 그 가운데 心이 들어있는 것이다.

○ "盖人, 知己之有性而不知其出於天, 知事之有道而不知其由於性, 知聖人之有敎而不知其因吾之所固有者裁之也. 故子思於此, 首發明之, 而董子所謂道之大原出於天, 亦此意也." 性道敎三者, 通人物而言之, 則於此只言人, 而不言物者, 何也? 性道敎三者, 雖曰人物之所同, 而但於人較詳, 於物較略, 於人較多, 於物較少, 則章句所以只言人一邊, 而闕却物一邊者, 盖實以人爲主也.

(朱子는) "대개 사람들이 자기에게 性이 있음은 알아도 그것이 하늘에서 나온 것임은 알지 못하고, 일에 道가 있음은 알아도 그것이 性에서 말미암은 것임은 알지 못하며, 聖人이 가르침을 베풀었음은 알아도 그것이 자기에게 고유한 것을 바탕으로 마름질한 것임은 알지 못한다. 그러므로 子思께서 여기에서 첫 번째로 이것을 밝히신 것이니, 董子[22]가 '道의 큰 근원이 하늘에서 나왔다'고 말한 것이 또한 이러한 뜻이다."라고 하였다. 性 ·

道 · 敎 셋은 사람과 만물을 관통해서 말하는 것이다. 그러한 즉, 여기에서는 다만 사람만을 말하고 만물은 말하지 않은 것은 무슨 까닭인가? 性 · 道 · 敎 셋은 비록 사람과 만물이 같은 것이라 하더라도, 다만 사람에게 있어서는 비교적 詳細하고 만물에 있어서는 비교적 疎略하며, 사람에게 있어서는 비교적 많고 만물에 있어서는 비교적 적은 것이다. 그러한 즉 章句[23]에서 다만 사람 一邊만 말하고 사물 一邊은 빼놓은 까닭은 대개 실로 사람으로 중심을 삼기 위한 것이었다.

○ 率性之道, 修道之敎, 兩道字, 微有不同. 上道字兼人物, 無輕重之可言；而下道字, 於兼言之中, 轉移人事上較重矣. 盖率性之道, 言其人物同得之理, 而人率人之道, 物率物之道也. 修道之道, 言其人物不齊之氣, 而使之修之而品節之者, 乃聖人之敎也.

'率性의 道' 와 '修道의 敎' 에서 두 '道' 字는 약간 다름이 있다. 위의 '道' 字는 人 · 物을 겸한 것으로서 輕 · 重을 말할 수 없는 것이고, 아래의 '道' 字는 人 · 物을 겸해서 말하는 가운데 人事 쪽으로 비교적 重點을 옮긴 것이다. 대개 '率性의 道' 는 人 · 物이 함께 얻은 理를 말하는 것으로서, 사람은 사람의 道를 따르고, 만물은 만물의 道를 따르는 것이다. '修道의 道' 는 그 人 · 物의 가지런하지 못한 氣를 말하는 것으로서, 그들로 하여금 닦아서 品節[24]하게 하는 것이 바로 '聖人의 가르침' 이다.

---

22) 漢代의 유학자 董仲舒를 말함.

23) 心齋는 '朱子의 註釋' 을 '章句' 라고 표기하고 있음.

24) 品節 : 等差를 세움. 주자는 '修道之謂敎' 의 '修' 字를 '品節함' 으로 풀이하고 "性과 道는 비록 같으나 氣稟은 간혹 다르기 때문에 지나침과 모자람의 차이가 없을 수 없으니, 聖人께서 人 · 物이 마땅히 행해야 할 것을 바탕으로 品節

○ 上段兼言性道教三字, 而下段只曰 "道也者, 不可須臾離也." 不言性教, 而單擧道字者, 何也? 蓋性道教之三言, 乃是一篇之綱領, 而道之一字, 又爲三言之綱領, 則下段所以單擧道字者, 以示其道重於性敎也.

上段에서는 '性 · 道 · 敎' 세 글자를 겸해서 말했는데, 下段에서는 다만 "道라는 것은 잠시라도 떠날 수 없는 것이다."라고 하여, '性 · 敎' 는 말하지 않고 홀로 '道' 字만 거론한 까닭은 무엇인가? 대개 '性 · 道 · 敎' 세 글자는 바로 이 『中庸』 一篇의 綱領이다. 그런데 '道' 라는 한 글자는 또 '性 · 道 · 敎' 라는 세 글자의 綱領이다. 그러한 즉, 下段에서 홀로 '道' 字만 거론한 것은 '道' 가 '性 · 敎' 보다 중요함을 보여주기 위한 것이다.

○ "道也者, 不可須臾離也. 可離, 非道也." 然則衣食作息, 視聽擧履, 皆可謂之道歟? 朱子詩曰 "如何率性名爲道? 隨事如由大路行." 夫道之得名, 正以其日用當行之路, 而衣食作息, 視聽擧履, 只是物也. 物之理, 乃道也. 固不可將物喚做道, 而若便指物以爲道, 則是認欲爲道也.

"道라는 것은 잠시라도 떠날 수 없는 것이니, 떠날 수 있는 것이라면 道가 아니다."라고 했는데, 그렇다면 입고, 먹고, 동작하고, 쉬고, 보고, 듣고, 들고, 밟는 것을 모두 '道' 라고 할 수 있는 것인가? 朱子의 詩에 이르기를 "어찌하여 本性을 따르는 것을 道라 이름했는가? 本性대로 일하는 것은 大路를 따라 걷는 것과 같다네."라고 하였다.[25] 무릇 '道' 라는 이름을 얻은

하시어 天下에 法이 되게 하셨다. 禮 · 樂이나 刑 · 政과 같은 무리가 이것이다."라고 설명하였다. 이것으로 볼 때, '修道' 란 '각자에게 합당한 행동양식' (道)을 '각자에게 알맞게 品節하여 제시하다' (修)는 뜻이다.

25) 『朱子大全』 遺集 卷1 頁11에 보이는 〈道〉라는 제목의 詩로서, 그 전체를 소개

것은 바로 그 日用에서 마땅히 실행해야 하는 길이기 때문이다. 그런데 입고, 먹고, 동작하고, 쉬고, 보고, 듣고, 들고, 밟는 것은 다만 사물일 뿐이니, 사물의 理가 바로 道인 것이다. 사물을 道라고 부르는 것은 진실로 잘못이다. 만약 문득 사물을 가리켜 道라고 한다면, 이것은 欲望을 道로 인식하는 것이다.

○ "戒愼乎其所不睹, 恐懼乎其所不聞." 不睹不聞之際, 當以何時節看得也? 當其未發, 未有睹聞之事, 而亦有睹聞之理. 盖人雖至靜之中, 耳未嘗聾, 目未嘗瞽, 有可睹可聞之理, 而無所睹所聞之事, 則卽其所未及睹聞之時, 吾所以戒懼者, 元不是驚惶震懼, 而但常要提起此心而已. 其所以提起此心者, 亦不是大段着力, 但常若有所敬畏云爾, 則不睹不聞之時, 不是閉耳合眼時也, 只是事物未形時也. 以此推之, 不睹不聞之旨, 謂全無所睹, 全無所聞, 則只是昏氣用事, 何以立天下之大本乎? 當此之時, 雖事物之接於耳目者, 耳不及聞, 目不及見, 而其見聞之理, 則愈益炯然瞭然, 常在心目之間矣.

"(남들에게) 보이지 않는 곳에서 戒愼하고, 들리지 않는 곳에서 恐懼한다."고 했는데, '보이지 않고 들이지 않는 즈음'은 마땅히 어떤 시절로 간주해야 하는가? 未發일 때를 당해서는 보고 듣는 일은 없지만 보고 듣는 理는 있는 것이다. 대개 사람은 비록 지극히 고요한 가운데라도, 귀는 일찍이 귀머거리가 된 것이 아니고 눈은 일찍이 소경이 된 것이 아니니, 볼 수 있

하면 다음과 같다. "어찌하여 本性을 따름을 '道'라 이름했는가? 本性대로 일하는 것은 大路를 따라 걷는 것과 같다네. '道' 가운데 條理가 갖추어져 있음을 말하고자, 또 '理' 字로 그 이름을 구별했다네.(如何率性名爲道? 隨事如由大路行. 欲說道中條理具, 又將理字別其名.)"

고 들을 수 있는 理는 있는 것이요, 보는 일과 듣는 일은 없는 것이다. 그러한 즉, (남들에게) 보이지도 않고 들리지도 않는 때에 나아가서 내가 戒懼하는 것은 원래 驚惶震懼하는 것이 아니요, 다만 항상 이 마음을 이끌어다 일으키는 것뿐이다. 이 마음을 이끌어다 세우는 것 역시 대단하게 힘을 들이는 것이 아니요, 다만 항상 敬畏할 바가 있는 듯이 하는 것뿐이다. 그러한 즉, '보이지 않고 들리지 않는 때' 는 '귀를 막고 눈을 감은 때' 가 아니요, 다만 '사물이 아직 형성되지 않은 때' 이다. 이것으로 미루어보면 '보이지도 않고 들리지도 않음' 의 뜻을 '전혀 보는 것도 없고 전혀 듣는 것도 없음' 이라고 말한다면, 이것은 다만 昏氣가 用事하는 것이니, 어찌 天下의 大本을 세울 수 있겠는가? 이때를 당해서는 비록 耳目에 접촉하는 事物이라도 귀로는 듣지 못하고 눈으로는 보지 못하나, 그 보고 듣는 理는 더욱 밝고 또렷하게 항상 마음과 눈 사이에 있는 것이다.

○ 君子持守之工, 不睹不聞之時, 僅能戒懼, 而所睹所[26]聞之時, 不能戒懼乎? 君子之道, 無所不在, 無時不然, 雖當事物旣往, 思慮未萌, 而日用之間, 須臾之頃, 常存敬畏, 亦不敢忽, 則不睹不聞之時, 這箇敬也 ; 所睹所聞之時, 這箇敬也. 旣曰 "道不可離", 則君子戒懼之工, 自所睹而至於所不睹也 ; 旣曰 "可離非道", 則自所聞而至於所不聞也. 非謂不睹不聞然後, 有此戒懼之工也.

君子가 간직하고 지키는 공부는 (남들에게) 보이지 않고 들리지 않는 때에만 겨우 능히 戒懼하고, 보이고 들리는 때에는 戒懼하지 못하는 것인가? 君子의 道는 있지 않은 곳이 없고, 그렇지 않은 때가 없다. 비록 事物이 이

---

26) '所' 字는 心齋의 原文에는 '不' 字로 되어 있으나, 문맥상 '所' 字가 마땅하므로 바꾸었음.

미 지나가고 思慮가 아직 싹트지 않은 때를 당해서도 日用의 사이와 須臾의 시간에 항상 敬畏를 보존하여 또한 감히 소홀히 함이 없다. 그러한 즉, 보이지 않고 들리지 않는 때에도 저 '敬' 이요, 보이고 들리는 때에도 저 '敬' 이다. 이미 "道는 떠날 수 없다" 고 하였으니, 君子가 戒懼하는 공부는 보이는 곳으로부터 보이지 않는 곳까지 이르는 것이며, 이미 "떠날 수 있으면 道가 아니다" 라고 하였으니, 들리는 곳으로부터 들리지 않는 곳까지 이르는 것이다. 보이지 않고 들리지 않는 다음에야 이 戒懼의 공부를 한다는 말이 아니다.

○ 戒懼是未發工夫, 則亦可以涵養義理, 言之乎? 盖纔知義理, 便是已發. 而當此之時, 有義理之本原, 無義理之條件, 只是主宰乎敬, 而提撕警覺, 管攝乎心, 而整齊嚴肅, 此謂涵養工夫, 則可也. 謂涵養義理, 則不可也.

戒愼恐懼는 未發時의 工夫이니, 그렇다면 '義理를 涵養하는 것' 이라고도 말할 수 있는가? 대개 義理를 안다면 문득 已發인 것이다. 이 (未發의) 때에는 '義理의 本原' 은 있어도 '義理의 條目' 은 없다. 다만 敬으로 主宰하여 이끌어 깨워 警覺시키고, 마음으로 管攝하여 가지런하고 嚴肅하게 하니, 이것을 '涵養의 工夫' 라고 하면 옳으나, '義理를 涵養한다' 고 하면 옳지 못하다.

○ "戒愼不睹, 恐懼不聞." 卽爲謹獨之意, 而朱夫子, 以戒懼謹獨, 分爲兩事者, 何也? 戒懼是存養之事, 而靜時工夫 ; 謹獨是省察之事, 而動時工夫, 則朱子分爲兩事者, 以其主乎靜, 主乎動也. 況不睹不聞者, 己之不睹不聞也, 獨者, 人之不睹不聞也. 其義不容不二耳.

"보이지 않는 곳에서 戒愼하고, 들리지 않는 곳에서 恐懼함"은 곧 '홀로 있을 때에 삼감(謹獨)'의 뜻이 되는데, 朱夫子께서는 戒懼와 謹獨을 두 가지의 일로 나눈 까닭은 무엇인가? 戒懼는 存養에 해당되는 일로서 靜時의 工夫요, 謹獨은 省察에 해당되는 일로서 動時의 工夫이다. 그러한 즉, 朱子가 두 가지 일로 나눈 것은 각각 靜을 주로 하고 動을 주로 하기 때문이다. 하물며 '보이지 않고 들리지 않음'은 '나의 보이지 않고 들리지 않음'이요, '홀로 있음'은 '남들이 보지 않고 듣지 않음'이니, 그 뜻이 둘로 구분되지 않을 수 없다.

○ **先儒以戒懼爲靜時工夫, 以謹獨爲動時工夫. 然則靜不能動, 而動不能靜乎? 觀於大易坤復二卦, 可知其戒懼謹獨之分屬動靜, 而靜未嘗不動, 動未嘗不靜也. 盖未有聞見, 而已有能聞能見之理者, 坤不能無陽也; 已有聞見, 而未有可喜可怒之著者, 復可見其心矣. 寂然無爲之中, 乘機流行之理具焉, 則靜中之動也; 乘機流行之中, 寂然無爲之妙存焉, 則動中之靜也. 故曰 "動靜無端, 陰陽無始." 而純陰閉塞之坤靜, 不爲無動也; 潛陽回斡之復動, 不爲無靜也, 則戒懼謹獨之通貫動靜, 亦猶坤復之互相循環者乎!**

先儒들은 戒懼로 靜時의 工夫를 삼고, 謹獨으로 動時의 工夫를 삼았는데, 그렇다면 靜은 動할 수 없고 動은 靜할 수 없는 것인가? 大易[27]의 坤·復 두 卦를 살펴보면 戒懼와 謹獨이 動·靜으로 分屬됨을 알 수 있거니와, 靜은 일찍이 動하지 않음이 없으며, 動은 일찍이 靜하지 않음이 없다. 대개 아직 '듣고 봄'은 없으나 이미 '들을 수 있고 볼 수 있는 理'는 있는 것이

27) 大易 : '위대한 『周易』'이란 말로서, 『周易』을 높여서 부르는 말임.

'坤에 陽이 없을 수 없음' 이요, 이미 '듣고 봄' 이 있으나 아직 '기뻐하거나 노여워함이 드러나지 않은 것' 은 '復에서 그 마음을 볼 수 있음' 이다.[28] 寂然하여 作爲가 없는 가운데 乘機流行하는 理가 갖추어져 있음은 '靜 가운데의 動' 이며, 乘機流行하는 가운데 寂然하여 作爲가 없는 妙가 있음은 '動 가운데의 靜' 이다. 그러므로 (程子는) "動 · 靜은 端緖가 없고, 陰 · 陽은 시작이 없다." 고 한 것이니, '純陰으로서 닫히고 막힌 坤의 고요함' 이 動이 없는 것이 아니며, '潛陽으로서 돌아오는 復의 움직임' 이 靜이 없는 것이 아니다. 그러한 즉, 戒懼와 謹獨이 動 · 靜을 관통함은 또한 坤卦와 復卦가 서로 循環함과 같을 것이다!

○ 此章兼言存養省察工夫, 而大學則只言省察工夫者, 何也? 中庸是聖人成德之書, 則兼言存省, 而用工於動靜上也 ; 大學是初學入德之門, 則只言省察, 而加謹於動處上也.

이 章에서는 存養과 省察의 공부를 겸해서 말하고 있는데, 『大學』에서는 다만 省察 공부만을 말하고 있는 것은 무슨 까닭인가? 『中庸』은 聖人이 德을 이룬 책으로서 存養 · 省察을 겸해서 말하고 動 · 靜 모든 때에 用工하는 것이나, 『大學』은 初學者가 德에 들어가는 門으로서 다만 省察을 말하고 動處에서 더욱 삼가는 것이다.

---

28) 坤은 여섯 爻가 모두 陰인 괘(純陰卦)로서, 陰이 극에 달한 것을 상징한다. 復은 純陰의 밑에서 다시 하나의 陽氣가 돋아나는 괘로서, 이는 陰이 극에 달하면 다시 陽으로 변화됨을 상징한다. 『周易』 復卦 彖辭에서는 "復에서 天地의 마음을 본다.(復, 其見天地之心乎.)" 라고 했는데, 陰이 극에 달하면 다시 陽이 소생하는 것이 '天地의 이치' 라는 말이다. 물론 陽이 극에 달하면(乾卦) 다시 陰이 소생하는 것(姤卦)도 '天地의 이치' 이다. 姤卦의 彖辭에서는 "하늘(陽)과 땅(陰)이 서로 만나니, 萬物이 모두 밝아진다.(天地相遇, 品物咸章.)" 고 하였다.

◯ 戒懼一節, 或以爲通動靜工夫, 或以爲主靜工夫者, 何也? 盖戒懼固當通動靜說, 又當專就靜處說. 君子修己之功, 自其所睹所聞, 至於不睹不聞, 無時而不戒懼, 則此戒懼, 所以通貫動靜也. 若於不睹不聞上, 只能戒懼, 而與愼獨之加謹於動處者相對, 則戒懼又自爲主靜工夫矣.

'戒愼恐懼' 一節에 대해서, 어떤 사람은 動 · 靜을 관통하는 工夫라 하고, 어떤 사람은 主靜의 工夫라 하는 것은 무슨 까닭인가? 대개 戒懼는 진실로 動 · 靜을 관통해서 말하는 것이요, 또 마땅히 오로지 靜處에 나아가 말하는 것이다. 君子의 몸을 닦는 공부는 보이고 들리는 곳으로부터 보이지 않고 들리지 않는 곳에 이르기까지 어느 때이든 戒懼하지 않음이 없으니, 이것이 戒懼가 動 · 靜을 관통하는 까닭이다. 만약 보이지 않고 들리지 않는 곳에서 다만 戒懼할 수 있어서, 動處에서 더욱 삼가는 愼獨과 서로 대비하여 말한다면, 戒懼는 또한 스스로 主靜의 工夫가 된다.

◯ "莫見乎隱, 莫顯乎微, 故君子愼其獨也." 獨者, 人所不知, 而己獨知之處, 則何以謂之莫見乎隱莫顯乎微也? 人不知之, 而己獨知之, 則這箇獨知之處, 便是見顯之機也. 盖人所不睹, 可謂隱矣, 而心獨知之, 不亦見乎? 人所不聞, 可謂微矣, 而心獨聞之, 不亦顯乎? 幽暗之中, 細微之事, 雖人之所不睹所不聞, 而其幾旣動, 則必將呈露於外而不可掩, 昭著於中而不可欺. 其爲見顯, 孰加焉?

"어두운 곳보다 더 잘 드러남이 없으며, 작은 일보다 더 잘 나타남이 없으니, 그러므로 君子는 그 홀로 있을 때에 삼가는 것이다."라고 한 것에 대하여, (주자는) "'獨' 이란 남들은 알지 못하고 자기만 홀로 아는 곳" 이라고 주석하였는데, 그렇다면 어찌하여 "어두운 곳보다 더 잘 드러남이 없으며,

작은 일보다 더 잘 나타남이 없다." 고 하는 것인가? 남들은 알지 못하고 자기만 홀로 안다면 저 홀로 아는 곳이 문득 드러나고 나타나는 기틀인 것이다. 대개 남들은 보지 못하는 곳이니 '어두운 곳(隱)' 이라 할 수 있겠으나 자기의 마음은 홀로 알고 있으니 또한 드러난 것이 아닌가? 남들은 듣지 못하는 곳이니 '작은 일(微)' 이라 할 수 있겠으나 자기의 마음은 홀로 듣고 있으니 또한 나타난 것이 아닌가? 어두운 가운데의 작은 일은 비록 남들이 보지 못하고 듣지 못하는 것이나, 그 기미가 이미 움직였으니, 반드시 장차 밖으로 드러나 가릴 수 없는 것이요, 안에서 밝게 드러나 속일 수 없는 것이다. 그 드러나고 나타남이 어느 것이 이보다 더하겠는가?

○ 戒懼, 屬之於何處 ; 謹獨, 屬之於何處耶? 如欲甚工夫, 則用何道耶? 戒懼是體統上做工夫, 屬乎致中工夫 ; 謹獨是切緊處加工夫, 屬之於致和工夫. 而敬者, 聖學之所以成始成終也. 戒懼謹獨, 不出乎敬之一字, 則戒懼是幾未動而敬也 ; 謹獨是幾已動而敬也.

戒懼는 어디에 속하고, 謹獨은 어디에 속하는가? 만약 어떤[29] 공부를 하려면 어떤 방법을 써야 하는가? 戒懼는 體統上에서 하는 공부로서 '致中' 의 공부에 속하고, 謹獨은 절실하고 긴요한 곳에서 하는 공부로서 '致和' 의 공부에 속한다.[30] 그런데 '敬' 은 聖學의 처음이 되고 끝이 되는 것이니, 戒懼와 謹獨은 모두 '敬' 이라는 한 글자에서 벗어나지 않는다. 그러한 즉,

---

29) 原文의 '甚' 字는 '어떤' 또는 '무엇' 을 의미하는 疑問詞임.

30) 〈中庸辨疑〉의 제33장 부분에는 "戒懼者, 統體做工夫, 而保守天理也 ; 謹獨者, 切緊加工夫, 而檢防人欲也." 라는 내용이 보인다. 따라서 心齋가 '戒懼' 에 대해 '體統上에서 하는 공부' 라고 한 것은 '統體上에 하는 공부' 라는 말과 같은 뜻이라 하겠다.

戒懼는 기미가 아직 움직이지 않았을 때에 '敬' 하는 것이요, 謹獨은 기미가 이미 움직였을 때에 '敬' 하는 것이다.

○ 喜怒哀樂未發之中, 在聖賢則固然, 而在衆人, 亦有未發底氣象乎? 人受天地之中以生, 則無論聖人與衆人, 莫不有這箇未發之中也, 故語類曰 "未發之中, 只是泛論, 衆人亦與聖人都一般." 觀乎此, 則衆人亦有未發底氣象. 然在聖賢, 則喜怒哀樂未發, 固是爲未發之中, 而在衆人, 則亦不能無昏昧放逸之失, 而不得爲未發矣. 是故, 張南軒以爲衆人無未發之時, 朱子謂此語分別賢愚之間 似太甚. 然所謂無者, 非謂本無此理, 但物欲交引, 無復澄靜之時耳. 以此推之, 則衆人雖有未發之中, 豈與聖人一般也?

喜怒哀樂이 아직 발하지 않은 '中' 은 聖賢에 있어서는 진실로 그렇겠거니와, 衆人에게 있어서도 또한 '未發의 氣象' 이 있는 것인가? "사람은 天地의 中을 받아서 태어났다"고 하였으니,[31] 聖人과 衆人을 막론하고 저 '未發의 中' 을 지니지 않은 사람이 없다. 그러므로 『朱子語類』에서는 "未發의 中은 다만 보편적으로 논하는 것이니, 衆人 또한 聖人과 一般이다." 라고 하였다.[32] 이것을 보면 衆人 또한 '未發의 氣象' 이 있는 것이다. 그러

31) 『春秋左傳』 卷13, 成公下, 13年春3月條 : 劉子曰 "吾聞之, 民受天地之中以生, 所謂命也. 是以有動作禮義威儀之則, 以定命也. 能者養以之福, 不能者敗以取禍. 是故君子勤禮, 小人盡力. 勤禮莫如致敬, 盡力莫如敦篤. 敬在養神, 篤在守業. 國之大事, 在祀與戎. 祀有執膰, 戎有受脤, 神之大節也. 今成子惰, 棄其命矣, 其不反乎!" ('劉子' 는 劉나라의 제후 '康公' 을 말함)

32) 『朱子語類』 卷62(중화서국본 1508쪽) : 喜怒哀樂未發之中, 未是論聖人, 只是泛論衆人亦有此, 與聖人都一般. 或曰 "恐衆人未發, 與聖人異否?" 曰 "未發只做得未發. 不然, 是無大本, 道理絶了." 或曰 "恐衆人於未發昏了否?" 曰 "這裏

나 聖賢에 있어서는 喜怒哀樂의 未發이 진실로 '未發의 中' 이 되나, 衆人에게 있어서는 또한 '어둡고 달아나는 잘못' 이 없을 수 없으니 '未發' 이 될 수 없는 것이다. 그러므로 張南軒은 "衆人은 未發의 때가 없다." 고 말한 것인데, 朱子는 "이 말은 賢 · 愚의 사이를 분별한 것이 너무 심한 것 같다." 고 말한 것이다. 그런데 이른바 '없다' 는 것은 '본래 이 理가 없다' 는 말이 아니요, 다만 '物欲이 서로 끌어당겨, 다시는 맑고 고요한 때가 없다' 는 말이다. 이것으로 미루어 본다면, 衆人이 비록 '未發의 中' 이 있다고 하더라도, 어찌 聖人과 一般일 수 있겠는가?

○ "無所偏倚, 故謂之中." 中是不偏不倚無過不及之名, 而於此只曰 "無所偏倚", 而闕了無過不及者, 何也? 中有未發之中 ; 中有時中之中. 此乃釋未發之中, 故單擧無所偏倚四字, 而喜怒哀樂渾然在中, 未有偏倚過不及之差, 則纔說無所偏倚, 而無過不及, 自在其中也. 其下又曰 "無所乖戾, 故謂之和", 則所謂無所乖戾者, 非無過不及之義乎?

(朱子는) "치우침과 기댐이 없기 때문에 '中' 이라 한다." 고 하였다. '中' 은 '치우치지도 않고 기대지도 않아서 지나침과 모자람이 없는 것' 의 이름인데, 여기에서는 다만 '치우침과 기댐이 없음' 만을 말하고 '지나침과 모자람이 없음' 은 생략한 것은 무슨 까닭인가? '中' 에는 '未發의 中' 도 있고, '時中의 中' 도 있는데, 여기에서는 '未發의 中' 을 풀이한 것이다. 그러므로 '치우침과 기댐이 없음(無所偏倚)' 이라는 네 글자만 홀로 거론한 것인데, 喜怒哀樂이 渾然히 그 안에 있으면서 '치우침과 기댐, 지나침과 모자

未有昏明, 須是還他做未發. 若論原頭, 未發都一般. 只論聖人動靜, 則全別, 動亦定, 靜亦定. 自其未感, 全是未發之中 ; 自其感物而動, 全是中節之和. 衆人有未發時, 只是他不曾主靜看, 不曾知得."

람' 의 差誤가 없는 것이다. 그러한 즉, 다만 '치우침과 기댐이 없음' 만을 말해도 '지나침과 모자람이 없음' 이 스스로 그 안에 있는 것이다. 그 아래에서는 또 "어긋난 바가 없기 때문에 '和' 라 한다." 고 하였으니, 이른바 '어긋난 바가 없다' 는 것이 '지나침과 모자람이 없다' 는 뜻이 아니겠는가?

○ 喜怒哀樂未發之時, 曾有耳無聞, 目無見否? 旣曰 "未發之謂中", 則當中之時, 有見聞之理, 無見聞之事. 故程子曰 "若無事時, 耳須聞, 目須見." 朱子曰 "至靜之中, 但有能知能覺者, 而無所知所覺之事." 以二說推之, 則未發之時, 不可謂之無能見能聞之理也, 亦不可謂之有所見所聞之事也. 如古人所以祭祀時, 前旒蔽明, 黈纊充耳者, 雖曰欲其不得廣視雜聽, 而非以是爲全廢其聰明, 一無見聞也.

喜怒哀樂이 아직 發하지 않았을 때에는 일찍이 귀로는 듣는 것이 없고 눈으로는 보는 것이 없는 것인가? 이미 "未發을 '中' 이라 한다" 고 하였으니, '中' 에 해당되는 때에는 '보고 듣는 理' 는 있지만, '보고 듣는 일' 은 없는 것이다. 그러므로 程子는 "만약 일이 없는 때라면, 귀는 모름지기 들어야 하고 눈은 모름지기 보아야 한다." 고 하였으며,[33] 朱子는 "지극히 고요한 가운데, 다만 지각의 능력만 있고 지각한 것은 없다." 고 하였다.[34] 이 두

---

33) 『程氏遺書』 卷18(劉元承手編, 伊川先生語) 頁26-28 : 曰 "當中之時, 耳無聞, 目無見否?" 曰 "雖耳無聞, 目無見, 然見聞之理在始得." (……) 或曰 "當靜坐時, 物之過乎前者, 還見不見?" 曰 "看事如何. 若是大事, 如祭祀, 前旒蔽明, 黈纊充耳, 凡物之過者, 不見不聞也. 若無事時, 目須見, 耳須聞."

34) 『朱子大全』 卷48 頁15-16, 〈答呂子約〉 : 且如子約平生還曾有耳無聞目無見時節否? (……) 前旒黈纊之說, 亦只是說欲其專一於此, 而不雜他事之意, 非謂奉祭祀時都無聞見也. 況又平居無事之時乎? 故程子云 "若無事時, 耳須聞, 目須見." 旣云 "耳須聞, 目須見", 則與前項所答, 已不同矣. 又安得曲爲之說, 而强

가지 설명으로 추론해보면, '未發의 때' 에는 '능히 보고 들을 수 있는 理' 가 없다고도 말할 수 없으며, 또한 '보고 듣는 일' 이 있다고도 말할 수 없다. 예컨대 古人들이 祭祀를 지낼 때 앞의 면류관으로 밝음을 가리고 黈纊[35]으로 귀를 막은 것은 비록 '널리 보거나 난잡하게 듣지 못하게 하려는 것' 이라 하더라도, 이것으로 그 聰明을 완전히 막아 하나라도 보고 듣는 것이 없게 하려는 것은 아닌 것이다.

○ "喜怒哀樂之發而皆中節, 謂之和." 子思於此, 不言惻隱羞惡等四者之爲情, 而特言其喜怒哀樂之爲情者, 何也? 和之一字, 在喜樂固然, 而在哀怒亦可以言之乎? 子思之論, 性發而爲情也. 不言惻隱等四者, 而必言喜怒等四者, 以明夫喜怒哀樂之旣足以該四端, 而又切於位天地育萬物之功也. 至於喜樂, 固是和也, 哀怒, 亦是和也. 怒者, 喜之反也 ; 哀者, 樂之反也, 則哀也怒也, 非有如喜樂之爲和, 而哀無所乖戾, 怒無所偏倚, 則其哀也其怒也, 當於和而已.

"喜怒哀樂이 發하여 모두 節度에 맞는 것을 和라 한다." 고 했는데, 子思가 여기에서 惻隱 · 羞惡 등 四端이 情이 됨은 말하지 않고 특별히 그 喜怒哀樂이 情이 된다는 것만 말씀한 것은 무슨 까닭인가? '和' 라는 한 글자는 喜 · 樂에 있어서는 진실로 그렇거니와, 哀 · 怒에 있어서도 또한 말할 수 있는 것인가? 子思의 論說은 性이 發해서 情이 됨을 설명한 것이다. 惻隱 ·

使爲一義乎? 至靜之時, 但有能知能覺者, 而無所知所覺之事. 此於易卦爲純坤, 不爲無陽之象. 若論復卦, 則須以有所知覺者當之, 不得合爲一說矣. 故康節亦云 "一陽初動處, 萬物未生時." 此至微至妙處, 須虛心靜慮, 方始見得.

35) 黈纊(주광) : 갓에 매어 달아서 두 귀 옆에 늘어뜨린 노란 솜뭉치로, 못된 소리를 듣지 않고자 할 때 이것으로 귀를 막았던 것임.

羞惡 등 四端은 말하지 않고 반드시 喜怒哀樂 넷만을 말한 것은 喜怒哀樂이 이미 四端을 포함하기에 충분하며 또한 '天地를 자리잡게 하고 萬物을 자라나게 하는 功效' 에 더욱 절실함을 밝히기 위함이었다. 喜·樂은 진실로 和이지만, 哀·怒 또한 和이다. 怒는 喜의 반대요, 哀는 樂의 반대이다. 그러한 즉, 哀·怒는 喜·樂처럼 和가 됨은 없지만, 哀가 어긋남이 없고 怒가 치우치거나 기댐이 없으면 그 哀·怒는 和에 합당할 뿐이다.

○ 釋中字曰 "其未發則性也." 然則中固謂之性乎? 中所以狀性之體段, 而猶天之圓地之方, 故此謂天圓地方, 則可也. 謂方圓足以盡天地, 則不可也. 盖喜怒哀樂四者未發, 當此境界, 卽是人生而靜處, 則朱子指此爲性, 而其發則爲情也, 非以中爲性也.

(朱子는) '中' 字를 풀이하면서 "(喜怒哀樂이) 아직 發하지 않은 것은 '性' 이다."라고 했다. 그렇다면 '中' 은 진실로 '性' 이라 말할 수 있는가? '中' 은 '性의 體段' 을 형용한 말이니, '하늘의 둥긂' · '땅의 모남' 과 같다. 그러므로 이것을 일컬어 '하늘은 둥글고 땅은 모나다' 고 하면 옳지만, '모나고 둥근 것이 天地를 다 설명하기에 충분하다' 고 한다면 옳지 못하다. 대개 喜怒哀樂 넷의 未發은 이러한 境界에 해당되니, 곧 '사람이 태어나서 고요함' [36]인 것이다. 그러한 즉, 朱子는 이것을 가리켜 性이라 하고, 그것이 발하면 情이 된다고 한 것이니, '中' 으로 '性' 을 삼은 것은 아니다.

---

36) 『禮記』 <樂記>에서는 "사람이 태어나서 고요함은 하늘이 준 本性이요, 사물에 감응하여 움직임은 本性의 欲望이다.(人生而靜, 天之性也; 感於物而動, 性之欲也.)"라고 했는데, 朱子學에서는 '사람이 태어나서 고요함' 은 未發로서 性에 해당되고, '사물에 감응하여 움직임' 은 已發로서 情에 해당된다고 설명한다.

○ 此章, 旣以中節之和, 爲天下之達道, 而九經章, 又以五倫, 爲天下之達道者, 何也? 章句曰 "達道者, 循性之謂." 然則達道之道, 與率性之道, 同乎否乎? 指其性分之所固有, 而有四情之名 ; 指其職分之所當爲, 而有五倫之名. 而其實, 四情之發皆中節, 卽五倫之達道也. 性道之道字, 對言乎性敎, 而爲義理之名目 ; 達道之道字, 對言乎大本而爲和字之名狀, 則達道之道, 雖是率性之道, 而亦豈無差殊之可言乎?

이 章에서는 이미 '中節의 和' 를 '天下의 達道' 라 하고서 〈九經章〉[37]에서는 또 '五倫' 을 '天下의 達道' 라 한 것은 무슨 까닭인가? 章句에서는 "達道란 性을 따름을 말한다." 고 하였다. 그렇다면 '達道의 道' 는 '率性의 道' 와 같은 것인가, 다른 것인가? 그 性分의 固有한 바를 가리키면 '四情의 명칭' 이 있고, 그 職分의 마땅히 해야 할 바를 가리키면 '五倫의 명칭' 이 있는데, 사실은 '四情이 발해서 모두 中節한 것' 이 곧 '五倫의 達道' 이다. '性道' 의 '道' 字는 '性·敎' 와 대비해서 말하는 것으로서[38] 義理의 名目이 되고, '達道' 의 '道' 字는 '大本' 과 대비해서 말하는 것으로서 '和' 字의 名狀이 된다. 그러한 즉, '達道의 道' 는 비록 '率性의 道' 이지만, 또한 어찌 차이를 말할 수 없겠는가?

○ 此章七情, 以愛惡言之 ; 孟子四端, 以羞惡言之. 兩箇惡字, 微有不同. 盖四端, 理之發也 ; 七情, 氣之發也. 則愛惡以形氣而言之, 羞惡以天理而言之耳.

이 章의 七情은 '愛·惡' 로 말하고, 孟子의 四端은 '羞惡' 로 말했는데,

---

37) 『中庸章句』 제20장을 말함.

38) '性道' 란 '率性之謂道' 를 말하는바, '率性之謂道' 는 '天命之謂性' · '修道之謂敎' 와 대비해서 말하는 것이라는 뜻임.

두 개의 '惡' 字는 약간 다름이 있다. 대개 四端은 '理가 발한 것' 이요, 七情은 '氣가 발한 것' 이니, '愛 · 惡' 는 '形氣' 로써 말하는 것이요, '羞惡' 는 天理로써 말하는 것이다.

○ 以未發謂之中；以已發謂之和, 則未發已發, 亦無內外之分乎? 盖未發時在中, 已發時在外, 而但發皆中節, 則卽此在中之理, 發形於外, 如所謂 "卽事卽物, 無不有箇恰好底道理." 是也. 然則未發之中, 已發之和, 豈非內外交相養之道乎?

未發을 '中' 이라 하고, 已發을 '和' 라 한다면, 未發과 已發은 또한 內 · 外로 구분할 수 없는 것인가? 대개 未發時에는 안에 있고 已發時에는 밖에 있는데, 다만 발하여 모두 中節하면 이 '안에 있는 理' 가 곧 발해서 밖으로 드러나는 것이니, 예컨대 이른바 "어떤 事物이든 하나의 '좋음의 道理(恰好底道理)' [39]가 있다." 는 말이 그것이다.[40] 그렇다면 '未發의 中' 과 '已發의 和' 는 어찌 '內 · 外가 서로 길러주는 道' 가 아니겠는가?

○ 釋致中和, 曰 "致者, 推而極之也." 和可以推極, 而中何以推極也? 致中之工, 纔着意矜持, 則已涉已發, 而所謂推而極之者, 亦只是略略地喚做戒懼之工也. 章句所謂約之二字, 只是釋

---

39) '좋음의 道理(恰好底道理)' 는 다른 말로 하면 '所當然之則' 으로서, 말 그대로 플라톤의 '좋음의 이데아(idea)' 에 해당되는 것이다.

40) 『朱子語類』 卷18(중화서국본 409-410쪽) : 德元問 "詩所謂秉彝, 書所謂降衷一段, 其名雖異, 要之皆是一理." 曰 "誠是一理, 豈可無分別? 且如何謂之降衷?" 曰 "衷是善也." 曰 "若然, 何不言降善而言降衷? 衷字, 看來只是箇無過不及, 恰好底道理. 天之生人物, 箇箇有一副當恰好無過不及底道理降與你. 與程子所謂天然自有之中, 劉子所謂民受天地之中相似；與詩所謂秉彝, 張子所謂萬物之一原又不同."

一致字, 而約之, 則存養之工, 益密矣.

(朱子는) '致中和'를 풀이하면서 "'致'란 미루어서 지극히 함이다."라고 하였다. '和'는 미루어서 지극히 할 수 있겠지만, '中'은 어떻게 미루어서 지극히 할 수 있겠는가? '致中'의 공부는 다만 意圖를 지니면 이미 已發로 되니,[41] 이른바 '미루어서 지극히 함'이란 또한 다만 대략 戒懼의 공부를 말하는 것이다. 章句의 이른바 '요약해서(約之)'[42]라는 두 글자는 다만 하나의 '致'字를 풀이한 것인데, '요약해서(約之)' 하면 存養의 공부가 더욱 정밀해진다.

○ 中和兩段, 統而言之, 則致中和者, 皆可以位天地育萬物, 而若就之其中, 分而言之, 則天地之位, 本於致中, 萬物之育, 本於致和, 各有脈絡, 不可亂耳.

'中和'의 두 文段은, 통합해서 말하면 '致中和'가 모두 天地를 자리잡게 하고 萬物을 자라나게 하는 것이다. 그러나 만약 그 가운데 나아가 분석해 말하면, 天地가 자리를 잡음은 '致中'에 근본하고, 만물이 자라남은 '致和'에 근본하는 것으로, 각각 脈絡이 있으니 문란하게 할 수 없다.

---

41) '致中'의 '中'은 '未發'에 속하는 것이다. 그런데 '致中'의 공부를 '하겠다고 마음을 먹으면'(着意矜持) 이미 '已發'이 된다는 것이다. 그러므로 '中'은 '미루어 나갈 수 없는 것'이 아니냐는 문제가 제기되었던 것이다.

42) 朱子註에서는 "戒懼로부터 요약해서 지극히 고요한 가운데 치우침과 기댐이 없어 그 지킴을 잃지 않게 된다면, 그 中을 지극히 하여 天地가 제 자리를 잡을 것이다. 謹獨으로부터 정밀히 하여 사물에 응하는 곳에 조금도 잘못됨이 없어 어디에 가든 그렇지 않음이 없게 된다면, 그 和를 지극히 하여 萬物이 자라날 것이다.(自戒懼而約之, 以至於至靜之中, 無所偏倚, 而其守不失, 則極其中而天地位矣 ; 自謹獨而精之, 以至於應物之處, 無少差謬, 而無適不然, 則極其和而萬物育矣.)"라고 하였다.

○ 中和位育之功, 初非學者之事, 而於此言之者, 何也? 蓋中和位育之功, 初非始學之所當爲, 而幼學壯行者, 不可不預究財成輔相之道, 則位育之功, 必講於學者立志之初也. 是何異於鳥之數飛, 終必冲虛, 川之不息, 竟至于海者乎?

中和位育의 功效는 애초에 '學者의 일' 이 아닌데, 여기에서 말하는 것은 무슨 까닭인가? 대개 中和位育의 功效는 애초에 처음 배우는 학자가 마땅히 해야 할 바가 아니니다. 그러나 어려서 배우는 것은 壯年이 되어 실행하려는 것이니,[43] 財成輔相[44]의 道를 미리 강구하지 않을 수 없는 것이다. 그리하여 반드시 學者가 뜻을 세우는 초기에 位育의 功效를 강구하는 것이니, 이것은 새가 자주 나는 연습을 하여 마침내 허공을 날고, 냇물이 쉬지 않고 흘러 마침내 바다에 이르는 것과 무엇이 다르겠는가?

<第2章>

○ 釋中庸曰 "精微之極致也." 蓋中庸之道, 存諸中, 未有倚着一偏之患 ; 發於外, 未有過與不及之差, 循乎本分, 事皆平常. 如天命之性, 率性之道, 修道之敎, 亶在其中, 而日用間許

---

43) 『孟子』 梁惠王下 제9장에 "무릇 사람이 어려서 배우는 것은 壯年이 되어서 그것을 실천하고자 하기 때문이다.(夫人, 幼而學之, 壯而欲行之.)" 라 하였다.

44) 財成輔相 : 財는 '마름질하다' 의 뜻으로, 財成은 裁成이라고도 한다. 『周易』 泰卦 象辭에서는 "天地의 道를 財成하고 天地의 宜를 輔相한다.(財成天地之道, 輔相天地之宜.)" 고 하였는데, 주자는 〈本義〉에서 "財成함으로써 그 지나친 것을 절제하고, 輔相함으로써 그 모자라는 것을 보충한다.(財成以制其過, 輔相以補不及.)" 고 풀었다. 즉 '財成' 은 '지나친 것을 마름질하는 것' 이요, '輔相' 은 '모자라는 것을 보충하는 것' 이다.

多道理, 從此出焉, 則豈非精微之極致乎?

(朱子는) '中庸'을 풀이하면서 "精微의 極致이다."라고 하였다. 대개 '中庸의 道'는 안에 보존하고 있으면 '한쪽으로 치우쳐 倚着하는 근심'이 없고, 밖으로 發하면 '지나침과 모자람의 잘못'이 없으니, 本分에 따라서 일이 모두 平常한 것이다. 예컨대 '天命의 性'과 '率性의 道'와 '修道의 敎'가 진실로 그 가운데 있으니, 日用 사이의 허다한 道理가 이로부터 나온다. 그러한 즉, 이것이 어찌 '精微의 極致'가 아니겠는가?

○ 中和中庸, 各有名目, 則不可以內外, 分而言之乎? 以性情言之, 則曰中和, 而旣曰性情, 非內乎? 以德行言之, 則曰中庸, 而旣曰德行, 非外乎? 中和者, 是人心本然之德也, 而這箇本然處, 卽內工夫也 ; 中庸者, 乃天下當然之則也, 而那箇當然處, 卽外工夫也. 致中和時, 亦有踐中庸底事, 踐中庸時, 亦有致中和底意, 而工實相資, 義實相貫, 則庸非所謂內外交相養之道乎?

'中和'와 '中庸'은 각각의 名目이 있으니, '內·外'로 나누어서 말할 수 없는 것인가? '性·情'으로 말하면 '中和'라 하는데, 이미 '性·情'이라 했으니, 안이 아닌가? '德行'으로 말하면 '中庸'이라 하는데, 이미 '德行'이라 했으니, 밖이 아닌가? '中和'란 사람의 마음에 있는 本然의 德으로서, 저 本然處는 곧 안의 工夫이다. '中庸'이란 바로 天下의 當然한 법칙으로서, 저 當然處는 곧 밖의 工夫이다. '中和를 이루는 때'에도 또한 '中庸을 실천하는 일'이 있고, '中庸을 실천하는 때'에도 또한 '中和를 이루는 뜻'이 있어서, 공부가 사실 서로 바탕하고 의미가 사실 서로 관통하니, 어찌[45]

---

45) 原文의 '庸' 字는 '어찌'라는 뜻의 疑問詞임.

이른바 '안과 밖이 서로를 길러주는 道' 가 아니겠는가?

○ "仲尼曰 '君子中庸'", "仲尼, 祖述堯舜" 首末言仲尼, 而其他章皆稱子曰者, 何也? 夫子之道與德, 天下萬世, 莫不尊親, 故尊之而稱子, 親之而稱仲尼者, 亦其理之宜也. 所謂賢其賢而親其親者, 又豈獨後王之於前王而已耶?

"仲尼께서 말씀하시길, '君子는 中庸이다.'"라 하고, "仲尼는 堯·舜을 祖述하셨다."라 하여, 처음과 끝에서는 '仲尼' 라고 말하고,[46] 그 밖의 章에서는 모두 '子曰' 이라고 일컬은 것은 무슨 까닭인가? 夫子의 道와 德은 天下萬世에 尊親하지 않는 사람이 없다. 그러므로 높여서는 '子' 라고 일컫고, 친하게 여겨서는 '仲尼' 라고 일컫는 것이니, 또한 理의 마땅한 것이다. 이른바 "그 어짊을 어질게 여기고, 친함을 친하게 여긴다."는 것이 또 어찌 오직 後王이 前王에 대해서만 그럴 수 있다는 것이겠는가?[47]

---

46) 『中庸章句』 제2장에서는 "仲尼께서 말씀하시길, '君子는 中庸이다.'"라고 하였고, 제30장에서는 "仲尼는 堯·舜을 祖述하셨다."라고 하였음.

47) 『大學章句』 傳3章에 "『詩經』에 이르기를, '嗚呼라! 前王을 잊지 못하겠다' 라고 하였다. 君子는 그(前王)의 어짊을 어질게 여기고 친함을 친하게 여기나, 小人은 그가 즐겁게 해 주심을 즐겁게 여기고 이롭게 해주심을 이롭게 여긴다. 이것이 (前王이) 돌아가셨어도 잊지 못하는 까닭이다.(詩云 '於戱! 前王不忘.' 君子, 賢其賢而親其親 ; 小人, 樂其樂而利其利. 此以沒世不忘也.)"라고 하였다. 위의 詩는 『詩經』 周頌 烈文篇의 내용이다. 주자는, '前王' 은 '周의 文王과 武王' 을 말하고, '君子' 는 '後賢과 後王' 을 말하며, '小人' 은 '後世의 백성들' 을 말한다고 풀이하였다. 한편, 『中庸章句』 제20장에서는 "仁이란 '사람다움' 이니 '친한 사람을 친하게 대함(親親)' 이 중대한 것이 되고, 義란 '마땅함' 이니 '어진 사람을 높임(尊賢)' 이 중대한 것이 된다(仁者, 人也, 親親爲大 ; 義者, 宜也, 尊賢爲大.)"라고 하였다. 이러한 맥락에서 보자면, '賢其賢' 은 '尊賢' 에 해당되고 '親其親' 은 '親親' 에 해당된다.

○ "君子之中庸也, 君子而時中也." 以聖人之事論之, 如大舜之不告而娶, 周公之誅管蔡, 孔子之以微罪行, 亦可謂時中之道乎? 盖道之所貴者, 中也. 中之所貴者, 權也. 如大舜之不告而娶, 處變而不離乎正 ; 周公之誅管蔡, 以私而不害乎公 ; 孔子之以微罪行, 見幾而不彰君失, 則此三聖人之事, 無非時中之道也.

"君子의 中庸은 君子가 '때에 알맞게(時中)' 행동하기 때문이다."라고 했는데, 聖人의 일로 논하자면, 예컨대 '위대한 舜께서 (부모님께) 알리지 않고 아내를 얻은 것'[48]이나 '周公이 管叔·蔡叔의 목을 벤 것'[49]이나 '孔子가 작은 罪로써 떠나신 것'[50] 등을 또한 '時中의 道'라 할 수 있는가? 대

---

48) 『孟子』 離婁上 제26장에는 "不孝에는 세 가지가 있으니, 그 중에서 後嗣가 없는 것이 가장 크다. 舜이 (부모님께) 알리지 않고 아내를 얻은 것은 後嗣가 없었기 때문이다. 그러므로 君子는 부모님께 알린 것과 마찬가지라고 여긴다.(不孝有三, 無後爲大. 舜不告而娶, 爲無後也, 君子以爲猶告也.)"는 내용이 보인다.

49) 周公과 管叔·蔡叔은 모두 武王의 형제들임. 武王이 殷을 정벌한 다음 武庚(紂王의 아들)으로 하여금 殷의 遺民들을 다스리도록 封하고, 管叔·蔡叔 등으로 하여금 殷을 감독하도록 하였다. 곧이어 武王이 죽고 어린 나이의 成王이 즉위하였는데, 周公이 攝政하여 도왔다. 그러자 管叔·蔡叔 등이 "周公이 어린 조카(成王)에게 이롭지 않은 짓을 할 것"이라는 流言蜚語를 퍼뜨렸는데, 이에 주공은 嫌疑를 피하고자 관직을 버리고 동쪽으로 가서 살았다. 후에 '金縢의 祈禱文'(武王이 病患中이었을 때, 周公이 자신의 목숨을 대신 바치고자 했던 기도문)을 보고 周公의 忠誠心을 깨달은 成王은 周公을 다시 모셔와 복권시켰다. 이에 管叔·蔡叔 등이 두려워서 마침내 武庚과 함께 반란을 일으켰다. 이에 成王이 周公으로 하여금 그들을 討伐하도록 命하였는데, 周公은 管叔을 죽이고 蔡叔을 추방하였다(『書經』「周書」〈金縢〉·〈大誥〉 참조).

50) 魯나라 定公 14년에 孔子가 魯나라의 司寇가 되어 政事를 맡았는데, 3개월 만에 魯나라가 크게 잘 다스려졌다. 이에 齊나라 사람들이 두려워서, 아름다운

개 道가 귀하게 여기는 것은 '中' 이요, 中이 귀하게 여기는 것은 '權' 이다. 예컨대 위대한 舜께서 알리지 않고 아내를 얻은 것은 變故에 대처한 것으로서 올바름에서 떠나지 않았고, 周公이 管叔 · 蔡叔의 목을 벤 것은 私親間의 일이었으나 公을 해치지 않았으며, 孔子가 작은 罪로써 떠나신 것은 기미를 보아 임금의 잘못을 드러내지 않은 것이니, 이 세 聖人의 일은 '時中의 道' 가 아닌 것이 없다.

<第3章>

○ "中庸, 其至矣! 民鮮能, 久矣." 朱子曰 "論語無能字." 論語之無此章能字, 則章句特書之, 而此章之無論語之爲德也四字, 則置而不論者, 何也? 論語之無此章能字, 則章句所以特書者, 盖以一能字最有力於中庸, 而此章之無論語之爲德也四字, 則置而不論者, 亦以這箇四字, 不關於有無故耳.

"中庸은 그 지극하도다. 백성들이 능한 이가 드문 지 오래 되었다."라는 말을 풀이하면서, 朱子는 "『論語』에는 '能' 字가 없다."고 하였다. 『論語』에 이 章의 '能' 字가 없는 것에 대해서는 章句에서 특별히 기록하고, 이 章에는 『論語』의 '之爲德也' 네 글자가 없는 것에 대해서는 제쳐두고 논하지 않은 것은 무슨 까닭인가?[51] 『論語』에 이 章의 '能' 字가 없는 것에 대해서

女子 樂士를 보내 저지하니, 季桓子가 이들을 받아들이고 3일 동안이나 朝會를 열지 않았다. 또 郊外에서 제사를 지낼 때 제사지낸 고기를 大夫들에게 나누어 주지 않았다. 이에 공자께서 魯나라를 떠나셨다(〈論語集註序說〉 및 『論語』 微子 제4장 참조).

51) 『論語』 雍也 제27장에서는 "子曰 '中庸之爲德也, 其至矣乎! 民鮮, 久矣.' "라고 하였다.

章句에서 특별히 기록한 까닭은 하나의 '能' 字가 『中庸』에서 가장 有力하기 때문이요, 이 章에 『論語』의 '之爲德也' 네 글자가 없는 것에 대해서는 제쳐두고 논하지 않은 것은 또한 저 네 글자는 있으나 없으나 상관이 없기 때문이다.

○ 以中庸之至德, 而謂之民鮮能者, 何也? 只言民鮮能, 而不言勇工夫者, 又何也? 朱子詩曰 "過與不及摠非中, 離却平常不是庸. 二字莫將容易看, 只斯爲道用無窮." 夫中庸之道, 不可容易說得, 而急些子便過, 慢些子便不及, 則中庸之德爲至, 而惟民氣質偏, 故鮮能知能行, 則中庸之道, 不可容易說得也. 大學之克明德, 是兼知行說, 而克訓曰能, 而克亦有勇意思, 則中庸二字, 就知行上說, 而旣曰鮮能, 則這箇能字, 非勇字之意乎?

'中庸의 지극한 德'으로써 '백성이 능한 이가 드물다'고 말한 것은 무슨 까닭인가? 다만 '백성이 능한 이가 드물다'고만 말하고 '勇' 공부에 대해서는 말하지 않은 것은 또 무슨 까닭인가? 朱子의 詩에 "지나침과 모자람은 모두 中이 아니요, 平常에서 떠나면 庸이 아니다. ('中庸'이라는) 두 글자를 쉽게 보지 말라. 다만 이대로 道가 되어 쓰임새가 無窮하도다."라고 하였다.[52] 무릇 中庸의 道는 쉽게 말할 수 없으니, 조금 급하면 문득 지나치고, 조금 게으르면 문득 모자란다. 그러한 즉, 中庸의 德은 지극한 것인데, 오직 백성들의 氣質이 치우쳐서 능히 알고 능히 실행하는 사람이 드문 것이니, 中庸의 道는 쉽게 말할 수 없는 것이다. 『大學』의 '능히 明德을 밝힘

---

52) 『朱子大全』 遺集 卷1 頁14에 보이는 〈中庸〉이라는 제목의 詩로서, 心齋가 인용한 것과는 두 글자가 다르나(『朱子大全』에서는 "過兼不及總非中, 離却平常不是庸. 庸字莫將容易看, 只斯爲道用無窮."이라 하였음.), 詩 전체의 의미는 별 차이가 없다.

(克明德)'[53]은 知 · 行을 겸해서 말하는 것인데, '克' 은 '能' 의 뜻이다. 그런데 '克' 에는 또한 '勇' 의 뜻이 있다. 그러한 즉, '中庸' 두 글자는 知 · 行에 나아가 말한 것으로, 이미 '능한 이가 드물다' 고 하였으니, 저 '能' 字는 '勇' 字의 뜻이 아니겠는가?

○ "中庸, 其至矣乎!" "擇乎中庸." 以中庸之至, 而亦有擇之者乎? 中庸之至德, 本無可擇, 而過與不及, 皆非中. 故必着擇之一字, 則擇乎中庸, 擇而合乎中庸也.

"中庸은 그 지극하도다!"라 하고, (제8장에서는 또) "擇乎中庸"이라 했는데, '中庸의 지극함' 으로써 또한 '택하는 것' 이 있는 것인가? 中庸의 지극한 德은 본래 택할 수 있는 것이 없으며, 지나침과 모자람이 있으면 모두 '中' 이 아니다. 그러므로 반드시 '擇' 이라는 한 글자를 붙인다면, '擇乎中庸' 이란 '擇해서 中庸에 부합하게 한다' 는 뜻이다.

<第4章>

○ "道之不行也, 我知之矣. 知者過之," 云云. 知愚屬知, 賢不肖屬行, 而聖人以道之不行, 爲由於知愚之過不及 ; 以道之不明, 爲由於賢不肖之過不及, 必交互說去者, 何也? 下段繼之曰 "人莫不飮食也, 鮮能知味也." 獨言知而不及行者, 何也? 知無無行之知, 行無無知之行, 而曰知曰行, 不可闕一, 則所以互換

---

53) 『大學章句』 傳1章에서는 '帝典曰 克明峻德' 이라 하였다. '帝典' 은 『書經』 虞書의 '堯典' 을 말한다. '峻德' 은 '큰 德' 으로서, 堯典에서는 '俊德' 이라 표기하였다.

說去者, 以示夫知行相須之義也. 行道者, 必以明道爲先, 則未有知之明而不能行者也. 其於知字, 雖或單行說去, 而行未嘗不在是也.

"道가 행해지지 않음을 내가 알겠노라. 아는 사람은 지나치고 (……)" 云云했는데, '知·愚'는 '知'에 속하고, '賢·不肖'는 '行'에 속한다. 그런데 聖人께서는 '道가 행해지지 않음'을 '知·愚의 지나침과 모자람'에서 말미암는 것이라 하고, '道가 밝혀지지 않음'을 '賢·不肖의 지나침과 모자람'에서 말미암는 것이라 하여, 반드시 서로 바꾸어서 설명하신 것은 무슨 까닭인가? 下段에서는 이어서 "사람들이 먹고 마시지 않는 이가 없건마는, 능히 맛을 아는 이는 드물다."라고 했는데, (여기에서도) 오직 '知'를 말하고 '行'은 말하지 않은 것은 무슨 까닭인가? 知는 行이 없는 知가 없으며, 行도 知가 없는 行이 없다. 知와 行은 하나라도 빼놓을 수가 없으니, 서로 바꾸어서 설명한 것은 '知와 行이 相須하는 뜻'을 보여주기 위한 것이다. 道를 행하는 사람은 반드시 道를 밝히는 것을 우선해야 하니, 知가 밝은데도 行하지 못하는 사람은 있지 않다. 비록 간혹 '知' 字만을 홀로 말한다 하더라도, 일찍이 行이 그 속에 있지 않음이 없다.

○ 賢知之過, 似若勝於愚不肖之不及, 而皆以不行不明言之者, 何也? 孔子曰 "過猶不及." 盖道, 以中庸爲至, 則賢知之過, 雖若勝於愚不肖之不及, 而其失中則一也.

'賢과 知의 지나침'은 '愚와 不肖의 모자람'보다는 나은 것 같은데, 모두 '행해지지 않음'·'밝혀지지 않음'으로 말한 것은 무슨 까닭인가? 孔子는 "지나침은 모자람과 같다"고 하셨다.[54] 대개 道는 '中庸'을 지극한 것

---

54)『論語』先秦 15 : 子貢問 "師與商也, 孰賢?" 子曰 "師也過 ; 商也不及." 曰 "然

으로 삼는다. 그러한 즉, '賢과 知의 지나침' 은 비록 '愚와 不肖의 모자람' 보다는 나은 것 같지만, 그 '중용을 잃음' 은 동일한 것이다.

<第5章>

○ "道其不行矣夫!" 先知後行者, 君子之功, 則宜若先言不知之端, 後言不行之端, 而單言其不行者, 何也? 惟其不知, 是以不行, 故以道其不行之言繼之, 則不行之訓, 承上章鮮能知味之知而言也.

"道가 그 행해지지 못하겠구나!" 라고 했는데, 먼저 알고 뒤에 행하는 것이 '君子의 공부' 라면, 먼저 '알지 못함' 의 단서를 말하고 그 다음에 '행해지지 못함' 의 단서를 말하는 것이 마땅할 것 같은데, 홀로 그 '행해지지 못함' 만을 말한 것은 무슨 까닭인가? 오직 그 알지 못함 때문에 행해지지 못하는 것이다. 그러므로 "道가 그 행해지지 못하겠구나!" 라는 말로 이은 것이다. 그러한 즉, '행해지지 못한다' 는 가르침은 上章의 '능히 맛을 아는 사람이 드물다(鮮能知味)' 의 '知' 를 계승하여 말한 것이다.

<第6章>

○ 舜之大知, 專以知言, 而必以用中言之者, 何也? 知如大舜, 旣曰用中, 則以其知行之兼備也. 盖知旣至, 則行亦隨焉,

---

則師愈與?" 子曰 "過猶不及!"

知而不能行者, 非眞知. 故此章專爲知而發, 而兼言用中者, 以明行之至者, 以知之眞也.

'舜의 큰 지혜' 는 오로지 '知' 로 말하는 것인데, 반드시 '중용을 씀' 으로 말하는 것은 무슨 까닭인가? 지혜가 위대한 舜과 같은데 이미 '중용을 썼다' 고 말한 것은 知 · 行을 兼備했기 때문이다. 대개 知가 이미 이르면 行 또한 따라가니, 알고서 行하지 못하는 사람은 참으로 아는 것이 아니다. 그러므로 이 章은 오로지 知를 위해서 발한 것이나 '중용을 씀' 을 겸해서 말한 것은 '行의 지극함' 은 '知의 참됨' 때문임을 밝히기 위한 것이다.

○ "舜其大知也與! 好問而好察邇言, 其斯以爲舜乎!" 舜之好問, 已知而問之乎? 未知而問之乎? 不曰 "其斯以爲大知", 而必曰 "其斯以爲舜乎"者, 何也? 大知, 指側微之時而言乎? 指天子之時而言乎? 生知安行, 舜之知也, 而惟其閭巷細微之事, 芻蕘淺近之理, 雖聖人亦有所不知, 則好問好察, 不是已知而故問也, 只是未知而實問也. 正如帝堯廣運之德, 而必曰舍己從人; 夫子天縱之聖, 而必曰問禮問官, 則帝堯孔子之事, 亦有雖知而未能自信, 必取質于人也. 而若云 "其斯以爲大知", 則只是舜之靠於此而成其大知也; 今云 "其斯以爲舜乎", 則可見大知是舜之自有底物也. 不曰 "其斯以爲大知", 而必曰 "其斯以爲舜乎"者, 此也. 側微之時, 這箇知也; 天子之時, 這箇知也. 舜之大知, 是乃終身之事, 而不必爲天子之時, 方見其爲大知也. 然觀其用中民一句, 則爲天子之時, 益見所用之濶, 則益見不自用而取諸人之廣矣.

"舜은 그 위대하신 지혜이실 것이다! 묻기를 좋아하시고, 가까운 말을 살피기를 좋아하셨으니, 이것이 舜이 되신 까닭일 것이다!" 라 하였는데, 舜이 묻기를 좋아한 것은 이미 알고서 물은 것인가, 모르고서 물은 것인가? '이것이 위대한 지혜가 되신 까닭일 것' 이라고 말하지 않고, 반드시 '이것이 舜이 되신 까닭일 것' 이라고 말한 것은 무슨 까닭인가? '위대한 지혜' 란 '微賤한 시절' 을 가리켜 말하는 것인가, '天子가 된 시절' 을 가리켜 말하는 것인가? '태어나면서부터 알고 편안히 여겨 실행한 것(生知安行)' 이 舜의 지혜이다. 그런데 오직 閭巷의 細微한 일과 芻蕘[55]의 淺近한 理는 비록 聖人이라도 또한 알지 못하는 것이 있으니, 묻기를 좋아하시고 살피기를 좋아하신 것은 '이미 알면서도 일부러 물은 것' 이 아니요, 다만 '알지 못하기 때문에 진실로 물은 것' 이다. 이는 바로 堯임금께서 '널리 운행하는 德' 을 지니시고도 반드시 '자기의 사사로운 의견을 버리고 많은 사람들의 공정한 의론을 따르라' [56]고 말씀하신 것과, 夫子께서 '하늘이 내신 聖人' 으로서 반드시 '禮를 묻고 官制를 물은 것' 과 같다.[57] 그러한 즉, 堯임금과 孔

---

55) 芻蕘(추요) : '芻' 는 꼴(가축을 먹이는 풀) 또는 꼴을 베는 사람. '蕘' 는 땔나무 또는 나무꾼.

56) 舜임금이 禹와 益에게 말하기를, "많은 사람들과 상의하여, 자기를 버리고 많은 사람들의 의견을 따르며, 의지할 데 없는 사람들을 학대하지 않고, 곤궁한 사람들을 버려두지 않음은 오직 堯임금만이 이렇게 하실 수 있으셨다.(稽于衆, 舍己從人, 不虐無告, 不廢困窮, 惟帝時克.)" 라고 하였다. 그러자 益이 대답하기를, "아! 堯임금의 德은 널리 운행되어, 이에 聖스럽고 神妙하며, 武勇이 있으시면서도 文雅하셨으니, 하늘이 돌보시고 命을 내리시어, 四海를 두시고 天下의 임금이 되셨던 것입니다.(都! 帝德廣運, 乃聖乃神, 乃武乃文, 皇天眷命奄有四海 爲天下君.)" 라고 하였다(『書經』 虞書 〈大禹謨〉 참조). '舍己從人' 이란 '자기의 사사로운 의견을 버리고 많은 사람들의 공정한 의론을 따름' 을 뜻한다.

57) 子貢은 孔子를 '하늘이 내신 聖人' 이라 추앙하였다(『論語』 子罕 6 : 大宰問於子貢曰 "夫子, 聖者與? 何其多能也?" 子貢曰 "固天縱之將聖, 又多能也." 子聞之曰 "大宰知我乎! 吾少也賤, 故多能鄙事. 君子, 多乎哉? 不多也." 牢曰 "子云吾不試故藝."). 공자가 '禮를 물었다' 는 것은 '孔子가 老聃에게 禮를 물었다

子의 일은 또한 비록 알고 있어도 自信할 수 없어서 반드시 사람들에게 질문하신 것이다. 만약 '이것이 위대한 지혜가 되신 까닭일 것' 이라고 말했다면, 이는 다만 '舜이 여기에 의지하여 위대하신 지혜를 이루었다' 는 말이 된다. 이제 '이것이 舜이 되신 까닭일 것' 이라고 말했으니, '위대하신 지혜' 가 舜이 본래 지니고 있었던 것임을 알 수 있다. '이것이 위대한 지혜가 되신 까닭일 것' 이라고 말하지 않고 반드시 '이것이 舜이 되신 까닭일 것' 이라고 말한 것은 이러한 까닭이다. '미천한 시절' 에도 저 지혜를 지니고 있으셨고, '天子의 시절' 에도 저 지혜를 지니고 있으셨으니, '舜의 위대하신 지혜' 는 바로 '終身의 일' 이었다. 따라서 '天子가 되신 시절에 바야흐로 그 위대하신 지혜가 됨을 볼 수 있다' 고 여길 필요가 없는 것이다. 그러나 '두 끝을 잡으시어 그 中庸을 백성들에게 쓰셨다' 는 한 구절을 보면, 天子가 되신 시절에는 그 지혜를 쓰심이 넓었던 것을 더욱 볼 수 있고, 또 자기의 생각대로 하지 않고 사람들에게 널리 의견을 물었음을 더욱 알 수 있다.

○ 好察邇言, 何關於大舜之道, 而必以是言之歟? 孔子聞孺子滄浪之歌而曰 "小子聽之. 淸斯濯纓, 濁[58]斯濯足." 蓋滄浪之

는 것' 으로, 공자는 "내가 들으니, 老聃은 '옛날의 일을 널리 알고 오늘날의 일도 안다(博古知今)' 고 하니, 나의 스승이다. 내가 지금 찾아뵙겠다." 고 하고 老聃을 찾아가서 禮를 물었다(이에 관한 기록은 『史記』 〈孔子世家〉, 또는 『孔子家語』 〈觀周篇〉에 보인다). 실제로 孔子는 禮法에 대해 자신이 알고 있는 것이라도 꼭 다시 물어서 확인한 다음 시행하였다(『論語』 八佾 15 : 子入大廟, 每事問, 或曰 "孰謂鄹人之子知禮乎? 入大廟, 每事問!" 子聞之曰 "是禮也."). '官制를 물었다' 는 것은 '孔子가 剡子에게 官制를 물었다는 것' 으로, 孔子는 剡子에게 古代의 官制에 대해 듣고 난 다음 사람들에게 말하기를, "내가 듣자하니, 天子가 官制를 잃으면 學問이 四夷에게 있게 된다고 하더니, 정말 그런 것 같다." 고 하였다(이에 관한 기록은 『春秋左傳』 〈昭公 17年秋條〉에 보인다).

歌, 常言俗語也. 聖人聲入心通, 無非至理, 而陳氏以爲孔子耳順之驗, 則舜之好察邇言, 亦猶是也. 言雖至近, 而至理寓焉. 人之所忽, 而舜必好察, 則非洞見道體, 精粗無差別, 不能然也.

'가까운 말을 살피기를 좋아함' 이 大舜의 道와 무슨 관계가 있기에 반드시 이것으로써 말한 것인가? 孔子는 어린아이들이 부르는 滄浪歌를 듣고서 말씀하시길 "小子들아, 들어보아라. (滄浪의 물이) 맑으면 갓끈을 씻고, 흐리면 발을 씻는다."라고 하셨다.[59] 대개 滄浪歌는 常言俗語였는데, 聖人이 들으시고 마음으로 통함에 지극한 理가 아님이 없었다. 新安陳氏는 이것을 '孔子께서 귀가 순해진 증험' 이라고 했는데,[60] 舜이 '가까운 말을 살피기를 좋아함' 도 또한 이와 같았다. 말은 비록 지극히 淺近하나 지극한 理가 담겨 있으니, 사람들이 소홀히 하는 바이나 舜은 반드시 살피기를 좋아한 것이다. 그러한 즉, 道의 本體를 洞見하여 精粗에 어긋남이 없지[61] 않

---

58) '濁' 은 心齋의 原文에는 '濯' 으로 되어 있으나, '濁' 의 誤字임이 분명하므로, 바꾸었다.

59) 『孟子』 離婁上 8 : 어린아이들이 노래하기를 "滄浪의 물이 맑으면 내 갓끈을 씻을 수 있고, 滄浪의 물이 흐리면 내 발을 씻을 수 있다."라고 하였다. 孔子께서 말씀하시기를, "小子들아, 들어보아라. 맑으면 갓끈을 씻고, 흐리면 발을 씻으니, 스스로 취한 것이다." 무릇 사람은 반드시 스스로 모욕한 다음에 남들이 모욕하고, 집안은 반드시 스스로 무너뜨린 다음에 남들이 무너뜨리며, 나라는 반드시 스스로 공격한 다음에 남들이 공격하는 것이다.(有孺子歌曰 "滄浪之水, 淸兮, 可以濯我纓 ; 滄浪之水, 濁兮, 可以濯我足." 孔子曰 "小子聽之, 淸斯濯纓, 濁斯濯足矣, 自取之也." 夫人必自侮然後, 人侮之 ; 家必自毁而後, 人毁之 ; 國必自伐而後, 人伐之.)

60) 『孟子集註大全』 離婁上 8, 新安陳氏小註 : 新安陳氏曰 "此孔子所以爲耳順也."

61) '精粗에 어긋남이 없음' : 心齋의 原文에는 '精粗無差別' 이라고 하였으나, 譯者는 문맥상 '精粗無差' 가 無難하다고 보아 이렇게 해석하였다. '精粗無差別' 이라고 하면 '精粗를 差別함이 없다' 는 뜻이 되나, '精粗無差' 라고 하면

고서는 그럴 수 없는 것이다.

○ 舜之知, 自是聖人事, 而其與顔子之仁, 子路之勇, 竝稱者, 何也? 大舜之聖, 道德兼備, 萬善具足, 則宜無一善一藝之成名, 而舜之好問好察, 乃其全體中一段知也. 故於是焉, 就其一事, 而以明學者之事; 擧其一端, 而以示入德之方, 則此不過借其目而言之耳. 是豈大舜之偏長於知一邊, 而必以大知言之乎?

'舜의 지혜' 는 본래 聖人의 일인데, '顔子의 仁' · '子路의 勇' 과 나란히 일컬은 까닭은 무엇인가? '大舜의 聖스러움' 은 道德을 겸비하고 萬善을 충분히 갖추신 것이니, 마땅히 하나의 善이나 하나의 재주로 이름을 이룬 것이 아니니다. 舜이 묻기를 좋아하고 살피기를 좋아한 것은 바로 그 全體 가운데 一段의 지혜인 것이다. 그러므로 여기에서 그 하나의 일에 나아가 '學者의 일' 을 밝히고, 그 하나의 端緖를 들어 '德에 들어가는 방법' 을 보여준 것이니, 이것은 그 條目을 빌려서 말한 것에 불과할 따름이다. 이것이 어찌 "大舜은 知 한쪽으로만 치우치게 장점이 있었으니, 반드시 '위대한 지혜' 라고 말해야만 한다." 는 것이겠는가?

<第7章>

○ "人皆曰予知, 驅而納諸罟擭陷阱之中, 而莫之知避也." 此言知禍而不知避也. 旣曰 "知禍", 則可以避, 而莫之避者, 何

'精과 粗에 어긋남이 없다' 고 해석된다. '精粗' 는 '정밀한 것과 거친 것' 을 말하는데, 흔히 한 사물의 原理를 '精하다' 고 하고 現象을 '粗하다' 고 한다. 즉 '精粗無差' 란 '정밀한 원리와 거친 현상을 모두 정확히 이해한다' 는 뜻이다.

也? 禍是人人之所避, 而莫之知避, 則特禍在毫忽之間耳. 人何嘗驅之於罟擭, 亦何嘗驅之於陷阱而納之者? 以喩其禍機之所伏耳. 蓋言其見利而不見害也. 要之, 知禍而不知避者, 行險僥倖之謂, 而卒未免危亡之禍, 則是豈知不足以避禍而然也? 特患在不知不覺之地也.

"사람들은 모두 '나는 알고 있다' 고 말하되, 몰아서 그물이나 덫 또는 함정 가운데에 빠뜨려도 피할 줄을 알지 못한다." 고 했는데, (朱子는) 이것은 '禍를 알되 피할 줄을 모르는 것' 이라고 풀이했다. 이미 "禍를 안다" 고 했으면 피할 수 있을 텐데, 피하는 사람이 없는 것은 무슨 까닭인가? 禍는 사람마다 피하는 것이다. 그런데 피할 줄 모르는 것은 다만 禍가 毫忽의 사이에 달려있기 때문이다. 사람이 어찌 일찍이 그물이나 덫으로 몰아넣으며, 또한 어찌 일찍이 함정에 몰아넣는 경우가 있던가? 이것은 그 禍의 기틀이 숨어있음을 비유한 것이니, 대개 그 이로움은 알면서도 해로움은 알지 못함을 말한 것이다. 요컨대, '禍를 알면서도 피할 줄을 모름' 은 위험한 일을 행하면서 僥倖을 바라는 것을 말하니, 끝내 危亡의 禍를 면하지 못한다. 그러한 즉, 이 어찌 知가 禍를 피하기에 부족해서 그러한 것이겠는가? 다만 근심은 알지 못하고 깨닫지 못하는 지점에 있는 것이다.

○ "人皆曰予知, 擇乎中庸而不能期月守也." 擇乎中庸, 則可以守之, 而其曰 "不能期月守" 者, 何也? 所擇者雖善, 而所知者未眞, 則能擇而不能守也. 朱子釋擇中庸之義, 不曰 "好問用中之道", 而只曰 "好問用中之事", 則觀於一事字, 可知其這箇擇字輕輕說去, 而不能期月守, 則擇之雖善, 而知之未眞也. 故旣得之而復失之, 仍不得爲知也. 夫子所謂 "知及之, 仁不能守之." 是也.

"사람들은 모두 '나는 알고 있다' 고 말하되, 中庸에 맞게 택해서 한 달도 지키지 못한다." 고 했다. 中庸에 맞게 택했으면 지킬 수 있을 텐데, "한 달도 지키지 못한다" 고 말한 것은 무슨 까닭인가? '택한 것' 이 비록 善하다 하더라도 그 앎이 참되지 못하면 능히 택했더라도 지킬 수 없는 것이다. 朱子는 '중용에 맞게 택함(擇乎中庸)' [62]의 뜻을 풀이할 때 "묻기를 좋아하고 중용을 쓰기를 좋아하는 道(好問用中之道)" 라고 말하지 않고, 다만 "묻기를 좋아하고 중용을 쓰기를 좋아하는 일(好問用中之事)" 이라고 했는데, 하나의 '일(事)' 이라는 글자를 보면 여기에서의 '擇' 字는 가볍게 말한 것임을 알 수 있다. '한 달도 지키지 못함' 은 택한 것이 비록 善하더라도 앎이 참되지 못한 것이니, 그러므로 이미 얻고서도 다시 잃어버림으로써, 지혜롭게 될 수 없는 것이다. 夫子께서 "知가 이르고서도 仁이 그것을 지키지 못한다." [63]라고 하신 말씀이 이것이다.

<第8章>

○ "擇乎中庸, 得一善則拳拳服膺而不失之矣." 顔子之於道, 不可謂得一善, 而只以得一善言之者, 何也? 此章專以行言, 而以能擇言之者, 何也? 顔子之於道, 擇之精而守之固, 知之眞而行之篤, 聞一善言, 而牢着脚跟, 見一善行而細着心胸, 推而至

62) 앞의 〈제3장〉 부분 말미에서 心齋는 '擇乎中庸' 을 '擇해서 中庸에 부합하게 한다(擇而合乎中庸)' 는 뜻으로 해석한 바 있다.

63) 『論語』 衛靈公 32 : 孔子께서 말씀하시기를, "知가 이르고서도 仁이 그것을 지키지 못하면, 비록 그것을 얻었더라도 반드시 잃게 된다." (子曰 "知及之, 仁不能守之, 雖得之, 必失之.")

於萬理明盡之後，則得一善者，固不是只守一善也．知行二者，有如足目之相須，輪翼之相資，凡人之於道，擇之也在乎知，守之也在乎仁，則豈可謂知不至而能行者哉？知及之而仁能守之，則此章專爲行而發，而兼言擇中之知者，盖以行之至者，由乎知之眞也．

(顔子의 사람됨은) "中庸에 맞게 택하여, 하나의 善을 얻으면 그것을 가슴에 잘 간직하여 잃어버리지 않았다."고 하였다. 顔子는 道에 있어서 '하나의 善을 얻었다'고는 말할 수 없을 것인데, 다만 '하나의 善을 얻음'으로 말한 까닭은 무엇인가? 이 章은 오로지 行으로 말하면서 '능히 택함'으로 말한 까닭은 무엇인가? 顔子는 道에 있어서 택하기를 정밀하게 하고 지키기를 굳게 하였으며, 알기를 참되게 하였고 행하기를 독실하게 하여, 하나의 착한 말을 들으면 脚跟[64]에 굳게 붙이고, 하나의 착한 행실을 보면 마음속에 자세하게 붙였던 것이다. 이것을 미루어서 萬理가 모두 밝게 된 다음에는 '하나의 善을 얻음'이 진실로 '다만 하나의 善을 지킴'이 아닌 것이다. '知·行' 兩者는 발과 눈이 서로 필요로 하고(相須), 수레의 두 바퀴나 새의 두 날개가 서로 바탕이 되는 것(相資)과 같다. 무릇 사람들이 道에 있어서 택하는 것은 知에 달려 있고, 지키는 것은 仁에 달려 있으니, 어찌 "知가 이르지 않았는데도 능히 행할 수 있다"고 말할 수 있겠는가? 知가 이르러야 仁이 능히 지킬 수 있는 것이다. 그러한 즉, 이 章은 오로지 行에 대해서 말하고자 한 것이나, '中庸에 맞게 택하는 知'를 겸해서 말한 까닭은 대개 '行의 지극함'은 '知의 참됨'에서 말미암기 때문이다.

64) 脚跟(각근) : 발꿈치.

<第9章>

○ "天下國家, 可均也 ; 爵祿, 可辭也 ; 白刃, 可蹈也 ; 中庸, 不可能也." 六章言舜之知 ; 八章言顔之仁, 則此章當以不能勇, 言子路之勇, 而必曰 "中庸不可能"者, 何也? 勇只是勇於知行, 而不在知行之外也. 知行之有過不及, 而不能中庸者, 以勇之有過不及也. 五章以不行, 起舜之知 ; 七章以不明, 起顔之仁, 則此章似當以不能勇, 起子路之勇, 而曰 "中庸不可能"者, 盖天下可均, 知之勇也 ; 爵祿可辭, 仁之勇也 ; 白刃可蹈, 勇之勇也. 勇非不可能. 勇亦有過不及,[65] 而知行之合於中庸爲難, 故不曰 "不能勇", 而曰 "中庸不可能", 以起下章子路之勇也.

"天下 · 國家도 고르게 할 수 있고, 爵祿도 사양할 수 있으며, 흰 칼날도 밟을 수 있으나, 中庸은 不可能하다."고 하였다. 6章에서는 '舜의 知'를 말했고, 8章에서는 '顔子의 仁'을 말했으니, 이 章에서는 마땅히 '勇에 능하지 못함'으로 '子路의 勇'을 말해야 할 것 같은데, 반드시 "中庸은 不可能하다"고 말한 까닭은 무엇인가? '勇'이란 다만 '知 · 行에 용감함'을 말하니, 知 · 行의 바깥에 있는 것이 아니다. 知 · 行에 過 · 不及이 있어서 中庸에 능하지 못한 까닭은 勇에 過 · 不及이 있기 때문이다. 5章에서는 '行하지 못함'으로 (6章의) '舜의 知'를 일으켰고, 7章에서는 '밝지 못함'으로 (8章의) '顔子의 仁'을 일으켰으니, 이 章에서는 '勇에 능하지 못함'으로 (10章의) '子路의 勇'을 일으켜야 마땅할 것 같은데, "中庸은 不可能하다" 고 말했다. 대개 '天下를 고르게 할 수 있음'은 '知의 勇'이요, '爵祿을 사

65) '勇亦有過不及'은 心齋의 原文에는 '勇亦無過不及'으로 되어 있으나, 문맥상 '勇亦有過不及'이 분명하므로 고쳤다.

양할 수 있음' 은 '仁의 勇' 이며, '흰 칼날을 밟을 수 있음' 은 '勇의 勇' 이다. 勇은 不可能하지 않다. 勇에도 또한 過 · 不及이 있어서 知 · 行이 中庸에 부합하기가 어려운 것이다. 그러므로 "勇에 不能하다" 고 말하지 않고, "中庸은 不可能하다" 고 하여, 下章의 '子路의 勇' 을 일으킨 것이다.

○ 天下國家之可均, 與大學之平天下, 有所不同. 盖國家可均, 資之近似者, 能以力爲之也. 未必合中庸之道, 而大學之平天下, 則修己治人之術, 理財用賢之事, 各有恰好底道理, 則眞可謂盡中庸矣, 不但止於可均而已.

'天下 · 國家를 고르게 할 수 있음' 은 『大學』의 '平天下' 와는 다른 점이 있다. 대개 '國家를 고르게 함' 은 資質이 近似한 사람은 능히 노력으로 할 수 있는 것이니, 반드시 '中庸의 道' 에 부합하는 것은 아니다. 그런데 『大學』의 '平天下' 는 '修己治人의 방법' 과 '재물을 다스리고 賢者를 등용하는 일' 에 각각 '좋음의 道理' 가 있으니, 참으로 '中庸을 극진히 한다' 고 말할 수 있는 것으로서, 다만 '고르게 할 수 있음' 에 그칠 뿐이 아닌 것이다.

○ 均天下, 蹈白刃, 是知勇之事, 而較其二者, 則孰爲尤難乎? 盖事, 莫難於均天下, 亦莫難於蹈白刃, 則均天下蹈白刃, 俱是至難, 而若就其中, 又求其難, 則均天下, 似尤難於蹈白刃也.

'天下를 고르게 함' 과 '흰 칼날을 밟음' 은 知와 勇에 속하는 일인데, 이 둘을 비교하면 어느 것이 더 어려운 것인가? 대개 일은 '天下를 고르게 함' 보다 어려운 일이 없고, 또한 '흰 칼날을 밟는 것' 보다 어려운 일도 없다. 그러한 즉, '天下를 고르게 함' 과 '흰 칼날을 밟음' 이 모두 지극히 어려운 일이지만, 만약 그 가운데 나아가 더 어려운 것을 찾는다면 '天下를 고르게 함' 이 '흰 칼날을 밟음' 보다 더 어려울 것 같다.

○ 章句曰 "三者, 亦知仁勇之事." 盖均天下, 辭爵祿, 蹈白刃, 非眞箇知仁勇, 故必着亦字, 而亦字卽似字之義也.

章句에서는 "('天下와 國家를 고르게 함' · '爵祿을 사양함' · '흰 칼날을 밟음') 셋은 또한 知 · 仁 · 勇의 일이다."라고 했다. 대개 '天下와 國家를 고르게 함' · '爵祿을 사양함' · '흰 칼날을 밟음' 은 참된 知 · 仁 · 勇은 아니다. 그러므로 반드시 '또한(亦)' 이라는 글자를 붙인 것인데, '또한(亦)' 이라는 글자는 곧 '似' 字의 뜻이다.

<第10章>

○ 舜之知, 顔之仁, 由之勇, 俱是三達德, 則上二章, 無大舜之問知, 顔子之問仁, 而此章所以特記子路之問强者, 亦承上章之意, 以明夫擇中庸而守之者, 非强不能. 而所謂强者, 又非世俗之强也.

'舜의 知' 와 '顔子의 仁' 과 '子路의 勇' 은 모두 함께 '三達德' 이다. 그런데 위의 두 章에서는 '大舜이 知에 대해 물은 것' 과 '顔子가 仁에 대해 물은 것' 이 없는데, 이 章에서는 '子路가 强에 대해서 물은 것' 을 특별히 기록한 까닭은 또한 上章의 뜻을 계승하여 '中庸에 맞게 택해서 지키는 것은 强이 아니면 불가능함' 을 밝히고자 한 것이다. 그런데 이른바 '强' 이란 또한 '世俗에서 말하는 强' 이 아니다.

○ "中立而不倚", 此與篇題 "中者不偏不倚"之中, 意有差別.

盖中立不倚，時中[66]之中，中之用也；不偏不倚，未發之中，中之體也.

"가운데 서서 기대지 않는다."는 것은 篇題에서 "中이란 치우치지도 않고 기대지도 않는 것이다."라고 했을 때의 '中'과는 뜻에 차이가 있다. 대개 '가운데 서서 기대지 않는다'는 것은 '時中(已發)의 中'으로서 '中의 用'이며, '치우치지도 않고 기대지도 않는다'는 것은 '未發의 中'으로서 '中의 體'이다.

○ 和而不流，中立不倚，爲中庸之强，而朱子以柳下惠爲和而不流；伯夷爲中立不倚，則夷惠之行，亦可謂中庸乎? 君子當和時，便能不流；當中時，便能不倚，隨時處中，然後方可謂中庸之强，而下惠，只能和而不流，而不能中立不倚；伯夷，只能中立不倚，而不能和而不流，則此其所以爲偏也. 中庸二字，着此夷惠分上，不得矣.

'和合하면서도 휩쓸리지 않고, 가운데 서서 기대지 않음'이 '中庸의 强'이다. 그런데 朱子는 柳下惠를 '和合하면서도 휩쓸리지 않았다'고 하고, 伯夷를 '가운데 서서 기대지 않았다'고 했는데, 伯夷와 柳下惠의 행실이 또한 '中庸'이라 할 수 있는 것인가? 君子가 和合해야 할 때를 당해서는 문득 휩쓸리지 않을 수 있고, 가운데 서야 할 때를 당해서는 문득 기대지 않을 수 있어서, 상황에 따라 中庸에 처한 다음에야 바야흐로 '中庸의 强'이라 할 수 있다. 그런데 柳下惠는 겨우 '화합하면서도 휩쓸리지 않음'에만 능했고 '가운데 서서 기대지 않음'에는 능하지 못했으며, 伯夷는 겨우 '가

---

66) '時中'에 대해『心齋遺稿』의 原文에는 "아마도 '已發'이라고 고쳐야 할 것 같다(恐作已發)"는 校正語가 적혀있다.

운데 서서 기대지 않음' 에만 능했고 '화합하면서도 휩쓸리지 않음' 에는 능하지 못했으니, 이것이 치우치게 된 까닭이다. '中庸' 이라는 두 글자를 伯夷와 柳下惠에게 붙일 수는 없을 것이다.

<第11章>

○ 索隱之隱, 與費隱之隱, 不同. 盖隱字, 與怪字相對, 則是常道之外者, 而欺世盜名之學也 ; 隱字, 與費字相對, 則是常道之中者, 而由用推體之學也, 則索隱之隱, 是隱僻之隱也 ; 費隱之隱, 是隱微之隱也.

'索隱' 의 '隱' 은 '費隱' 의 '隱' 과 다르다. 대개 '隱' 字는 '怪' 字와 相對하면 '常道의 밖' 에 있는 것으로 '세상을 속이고 명예를 훔치는 학문' 이 된다. 그러나 '隱' 字가 '費' 字와 相對하면 '常道의 안' 에 있는 것으로 '用으로부터 말미암아 體로 미루어나가는 학문' 이 된다. 그러한 즉, '索隱' 의 '隱' 은 '隱僻' 의 '隱' 이며, '費隱' 의 '隱' 은 '隱微' 의 '隱' 이다.

○ "君子, 遵道而行, 半塗而廢." 以君子而亦有半塗廢之事乎? "半塗而廢"者, 旣曰 "力不足", 則以君子而亦有力不足之患也.

"君子는 道를 따라 실행하다가 중간에 그만둔다." 고 했는데, 君子도 또한 중간에 그만두는 일이 있는가? '중간에 그만두는 것' 은 이미 '힘이 부족한 것' 이라 했으니,[67] 君子도 또한 '힘이 부족한 근심' 이 있는 것이다.

---

67) 『論語』 雍也 10 : 冉求가 말하기를, "선생님의 道를 기뻐하지 않는 것은 아니

○ 半塗而廢, 與論語中道而廢者, 不同. 盖人, 不可以一概論也. 有這般氣匱底人 ; 有這般性懶底人. 所謂氣匱者, 擔擔負荷, 而自住[68]於道也 ; 所謂性懶者, 安於故常, 而不進於道也, 則中道而廢者, 欲進而不能也 ; 半塗而廢者, 當强而不强也. 中道而廢, 猶賢乎半塗而廢也.

'半塗而廢' 는 『論語』의 '中道而廢' 와는 다르다. 대개 사람은 하나로 통틀어 논할 수 없으니, 저 '氣가 消盡한 사람' 도 있고, 저 '성품이 게으른 사람' 도 있다. 이른바 '氣가 소진한 사람' 은 많은 짐을 짊어지고 스스로 道에 나아가는 사람이요, 이른바 '성품이 게으른 사람' 은 기존의 평범한 것을 편안하게 여겨 道에 나아가지 않는 사람이다. 그러한 즉, '中道而廢' 란 '나아가고자 하나 그럴 수 없는 것' 이요, '半塗而廢' 란 '마땅히 힘써야 하나 힘쓰지 않는 것' 이니, '中道而廢' 가 '半塗而廢' 보다는 좀 나은 것이다.

○ 上言 "吾不爲之矣." ; 下言 "吾不能已矣." 盖索隱行怪, 不當强而强也 ; 遵行廢半, 當强而不强也, 則聖人所以不爲不已者, 當看其不當强所當强耳.

위에서는 "나는 그렇게 하지 않는다(吾不爲之矣)" 고 하였고,[69] 아래에서는 "나는 그만둘 수 없다(吾不能已矣)" 고 하였다.[70] 대개 '隱僻한 것을 찾

지만, 힘이 不足합니다." 공자께서 말씀하시기를, "힘이 不足한 사람은 中道에 그만두나니, 지금 너는 스스로 한계선을 긋고 있구나." (冉求曰 "非不說子之道, 力不足也." 子曰 "力不足者, 中道而廢, 今女畫.")

68) '住' 字는 문맥상 '進' 字 또는 '往' 字여야 마땅할 것이다.

69) "공자께서 말씀하시기를, '隱僻한 것을 찾고 괴상한 짓을 하는 것' 을 後世에 記述하는 사람이 있으나, 나는 그렇게 하지 않는다.(子曰, 索隱行怪, 後世有述焉, 吾弗爲之矣.)" 를 말한다.

고 괴상한 짓을 하는 것' 은 '마땅히 힘써서는 안 되는 것인데 힘쓰는 것' 이요, '道를 따라 실행하다가 중간에 그만두는 것' 은 '마땅히 힘써야 할 것인데 힘쓰지 않는 것' 이다. 그러한 즉, 聖人이 '하지 않는다(不爲)' · '그만둘 수 없다(不已)' 고 하신 말씀에서 그 '마땅히 힘써서는 안 되는 것' 과 '마땅히 힘써야 할 것' 을 마땅히 살펴야 할 것이다.

○"君子依乎中庸." 這箇依字, 與依仁之依字, 相似, 盖不違之意也. 依字, 從人從衣, 如人着衣之象, 則中庸之理, 至顯至實, 而君子旣不爲索隱, 則其所知者, 卽此至顯至實之理, 而一毫不曾違矣. 中庸之道, 至平至易, 而君子旣不爲行怪, 則其所行者, 至平至易之道, 而一息不曾違矣. 所謂依者, 雖曰不違之意, 而元無用力而然者, 故深味而想像之, 則見其於中庸之道, 與之爲一, 而無有彼此之別, 日用之間, 動靜之際, 中庸是已.

"君子는 中庸에 의거한다(君子依乎中庸)" 고 했는데, 여기에서의 '依' 字는 '依於仁' 의 '依' 字와 같은 것으로, '어기지 않는다(不違)' 는 뜻이다.[71] '依' 字는 '人' 과 '衣' 가 합쳐진 글자로서, '사람이 옷을 입은 형상' 이다. 그러한 즉, '中庸의 理' 는 지극히 드러나고 지극히 실제적인 것이니, 君子가 이미 '隱僻한 것을 찾는 일' 을 하지 않았으면, 그 아는 것은 곧 이 '지극히 드러나고 지극히 실제적인 理' 로서, 조금도 일찍이 어기지 않은 것이다. 또 '中庸의 道' 는 지극히 평범하고 지극히 쉬운 것이니, 君子가 이미 '괴상한 짓을 하는 일' 을 하지 않았으면, 그 실행하는 것은 '지극히 평범하

---

70) "君子는 道를 따라 실행하다가 중간에 그만두나니, 나는 그만둘 수 없노라.(君子, 遵道而行, 半塗而廢, 吾不能已矣.)" 를 말한다.

71) 『論語』 述而 제6장에서는 "子曰, 志於道, 據於德, 依於仁, 游於藝." 라 했는데, 朱子는 '依' 에 대해서는 '어기지 않는다는 뜻(不違之謂)' 이라고 풀이하였다.

고 지극히 쉬운 道' 로서, 잠시도 일찍이 어기지 않은 것이다. 이른바 '依' 란 비록 '어기지 않는다' 는 뜻이나, 원래 '힘을 써서 그러함' 이 없는 것이다. 그러므로 깊이 음미하여 상상해보면, 그것이 '中庸의 道' 와 함께 하나가 되어 '彼 · 此의 구별' 이 없음을 볼 수 있으니, '日用의 사이에서 動 · 靜하는 즈음의 中庸' 이 이것이다.

○ "遯世不見知而不悔", 唯聖者能之. 如沮溺之徒, 遯世不悔, 則可也, 謂之聖人, 則不可也. 蓋道之所貴者, 中也; 中之所貴者, 權也, 則依乎中庸, 不知不慍者, 是固成德之事, 而果於忘世, 長往不返者, 是箇一節之士, 則其不可以同日而語, 明矣.

"세상에서 숨어서 알아주는 사람을 보지 못해도 후회하지 않는다." 고 했는데, 이것은 오직 聖人만이 그럴 수 있는 것이다. 저 長沮 · 桀溺[72]과 같은 무리들은 '세상에서 숨어서 후회하지 않았다' 고는 말할 수 있으나, '聖人' 이라고는 말할 수 없다. 대개 道가 귀하게 여기는 것은 '中' 이요, 中이 귀하게 여기는 것은 '저울질함(權)' 이다. 그러한 즉, '中庸에 의거해서, 알아주지 않아도 성내지 않음' 은 진실로 '德을 이룬 사람의 일' 이요, '세상을 잊는 데 과감해서, 떠나간 지 오래되어도 돌아오지 않음' 은 '하나의 절개만 아는 선비의 일' 이니, 兩者를 같은 차원에서 논할 수 없음이 분명하다.

○ 遯世不悔, 與論語人不知而不慍者, 不同. 蓋慍者, 是己而非人也; 悔者, 徇人而忘己也. 是知不知不慍者, 自反之至也; 不悔云者, 自信之至也, 則不慍也, 不悔也, 亦豈無差殊之分也耶?

---

72) 長沮와 桀溺은 道家 계통의 隱士로서, 『論語』 微子 제6장에 그들의 행적에 관한 기록이 보인다.

'세상에서 숨어서 후회하지 않음' 은 『論語』의 '남들이 알아주지 않아도 성내지 않음'[73]과는 다르다. 대개 '성냄(慍)' 은 '자기를 옳게 여기고 남을 그르게 여기는 것' 이요, '후회함(悔)' 은 '남을 따르고 자기를 잊는 것' 이니, 이로써 '남들이 알아주지 않아도 성내지 않음' 은 '자기를 반성함' 의 극치이나 '후회하지 않음' 은 '자기를 믿음' 의 극치라는 것을 알 수 있다. 그러한 즉, '성내지 않음' 과 '후회하지 않음' 에도 어찌 다르게 분별되는 요소가 없겠는가?

○ 此篇大旨, 以知仁勇三達德, 爲入道之門, 而其要, 則不過曰由知仁勇, 以合乎中耳. 知者, 所以知此中也 ; 仁者, 所以體此中也 ; 勇者, 所以强此中也. 知仁勇三達德, 一言以蔽之, 曰中而已.

이 篇의 大旨는 '知 · 仁 · 勇' 三達德을 '道에 들어가는 門' 으로 삼는 것이요, 그 요점은 '知 · 仁 · 勇을 말미암아서 中庸에 부합함' 에 불과하다. '知' 는 '이 中庸을 아는 것' 이요, '仁' 은 '이 中庸을 체득하는 것' 이며, '勇' 은 '이 中庸에 힘쓰는 것' 이다. 知 · 仁 · 勇 三達德은 한마디로 표현하자면 '中庸' 일 뿐이다.

<第12章>

○ "君子之道, 費而隱." 夫道者, 率性而已, 固衆人之所能知能行, 而今必曰 "君子之道"者, 何也? 率性之道, 雖衆人之所能

---

73) 『論語』 學而 1 : 子曰 "學而時習之, 不亦說乎? 有朋自遠方來, 不亦樂乎? 人不知而不慍, 不亦君子乎?"

知能行，而非君子，不能知，不能行，故獨擧而歸之君子，亦猶“大哉聖人之道”之意也.

“君子의 道는 쓰임새는 넓으나 본체는 은미하다.”고 하였다. 무릇 ‘道’란 ‘본성을 따름(率性)’일 뿐으로서, 진실로 衆人들도 알 수 있고 행할 수 있는 것인데, 이제 반드시 “君子의 道”라고 말하는 까닭은 무엇인가? ‘率性의 道’는 비록 衆人들도 알 수 있고 행할 수 있는 것이나, 君子가 아니면 알 수 없고 행할 수 없다. 그러므로 오직 ‘君子’를 거론하여 그에게 귀속시킨 것은 또한 “위대하도다! 聖人의 道여.(大哉! 聖人之道.)”[74]라고 한 뜻과 같은 것이다.

○ 旣曰“君子之道，費而隱”，則費隱之道，亦可以形而上下者，分而二之乎? 大凡以性與氣言之，則形而上者謂之性；形而下者謂之氣. 以道與器言之，則形而上者謂之道；形而下者謂之器. 而至於費隱，不然. 夫所謂費者，隱之用也；隱者，費之體也. 一體一用，互爲其根，而元不相離，則其不可以費隱，分作形上形下也.

이미 “君子의 道는 쓰임새는 넓으나(費) 본체는 은미하다(隱)”고 했는데, ‘費·隱의 道’는 또한 形而上者와 形而下者로 나누어 둘로 삼을 수 있는가? 무릇 ‘性과 氣’로써 말하자면, 形而上者를 性이라 하고 形而下者를 氣라 하며, ‘道와 器’로써 말하자면 形而上者를 道라 하고 形而下者를 器라 한다. 그런데 費·隱의 경우는 그렇지 않다. 무릇 이른바 ‘費’란 ‘隱의 用’이며, ‘隱’이란 ‘費의 體’이다. 하나는 體이고 하나는 用으로서 서로 그 뿌리가 되어 원래 서로 분리될 수 없으니, ‘費·隱’을 形而上者와 形而下者

---

74)『中庸章句』27 : 大哉! 聖人之道. 洋洋乎發育萬物, 峻極于天.

로 나누어 볼 수 없는 것이다.

○ "夫婦之愚不肖, 可以與知能行." 旣曰 "君子之道", 則是主丈夫言, 而第四章言道之不行不明處, 亦以丈夫爲主, 則此必幷及於婦人, 以爲夫婦之愚不肖, 可以與知能行者, 何也? 易曰 "乾道變化, 各正性命." 夫人之生也, 各一其性, 而無極之眞, 二五之精, 妙合而凝, 乾道成男, 坤道成女, 二氣交感, 化生萬物, 萬物生生, 而變化無窮, 則天命之性, 率性之道, 人與物, 男與女, 均得之. 故於此特擧而言之, 以見婦人之愚不肖者, 亦可以與知能行, 則其賢且知者, 從可推知, 而命與性均得之實, 亦可見矣.

"夫婦의 어리석고 不肖함으로도 함께 알 수 있고, 함께 행할 수 있다."고 했다. 이미 '君子의 道'라고 했으면, 이것은 '丈夫'를 중심으로 말하는 것이요, 第4章에서 '道가 행해지지 않고, 밝혀지지 않음'을 논하는 곳에서도 또한 '丈夫'를 중심으로 삼았다. 그런데 이곳에서는 반드시 '婦人'을 아울러 언급하여 "夫婦의 어리석고 不肖함으로도 함께 알 수 있고, 함께 행할 수 있다."고 말하는 까닭은 무엇인가? 『周易』에서는 "乾道가 變化함에 각각 性命을 바르게 한다."고 하였다.[75] 사람들이 태어남에 각각 그 본성을 하나씩 받는다. '無極의 참된 理'와 '陰陽五行의 精粹한 氣'가 妙合하여 엉겨서, 乾道는 男을 이루고 坤道는 女를 이루어, 二氣가 交感하여 萬物을 化生하며, 萬物이 生生하여 變化가 無窮한 것이다.[76] 그러한 즉, '天命의 性'과 '率性의 道'는 사람과 만물, 남자와 여자가 고르게 얻은 것이다. 그러므로 여기에서 특별히 들어서 언급함으로써 '婦人의 어리석고 不肖함으

75) 『周易』 乾卦 彖辭 : 乾道變化, 各正性命, 保合大和, 乃利貞

76) 이 부분은 周濂溪의 〈太極圖說〉을 인용한 것임.

로도 또한 함께 알 수 있고, 함께 행할 수 있음' 을 보여준 것이다. 그러한즉, 어질고 지혜로운 사람의 경우는 이를 미루어서 알 수 있으며, '命' 과 '性' 을 고르게 얻은 실제도 또한 알 수 있다.

○ "天地之大也, 人猶有所憾." 則天地之大, 亦不能盡道. 而第二十六章,[77] 乃以此道之至誠無息, 專歸於天地, 而曰 "天地之道" ; 第二十章, 又以此道之眞實無妄, 專歸於天, 而曰 "天之道"者, 何也? 自道而言之, 則天地亦萬物中一物. 而自萬物言之, 則其中得道之多, 而至誠無息者, 除了聖人, 則莫如天地. 故凡言至誠無息者, 必曰天地之道也 ; 自天地言之, 則其中得道之多, 而眞實無妄者, 除了一地, 則莫如天, 故凡言眞實無妄者, 必曰天之道也. 況天地之於此道, 雖有所不能盡, 而此亦極其至而言之, 以見此道之至大耳.

"天地의 큼에도 사람은 오히려 遺憾으로 여기는 바가 있다." 고 했으니, 天地의 큼에도 또한 道를 극진히 하지 못함이 있는 것이다. 그런데 제26장에서는 곧 '이 道의 지극히 참되어 쉼이 없음(至誠無息)' 을 오로지 天地에 귀속시켜서 '天地의 道' 라 하고, 제20장에서는 또 '이 道의 진실하여 망령됨이 없음(眞實無妄)' 을 오로지 天에 귀속시켜 '天의 道' 라 한 까닭은 무엇인가? '道' 로부터 말하면, 天地 또한 萬物 가운데의 한 물건이다. 그런데, '萬物' 로부터 말하면 그 가운데 '道를 많이 얻어서 至誠無息한 것' 은 '聖人' 을 제외하면 '天地' 만한 것이 없다. 그러므로 무릇 '至誠無息' 을 말할 때에는 반드시 '天地의 道' 라 하는 것이다. '天地' 로부터 말하면 그 가운데 '道를 많이 얻어서 眞實無妄한 것' 은 '하나의 地' 를 제외하면 '天' 만

---

77) '第二十六章' 은 心齋의 原文에서는 '第二十七章' 이라 하였으나, 『中庸章句』에서 '至誠無息으로 天地之道를 논한 것' 은 '제26장' 이므로, 고쳤음.

한 것이 없다. 그러므로 무릇 '眞實無妄' 을 말할 때에는 반드시 '天의 道' 를 말하는 것이다. 하물며, 天地는 이 道에 있어서 비록 극진히 하지 못하는 바가 있다고 하더라도, 이것은 또한 그 지극한 경지를 말해서 이 道의 지극히 큼을 보여주려는 것임에랴!

○ "語大, 天下莫能載焉 ; 語小, 天下莫能破焉." 道之至大, 天地亦不能盡, 則雖謂之天地莫能載莫能破, 可也, 而今以天下言之者, 何也? 章首旣曰 "君子之道", 則莫能載莫能破, 一是皆主於人, 而盖言其天下之人, 莫有能載之破之也.

"(君子가) 큰 것을 말할 때에는 天下에 실을 수 있는 사람이 없고, 작은 것을 말할 때에는 天下에 깨뜨릴 수 있는 사람이 없다." 고 하였다. '道의 지극히 큼' 은 天地 또한 다할 수 없는 것이니, 비록 "天地도 능히 실을 수 없으며, 능히 깨뜨릴 수 없다" 고 말해도 될 것 같은데, 지금 '天下' 로 말한 까닭은 무엇인가? 이 章의 첫머리에서 이미 '君子의 道' 라 했으니, '실을 수 없음' 과 '깨뜨릴 수 없음' 은 모두 '사람' 을 중심으로 해서 말하는 것으로서, 대개 '天下의 사람들이 능히 실을 수 있는 사람이 없고, 능히 깨뜨릴 수 있는 사람이 없다' 는 말이다.

○ "夫婦之愚, 可以與知焉, 及其至也, 雖聖人亦有所不知焉 ; 夫婦之不肖, 可以能行焉, 及其至也, 雖聖人亦有所不能焉." 所知所能者, 亦有所不知不能, 則這箇至字, 是知至之至乎? 是極至之至乎? 與知能行, 就一事上說, 不知不能, 就全體上說, 則這箇至字, 非知至之至, 而乃極至之至也. 若是知至之至, 則聖人固有所盡知盡行也, 何必不知不能也?

"夫婦의 어리석음으로도 함께 알 수 있지만, 그 지극함에 이르러서는 비록 聖人이라도 또한 알지 못하는 것이 있으며, 夫婦의 不肖로도 능히 행할 수 있지만, 그 지극함에 이르러서는 비록 聖人이라도 또한 행할 수 없는 것이 있다."고 했다. 알 수 있고 행할 수 있는 것을 또한 알지 못하는 것과 행할 수 없는 것이 있다고 한다면, 여기에서의 '至' 字는 '知至'의 '至' 字인가, '極至'의 '至' 字인가? '함께 알고 능히 행함'은 하나의 일에 나아가서 말하는 것이요, '알지 못하고 행하지 못함'은 全體에 나아가서 말하는 것이니, 여기에서의 '至' 字는 '知至'의 '至' 字가 아니라 바로 '極至'의 '至' 字이다. 만약 이것이 '知至'의 '至' 字라면, 聖人이 진실로 다 알고 다 실천할 수 있는 바가 있을 것인데, 何必 알지 못하고 행하지 못하겠는가?

○ 程明道擧鳶飛魚躍, 此與必有事焉而勿正心之意, 同一活潑潑. 盖鳶飛魚躍, 道體自然之妙也；勿忘勿助, 學者下工夫處也. 程子比而同之者, 何也? 纔着意, 便是正助；纔不着意, 便是遺忘. 而勿正勿忘勿助, 在於非着意非不着意之間, 則鳶魚之理, 豈不在於是乎? 夫鳶魚之飛躍, 天理之自然也；勿忘勿助長, 人事之自然也. 道之體用, 流行發見, 充塞天地, 雖未嘗有一毫之空闕, 一息之間斷, 而其在人之日用之間, 則初不外乎此心, 故必此心之存而後, 方見其全體呈露, 妙用顯行, 無所滯礙, 則程子以爲同一活潑潑者, 只取其天理人事之自然, 而不容私意於其間也.

程明道는 '솔개는 날고 물고기는 뛰논다(鳶飛魚躍)'는 말을 거론하면서 이것은 "반드시 일삼음이 있되 期必하지 말라."의 뜻과 同一하게 活潑潑하다고 하였다.[78] 대개 '鳶飛魚躍'은 道體의 自然한 妙요, '잊지도 말고 조장

78) 『程氏遺書』 卷3(謝顯道記憶平日語) 頁1："鳶飛戾天, 魚躍于淵, 言其上下察也." 此一段子思喫緊爲人處, 與必有事焉而勿正心之意, 同活潑潑地. 會得時,

하지도 말라(勿忘勿助)'는 學者가 工夫하는 내용인데, 程子가 둘을 견주어 동일하게 여긴 까닭은 무엇인가? 다만 뜻을 붙이면(집착하면) 문득 期必하고 助長하는 것이며, 다만 뜻을 붙이지 않으면 문득 잊어버리는 것이다. '기필하지 말고(勿正), 잊지도 말며(勿忘), 조장하지도 말라(勿助)'[79]는 것은 '뜻을 붙이지 않음(非着意)과 뜻을 붙이지 않는 것이 아님(非不着意)의 사이'에 있는 것이다. 그러한 즉, '솔개와 물고기의 理'는 어찌 여기에 있지 않겠는가? 무릇 솔개가 날고 물고기가 뛰노는 것은 '天理의 自然'이요, '잊지도 말고 助長하지도 말라'는 것은 '人事의 自然'이다. 道의 體·用이 流行發見하여 天地에 가득 참이 비록 조그만 틈이나 잠시의 쉼도 없지만, 그것이 사람의 日用의 사이에 있어서는 애초에 이 마음을 벗어나지 않는다. 그러므로 반드시 이 마음이 있은 다음에 바야흐로 그 全體가 드러나고 妙用이 顯行하여 엉기고 막힘이 없는 것을 볼 수 있다. 그러한 즉, 程子가 '同一하게 活潑潑하다'고 여긴 것은 다만 '天理와 人事의 自然으로서, 그 사이에 私意를 용납하지 않음'을 취한 것이다.

○ 道之體用, 無所不在, 而必寓於鳶魚者, 何也? 盖理外無物, 物外無理, 則鳶魚之飛躍, 莫非費隱之理, 而道之體用, 寓於鳶魚者, 此也.

'道의 體·用'은 없는 곳이 없는데, 반드시 솔개와 물고기에 붙인 까닭은 무엇인가? 대개 理 밖에 事物이 없고 事物 밖에 理가 없으니, 솔개가 날고 물고기가 뛰노는 것은 모두 費·隱의 理가 아닌 것이 없다. 이것이 道의

活潑潑地；不會得時，只是弄精神.

79) 孟子는 '浩然之氣'를 기르는 방법으로 "반드시 일삼음이 있되, 期必하지 말고, 잊지도 말며, 助長하지도 말라(必有事焉而勿正, 心勿忘, 勿助長.)"고 설명한 바 있다(『孟子』 公孫丑上 제2장 참조).

體 · 用을 솔개나 물고기에 붙인 까닭이다.

◯ "造端乎夫婦, 察乎天地." 夫婦與天地, 小大不同, 而今曰 "造端夫婦, 察乎天地"者, 何也? 人倫之至近, 而道不可離, 則洋洋乎峻極于天矣; 人事之至密, 而道行乎其間, 則昭昭乎持載于地矣. 正如易首乾坤, 而其效至於彌綸天地; 詩首關雎, 而其化至於參贊天地, 則此章所以造端夫婦而察乎天地者, 從可知矣.

"(君子의 道는) 夫婦에게서 端緖를 지으나, (그 지극함에 이르러서는) 天地에 드러난다."고 하였다. 夫婦와 天地는 크고 작은 것이 다른데, 이제 "夫婦에게서 端緖를 지으나, 天地에 드러난다."고 말하는 까닭은 무엇인가? 人倫은 지극히 가깝고 道는 떠날 수 없으니 넘실넘실 가득 차서 높고 큼이 하늘에까지 극진한 것이며,[80] 人事는 지극히 정밀하여 道가 그 사이에 행해지니, 하늘에는 별이 반짝이고 땅은 만물을 싣고 있는 것이다.[81] 이것은 바로 『周易』의 첫머리는 乾卦와 坤卦이지만 그 효과는 天地를 꿰매고 다스리는 데 이르고,[82] 『詩經』의 첫머리는 〈關雎〉이지만 그 感化는 萬物의

80) 『中庸章句』 제27장에서는 "위대하도다! 聖人의 道여. 넘실넘실 가득 차게 萬物을 發育하여, 높고 큼이 하늘에까지 극진하도다.(大哉! 聖人之道. 洋洋乎發育萬物, 峻極于天.)"라고 했다.

81) 『中庸章句』 제26장에서는 "이제 저 하늘은 반짝거리는 별들이 모인 것이나, 그 無窮함에 이르러서는 日月星辰을 매달고 있고, 萬物을 덮고 있다. 이제 저 땅은 한줌의 흙덩이들이 많이 모인 것이나, 그 넓고 두터움에 이르러서는 華嶽을 싣고 있으면서 무거워 하지 않고, 河海를 담고 있으면서 새지 않으며, 萬物을 싣고 있다.(今夫天, 斯昭昭之多, 及其無窮也, 日月星辰繫焉, 萬物覆焉; 今夫地, 一撮土之多, 及其廣厚, 在華嶽而不重, 振河海而不洩, 萬物載焉.)"라고 하였다.

化育을 도와 天地와 더불어 참여하는 데 이르는 것과 같다.[83] 그러한 즉, 이 章에서 "夫婦에게서 端緖를 지으나, 天地에 드러난다."고 말하는 까닭도 따라서 알 수 있을 것이다.

---

82) 『周易』 繫辭上傳 제4장에서는 "易은 天地와 더불어 대등하다. 그러므로 天地의 道를 꿰매고 다스릴 수 있는 것이다.(易與天地準 故能彌綸天地之道.)"라고 하였다. 이어지는 "仰以觀於天文, 俯以察於地理, 是故知幽明之故 ; 原始反終, 故知死生之說 ; 精氣爲物, 游魂爲變, 是故知鬼神之情狀. 與天地相似, 故不違 ; 知周乎萬物而道濟天下, 故不過 ; 旁行而不流, 樂天知命, 故不憂 ; 安土敦乎仁, 故能愛. 範圍天地之化而不過, 曲成萬物而不遺, 通乎晝夜之道而知, 故神无方而易无體."라는 내용이 '天地의 道를 꿰매고 다스림' 의 구체적인 내용이다.

83) 〈關雎〉는 『詩經』 벽두의 첫째 詩로서, 文王과 그 后妃의 사랑을 노래한 것이라고 전해진다. 그런데 孔子는 〈關雎〉에 대해 '즐거우면서도 法度를 벗어나지 않았고, 슬프면서도 마음을 상하지 않았다(樂而不淫, 哀而不傷.)' 라고 평한 바 있다(『論語』 八佾 20). '즐거우면서도 法度를 벗어나지 않았다' 는 것은 사랑이 이루어졌을 때 鐘鼓와 琴瑟의 즐거움을 누리면서도 올바른 사랑의 限界線(法度)을 넘지 않았다는 뜻이며, '슬프면서도 마음을 상하지 않았다' 는 것은 아직 사랑을 이루지 못했을 때 寤寐思服(자나 깨나 그리워함)과 輾轉反側(이리저리 뒤척이며 잠을 이루지 못함)의 시름 속에서도 스스로를 해치지 않았다는 뜻이다. 즉 공자의 평은 〈關雎〉는 남녀 간의 사랑에 있어서 '中和' 를 이룬 모범이라는 것이다. 그런데 『中庸章句』 제1장에서는 '中和를 이루면 天地가 제 자리를 잡고 萬物이 자라난다(致中和, 天地位焉, 萬物育焉.)' 고 하였다. '天地가 제 자리를 잡고 萬物이 자라난다' 는 말의 구체적인 내용은 제22장에서 '天地의 化育을 도와 天地와 더불어 참여한다(可以贊天地之化育, 則可以與天地參矣.)' 는 내용으로 설명되었다. 이러한 맥락에서, 心齋는 "『詩經』의 첫째 詩는 〈關雎〉이되, 그 感化는 天地의 化育을 도와 天地와 더불어 참여하는 데에 이른다."고 설명한 것이다.

<第13章>

○ "道不遠人" 與"人能弘道"之意, 不同. 蓋此以主道而言之 ; 彼以主人而言之. 主道而言之, 則率性也 ; 主人而言之, 則盡性也. 然則人同是道, 道本一理, 而道不遠人者, 率性之謂道也 ; 人能弘道者, 盡性之謂人也, 則一以就率性上說 ; 一以就盡性上說.

"道는 사람에게서 멀지 않다"는 말은 "사람이 능히 道를 넓힐 수 있다"는 말과 뜻이 다르다. 대개 이것은 '道'를 중심으로 말하는 것이요, 저것은 '사람'을 중심으로 말하는 것이다. '道'를 중심으로 말하면 '本性을 따르는 것(率性)'이며, '사람'을 중심으로 말하면 '本性을 다 발휘하는 것(盡性)'이다.[84] 그러한 즉, 사람은 이 道를 함께 하고, 道는 본래 하나의 理이나, "道는 사람에게서 멀지 않다"는 말은 "本性을 따르는 것을 道라 한다"는 말이요, "사람이 능히 道를 넓힐 수 있다"는 말은 "본성을 다 발휘하는 것을 사람답다고 한다"는 말이다. 그러한 즉, 하나는 '率性'에 나아가 말하는 것이며, 하나는 '盡性'에 나아가 말하는 것이다.

---

84) 孔子는 "사람이 道를 넓힐 수 있는 것이요, 道가 사람을 넓히는 것은 아니다.(人能弘道, 非道弘人.)"라고 하였다(『論語』 衛靈公 28). 이에 대해 朱子는 "사람의 마음은 知覺이 있으나 道의 본체는 作爲가 없다. 그러므로 사람은 道를 넓힐 수 있으나 道는 사람을 넓힐 수 없다"고 주석하였다. 한편 張橫渠는 "마음은 본성을 모두 발휘할 수 있으니 사람이 道를 넓힐 수 있는 것이요, 본성은 마음을 검속할 수 없으니 道가 사람을 넓힐 수는 없다.(心能盡性, 人能弘道也 ; 性不知檢其心, 非道弘人也.)"라고 말한 바 있다(『正蒙』 誠明篇第6). 이러한 맥락에서, 心齋는 '人能弘道'와 '盡性'을 연결시킨 것이다.

○ 上言道不遠人；下言忠恕違道不遠. 蓋道不遠人者, 以天理而具人事也；忠恕違道不遠, 以人事而至天理也. 上言天理人事之自然無間也；下言天理人事之極盡功夫也.

위에서는 '道는 사람에게서 멀지 않다(道不遠人)' 는 것을 말하고, 아래에서는 '忠恕는 道에서 어긋남이 멀지 않다(忠恕違道不遠)' 는 것을 말했다. 대개 '道不遠人' 이란 天理로서 人事를 갖추어 말하는 것이요, '忠恕違道不遠' 이란 人事로서 天理에 이르는 것이다. 위에서는 '天理와 人事가 저절로 간격이 없음' 을 말한 것이고, 아래에서는 '天理와 人事의 極盡한 功夫' 를 말한 것이다.

○ "執柯伐柯, 其則不遠." 蓋以柯伐柯, 彼柯長短之法, 在此柯也；以人望人, 所以爲人之道, 在此人也. 故伐柯者, 必以是法, 而求諸柯也；治人者, 必以是道, 而求諸人也. 則柯之於柯, 其則之不遠, 猶人之於人, 其道之不遠也.

"도끼자루를 잡고 도끼자루를 벨 때는 그 법칙이 멀리 있지 않다." 고 하였다. 대개 도끼자루로써 도끼자루를 벨 때, 저 도끼자루의 길고 짧은 法則은 이 도끼자루에 있는 것이다. 사람으로써 사람을 책망할 때 사람됨의 道는 이 사람에게 있는 것이다. 그러므로 도끼자루를 베는 사람은 반드시 이 法則으로 도끼자루를 구하는 것이며, 남을 다스리는 사람은 반드시 이 道로 남에게 구하는 것이다. 그러한 즉, 도끼자루가 도끼자루에 있어서 그 법칙이 멀지 않음은 사람이 사람에게 있어서 그 道가 멀지 않음과 같다.

○ "忠恕違道不遠", 此學者之事, 而及其得道之後, 以忠恕言之乎? 旣曰 "忠恕違道不遠", 則忠違道之體不遠, 恕違道之用不遠, 故可以因此得道, 而及其得道之後, 則道之體渾然一理也, 何事乎盡己也? 道之用自然流行也, 何事乎推己也? 到此地位, 則體只可謂之誠, 而忠不足以名也 : 用只可謂之仁, 而恕不足以名之也.

"忠恕는 道에서 어긋남이 멀지 않다"는 것은 '學者의 일'이다. 그런데 得道에 이른 다음에도 '忠恕'로 말하는 것인가? 이미 "忠恕는 道에서 어긋남이 멀지 않다"고 했으니, 忠은 '道의 體'에서 어긋남이 멀지 않고, 恕는 '道의 用'에서 어긋남이 멀지 않다. 그러므로 이것을 바탕으로 道를 얻을 수 있는 것이다. 그런데 得道에 이른 다음에는, '道의 體'가 渾然한 一理이니 어찌 '자기를 다함(盡己)'을 일삼겠으며, '道의 用'이 저절로 流行하니, 어찌 '자기를 미루어 나감(推己)'을 일삼겠는가? 이러한 地位에 이르면 '體'는 다만 '誠'이라고 할 수 있으니, '忠'은 그것을 지칭하기에 부족하며, '用'은 다만 '仁'이라고 할 수 있으니, '恕'는 그것을 지칭하기에 부족한 것이다.

○ 君子道四一節, 只言父子君臣兄弟朋友, 而獨闕夫婦一倫. 盖四者, 當分上中下三節看, 所求乎子, 未能於事父, 則我亦人之子也 ; 所求乎臣, 未能於事君, 則我亦人之臣也. 若曰 "所求乎婦, 以事夫, 未能", 則我可以爲婦之夫也, 不可以爲夫之婦也. 此章只言父子君臣兄弟朋友, 而不言夫婦者, 豈非夫無事夫之道乎?

"君子의 道는 네 가지이다"라고 한 구절에서는 다만 父子 · 君臣 · 兄弟 · 朋友를 말하고 오직 夫婦 一倫만 생략하였다. 대개 네 가지는 마땅히 上中下 三節로 나누어 보아야 한다. 자식에게 구하는 것으로 부모를 섬기는 것을 할 수 없다면, 나는 또한 남의 자식인 것이다. 또 臣에게 구하는 것으로 君을 섬기는 것을 할 수 없다면, 나는 또한 남의 신하인 것이다. 만약

"아내에게 구하는 것으로 남편을 섬기는 것을 할 수 없다"고 말한다면, 나는 아내의 남편이 될 수는 있으나 남편의 아내가 될 수는 없는 것이다. 이 章에서 다만 父子 · 君臣 · 兄弟 · 朋友만을 말하고 夫婦를 말하지 않은 것은 어찌 '남편에게는 남편을 섬기는 道가 없음' 때문이 아니겠는가?

○ "所求乎朋友, 先施之, 未能也." 父子君臣兄弟, 皆無先施二字, 而獨於朋友言之者, 何也? 盖父之求子, 有尊卑之序 ; 君之求臣, 有上下之別. 以至於兄之求弟, 莫不皆然. 而惟其朋友一倫, 平等耳, 同志耳. 其交也一般, 其施也一般, 所爭只在先後之間耳. 上三者, 皆無先施二字, 而獨於朋友言之者, 以其三者之倫, 有等威之截然, 而朋友有同等之道也.

"朋友에게 구하는 것으로 먼저 베푸는 것을 하지 못한다."고 했다. 父子 · 君臣 · 兄弟에 대해서는 모두 '먼저 베푼다(先施)'는 두 글자가 없었는데, 오직 朋友에 대해서만 이것을 언급한 까닭은 무엇인가? 대개 부모가 자식에게 구함은 尊 · 卑의 차례가 있고, 君이 臣에게 구함은 上 · 下의 구별이 있다. 兄이 아우에게 구함에 있어서도 모두 그렇지 않음이 없다. 그런데 오직 朋友 一倫은 平等하고 同志인 것으로, 그 사귐도 一般이고 그 베풂도 一般이니, 다투는 바는 다만 '先 · 後의 사이'에 있는 것이다. 위의 세 가지는 모두 '先施' 두 글자가 없으나 오직 朋友에 대해서만 이것을 언급한 까닭은 父子 · 君臣 · 兄弟의 차례는 等威가 截然하나 朋友는 同等한 道가 있기 때문이다.

○ 不願勿施, 恕也 ; 未能一焉, 忠也, 而先言恕後言忠者, 何也? 施己不願二句, 恕之事也, 而爲忠之用也 ; 君子道四一節, 忠之事也, 而爲恕之本也. 恕爲忠之用, 忠爲恕之本, 而君子之道, 先有及人之恕, 而後有盡己之忠, 故先言恕, 而後言忠也. 雙峰饒氏所謂 "先論勿施於人, 然後反之, 以責其所以盡己者." 是也.

"자기에게 베풀어짐을 원치 않는 것을 또한 남에게 베풀지 말라."는 것은 恕이며, "君子의 道가 네 가지인데 나는 하나도 능하지 못하다."는 것은 忠이다. 그런데 먼저 恕를 말하고 뒤에 忠을 말한 까닭은 무엇인가? "자기에게 베풀어짐을 원치 않는 것을 또한 남에게 베풀지 말라."는 두 구절은 '恕에 해당하는 일' 로서 '忠의 用' 이 되며, "君子의 道가 네 가지인데 나는 하나도 능하지 못하다."는 一節은 '忠에 해당하는 일' 로서 '恕의 本' 이 된다. 恕는 '忠의 用' 이 되고, 忠은 '恕의 本' 이 된다. 그런데 君子의 道는 먼저 '자기를 미루어 남에게 미치는 恕' 가 있는 것이고, 그 다음에 '자기를 다하는 忠' 이 있는 것이므로, 먼저 恕를 말하고 뒤에 忠을 말한 것이다. 雙峰饒氏의 "먼저 '勿施於人' 을 논한 다음, 그것을 돌이켜 '盡己' 할 수 있도록 책망한다."는 말이 이것이다.

○ "言顧行, 行顧言." 盖言者, 行之表也 ; 行者, 言之實也. 言隨行後, 行在言前, 而言行自不相違, 則此是言顧行行顧言也.

"말은 행동을 되돌아보고, 행동은 말을 되돌아본다."고 했는데, 대개 말은 행동의 表面이요, 행동은 말의 內實이다. 말은 행동의 뒤를 따르고 행동은 말의 앞에 있어서, 言行이 저절로 서로 어긋나지 않으면, 이것이 "말은 행동을 되돌아보고, 행동은 말을 되돌아보는 것" 이다.

<第14章>

○ 素字之釋, 或曰見在, 或曰素來. 兩箇訓釋, 不無優劣之可言. 盖素來云者, 有從前之意, 而非目今事也；見在云者, 乃目今之事, 而非從前意也. 今日富貴, 則今日行乎富貴矣, 明日貧賤, 則明日行乎貧賤者, 此之謂見在. 而若以爲素來, 則昨日富貴, 明日貧賤, 反仍素來, 所行, 可乎? 是知向來之謂素來, 明在之謂見在, 而見在之釋, 有切於行素位不願外, 素來之釋, 不切於行素位不願外, 則欲其行素位而不願外者, 不在於素來, 而必在於見在乎!

'素' 字의 해석은 어떤 사람은 '見在(현재)' 라 하고, 어떤 사람은 '素來' 라 하는데, 두 개의 해석에 優劣을 말할 수 없는 것이 아니다. 대개 '素來' 라고 하는 것은 '從前' 이라는 뜻이 있어서, '目今' 의 일이 아니다. '見在' 라고 하는 것은 바로 '目今' 의 일로서, '從前' 의 뜻이 아니다. 오늘은 富貴하다면 오늘은 富貴에 걸맞게 행동하고, 明日에는 貧賤하다면 明日에는 貧賤에 걸맞게 행동하는 것, 이것을 '見在' 라 한다. 그런데 만약 '素來' 라고 한다면, 어제는 富貴하고 明日에는 貧賤하다면, 도리어 素來(從前)에 따라 행동하는 것이 옳겠는가? 이것으로써 '向來' 를 '素來' 라 하며 '明在' [85]를 '見在' 라 함을 알 수 있다. 그런데 '見在' 라는 해석이 "素其位而行, 不願乎其外." 에 절실하며, '素來' 라는 해석은 "素其位而行, 不願乎其外." 에 절실하지 않다. 그러한 즉, "素其位而行, 不願乎其外." 를 원하는 사람은 '素來' 에 있지 않고 반드시 '見在' 에 있을 것이다![86]

---

85) 여기서의 '明在' 는 아마도 '現在' 의 誤記인듯 싶다.

86) 朱子는 '素其位而行' 의 '素' 字에 대해 '見在(현재)와 같다' 고 풀이하고, '요즘 사람들이 素來라고 말하는 것과 같은 뜻' 이라고 부연해 두었다. 즉 주자는

◯ 居易俟命, 雖是一套事, 而居易者, 可以俟命, 俟命者, 不能於居易也, 則居易俟命, 不無輕重之分也.

'쉬운 데 거함(居易)' 과 '命을 기다림(俟命)' 은 비록 一套의 일이지만, 쉬운 데 거하는 사람은 命을 기다릴 수 있지만, 命을 기다리는 사람은 쉬운 데 거할 수가 없다. 그러한 즉, '쉬운 데 거함' 과 '命을 기다림' 사이에는 輕重의 구분이 없지 않다.

◯ 此章全言其素位而行, 而末句, 復以失諸正鵠反求諸身, 則此就身上說也, 似不以素位言之. 然射以觀德, 俟以明倫, 則觀德明倫, 豈非素位而行者乎?

이 章은 전체가 '素位而行' 을 말한 것인데, 마지막 구절에서는 다시 "正鵠을 잃으면, 몸에 돌이켜 구한다." 는 것을 말했으니, 이것은 '몸' 에 나아가 말한 것으로서, '素位而行' 으로써 말하지 않은 것 같다. 그러나 활쏘기로써 德을 살피고[87] 기다림으로써 人倫을 밝히는 것이니, 德을 살피고 人

'見在' 와 '素來' 를 같은 뜻으로 간주한 것이다. 그런데 心齋는 '素來' 를 '從前' 또는 '向來' 의 뜻으로 간주하고, '素來' 라는 해석을 비판하는 것이다. 『中文大辭典』(中華學術院 刊, 民國74年)을 참고하면, '素' 字에는 '平素' 라는 뜻뿐만 아니라 '미리(豫也)' · '미리 준비함(豫備)' 이라는 뜻도 있고, '옛날의(舊也, 舊故也, 舊時也)' 라는 뜻도 있다. 특히 '素來' 에 대해서는 '原來나 從來와 같은 말(猶言原來從來)' 이라고 풀이하였다. 心齋 역시 『中文大辭典』의 해석과 같은 맥락에서 '素來' 를 '從前' 또는 '向來' 의 뜻으로 규정하고, '素來' 라는 해석을 비판하는 것이다('向來' 란 '이전부터 현재까지' 또는 '여태까지' 의 뜻으로서, 이때의 '向' 字는 '접때' 라는 뜻이다).

87) 활쏘기에서, 正鵠을 잃으면 자신에게서 반성하는 것 자체가 德으로서, 그래서 항상 활쏘기는 군자와 닮은 점이 있다고 말하는 것이다. 또 '德' 이라는 글자에는 '탁월한 능력' 이라는 뜻도 포함되어 있다. 예컨대 朱子는 鄕約의 첫째

倫을 밝힘이 어찌 '素位而行' 이 아니겠는가?

○ "射有似乎君子." 盖射有不中, 自責於己者, 射者 ; 而行有不得, 反求諸己者, 君子, 則射者君子, 其心一也. 射之中與不中, 只正於己, 而無求於人, 正如君子之得與不得, 爲所當爲, 而無慕乎外也.

"활쏘기는 君子와 비슷한 점이 있다."고 했는데, 대개 화살이 적중하지 않은 것이 있으면 자기에게 스스로 책망하는 사람이 활 쏘는 사람이며, 행실에 얻지 못함이 있으면 돌이켜 자기에게 구하는 사람이 君子이다. 그러한 즉, 활 쏘는 사람과 君子는 그 마음이 동일한 것이다. 활쏘기가 적중하느냐 적중하지 못하느냐에 따라 다만 자기를 바르게 하고 남에게서 구하지 않음은 바로 君子가 행실의 얻음과 얻지 못함에 따라 마땅히 해야 할 바를 하고 그 밖의 것을 원하는 것이 없음과 같다.

<第15章>

○ "行遠自邇, 登高自卑." 盖適千里之遠者, 必自距步始 ; 陟萬丈之高者, 必自邱垤始, 則君子之於道, 豈可一蹴到哉? 刑于寡妻, 而御于家邦, 造端夫婦, 而察乎天地, 則遠之自邇, 高之

德目인 '德業相勸' 에 대한 해석에서 '德' 字를 '탁월한 능력' 으로 설명하고 있다(『朱子大全』 卷74 頁30 : 德謂見善必行, 聞過必改, 能治其身, 能治其家, 能事父兄, 能教子弟, 能御童僕, 能肅政教, 能事長上, 能睦親故, 能擇交遊, 能守廉介, 能廣施惠, 能受寄託, 能救患難, 能導人爲善, 能規人過失, 能爲人謀事, 能爲衆集事, 能解鬪爭, 能決是非, 能興利除害, 能居官擧職.).

自卑, 從可知矣.

"(君子의 道는 비유컨대) 먼 길을 가는 사람이 반드시 가까운 데서부터 시작하고, 높은 산을 오르는 사람이 반드시 낮은 곳으로부터 시작하는 것과 같다." 고 하였다. 대개 千里의 먼 길을 가는 사람은 반드시 한 발짝을 떼는 것으로부터 시작하고, 萬丈의 높은 산을 오르는 사람은 반드시 낮은 언덕으로부터 시작하니, 君子가 道를 추구함에 있어서 어찌 한 걸음에 도달할 수 있겠는가? 자기의 아내에게 모범이 됨으로써 집안과 나라를 制御하고,[88] 夫婦로부터 端緖를 지어 天地에 드러나게 하는 것이니,[89] 먼 길을 가까운 데부터 시작하고, 높은 산을 낮은 데부터 시작함을 따라서 알 수 있다.

○ "妻子好合, 兄弟旣翕." 妻子之先於兄弟, 何也? 蓋難化者, 婦人也 ; 易失者, 兄弟也. 兄弟之離, 必起於婦人, 而非刑于寡妻者, 未易至于兄弟, 則妻子所以先於兄弟者, 此也.

"妻子가 좋게 화합하고, 兄弟가 이미 화합했다." 고 했는데, 妻子를 兄弟보다 먼저 언급한 까닭은 무엇인가? 대개 교화하기 어려운 것이 婦人이며, 쉽게 잃는 것이 兄弟이다. 兄弟가 사이가 멀어지는 것은 반드시 婦人으로부터 야기되니, 자기의 아내에게 모범이 되지 못하는 자는 쉽게 兄弟에 이를 수 없는 것이다. 이것이 妻子를 兄弟보다 먼저 언급한 까닭이다.

○ "如鼓琴瑟." 朱子曰 "鼓琴瑟, 和也." 從古以來, 言夫婦者, 必以琴瑟喩之者, 何也? 蓋琴瑟之和者, 豈謂琴聲與瑟聲之相

---

88) 原文의 "刑于寡妻, 御于家邦" 은 『詩經』 大雅 思齊篇의 詩句로서, 『孟子』 梁惠王上 제7장에 인용되어 있음.

89) 『中庸章句』 제12장 : 君子之道, 造端乎夫婦, 及其至也, 察乎天地.

和哉? 無論琴與瑟, 其聲之和不和, 專在於鼓之之如何, 是則妻子之好合與否, 亦在於和之之如何耳. 故曰 "妻子好合, 如鼓琴瑟", 則以夫婦而喩琴瑟者, 其以是耶.

"琴瑟을 연주하는 것과 같다." 고 한 것에 대해, 朱子는 "琴瑟을 연주하는 것은 和를 말한다." 고 풀이하였다. 옛날부터 夫婦를 말하는 사람은 반드시 琴瑟로 비유하는 까닭은 무엇인가? 대개 '琴瑟의 和' 는 어찌 거문고 소리와 비파 소리가 서로 화합하는 것이겠는가? 거문고와 비파를 막론하고, 그 소리의 和와 不和는 오로지 '어떻게 연주하는가' 에 달려있는 것이다. 이것은 妻子의 好合 與否는 또한 '어떻게 화합시키는가' 에 달린 것과 마찬가지이다. 그러므로 "妻子가 좋게 화합하는 것이 琴瑟을 연주하는 것과 같다." 고 하는 것이니, 夫婦를 琴瑟에 비유한 것은 이러한 맥락일 것이다.

<第16章>

○ 鬼神之德, 乃鬼神實然之理也. 有是理, 便有是氣 ; 有是氣, 便有是理, 則爲德二字, 兼言理與氣, 而章句所謂二氣一氣者, 雖專以氣言之, 理便在是矣.

'鬼神의 德' 은 바로 '鬼神이 참으로 그러한 理' 이다. 이 理가 있으면 문득 이 氣가 있고, 이 氣가 있으면 문득 이 理가 있다. 그러한 즉, '(鬼神의) 德됨(爲德)' 이라는 두 글자는 理와 氣를 겸해서 말하는 것이다. 章句에서 이른바 '二氣' 나 '一氣' 라고 한 것[90]은 비록 오로지 氣로 말한 것이지만,

---

90) 주자는 '鬼神' 에 대해 "以二氣言, 則鬼者陰之靈也, 神者陽之靈也. 以一氣言, 則至而伸者爲神, 反而歸者爲鬼. 其實, 一物而已." 라고 풀이하였음.

理가 문득 그 안에 있는 것이다.

○ 首一節, 鬼神之盛德, 統言造化陰陽之氣, 而第三節齊明盛服以下, 專言人事一邊者, 何也? 蓋造化之鬼神, 隱而難見 ; 祭祀之鬼神, 發而易見. 故拈出易見之鬼神, 以明難見之鬼神, 則旣言二氣, 又言人物死氣者, 夫孰非示鬼神之理也?

첫머리의 一節은 '鬼神의 盛德'으로서 '造化陰陽의 氣'를 통틀어 말했고, 제3절의 '齊明盛服' 以下에서는 오로지 '人事' 一邊만을 말한 까닭은 무엇인가? 대개 '造化의 鬼神'은 은미하여 보기 어렵고, '祭祀의 鬼神'은 드러나서 보기 쉽다. 그러므로 '보기 쉬운 鬼神'을 집어내서 '보기 어려운 鬼神'을 밝힌 것이다. 그러한 즉, 이미 '二氣'를 말하고 또 '人·物의 죽은 氣'를 말한 것은 어느 것인들 '鬼神의 理'를 보여주려는 것이 아니겠는가?

○ 鬼神無形與聲, 雖欲視之而弗見, 雖欲聽之而弗聞, 這之字, 最有意義, 不可泛然看矣.

鬼神은 형체도 없고 소리도 없어서, 비록 '그것'을 보려고 해도 보이지 않고, 비록 '그것'을 들으려고 해도 들리지 않는다. 저 '그것(之)' 이라는 글자는 가장 意義가 있으니, 泛然하게 보아서는 안 된다.

○ "體物而不可遺." 體物下, 只曰 '不遺', 可也, 而今必曰 "不可遺"者, 何也? 不遺者, 是以鬼神之自不遺而言也 ; 不可遺者, 是以物之所不能遺而言也, 鬼神不遺, 故物不能遺, 而鬼神不見不聞, 則其不遺之妙, 無以知之, 故必於物不可遺處, 見得鬼神之果無物不體, 而物雖欲遺, 不可得矣. 所以言體物, 而必曰 "不可遺"者, 是也.

"事物의 本體가 되어, 빠뜨릴 수 없다(體物而不可遺)" 고 했는데, '사물의 본체가 된다(體物)' 는 말 아래에 다만 '빠뜨리지 않는다(不遺)' 라고만 해도 될 텐데, 지금 반드시 "빠뜨릴 수 없다(不可遺)" 라고 말한 까닭은 무엇인가? '不遺' 란 '鬼神이 스스로 빠뜨리지 않는다' 는 말이며, '不可遺' 란 '사물이 능히 (鬼神을) 빠뜨릴 수 없다' 는 말이다. 鬼神이 빠뜨리지 않기 때문에, 事物이 (鬼神을) 빠뜨릴 수 없는 것이다. 그런데 鬼神은 보이지도 않고 들리지도 않으므로, 그 '빠뜨리지 않는 妙' 를 알 수 없는 것이다. 그러므로 반드시 '사물의 빠뜨릴 수 없는 곳' 에서 '鬼神이 과연 本體가 되지 않는 사물이 없음' 과 '사물이 비록 (鬼神을) 빠뜨리고자 해도 그럴 수 없음' 을 볼 수 있는 것이다. 이것이 '體物' 을 말하는 곳에서 반드시 "不可遺" 라고 말한 까닭이다.

○ 鬼神之理, 旣曰 "不見不聞", 則何以爲體物而不可遺耶? 微妙之體, 不可見聞, 而昭著之用, 遍體乎物, 則卽此不見不聞之時, 而可知體物不遺之妙矣.

鬼神의 理는 이미 "보이지도 않고, 들리지도 않는다." 고 했는데, 어떻게 "事物의 本體가 되어, 빠뜨릴 수 없음" 이 되는 것인가? 微妙한 體는 볼 수도 없고 들을 수도 없지만, 밝게 드러나는 用은 두루 사물의 본체가 되는 것이다. 그러한 즉, 이 '보이지도 않고 들리지도 않는 때' 에 나아가 '사물의 본체가 되어 빠뜨릴 수 없는 妙' 를 알 수 있는 것이다.

○ "洋洋乎如在其上, 如在其左右." 蓋祖考之精神, 便是自家之精神, 故祭之可以洋洋如在, 而至於天地山川鬼神, 將如之何? 但所當祭者, 苟以至誠相感, 其精神魂魄, 無不感通. 凡人物精氣, 皆自一理中出, 雖天地山川鬼神, 自有降格底道理矣.

"(鬼神이) 넘실넘실 그 위에 있는 듯하며, 그 좌우에 있는 듯하다."고 하였다. 대개 祖考의 精神은 문득 自身의 精神이다. 그러므로 제사를 지냄에 넘실넘실 옆에 계신 듯이 될 수 있는 것이다. 그런데 天地나 山川의 鬼神에 이르러서는 장차 어떠한가? 다만 마땅히 제사를 지내야 하는 대상에 있어서는, 진실로 지극한 정성으로 서로 感應하면, 그 精神과 魂魄이 感通하지 않음이 없다. 무릇 人·物의 精氣는 모두 하나의 理로부터 나온 것이니, 비록 天地나 山川의 鬼神이라도 저절로 降格[91]의 道理가 있는 것이다.

○ 人死則其氣消盡, 理之必然也. 但王者七廟, 祭始祖大禘, 祭始祖所自出者, 若使其氣, 消盡已久, 則何以受子孫之享, 而洋洋如在其上如在其左右耶? 易之萃渙二卦, 以王假有廟言之. 夫祭始祖, 及祭始祖所自出者, 無論祖先之氣消與否, 茍有自家之誠敬, 則已消之氣, 豈無洋洋如在之道乎?

사람이 죽으면 그 氣는 消盡하는 것이 理의 必然이다. 다만 王者는 七廟[92]로서, 始祖께는 大禘를 지내고 始祖가 나온 곳에도 제사를 지낸다. 그런데 만약 그 氣가 이미 오래전에 消盡되었다면, 어떻게 子孫의 享祀를 받아서 넘실넘실 그 위에 있는 듯하며, 그 좌우에 있는 듯할 수 있겠는가? 『周易』의 萃卦와 渙卦에서는 "王께서 廟에 이르다(王假有廟)"는 말을 하였

---

91) 降格(강격) : 神靈이 하늘에서 내려옴.

92) 『禮記』 〈王制〉에서는 "天子는 七廟이니, 三昭三穆과 太祖廟를 합쳐서 七廟이다. 諸侯는 五廟이니, 二昭二穆과 太祖廟를 합쳐서 五廟이다. 大夫는 三廟이니, 一昭一穆과 太祖廟를 합쳐서 三廟이다. 士는 一廟이며, 庶人은 (廟가 없이) 正寢에서 제사를 지낸다."고 하였다. '昭穆'이란 조상의 神主를 사당에 모시는 차례로서, 天子의 경우, 중앙에 南向하여 始祖를 모시고, 왼쪽에는 二世·四世·六世의 神主를 모시니 이를 '昭'라 하며, 오른쪽에는 三世·五世·七世의 神主를 차례로 모시니 이를 '穆'이라 한다.

다.[93] 무릇 '始祖'와 '始祖가 나온 곳'에 제사를 지내는 것은 '祖先의 氣가 消盡했느냐의 與否'를 막론하고, 진실로 자신의 정성과 공경이 있다면 이미 消盡한 氣라도 어찌 넘실넘실 옆에 계신 듯이 되는 道가 없겠는가?

○ "洋洋如在", 章句曰 "百物之精也." 盖以人之鬼神言之, 則方其生也, 其用物弘而聚精多, 故及其死也, 其氣發揚于上, 而爲昭明焄蒿悽愴者, 固可謂百物之精, 而若以凡千鬼神言之, 則又隨物而各有其精. 如山川之祭, 則山川之精發見；社稷之祭, 則社稷之精發見；以至於郊望五祀等之祭, 其精之發見, 莫不皆然, 則此豈非百物之精乎?

"넘실넘실 옆에 계신 듯하다(洋洋如在)"는 말에 대해, 章句에서는 "百物의 精"이라고 풀이하였다. 대개 '사람의 鬼神'으로 말하자면, 바야흐로 그가 살아 있었을 때에 소비한 물건이 廣大하고 精氣를 모음이 많았기 때문에, 그가 죽었을 때에는 그 氣가 위로 發揚하여 昭明[94]이 되어, 焄蒿悽愴[95]

---

93) 『周易』 萃卦의 卦辭에서 "王假有廟"라 하였다('假' 字는 '格'과 仝字로, 音 또한 '격'으로 읽는다). '萃'는 천하 사람들을 모으고 통합하여 나라를 세우는 것을 뜻한다. 程伊川의 〈易傳〉에서는 "사람들의 마음을 모으고 여러 사람들의 뜻을 모아서 다스리는 방법은 하나가 아니다. 그런데 그 지극히 큰 방법은 宗廟보다 더한 것이 없다. 그러므로 王者가 천하를 모으는 방법으로 宗廟를 세움에 이르면 '萃道'의 지극한 것이다.(萃合人心, 總攝衆志之道, 非一, 其至大, 莫過於宗廟. 故王者萃天下之道, 至於有廟, 則萃道之至也.)"라고 풀이하였다. 渙卦의 卦辭에서도 "王假有廟"라 하였다. 渙은 '흩어짐'을 뜻한다. 흩어진 民心을 宗廟의 제사를 매개로 聚合한다는 뜻이다.

94) '昭明'이란 '위로 올라간 鬼의 氣가 빛을 발하는 것'이라 한다('昭明'에 대해서는 다양한 해석이 있는바, 그 자세한 내용은 『禮記集說大全』 卷22 頁32 참조).

95) 焄蒿悽愴(훈호처창) : '焄蒿'는 '쑥을 태움', '悽愴'은 '悚然'의 뜻. 쑥을 태운

하게 되니, 진실로 '百物의 精' 이라 말할 수 있다.[96] 무릇 수천 가지 鬼神으로 말한다고 해도, 또 사물에 따라 각각 그 精이 있으니, 예컨대 山川의 제사에는 山川의 精이 발현하고, 社稷의 제사에는 社稷의 精이 발현하며, 郊 · 望 · 五祀[97] 등의 제사에도 그 精이 발현함이 모두 그럴 것이니, 이것이 어찌 '百物의 精' 이 아니겠는가?

○ 上言鬼神之德, 則竝稱鬼神 ; 而下言神之格思, 則獨以神言之者, 何也? 蓋散而靜者爲鬼 ; 發而動者爲神, 則鬼不必言 ; 而神可以言也.

위에서 '鬼神의 德' 을 말할 때에는 '鬼 · 神' 을 아울러 일컬었는데, 아래에서 '神의 이르름(神之格思)' 을 말할 때에는 오직 '神' 만을 언급한 까닭은 무엇인가? 대개 흩어져서 고요한 것이 '鬼' 가 되고, 발하여 움직이는 것이 '神' 이 되니, '鬼' 는 반드시 말할 필요가 없으나, '神' 은 말할 만한 것이다.

향기가 위로 올라가 神靈의 氣를 자극하면, 神靈의 氣가 내려와 제사를 지내는 사람과 교감하여 사람의 정신을 悚然하게 한다는 뜻('焄蒿悽愴' 에 대해서는 다양한 해석이 있는바, 그 자세한 내용은 『禮記集說大全』 卷22 頁32 참조).

96) 『禮記』 〈祭義〉에서는 "衆生은 반드시 죽으니, 죽으면 반드시 흙으로 돌아가는데 이것을 '鬼' 라 한다. 骨肉은 땅 속에서 썩어서 들판의 흙이 되고, 그 氣는 發揚하여 '昭明' 이 되어, 焄蒿悽愴하게 되니, 이것이 '百物의 精' 이며 '神의 드러남' 이다.(衆生必死, 死必歸土, 此之謂鬼神. 骨肉斃于下, 陰爲野土. 其氣發揚于上, 爲昭明焄蒿悽愴, 此固百物之精也, 神之著也.)" 라고 하였다.

97) '郊祭' 는 '天地' 에 지내는 제사. 冬至에는 南郊에서 '하늘' 에 제사를 지내고, 夏至에는 北郊에서 '땅' 에 제사를 지냈다고 함. '望祭' 는 섶을 태우면서 '山川' 에 지내는 제사. '五祀' 는 門 · 行(다니는 길) · 戶 · 竈(부엌) · 中霤(방 가운데) 등에 지내는 제사('五祀' 에 대해서는 다양한 해석이 있는바, 그 자세한 내용은 『禮記集說大全』 卷5 頁37 참조).

○ 首章曰 "莫顯乎微" ; 卒章曰 "知微之顯" ; 此章曰 "夫微之顯", 其旨, 同乎異乎? 所謂微顯, 似有不同. 盖迹未形而幾已動, 則善惡之念, 莫逃於此心之靈, 卽莫顯乎微也 ; 有諸內而形諸外, 則爲己之學, 當謹於立心之初, 卽知微之顯也 ; 往者屈而來者伸, 則情狀之妙, 難掩於實理之著, 卽夫微之顯也. 然則莫顯乎微, 知微之顯者, 專以心言 ; 而所謂夫微之顯, 以理言也.

(『中庸章句』의) 첫째 章에서는 "은미한 것보다 더 잘 드러나는 것은 없다(莫顯乎微)" 고 하였고, 마지막 章에서는 "은미한 것이 드러남을 안다(知微之顯)" 고 하였으며, 이 章에서는 "무릇 은미한 것의 드러남(夫微之顯)" 이라 하였으니, 그 趣旨가 같은 것인가, 다른 것인가? 이른바 (각각의) '微 · 顯' 은 다른 점이 있는 것 같다. 대개 形迹은 드러나지 않았지만 기미가 이미 움직였으면, 善 · 惡의 생각이 이 마음의 靈驗함에서 도망갈 수가 없으니, 이것이 곧 '莫顯乎微' 이다. 안에 있으면 밖으로 드러나니, 爲己之學은 마땅히 마음을 세우는 초기에 더욱 삼가야 하는 것인바, 이것이 곧 '知微之顯' 이다. 지나간 것은 굽혀지고 오는 것은 펴지니, '情狀의 妙함' 은 '實理의 드러남' 보다 더 가리기가 어려운바, 이것이 곧 '夫微之顯' 이다. 그러한즉, '莫顯乎微' 와 '知微之顯' 은 오로지 '心' 으로 말하는 것이나, 이른바 '夫微之顯' 은 '理' 로 말하는 것이다.

○ 誠之一字, 無所不在, 而始見於鬼神章, 何也? 此章言天地造化功用之大, 故言誠字, 以明天地之化, 莫非一箇實理之所爲, 而況誠爲此篇之樞紐, 則如戶之樞衣之紐, 居中而絜四外也. 然則誠之所以始見於鬼神章者, 以其鬼神之理, 在在處處, 無所不該, 而徹上下貫終始也.

'誠' 이라는 한 글자는 (그 해당됨이) 없는 곳이 없는데, 〈鬼神章〉[98]에서 처음 보이는 까닭은 무엇인가? 이 章에서는 '天地造化의 功用의 위대함'을 거론하는 까닭에, '誠' 字를 말하여 '天地의 造化는 모두 하나의 實理의 所爲임'을 밝힌 것이다. 하물며 '誠'은 이 篇의 樞紐가 되니, '門의 돌쩌귀'나 '옷의 인끈' 처럼 가운데 있으면서 '四方을 통솔하는 것'[99]이다. 그러한 즉, '誠' 字가 <鬼神章>에서 처음 보이는 까닭은 鬼神의 理는 곳곳마다 해당되지 않는 바가 없어서 上·下와 終·始를 관철하는 것이기 때문이다.

○ 此篇大旨, 不出乎達道達德, 故自首章至二十章, 無非所以發明達道達德, 而中間插入鬼神, 何也? 達道達德, 只是誠也; 鬼神之德, 亦是誠也, 則中間之插入鬼神, 以其貫乎達道達德者, 不過曰誠而已.

이 篇의 大旨는 (5개의) 達道와 (3개의) 達德에서 벗어나지 않는다. 그러므로 第1章부터 第20章까지 모두 達道와 達德을 發明하기 위한 것인데, 중간에 '鬼神'을 끼워 넣은 까닭은 무엇인가? 達道와 達德은 다만 '誠'일 뿐이요, 鬼神의 德 또한 '誠'일 뿐이다. 그러한 즉, 중간에 鬼神을 끼워 넣은 까닭은 達道와 達德을 관통하는 것은 '誠'에 불과하기 때문이다.

○ 章下曰 "兼費隱, 包大小." 蓋專言而具備曰兼; 不言而自在曰包, 則兼者, 兼擧而明列其事; 包者, 包括而嘿會其意.

---

98) 『中庸章句』 제16장을 말함.

99) 原文은 '絜四外'인바, 여기서 '絜' 字의 해석이 문제된다. '絜' 字는 '재다(度)'·'묶다(結, 約束)'·'깨끗하다(潔)' 등의 뜻이 있다. 그런데, 앞의 '門의 돌쩌귀'나 '옷의 인끈'과 상응할 수 있는 뜻은 '묶다(結, 約束)'이므로, 이것을 문맥에 맞게 意譯하여 '통솔하다'라고 번역하였다.

章下註[100]에서는 "費 · 隱을 兼하고 大 · 小를 包括한다.(兼費隱, 包大小.)" 고 하였다. 대개 '오로지 말하면서 갖춘 것' 을 '兼' 이라 하고, '(직접) 말하지는 않았으나 그 안에 들어있는 것' 을 '包' 라 한다. 그러한 즉, '兼' 이란 '겸해서 擧論해서 분명히 그 일을 列擧한 것' 이요, '包' 란 '包括해서 묵묵히 그 뜻을 이해하도록 하는 것' 이다.

<第17章>

○ "舜其大孝也與! 德爲聖人," 云云. 舜之大孝, 莫過於瞽瞍底豫, 而此章稱道, 只以尊富饗保言之者, 何也? 盖顯而易見者, 瞽瞍底豫之爲大孝也 ; 幽而難知者, 尊富饗保之爲大孝也, 則此章之不言瞽瞍底豫, 而只言尊富饗保者, 豈非微顯闡幽之意也耶?

"舜은 그 大孝이실 것이다! 德으로는 聖人이 되셨고," 云云했다. 舜의 大孝는 '(그의 고약했던 아버지) 瞽瞍를 기쁘게 한 것' 보다 더 큰 것이 없는데, 이 章에서의 칭송은 다만 '尊富饗保' [101]로 말하는 까닭은 무엇인가? 대개 '드러나서 쉽게 볼 수 있는 것' 은 瞽瞍를 기쁘게 한 것이 大孝가 된다는 것이요, '그윽해서 알기 어려운 것' 은 尊富饗保가 大孝가 된다는 점이다.

---

100) 각 章의 마지막에 그 章을 총괄하여 마무리하는 설명을 붙인 것을 '章下註' 라 함.

101) 尊富饗保 : 제17장의 "舜其大孝也與! 德爲聖人," 다음에 이어지는 "尊爲天子, 富有四海之內, 宗廟饗之, 子孫保之.(尊貴하기로는 天子가 되셨고, 富裕하기로는 四海의 안을 두셨으며, 宗廟의 제사를 歆饗하시며, 子孫을 保全하셨다.)" 를 말함.

그러한 즉 이 章에서 ‘瞽瞍를 기쁘게 한 것’ 은 언급하지 않고 다만 ‘尊富饗保’ 를 언급한 것은 어찌 ‘드러난 것을 가리고 숨은 것을 드러낸다’[102]는 뜻이 아니겠는가?

○ 中庸之道非一, 而必以孝德稱之者, 何也? 盖中庸中許多道理, 一是皆以人倫爲本, 而五箇達道, 九箇經常, 所以行之者, 人倫也, 則欲明中庸之道者, 必以孝德稱之也.

‘中庸의 道’ 는 하나가 아닌데, 반드시 孝德으로 일컫는 까닭은 무엇인가? 대개 『中庸』 가운데의 허다한 道理는 한결같이 모두 人倫으로 근본을 삼는다. ‘5개의 達道’[103]와 ‘9개의 經常’[104]도 그것을 행하는 까닭은 人倫이다. 그러한 즉, ‘中庸의 道’ 를 밝히고자 하는 사람은 반드시 孝德으로 일컫는 것이다.

○ “天之生物, 必因其材而篤焉.” 則栽者培之, 固可謂之篤, 而傾者覆之, 亦可謂之篤乎? 盖篤是加厚之意, 則栽者培之, 固是加厚之道, 而傾者覆之, 亦是加厚之道也.

“하늘이 萬物을 낼 때에는 반드시 그 材質에 따라 두텁게 해준다.” 고 했는데, ‘심은 것을 북돋아 줌(栽者培之)’ 은 진실로 ‘두텁게 해줌(篤)’ 이라고

---

102) 『周易』 繫辭下傳 제6장에서는 “夫易, 彰往而察來, 而微顯闡幽.” 라 하였음.

103) 『中庸章句』 제20장에서 “天下之達道五, 所以行之者三, 曰 君臣也, 父子也, 夫婦也, 昆弟也, 朋友之交也, 五者, 天下之達道也 ; 知仁勇三者, 天下之達德也.” 라고 한 것 가운데 ‘五達道’ 를 말함.

104) 『中庸章句』 제20장에서 “凡爲天下國家有九經, 曰 修身也, 尊賢也, 親親也, 敬大臣也, 體群臣也, 子庶民也, 來百工也, 柔遠人也, 懷諸侯也.” 라고 한 것을 말함.

말할 수 있겠으나, '기운 것을 엎어버림(傾者覆之)' 또한 '두텁게 해줌(篤)'이라고 말할 수 있겠는가? 대개 '篤'이란 '보태서 두텁게 하다(加厚)'는 뜻이니, '栽者培之'는 진실로 '加厚의 道'인 것이요, '傾者覆之' 또한 '加厚의 道'인 것이다.[105)]

○ 上言大孝；下言大德, 不可以本末言之. 盖大孝之尊富饗保, 卽大德受命之驗也；大德之受命爲王, 卽大孝尊保之致也. 孝何嘗不由於大德也? 德何嘗不行於大孝也? 只是一而已.

위에서는 '大孝'를 말하고, 아래에서는 '大德'을 말했는데, 本·末로 말할 수는 없는 것이다. 대개 大孝의 尊富饗保는 곧 大德이 天命을 받은 效驗이요, 大德이 天命을 받아 王이 됨은 곧 大孝의 尊富饗保의 결과이다. 孝가 어찌 일찍이 大德에서 말미암지 않겠으며, 德이 어찌 일찍이 大孝로 행해지지 않겠는가? 다만 하나일 뿐이다.

<第18章>

○ 無憂章句曰 "此言文王之事"；"此言武王之事"；"此言周公之事." 武王之有天下, 周公之制禮樂, 此其爲武王周公之事,

---

105) 이에 대해서는 小注에 보이는 永嘉薛氏의 설명이 도움이 될 것 같다. 永嘉薛氏는 "그 근본이 튼튼한 것은 비와 이슬이 반드시 물을 대주고 북돋아주나, 그 근본이 기운 것은 바람과 비가 반드시 전복시킨다. 그 북돋아줌은 그것에 은혜를 끼치는 것이 아니요, 그 전복시킴은 그것에 해를 끼치는 것이 아니다. 모두 '理의 必然'일 뿐이다.(其本固者, 雨露必滋培之；其本傾者, 風雨必顚覆之. 其培之也, 非恩之也；其覆之也, 非害之也. 皆理之必然者也.)"라고 했다.

而乃若文王, 父作子述, 則亦可以文王之事言之耶? 盖道之所貴者中, 而中之所貴者, 不過曰時而已. 武王恰值應天順人之時, 周公恰值制禮作樂之時, 而文王恰值無憂之時. 如父作於前, 則可無憂於前, 而不必更作於前也 ; 子述於後, 則可無憂於後, 而不必更述於後也. 若使文王不肯以無憂自安, 而有所制作纘述於當日, 則戎衣之擧, 不俟武王 ; 制作之事, 不待周公矣. 豈復合中庸之道乎? 文王當無憂之遇, 而能善處之, 以盡中庸之道, 則此其所以文王之事也. 然則作述明是文王之事, 而其與武王周公之事, 一串貫來矣.

〈無憂章〉의 章句에서는 "이것은 文王의 일을 말한 것이다." · "이것은 武王의 일을 말한 것이다." · "이것은 周公의 일을 말한 것이다."라고 하였다. 武王이 天下를 두신 것과 周公이 禮樂을 제작한 것은 각각 武王과 周公의 일이었다고 하겠는데, 文王과 같은 경우 '아버지가 지으시고, 아들이 繼述함'[106]도 또한 '文王의 일' 이라고 말할 수 있는 것인가? 대개 道가 貴하게 여기는 것은 '中' 이요, 中이 貴하게 여기는 것은 '時' 에 불과할 따름이다. 武王은 마침 '應天順人'[107]의 때를 만났고, 周公은 마침 '制禮作樂' 의 때를 만났으며, 文王은 마침 '無憂' 의 때를 만난 것이다. 예컨대 부모가 앞에서 지어놓으셨으면 앞에서 근심이 없을 수 있는 것이요 다시 앞에서 지을 필요가 없는 것이며, 자식이 뒤에서 계술하면 뒤에서 근심이 없을 수 있는 것이요 다시 뒤에서 계술할 필요가 없는 것이다. 만약 文王이 '근심이

106) '아버지가 지으시고, 아들이 繼述함' : 文王의 경우, 文王의 아버지 '王季' 가 王業의 기반을 닦으시고, 文王의 아들 '武王' 이 王業을 완수함을 말함.

107) 應天順人 : 『周易』 革卦 彖辭에서는 "湯 · 武는 天命을 바꾸어서, 하늘의 뜻에 따르고 사람들의 마음에 응했다(湯武革命, 順乎天而應乎人.)"라고 했는바, '應天順人(順天應人)' 이란 '革命' 을 뜻한다.

없이 스스로 편안함(無憂自安)' 을 즐기시지 않고 當日에 制作하고 纘述하신 바가 있었더라면, '戎衣를 입는 거사'[108]는 武王을 기다리지 않았을 것이요, '禮樂을 制作하는 일' 은 周公을 기다리지 않았을 것이니, 어찌 다시 '中庸의 道' 에 부합하겠는가? 文王은 '無憂' 의 때를 당해서 능히 잘 대처하시어 '中庸의 道' 를 극진히 하신 것이니, 이것이 그 '文王의 일' 인 까닭이다. 그렇다면 '아버지가 지으시고, 아들이 계술함' 은 분명 文王의 일이요, 武王·周公의 일과 더불어 一貫되는 것이다.

○ "無憂者文王", 則此是文王之事, 而不言盡道, 獨歎其無憂, 何也? 蓋安然而盡中庸之道, 只是際遇之極盛處, 而這箇際遇, 最是難得, 則言文王之事, 而獨歎其無憂者, 此也.

"근심이 없었던 사람은 文王이다"라는 것이 '文王의 일' 을 말한 것이라면, (文王이) '中庸의 道' 를 극진히 한 것은 말하지 않고 오직 그 '근심이 없었음' 만을 찬탄한 까닭은 무엇인가? 대개 편안하게 中庸의 道를 극진히 한 것은 다만 '만난 때가 極盛했던 것' 인데, 그러한 '만남' 이야말로 가장 얻기 어려운 것이다. 이것이 '文王의 일' 을 언급하면서 오직 그 '근심이 없었음' 만 찬탄한 까닭이다.

○ 若使文王, 不值父作子述之時, 則抑將預爲武王周公之事乎? 聖如文王, 雖不值父作子述之時, 而預爲武王周公之事, 斯未之信也. 前無父作, 則雖欲化行南國, 三分有二, 而亦有所不能也; 後無子述, 則雖欲化行南國, 三分有二, 而亦憂其或墜也. 文王只隨其時遇之所值, 以盡中庸之道, 而乃幸而遇父作子

108) '戎衣' 는 '갑옷과 투구' 로서, 武裝을 하고 革命을 일으킴을 뜻함.

述之時, 則豈不是他遇之極盛處耶?

만약 文王이 '아버지가 지으시고, 아들이 繼述하는 때' 를 만나지 못했더라면, 장차 미리 '武王 · 周公의 일' 을 했었을 것인가? 文王과 같은 聖人이 비록 '아버지가 지으시고, 아들이 繼述하는 때' 를 만나지 못했다고 하더라도 미리 '武王 · 周公의 일' 을 했을 것이라고는 믿기 어렵다. 앞에 아버지의 지으심이 없으면 비록 남쪽 나라에 德化를 실현하고 싶고 (天下를) 三分하여 그 둘을 두고 있어도 또한 불가능한 점이 있는 것이다. 뒤에 아들이 계술함이 없으면 비록 남쪽 나라에 德化를 실현하고 싶고 (天下를) 三分하여 그 둘을 두고 있어도 또한 그 혹시 墜落할까 근심스러운 것이다. 文王은 다만 '자기가 만난 상황' 에 따라서 中庸의 道를 극진히 한 것인데, 바로 다행스럽게도 '아버지가 지으시고, 아들이 繼述하는 때' 를 만난 것이다. 그러한 즉, 이것이 어찌 '그가 만난 때가 極盛했던 것' 이 아니겠는가?

○ 上章言舜之大孝, 則尊富饗保上, 特言德爲聖人, 而此章言武王之纘緖, 則其尊富饗保, 與大舜同, 而不言德者, 何也? 盖舜, 性之也, 又以揖遜而有天下 ; 武王, 反之也, 又以征誅而得天下, 故大舜則特言德 ; 而武王則不言德也.

上章에서 '舜의 大孝' 를 말할 때는 '尊富饗保' 위에 특별히 '德으로는 聖人이 되셨다' 는 것을 말씀했는데, 이 章에서 '武王의 纘緖' 를 말할 때는 그 '尊富饗保' 는 大舜과 동일한데도 '德' 을 언급하지 않은 까닭은 무엇인가? 대개 舜은 '본성대로 발휘한 것(性之)' 이요, 또 揖遜으로써 天下를 두신 것이나, 武王은 '본성으로 돌이킨 것(反之)' 이요, 또 征誅로써 天下를 얻으신 것이다.[109] 그러므로 大舜의 경우에는 특별히 '德' 을 언급했으나,

---

109) 맹자는 "堯 · 舜은 본성대로 발휘했으며, 湯 · 武는 본성으로 돌이켰다.(堯舜,

武王의 경우에는 '德' 을 언급하지 않은 것이다.

○ "武王末受命, 周公成文武之德, 追王太王王季." 追王之禮, 獨及於太王王季, 而不及於文王者, 何也? 追王文王之義, 出於武王反政之初, 則周公又何必追王文王哉? 嘗觀泰誓, 稱文王爲文考 ; 又觀武成, 稱文考爲文王, 而仍稱其祖太王王季, 則周公所以追王太王王季者, 乃文王之德也, 武王之志也. 故曰 "成文武之德", 而不言文王者, 武王旣追王矣. 武王旣追王, 而不及太王王季, 則以其末受命, 而其序有未暇也. 然則中庸雖不言追王文王, 而旣成文武之德, 則追王之意, 文王與焉故也.

"武王이 末年에 天命을 받으시거늘, 周公이 文王 · 武王의 德을 이루시어, 太王 · 王季를 王으로 追尊하셨다."고 했는데, '王으로 追尊하는 禮' 에서 오직 '太王 · 王季' 만 언급하고 '文王' 을 언급하지 않은 까닭은 무엇인가? 文王을 王으로 追尊한 뜻은 武王이 反政[110]한 초기에 나온 것이니, 周公이 또 何必 文王을 王으로 追尊하겠는가? 일찍이 (『書經』「周書」의) 〈泰誓〉를 보니 '文王' 을 '文考' 라 일컬었으며, 또 (『書經』「周書」의) 〈武成〉을 보니 '文考' 를 '文王' 이라 일컫고, 이것을 인하여 그 先祖 太王 · 王季를

性者也 ; 湯武, 反之也)"(『孟子』 盡心下 33)고 했는데, 이에 대해 주자는 " '性者' 란 태어날 때부터 온전한 것을 얻어 더럽히거나 무너뜨린 것이 없어서 修爲를 빌리지 않은 것이니, 聖의 지극함이다. '反之' 란 修爲를 통해 그 性을 회복함으로써 聖人에 이른 것이다(性者, 得全於天, 無所汚壞, 不假修爲, 聖之至也 ; 反之者, 修爲以復其性, 而至於聖人也.)" 라고 주석하였다.

110) 여기서 말하는 '反政' 이란 '革命' 을 뜻할 것이다. 한편 '反政' 과 유사한 표현으로 '反正' 을 들 수 있는데, 조선시대의 '中宗反正' · '仁祖反正' 등과 같은 例가 그것이다. 이러한 맥락의 '反正' 이란 '亂世를 다스려 옳은 곳으로 돌아감(撥亂世, 反之正.)' 을 뜻한다.

일컫고 있었다. 그러한 즉, 周公이 太王 · 王季를 王으로 추존한 까닭은 바로 '文王의 德' 이요, '武王의 뜻' 이었다. 그러므로 "文王 · 武王의 德을 이루었다" 고 한 것이요, 또 '文王을 (王으로 追尊했다고) 언급하지 않은 것'은 武王이 이미 王으로 추존했기 때문이다. 武王이 이미 (文王을) 王으로 추존하고 太王 · 王季까지 미치지 못한 것은, 末年에 天命을 받았기 때문에, 그 차례에 겨를이 없었던 것이다. 그러한 즉, 『中庸』에서 비록 文王을 王으로 추존한 것을 언급하지 않았으나 이미 "文王 · 武王의 德을 이루었다" 고 했으니, 王으로 추존한 뜻은 文王을 포함하는 것이었다.

○ 周公旣成文武之德, 則追王太王王季, 而不言追王武王者, 又何也? 周公, 弟也 ; 武王, 兄也. 以弟尊兄, 便是非禮, 則追王之不及, 固其然也. 蓋太王肇基王迹 ; 王季其勤王家 ; 而亦越文王, 克成厥勳, 誕膺天命, 則此其追王之意也. 追王之禮, 文王之志也, 而武王承之 ; 武王之業也, 而周公成之. 故曰 "成文武之德." 而如武王之有天下, 固無怪於三世之功德, 則追王之禮, 亦當與太王王季文王比幷, 而以周公所處言之, 則制禮作法, 都在於自家手分, 而不在乎他, 何以追王如三王者乎? 追王之禮, 在祖則當然, 而在兄則不然也. 然則周公因文王之孝, 武王之志, 其所以追王者, 上及於太王王季, 而不言追王武王者, 以其禮制, 定於周公故也.

周公이 이미 文王 · 武王의 德을 이루어서 太王 · 王季를 王으로 추존했으면서, 武王을 王으로 추존하는 것을 언급하지 않은 것은 또 무슨 까닭인가? 周公은 아우요, 武王은 형이니, 아우로서 형을 추존하는 것은 禮에 어긋난다. 그러한 즉 王으로 추존하면서 (武王을) 언급하지 않은 것은 진실로 그러한 까닭이었다. 대개 太王은 王迹의 기초를 시작하고, 王季는 王家의 일에 부지런히 힘썼으며, 또한 文王은 능히 그 功勳을 이루시어 크게 天命을 받으셨으니,[111] 이것이 그들을 王으로 추존한 뜻이다. 王으로 추존한 禮는 文王의 뜻으로서 武王이 계승한 것이요, 武王의 업적으로서 周公이 완성한 것이니, 그러므로 "文王 · 武王의 德을 이루었다"고 말한 것이다. 그런데 武王이 天下를 두신 것과 같은 일은 진실로 三世의 功德에 부끄러움이 없으니, 王으로 추존하는 禮도 또한 마땅히 太王 · 王季 · 文王과 함께 해야 할 것이나, 周公의 처지로 말하자면 制禮作法이 모두 자기의 손 안에 있고 남에게 있지 않은데 어떻게 (武王을) 三王과 같이 추존할 수 있겠는가? 王으로 추존하는 禮는 祖上에게 있어서는 當然한 것이지만, 兄에게 있어서는 그렇지 않은 것이다. 그러한 즉, 周公이 文王의 孝와 武王의 뜻을 바탕으로 王으로 추존한 것이 위로는 太王 · 王季에 미쳤으나, 武王을 王으로 추존함에 대해서는 언급하지 않은 것은, 그 禮制가 周公에 의해 정해졌기 때문인 것이다.

○ 此章三達字, 與下章達孝之達字相應, 則追王之禮, 何不於達孝章入之, 而於此發之乎? 周公追王之禮, 在德而不在孝, 則其所以不入於達孝章, 而於此發之者, 豈無以哉? 蓋太王王季之大功德大事業, 本自當王, 而上世禮法簡略, 不曾有此義例, 而周公能盡中庸之道, 上以體天理, 下以當人心, 而創立此制, 直從道理, 爲天地之常經, 古今之通誼, 而不是體貼了, 文武孝思, 尊崇其私親, 則追王之禮, 不可入於達孝章, 而發之於此也.

이 章의 세 '達' 字는 下章의 '達孝'의 '達' 字와 相應한다. 그러한 즉,

111) 『書經』「周書」〈武成〉에서는 "惟先王 建邦啓土, 公劉克篤前烈; 至于大王, 肇基王迹; 王季其勤王家; 我文考文王, 克成厥勳, 誕膺天命, 以撫方夏, 大邦畏其力, 小邦懷其德, 惟九年, 大統未集. 予小子, 其承厥志."라 하였다.

'王으로 추존하는 禮' 는 어찌하여 〈達孝章〉[112]에 넣지 않고 여기에서 말한 것인가? 周公의 '王으로 추존하는 禮' 는 '德' 에 있고 '孝' 에 있지 않으니, 그것을 〈達孝章〉에 넣지 않고 여기에서 말한 것은 어찌 까닭이 없겠는가? 대개 太王 · 王季의 큰 功德과 큰 事業은 본래 스스로 王業에 해당되는 것인데, 上世에는 禮法이 簡略하여 일찍이 이러한 義例가 없었던 것이다. 그런데 周公이 능히 '中庸의 道' 를 다하여, 위로는 天理를 체득하고 아래로는 人心[113]에 합당하게 하여, 이러한 禮制를 비로소 확립하여 곧바로 道理를 따랐으니, 天地의 常經이 되고 古今의 通誼가 되는 것이다. 그런데 이것을 體貼[114]하지 못하면, 文王 · 武王의 효성스런 생각은 자기의 私親을 尊崇한 것이 된다. 그리하여 '王으로 추존하는 禮' 를 〈達孝章〉에 넣지 못하고 여기에서 말한 것이다.

<第19章>

○ 善繼善述, 此武王之孝也, 而武王之孝, 觀於書之立政篇, 可知矣. 其言曰 "亦越武王, 率惟敉功, 不敢替厥義德[115] ; 率惟

---

112) 『中庸章句』 제19장을 말함.

113) '人心' 은 흔히 '道心' 과 대비되어 '육체적인 욕망을 추구하는 마음' 을 뜻하나, 여기에서의 '人心' 은 말 그대로 '사람의 마음' 을 뜻한다. 주자는 종종 '規範論의 바람직한 방향' 을 '天理에 따르고 人心(사람의 마음)에 부합하는 것' 으로 제시했는데, 心齋의 "위로는 天理를 체득하고 아래로는 人心에 합당하게 한다" 는 말도 이러한 맥락에서 이해할 수 있다.

114) 體貼(체첩) : 정밀하게 몸소 이해함.

115) '義德' 은 心齋의 原文에는 '德義' 로 되어 있으나, 『書經』의 原文에는 '義德' 으로 되어 있고, 또 이어지는 '容德' 과 대비되는 말이기에, 고쳤다. 이 文段에 포함되어 있는 나머지 두 '義德' 의 경우도 마찬가지이다.

謀, 從容德, 以幷受此丕丕基." 蓋用此義德之人, 而拯民危急者, 文王所以安天下之功, 而循其功而不敢替者, 武王之孝也 ; 任此容德之士, 而貽謀宏遠者, 文王所以遺後嗣之謀, 而循其謀而不敢違者, 武王之孝也. 用文王義德之人, 而受此丕基 ; 任文王容德之士, 而纘其丕緖, 則所謂 "敬其所尊, 愛其所親"者, 非繼述之大者耶?

'(아버지의 뜻과 사업을) 잘 繼述함' 은 '武王의 孝' 이다. 武王의 孝는 『書經』「周書」의 〈立政〉篇을 보면 알 수 있다. 거기에서 말하기를 "또 武王께서는 (文王께서) 천하를 편안하게 하신 功을 계승하여 그 義德이 있는 사람들을 감히 바꾸지 않았으며, (文王께서 세우신) 계책을 계승하여 그 容德이 있는 사람들을 따르셨으니, 이로써 그 크고 큰 基業을 함께 받으신 것입니다."라고 하였다.[116] 대개 이 義德이 있는 사람들을 등용하여 백성들의 危急함을 구제한 것은 文王이 天下를 편안하게 하신 功인데, 그 功을 따라서 감히 바꾸지 않은 것은 武王의 孝이다. 이 容德이 있는 선비들을 임용하여 원대한 계획을 수립한 것은 文王이 後嗣를 위해 남기신 계책인데, 그 계책을 따라서 감히 어기지 않은 것은 武王의 孝이다. 文王의 義德이 있는 사람들을 등용하여 이 큰 基業을 받으시고, 文王의 容德이 있는 선비들을 임용하여 이 큰 基業을 계승하셨으니, 이른바 "그 분이 높이던 사람을 존경하고, 그 분이 친하게 여기던 사람을 사랑한다."[117]는 말이 '繼述의 큰 것' 이

116) 蔡沈은 " '義德이 있는 사람' 이란 '亂世를 다스려 올바른 데로 돌이킨 재능이 있는 사람' 이요, '容德이 있는 사람' 이란 '아름다운 마음씨로 善을 즐거워하는 德量이 있는 사람' 이다."라고 주석하였다(『書傳大全』 卷9 頁32 참조).

117) "그 분이 높이던 사람을 존경하고, 그 분이 친하게 여기던 사람을 사랑한다.(敬其所尊, 愛其所親.)"는 말은 『中庸章句』 제19장에 보이는 내용으로서, 朱子는 '그 분(其)' 이란 '先王' 을 가리킨다고 주석하였으나, 일반적으로 말하자면 '先親' 이라고 풀이할 수 있을 것이다.

아니겠는가?

○ 不曰 "善繼父之志, 善述父之事." 而必曰 "善繼人之志, 善述人之事"者, 這箇人字, 通武王周公而言之也.

"아버지의 뜻을 잘 계승하고, 아버지의 事業을 잘 繼述했다." 고 말하지 않고, 반드시 "사람의 뜻을 잘 계승하고, 사람의 事業을 잘 繼述했다." 고 말한 까닭은, 저 '사람(人)' 이라는 글자는 武王과 周公을 공통으로 말하기 때문이다.

○ 旣言 "春秋, 修其祖廟." 又言 "宗廟之禮, 所以序昭穆也." 春秋之祭, 何祭? 宗廟之祭, 何祭也? 春秋, 屬乎時祭 ; 宗廟, 屬乎祫祭. 時祭故修其祖廟 ; 祫祭故序其昭穆. 然春秋時, 豈無序昭穆等也 ; 大祫之祭, 亦豈無修祖廟等也? 但祫祭重而時祭輕. 春秋一條, 卽輕以明重也 ; 宗廟一條, 擧重以該輕也.

이미 "春秋에 祖廟를 수리한다." 고 말하고 또 "宗廟의 禮는 昭穆의 차례를 정하는 것이다." 라고 말했는데, '春秋의 祭' 는 무슨 祭이며, '宗廟의 祭' 는 무슨 祭인가? 春秋는 時祭에 속하고, 宗廟는 祫祭[118]에 속한다. 時祭이기 때문에 그 祖廟를 수리하는 것이요, 祫祭이기 때문에 그 昭穆의 차례를 정하는 것이다. 그런데 春秋의 時祭라 하여 어찌 昭穆의 차례를 정하는 등의 일이 없겠으며, 큰 祫祭라 하여 어찌 祖廟를 수리하는 등의 일이 없겠는가? 다만 祫祭는 중요하고 時祭는 가벼운바, "春秋에 祖廟를 수리한다." 는 것은 '가벼운 데 나아가 중요한 것을 밝힌 것' 이요, "宗廟의 禮는 昭穆

118) 祫祭(협제) : 조상의 신주를 遷廟에 함께 모셔 제사지내는 일. '遷廟' 는 遠祖를 合祀하는 사당으로서, '祧廟(조묘)' 라고도 함.

의 차례를 정하는 것" 이라는 말은 '중요한 것을 들어서 가벼운 것을 해당시킨 것' 이다.

○ "陳其宗器", 則宗器, 天子之器也. 似與上文"祭祀之禮, 通乎上下"者, 相反, 何也? 宗器之可陳, 無論天子與大夫士, 上下通行之器也. 盖宗器, 先世所藏之重器, 而擧周之赤刀大訓天球河圖之屬, 以爲證, 則春秋宗器之陳, 惟天子爲然, 而其與上文所制"祭祀之禮, 通乎上下"者, 雖若牴牾, 然大夫士, 亦豈無宗器之可陳者乎?

"그 宗器를 진열한다."고 했는데, '宗器' 는 '天子의 器' 이니, 上文에서 "祭祀의 禮는 上下를 통달한다."고 한 것과 相反되는 것 같은데, 어떠한가? '진열할 수 있는 宗器' 란 天子와 大夫 · 士를 막론하고 '上下가 함께 행할 수 있는 器' 이다. 대개 宗器는 先世부터 所藏해온 重器인데, (朱子註에서) 周나라의 赤刀 · 大訓 · 天球 · 河圖 등을 들어 例證하고 있으니, "春秋에 宗器를 진열한다."고 하는 것은 오직 天子만 그럴 수 있는 것이요, 따라서 上文에서 "祭祀의 禮는 上下를 통달한다."고 규정한 것과 서로 모순되는 것 같다. 비록 그러하나, 大夫 · 士 또한 어찌 '진열할 만한 宗器' 가 없겠는가?

○ 昭穆之位, 先儒論說不一. 盖昭常爲昭, 穆常爲穆, 則不可以祧遷之位, 而穆爲昭, 昭爲穆也. 且宗廟之制, 但以左右爲昭穆, 而不以昭穆爲尊卑, 故五廟同爲都宮, 則昭常在左, 穆常在右, 而外有以不失其序. 一世自爲一廟, 則昭不見穆, 穆不見昭, 而內有以各專其尊. 必大祫而會於一室, 然後序其尊卑之次, 則凡已毁未毁之主, 又卑陳而無所易, 惟四時之祫, 不陳毁廟之主, 則高祖有時而在穆. 意或如此, 則高之上無昭, 而特設位於祖之西, 禰之下無穆, 而特設位於曾之東也歟?

'昭 · 穆의 자리' 에 대해서 先儒들의 論說은 동일하지 않다. 대개 昭는 항상 昭가 되고, 穆은 항상 穆이 된다면, (親盡한 遠祖의 神主를) 遷廟로 옮김으로써 穆이 昭가 되고 昭가 穆이 되게 하는 일이 불가능하다.119) 또한 宗廟의 禮制는 다만 左 · 右로 昭 · 穆을 삼았을 뿐, 昭 · 穆으로 尊 · 卑를 삼지는 않았다. 그러므로 五廟가 한 사당 안에 모셔져 있다면, 昭는 항상 왼쪽에 있고, 穆은 항상 오른쪽에 있어서, 밖으로 그 차례를 잃지 않은 것이다. 그런데 一世마다 一廟를 삼는다면, 昭는 穆을 볼 수 없고 穆은 昭를

119) 『禮記』 〈王制〉에서는 "天子는 七廟이니, 三昭三穆과 太祖廟를 합쳐서 七廟이다. 諸侯는 五廟이니, 二昭二穆과 太祖廟를 합쳐서 五廟이다. 大夫는 三廟이니, 一昭一穆과 太祖廟를 합쳐서 三廟이다. 士는 一廟이며, 庶人은 (廟가 없이) 正寢에서 제사를 지낸다." 고 하였다. '昭穆' 이란 조상의 神主를 사당에 모시는 차례로서, 天子의 경우, 중앙에 南向하여 始祖를 모시고, 왼쪽에는 二世 · 四世 · 六世의 神主를 모시니 이를 '昭' 라 하며, 오른쪽에는 三世 · 五世 · 七世의 神主를 차례로 모시니 이를 '穆' 이라 한다. '諸侯五廟' 의 경우 太祖廟는 '不遷之位(遷廟를 하지 않는 神位)' 로서 영원히 모셔지는 것이나, 그 밖의 二昭二穆은 기존의 諸侯가 죽고 새로운 諸侯가 등극함에 따라 가장 先代의 神位는 더 이상 제사를 모실 수 없게 되는데, 이를 '親盡' 이라 한다('親盡' 이란 '親族 범위에 속하는 사람이 다 죽었다' 는 뜻이요, 동시에 '자신의 제사를 받들어줄 後孫이 다 죽었다' 는 뜻임. '四代奉祀' 의 경우 '玄孫' 이 모두 죽으면 '親盡' 한 것이 됨). 親盡한 神主는 遷廟로 옮기고, 방금 죽은 제후의 神主가 사당에 들어가게 되는데, 이때 기존의 神位가 한 칸씩 옮기게 됨으로써, 昭는 穆으로 되고, 穆은 昭로 되는 것이다. 그런데 만약 "昭는 항상 昭가 되고, 穆은 항상 穆이 된다." 고 한다면, (親盡한 遠祖의 神主를) 遷廟로 옮김으로써 穆이 昭가 되고 昭가 穆이 되게 하는 일이 불가능하게 되는 것이다.

볼 수 없으나, 안으로는 각각의 神位에 대해 그 높임을 專一하게 한 것이다. 반드시 큰 祫帝를 지내기 위해 한 방에 (모든 조상의 神主를) 모은 다음에야 그 尊·卑의 차례가 정해지는 것이니, 무릇 이미 없앤 사당의 神主나 아직 없애지 않은 사당의 神主를 또 모두 낮게 진열하고 (그 차례를) 바꾸지 않는 것이다. 오직 四時의 祫祭에서는 이미 없앤 사당의 神主는 진열하지 않으니, 高祖도 때로는 穆에 있을 수 있다. 그런데 이와 같이 한다면, 高祖 이상은 昭가 없이 祖의 서쪽에 특별히 設位하며, 禰 이하는 穆이 없이 曾祖의 동쪽에 특별히 設位하는 것인가?

○ 貴賤之賤字, 與逮賤之賤字, 不同. 盖貴賤之賤字, 指公侯卿大夫中之位在下者言也 ; 逮賤之賤字, 指賓之弟子, 主人兄弟之子也.

'貴賤'의 '賤' 字는 '逮賤'의 '賤' 字와는 다르다.[120] 대개 '貴賤'의 '賤' 字는 公·侯·卿·大夫 가운데의 지위가 낮은 자를 가리켜 말하는 것이요, '逮賤'의 '賤' 字는 賓의 弟子나 主人 兄弟의 子를 가리키는 것이다.

○ "事死如事生, 事亡如事存." 死亡二字, 無乃重疊乎? 死字與生字相對, 而不可以對存字, 則死是初終之謂也 ; 亡字與存字相對, 而不可以對生字, 則亡是旣葬之謂也. 然則死字與亡字, 不同. 死以始死言 ; 亡以旣亡言, 則死亡之不爲重疊, 從可知矣.

"죽은 사람을 섬기기를 산 사람 섬기듯이 하고, 없는 사람을 섬기기를 있

120) 제17장의 "序爵, 所以辨貴賤也 ; 序事, 所以辨賢也 ; 旅酬, 下爲上, 所以逮賤也."에서의 '貴賤'과 '逮賤'을 설명하고 있는 것이다.

는 사람 섬기듯이 한다.(事死如事生, 事亡如事存.)" 고 했는데, '死亡' 두 글자는 중첩되는 것이 아닌가? '死' 字는 '生' 字와 相對되어, '存' 字와 상대될 수 없으니, '死'는 初終[121]을 말한다. '亡' 字는 '存' 字와 相對되어, '生' 字와 상대될 수 없으니, '亡'은 이미 葬禮를 마친 경우를 말한다. 그러한 즉, '死' 字와 '亡' 字는 같지 않으니, '死'는 '죽은 직후(始死)'를 말하고, '亡'은 '이미 없어진 경우(旣亡)'를 말한다. 이로써 '死亡' 두 글자가 중첩되지 않는다는 것을 알 수 있다.

○ 郊社之禮, 禘嘗之義, 不出乎執圭奠斝, 而其有關於治道者, 何也? 致其誠敬仁孝者, 郊社禘嘗之禮, 而治國之道, 莫不本於誠敬仁孝, 則能明郊社禘嘗之禮者, 豈不能治其國乎?

'郊社의 禮'와 '禘嘗의 義'는 '홀을 잡고 옥으로 된 술잔을 올리는 것'에 불과한데, 그것이 治道와 관계가 있다는 것은 무슨 까닭인가?[122] 誠敬과 仁孝를 다하는 것이 郊社와 禘嘗의 禮인데, 治國의 道는 誠敬과 仁孝에 근본하지 않는 것이 없다. 그러한 즉, 郊社와 禘嘗의 禮를 능히 밝힐 수 있는 사람이 어찌 그 나라를 다스릴 수 없겠는가?

○ 魯之郊禘非禮, 而夫子於此以郊禘言者, 何也? 言其郊禘之禮, 嚴其上下之分也. 盖郊社之禮, 先郊而後社, 郊祭天而惟

---

121) 初終 : 初喪이 난 뒤로부터 卒哭 때까지를 '初終'이라 함.

122) 제19장에서는 "郊社의 禮와 禘嘗의 義에 밝으면, 나라를 다스리는 것은 손바닥을 보는 것과 같을 것이다.(明乎郊社之禮, 禘嘗之義, 治國, 其如示諸掌乎!)"라고 했는데, '郊'는 하늘에 지내는 제사이고, '社'는 땅에 지내는 제사이며, '禘'는 天子의 宗廟에서 지내는 큰 제사이고, '嘗'은 가을에 지내는 제사이다.

天子得行之，而社則上下可通行也；禘嘗之義，先禘而後嘗，禘大祭而惟天子得行之，而嘗則上下可通行也. 不王不禘之法，魯之所當諱者，而夫子所以必言郊禘之禮者，以諸侯之不得通乎天子，而不足於魯之郊禘非禮之意，隱然自見於不言之表矣.

魯나라에서 郊祭와 禘祭를 지내는 것은 禮에 어긋나는데, 夫子께서 여기에서 郊·禘를 언급한 것은 무슨 까닭인가? 郊·禘의 禮를 언급한 것은 上·下의 名分을 엄격히 하기 위한 것이다. 대개 郊·社의 禮는 郊가 우선이고 社가 다음인데, 郊는 하늘에 지내는 제사로서 오직 天子만이 지낼 수 있으나, 社는 上·下가 함께 지낼 수 있는 것이다. 禘·嘗의 義는 禘가 우선이고 嘗이 다음인데, 禘는 (宗廟에서 지내는) 大祭로서 오직 天子만이 지낼 수 있으나, 嘗은 上·下가 함께 지낼 수 있는 것이다. '王이 아니면 禘祭를 지낼 수 없다는 禮法'은 魯나라가 마땅히 꺼려야 하는 것인데, 夫子께서 반드시 郊·禘의 禮를 언급한 것은, 諸侯는 天子에 통할 수 없기 때문이다. (孔子의 말씀에는) 魯나라에서 郊·禘를 지내는 것은 禮에 어긋난다는 뜻은 不足하나, 그 뜻은 隱然中 말하지 않은 표면에 저절로 드러나는 것이다.[123)]

---

123) '諸侯는 天子에 통할 수 없다'는 것은 郊祭와 禘祭는 天子만이 지낼 수 있고 諸侯는 지낼 수 없다는 뜻임. 魯나라는 제후국으로서 郊祭와 禘祭를 지내는 것은 '王이 아니면 禘祭를 지낼 수 없다는 禮法'에 어긋나는 것이다. 心齋의 말은, 孔子가 '郊·禘의 禮'를 언급한 것은, 魯나라의 非禮를 명시적으로 언급하지 않으면서도 은연중 그것을 비판하고 있는 것이라는 설명이다. 본래 周公은 어린 조카 成王의 攝政을 맡아 위대한 업적을 남겼으므로, 成王은 周公의 아들 伯禽을 魯나라에 封하고, 특별히 '天子의 禮樂'을 써서 周公을 제사지내도록 하였다. 이것이 魯나라에서 天子의 禮法을 쓰게 된 계기이다. 이에 대해서 程子는 "周公의 功績이 진실로 위대하나, 모두 臣子의 職分으로 마땅히 해야 할 것들이었으니, 魯나라가 어찌 홀로 天子의 禮樂을 쓸 수 있겠

○ 上文如序昭穆, 序爵, 序事, 專而宗廟之禮言, 而此則兼言郊禘者, 何也? 周公所制之禮, 通乎上下之情, 而嚴其上下之分, 則宗廟之禮, 通上下之情也 ; 郊禘之禮, 嚴上下之分也.

上文에서 '昭穆의 차례를 정함(序昭穆)', '벼슬의 차례를 정함(序爵)', '일의 차례를 정함(序事)' 등은 오로지 '宗廟의 禮'로 말한 것인데, 여기에서는 '郊·禘의 禮'를 겸해서 말한 까닭은 무엇인가? 周公이 제정한 禮法은 上·下의 情을 통하게 함과 동시에 上·下의 名分을 엄격하게 한 것이다. 그러한 즉, '宗廟의 禮'는 上·下의 情을 통하게 한 것이요, '郊·禘의 禮'는 上·下의 名分을 엄격하게 한 것이다.

<第20章>

○ 哀公問政, 而子曰 "文武之政, 布在方策." 孔子旣不得位, 則以文武之政告之者, 何也? 文王爲方伯, 武王爲天子, 則地位

는가? 成王이 (天子의 禮樂을 쓸 수 있도록) 下賜한 것이나 伯禽이 그것을 받은 것이나 모두 잘못된 것이다. 그 因襲의 폐단이 마침내 季氏로 하여금 참람하게 '八佾舞'를 쓰도록 하고, 三家로 하여금 참람하게 '雍'을 연주하며 撤床하게 한 것이다. 그러므로 孔子가 이것을 譏弄한 것이다.(周公之功, 固大矣, 皆臣子之分所當爲, 魯安得獨用天子禮樂哉? 成王之賜, 伯禽之受, 皆非也. 其因襲之弊, 遂使季氏, 僭八佾, 三家僭雍徹, 故仲尼譏之.)"라고 지적한 바 있다(『論語』 八佾 제2장, 朱子註 참조). 한편, 『禮記』 〈禮運〉에는 "孔子가 말씀하시길, '아, 슬프다. 내가 周나라의 道를 살펴보니, 幽王과 厲王이 무너뜨렸다. 내가 魯나라를 버리고 어디로 가겠는가? 魯나라에서 郊祭와 禘祭를 지내는 것은 禮가 아니다. 周公의 가르침이 쇠했도다.' (孔子曰 '嗚呼哀哉! 我觀周道, 幽厲傷之. 吾舍魯, 何適矣? 魯之郊禘, 非禮也. 周公, 其衰矣.')"라는 내용이 보인다.

時勢不同, 而同謂之政者, 何也? 凡君問, 皆稱孔子對曰, 而於此, 只以子曰言之者, 何也? 孔子雖不得位, 而其答哀公問政之言, 皆論得位之事, 則夫子之得邦家, 而其施爲做措, 可知. 故以文武之政告之, 而況此引孔子之言, 以繼大舜文武周公之緖, 明其所傳之一致, 而體用全備, 費隱兼該者, 皆是堯舜以來, 精一執中之嫡傳也. 雖爲魯哀公發, 而實萬世君師之要道也. 文武二王, 一爲方伯, 一爲天子, 則地位時勢, 固自不同, 而其政則一而已. 凡君問, 皆稱孔子對曰者, 尊君也, 而九經獨以子曰言之者, 豈無以哉? 家語有孔子對曰, 而於此只言子曰者, 盖子思刪其繁文, 以附于篇耳.

哀公이 政治에 대해 묻자, 공자께서 "文 · 武의 政治가 모두 書册에 기록되어 있으니," 云云했다. 孔子는 이미 地位를 얻지 못했는데, 文 · 武의 政治로 고한 까닭은 무엇인가? 文王은 方伯[124]이었고 武王은 天子였으니, 地位와 時勢가 다른데, 같이 '政' 이라고 말한 까닭은 무엇인가? 무릇 君主가 물음에, (다른 곳에서는) 모두 "孔子가 대답하여 말하기를(孔子對曰)" 이라고 일컬었는데, 여기에서는 다만 "子가 말하기를(子曰)" 이라고 말한 까닭은 무엇인가? 孔子는 비록 地位를 얻지 못했으나, 哀公이 政治를 물은 것에 대해 답한 말씀은 모두 '地位를 얻었을 때의 일' 을 논한 것이다. 그러한즉, 孔子께서 나라에서 地位를 얻으셨더라면 시행하셨을 조치들을 알 수 있다. 그러므로 文 · 武의 政治로 고한 것이다. 하물며 여기에서는 孔子의 말씀을 인용하여 大舜과 文 · 武 · 周公의 端緖를 계승하고, 그 전해진 내용이 一致함을 밝혔다. 그 體 · 用이 모두 갖추어져 있고, 費 · 隱이 모두 포함되어 있으니, 이것은 모두 堯 · 舜 이래의 '精一執中' 의 嫡傳인 것으로, 비

124) 周나라 때에 한 지방의 諸侯의 長인 大諸侯를 말함.

록 魯나라 哀公을 위해 말씀한 것이나, 진실로 萬世 君師의 要道인 것이다. 文·武 두 王은, 한 사람은 方伯이었고 한 사람은 天子였으니, 地位와 時勢가 진실로 스스로 다르나, 그 '政' 은 '하나' 일 뿐이다. 무릇 君主가 물음에, (다른 곳에서는) 모두 "孔子對曰" 이라고 일컬은 것은 '君主를 높인 것' 이다. 그런데 〈九經章〉에서 홀로 '子曰' 이라고 한 것은 어찌 까닭이 없겠는가? 『孔子家語』에서도 "孔子對曰" 이라고 말하고 있는데,[125] 여기에서는 다만 '子曰' 이라고 한 것은, 대개 子思가 그 繁雜한 문장을 깎아내고 이 篇에 붙인 것이었다.

○ 其人存之人字, 與爲政在人之人字, 不同. 盖上箇人字, 包君臣而言 ; 下箇人字, 指賢臣而言.

"그 사람이 있음(其人存)" 의 '人' 字는 (그 아래의) "정치를 함이 사람에게 달려있다(爲政在人)" 고 할 때의 '人' 字와 같지 않다. 대개 위의 '人' 字는 '君·臣' 을 포괄해서 말하는 것이요, 아래의 '人' 字는 '賢臣' 을 가리켜 말하는 것이다.

○ 仁之一字, 有專言處, 有偏言處. 修道以仁, 則此仁字, 是專言之仁 ; 仁者人也, 則此仁字, 是偏言之仁. 兩箇仁字, 亦不無所指之不同耳.

'仁' 이라는 한 글자는 '오로지 말한 곳(專言處)' 도 있고, '치우치게 말한 곳(偏言處)' 도 있다. "道를 닦기를 仁으로써 한다(修道以仁)" 고 할 때의 '仁' 字는 '오로지 말하는 仁' 이며, "仁이란 사람다움을 말한다(仁者人

125) 〈九經章〉은 『中庸章句』의 '제20장' 을 말함. 〈九經章〉의 내용은 『孔子家語』의 〈哀公問政第十七〉에도 보이는바, 거기에서는 "哀公問政於孔子, 孔子對曰 '文武之政, 布在方策.'" 이라 하여, "孔子對曰" 이라고 표기하고 있다.

也)"고 할 때의 '仁' 字는 '치우치게 말한 仁'이다. 두 개의 '仁' 字는 또한 지칭하는 바가 다름이 없지 않다.

○ "修道以仁", 與孟子所謂 "仁也者, 人也. 合而言之, 道也." 之義, 不同. "修道以仁", 則道是泛說底, 仁是切要底. 而觀孟子仁與人合而言之方是道, 則道是行出底而當然底事物, 故曰共公之名也；仁是我心之德, 故曰人心親切之妙, 而今有當然之事, 喚他做道, 自得, 而喚他做仁, 不得也.

"修道以仁"은 孟子의 이른바 "仁이란 사람다움이니, 합해서 말하면 道이다."[126]의 뜻과는 다르다. "修道以仁"에서는 '道'는 泛然하게 말한 것이요, '仁'이 切要한 것이다. 그런데 孟子의 "仁과 人을 합해서 말해야만 바야흐로 道이다"라는 말을 보면, '道'는 행동으로 표출되는 것으로서 '當然한 事物'이니, 그러므로 "共公의 이름"이라고 하는 것이나, '仁'은 내 마음의 德이니, 그러므로 "사람 마음의 親切한 妙"라고 하는 것이다. 이제 "當然한 일"이 있으면, 그것을 '道'라고 부르는 것은 가능하나, 그것을 '仁'이라고 부르는 것은 不可하다.

○ 親親, 仁之事也；尊賢, 義之事也. 親之至也, 而親之之中, 自有降殺者, 這是禮也；尊之至也, 而尊之之中, 自有等差者, 這是禮也, 則斯豈非禮生乎親親尊賢者耶?

'친한 사람을 친하게 여김(親親)'은 仁에 속하는 일이요, '어진 사람을 높임(尊賢)'은 義에 속하는 일이다. 친함이 지극해도, 친하게 여기는 가운데 저절로 降殺[127]가 있으니, 그것이 禮이며, 높임이 지극해도, 높이는 가운

---

126)『孟子』盡心下 16 : 孟子曰 "仁也者, 人也, 合而言之, 道也."

데 저절로 等差가 있으니, 그것이 禮이다. 그러한 즉, 이것이 어찌 "禮는 親親과 尊賢에서 생긴다."는 것이 아니겠는가?

○ 上文言仁義, 則親親先於尊賢；下文論九經, 則尊賢先於親親者, 何也? 仁爲萬善之長, 而卽人心而論之, 則親親爲先；賢爲國家之器, 而就治體而言之, 則尊賢是急, 語固各有攸當耳.

上文에서 '仁義'를 말할 때에는 親親이 尊賢보다 앞에 있었는데, 下文에서 '九經'을 논할 때에는 尊賢이 親親보다 앞에 있는 것은 무슨 까닭인가? '仁'은 '萬善의 으뜸'으로서, 사람의 마음에 나아가 논하는 것이니, 親親이 우선하는 것이다. 그러나 '賢'은 '國家의 寶器'로서, 治體에 나아가 말하는 것이니, 尊賢이 급한 것이다. 따라서 말이 진실로 각각 마땅한 바가 있는 것이다.

○ "仁者, 人也；義者, 宜也." 其釋仁字, 只言 "具此生理, 便有慈愛", 而不言心之德；其釋義字, 只言 "分別事理, 各有所宜", 而不言心之制者, 何也? 一體一用, 元不相離, 則心之德, 自在於愛之理矣；心之制, 不外於事之宜矣.

"仁은 사람다움이고, 義는 마땅함이다."라고 한 것에 대해, (朱子는) 그

---

127) 降殺(강쇄) : 등급을 따라 내리깎음. '親親之殺'란 친한 사람을 친하게 여기되, 친함의 정도가 멀어짐에 따라 친하게 여기는 정도도 조금씩 깎아내림을 말한다. 親族 간에도 寸數의 遠近에 따라, 예컨대 喪服의 服飾과 期間이 달라지니, 五服이 그것이다. 至親 사이는 斬衰(참최, 3年服)나 齊衰(자최, 朞年服)에 해당되고, 그 다음은 大功(9개월복), 小功(5개월복)으로 깎이며, 親盡의 8寸 사이는 緦麻(시마, 3개월복)에 해당된다.

‘仁’ 字를 해석하면서 다만 “이 生理를 갖추면 문득 慈愛가 있게 된다.” 고만 말하고 “마음의 德” 이라는 것은 말하지 않았으며, 그 ‘義’ 字를 해석하면서 다만 “事理를 분별하면 각각 마땅한 바가 있다” 고만 말하고 “마음의 제어” 라는 것은 말하지 않았으니, 무슨 까닭인가? 하나의 體와 하나의 用은 원래 서로 분리될 수 없으니, ‘마음의 德’ 은 ‘사랑의 理’ 안에 自在하고, ‘마음의 제어’ 는 ‘일의 마땅함’ 에서 벗어나지 않는다.

○ 此言 “仁者, 人也”, 而孟子曰 “仁也者, 人也”. 所言之仁, 不無偏全之分. 蓋此是偏言底仁 ; 彼是專言底仁.

여기에서는 “仁者, 人也.” 라 하고, 孟子는 “仁也者, 人也.” 라고 했는데, 두 곳에서 말하는 ‘仁’ 은 偏 · 全의 구분이 없지 않다. 대개 여기에서 말한 것은 ‘치우치게 말하는 仁’ 이요, 저기에서 말한 것은 ‘오로지 말하는 仁’ 이다.[128)]

○ 旣曰 “知天, 知人”, 則此知字, 當如何看也? 知天知人, 知其理也, 則是知也, 非聞見之知, 而乃眞知之知也.

이미 “하늘을 안다(知天), 사람을 안다(知人)” 고 하였는데, 여기에서의 ‘안다(知)’ 는 글자는 마땅히 어떻게 보아야 하는가? ‘知天 · 知人’ 은 그 理를 아는 것이니, 여기에서의 ‘知’ 는 ‘聞見의 知’ 가 아니요, 바로 ‘眞知의 知’ 이다.

○ “思事親, 不可以不知人”, 是先知人 ; 而下條曰 “不順乎

---

128) 心齋가 말하는 ‘치우치게 말하는 仁’ 과 ‘오로지 말하는 仁’ 은 각각 ‘愛’ 와 ‘無私’ 를 지칭하는 것으로, 그 자세한 내용은 잠시 뒤에 보인다.

親, 不信乎朋友", 是先順親, 何也? 知人與信友不同. 知人者, 事親之本 ; 信友者, 順親之效. 而知人之賢否, 然後能尊之. 尊賢則有以講明乎道, 故先知人, 而如子賤之爲君子, 本於尊賢取友, 是也 ; 信友必先順親, 而親悅然後友信, 故先順親, 而如舜之克諧以孝, 是順親也 ; 四岳以其孝而擧之, 是信友也.

"어버이를 섬기고자 생각할진댄 사람을 알지 않을 수 없다."고 한 말은 '사람을 아는 것(知人)'을 앞세운 것이다. 그런데 그 아래 문장에서 "어버이께 順從하지 않으면 朋友에게 믿음을 얻을 수 없다."고 한 말은 '어버이께 순종함(順親)'을 앞세운 것이니, 무슨 까닭인가? '사람을 아는 것(知人)'과 '벗에게 믿음을 얻는 것(信友)'은 다르다. '知人'이란 어버이를 섬기는 근본이요, '信友'란 어버이께 순종한 효과이다. 사람의 賢·否를 안 다음에 능히 높일 수 있는 것이니, 賢者를 높이면 이로써 道를 講明할 수 있다. 그러므로 '知人'을 앞세우는 것이니, 예컨대 子賤이 君子가 된 것은 賢者를 높이어 벗으로 삼은 데 근본한 것이다.[129] 벗에게 믿음을 얻으려면 반드시 먼저 어버이께 순종해야 하니, 어버이께서 기뻐한 다음에 벗이 믿는 것이다. 그러므로 '順親'을 앞세우는 것이니, 예컨대 舜이 능히 孝로써 (어버이를) 和諧시킨 것은 '順親'이요, 四岳이 그 孝로 인해 (舜을) 천거한 것은 '信友'이다.[130]

---

129) 孔子는 子賤을 가리켜서 "君子로다! 이 사람이여. 魯나라에 君子가 없었다면, 이 사람이 어디에서 이런 군자다움을 취했겠는가?"라고 칭송한 바 있다(『論語』 公冶長 2 : 子謂子賤, "君子哉! 若人. 魯無君子者, 斯焉取斯?").

130) '四岳'은 官職名으로서, 한 사람이 四岳의 諸侯를 總攝하는 자리이다. 堯는 처음에는 四岳에게 帝位를 물려주려고 했었는데, 四岳이 "자신은 德이 없어서 帝位를 욕되게 할 것"이라고 사양하고, 대신 舜을 薦擧하였다. 堯가 舜이 어떤 사람이냐고 묻자, 四岳은 "瞽瞍의 아들로서, 아버지는 완고하고 어머니는 어리석으며, 동생 象은 거만한데, 능히 孝로써 和諧하여, 착한 길로 나가

○ "五者, 天下之達道也." 君臣父子夫婦昆弟, 皆無所屬字, 而獨於朋友, 有之交二字者, 何也? 交則爲朋友, 無交則不在朋友之列, 而其與君臣父子等四者之不待交而成者, 有所不同, 則獨於朋友而有之交二字者, 以朋友之實, 相交而成者也.

"다섯 가지는 天下의 達道이다."라고 말한 데서, '君臣 · 父子 · 夫婦 · 昆弟'는 모두 所屬시킨 글자가 없는데 오직 '朋友'에게 있어서만 '之交'라는 두 글자가 있는 까닭은 무엇인가? '사귀면(交)' 朋友가 되는데, '사귐이 없으면(無交)' 朋友의 대열에 있지 않은 것이니, 이것은 君臣 · 父子 등 네 가지가 '사귐을 기다리지 않고 성립하는 것'과는 다른 것이다. 그러한즉, 오직 '朋友'에게 있어서만 '之交'라는 두 글자가 있는 것은, 朋友의 實際는 서로 사귐으로써 성립하는 것이기 때문이다.

○ 知仁勇之仁, 與修道以仁之仁, 雖有愛與無私之分, 而其心則一也. 盖修道以仁之仁, 以愛言也 ; 知仁勇之仁, 以無私言也. 而無私者, 仁之體也 ; 愛者, 仁之用也. 自其切於五達道而言之, 則曰愛也 ; 自其切於躬行而言之, 則曰無私也. 要之, 無私則可以兼乎愛矣, 而曰愛者, 偏言之仁也 ; 曰無私者, 專言之仁也. 詳略之不同也, 而其爲仁, 則亦豈有同異之可言者乎?

'知仁勇'의 '仁'은 '修道以仁'의 '仁'과 비록 '愛'와 '無私'의 구분이 있지만, 그 마음은 하나일 뿐이다. 대개 '修道以仁'의 '仁'은 '사랑(愛)'으로써 말하는 것이요, '知仁勇'의 '仁'은 '사사로움이 없음(無私)'으로써 말하는 것이다. '無私'는 仁의 體요, '愛'는 仁의 用이다. 五達道에 절실한

고 간악한 데 이르지 않게 하였습니다."라고 대답하였다(『書經』 虞書 堯典 참조).

점으로부터 말한다면 '愛'라 하나, 躬行에 절실한 점으로부터 말한다면 '無私'라 한다. 요컨대, '無私'이면 '愛'를 겸할 수 있는 것이다. 그런데 '愛'라고 말하는 것은 '치우치게 말하는 仁(偏言之仁)'이요, '無私'라고 말하는 것은 '오로지 말하는 仁(專言之仁)'이다. 그러므로 자세하고 간략한 것은 다르나, 그 仁이 됨에 있어서는 어찌 同·異를 말할 수 있겠는가?

○ 五達道, 只言君臣父子等, 而不言長幼, 然言他昆弟朋友之倫, 而自包長幼之序. 盖兄友弟恭, 而長者爲兄, 少者爲弟, 則長幼之序, 自在於昆弟之道矣. 與朋友交, 而長者長之, 幼者幼之, 則長幼之倫, 可驗於朋友之交矣.

五達道에서는 다만 君臣·父子 등을 말하고 長幼를 말하지 않았다. 그러나 저 昆弟·朋友의 人倫을 말하는 데서 저절로 '長幼의 차례'를 포함하고 있다. 대개 '형은 우애하고 아우는 공손한 것(兄友弟恭)'인데, 長者가 兄이 되고 少者가 아우가 되니, '長幼의 차례'는 '昆弟의 道'에 自在하는 것이다. 또한 朋友와 더불어 사귐에, 長者를 어른으로 대하고 幼者를 어린이로 대하면 '長幼의 人倫'을 朋友의 사귐에서 證驗할 수 있는 것이다.

○ 生知安行爲仁；學知利行爲知. 而朱子以生知安行爲知；學知利行爲仁者, 何也? 生知與學知, 地位不同；安行與利行, 等級有異. 而知底較大；仁底較淺, 則生知安行屬知, 而不可以爲仁也；學知利行屬仁, 而不可以爲知也.

'나면서부터 알고 편안하여 행하는 것(生知安行)'은 '仁'이 되고, '배워서 알고 이로워서 행하는 것(學知利行)'은 '知'가 된다. 그런데 朱子는 '生知安行'으로 '知'를 삼고, '學知利行'으로 '仁'을 삼은 까닭이 무엇인가? '生知'와 '學知'는 地位가 다르고, '安行'과 '利行'은 等級이 다르며, '知'

는 비교적 重大한 것이고, '仁' 은 비교적 얕은 것이다. 그러한 즉, '生知安行' 은 '知' 에 속하는 것으로, '仁' 으로 여길 수 없으며, '學知利行' 은 '仁' 에 속하는 것으로, '知' 로 여길 수 없다.[131)]

○ 知仁勇三者, 或以分言之, 或以等言之. 盖分字, 指理而言 ;

---

131) 『論語』 里仁 제2장에서는 "어진 사람은 仁을 편안하게 여기고, 지혜로운 사람은 仁을 이롭게 여긴다(仁者, 安仁 ; 知者, 利仁.)" 고 하였다. 心齋가 먼저 " '나면서부터 알고 편안하여 행하는 것(生知安行)' 은 '仁' 이 되고, '배워서 알고 이로워서 행하는 것(學知利行)' 은 '知' 가 된다." 고 전제했던 것은 이러한 맥락에 입각한 것이다. 그런데 『中庸章句』 제20장에서 "或生而知之, 或學而知之, 或困而知之, 及其知之, 一也 ; 或安而行之, 或利而行之, 或勉强而行之, 及其成功, 一也." 라고 한 것에는 '知 · 行' 의 맥락과 '知 · 仁 · 勇' 三達德의 맥락이 복합적으로 반영된 것이다. 즉 '知 · 行' 의 맥락을 살피자면, "或生而知之, 或學而知之, 或困而知之, 及其知之, 一也." 는 '知' 를 말한 것이며, "或安而行之, 或利而行之, 或勉强而行之, 及其成功, 一也." 는 '行' 을 말한 것이다. 또 '知 · 仁 · 勇' 의 맥락을 살피자면, '或生而知之' 와 '或安而行之' 는 '知' 에 속하고, '或學而知之' 와 '或利而行之' 는 '仁' 에 속하며, '或困而知之' 와 '或勉强而行之' 는 '勇' 에 속하고, '及其知之, 一也.' 와 '及其成功, 一也.' 는 '知 · 仁 · 勇의 궁극적 경지는 같은 것임' 을 말한 것이다. 즉 朱子가 '生知安行' 을 '知' 로 풀이하고, '學知利行' 을 '仁' 으로 풀이한 것은 '知 · 仁 · 勇' 三達德의 맥락에 입각한 것이다. 그런데 『中庸』에서 '知 · 仁 · 勇' 三達德을 논함에 있어서는 '知' 를 최고로 중시하고, '仁' 을 그 다음으로 중시하며, '勇' 은 또 그 다음이 되는 것이다. 즉 『中庸章句』 제6장에서 '舜의 大知' 를 말하고, 제8장에서 '顔淵의 仁' 을 말하며, 제10장에서 '子路의 勇' 을 말한 것에는 은연중 '知 · 仁 · 勇의 序列(等級)' 이 나타나 있는 것인바, 心齋는 이러한 맥락에서 " '知' 는 비교적 重大한 것이고, '仁' 은 비교적 얕은 것이다." 라고 말했던 것이다. 요컨대, '知 · 仁 · 勇' 의 맥락에서 보면 '生知安行' 은 '知' 에 속하고 '學知利行' 은 '仁' 에 속한다는 것이 朱子의 주석이었던바, 心齋는 이것을 다시 설명하고 있는 것이다.

等字, 指氣而言, 則分字等字, 是從理氣上分別出來也.

'知 · 仁 · 勇' 三者는 혹은 '分' 으로 말하기도 하고, 혹은 '等' 으로 말하기도 한다.[132] 대개 '分' 字는 '理' 를 가리켜 말하는 것이요, '等' 字는 '氣' 를 가리켜서 말하는 것이니, '分' 字와 '等' 字는 '理' 와 '氣' 를 따라서 分別해서 말하는 것이다.

◯ "好學, 近乎知." 然如顔子之好學, 不但止於近乎知而已. 盖旣仁且勇者顔子, 而知亦顔子好學中一事, 則知仁勇三達德之兼備者, 其惟顔子乎!

" '배우기를 좋아함(好學)' 은 知에 가깝다." 고 했다. 그러나 '顔子의 好學' 은 다만 '知에 가까움' 에 그치는 것이 아니다. 대개 '이미 仁하고 또 勇한 사람' 이 顔子였는데, '知' 또한 顔子의 好學 가운데 하나의 일이었던 것이다. 그러한 즉, '知 · 仁 · 勇' 三達德을 겸비한 사람은 그 오직 顔子뿐이었을 것이다!

◯ 知恥之勇, 無甚緊關, 而竝列於好學之知, 力行之仁者, 何也? 着力做去, 便是勇也. 而勇之於知仁, 猶土之於四行, 信之於四端, 而無所不在, 則勇是勇於知仁之謂也.

'부끄러움을 아는(知恥) 勇' 은 별로 긴요한 聯關이 없는데, '好學의

---

132) '分으로 말한다' 는 것은 '소속되는 영역의 구분을 말한다' 는 뜻이요, '等으로 말한다' 는 것은 '동일한 영역 안에서의 等級(序列)을 말한다' 는 뜻이다. 朱子註에서는 "分으로 말하면, 아는 까닭은 '知' 요, 행하는 까닭은 仁이며, 앎과 成功에 이르러 하나가 되는 까닭은 勇이다. 等으로 말하면, '生知安行' 은 '知' 요, '學知利行' 은 '仁' 이며, '困知勉行' 은 '勇' 이다." 라고 풀이한 바 있다.

知'·'力行의 仁'과 아울러 열거하고 있는 까닭은 무엇인가? 힘을 붙여 노력하는 것이 바로 '勇'이다. 그런데 '勇과 知·仁의 관계'는 '土와 四行의 관계' 또는 '信과 四端(四德)의 관계'와 같아서, 勇이 관계되지 않은 곳이 없다.[133] 그러한 즉, 勇이란 '知·仁에 용감함'을 말한다.

○ 章句以三近, 爲勇之次, 而本文以好學力行知恥, 分言其知仁勇者, 何也? 且力行與勉行, 同乎否乎? 通一人入德之功, 而旣要好學, 又要力行, 又要知恥者, 此所以爲勇之次也. 而若以氣稟各有虧欠者言之, 則少知者, 便要好學以近知 ; 少仁者, 便要力行以近仁 ; 少勇者, 便要知恥以近勇, 而氣稟至此, 則須是靠勇做主也. 然則合言乎勇之次者, 蓋言其一人入德之用功也 ; 分言乎知仁勇者, 蓋言其人生氣稟之各異也. 力行近乎仁, 則力字爲重, 本不能行而力以行之, 則如所謂力疾之力, 而比之勉而行者, 又其次也. 力行與勉行, 似有差殊之分耳.

章句에서는 '三近'[134]을 '勇의 次序'라고 했는데, 本文에서는 好學·力行·知恥를 知·仁·勇으로 나누어 말한 까닭은 무엇인가? 또 '力行'과

---

133) '金·木·水·火' 四行은 각각 四方이나 四時에 상응하는 독자적인 위상이 있으나, '土'는 특정한 곳에 배속됨이 없이 四方이나 四時 또는 四行 자체의 모든 곳에 골고루 관여하면서 그것들을 뒷받침하고 있다고 본다. '仁·義·禮·智'의 四德 역시 각각 四方이나 四時에 상응하는 독자적인 위상이 있으나, '信'은 특정한 곳에 배속됨이 없이 四方이나 四時 또는 四德 자체의 모든 곳에 골고루 관여하면서 그것들을 뒷받침하고 있다고 본다. 心齋는 '勇과 知·仁의 관계' 역시 이렇게 보아, 勇은 知·仁을 뒷받침하는 관계라고 설명하는 것이다.

134) "好學, 近乎知 ; 力行, 近乎仁 ; 知恥, 近乎勇"에서의 '近乎知·近乎仁·近乎勇'을 말함.

'勉行' 은 같은 것인가, 다른 것인가? '한 사람의 德에 들어가려는 노력' 을 관통하는 것은, 이미 好學을 필요로 하고, 또 力行을 필요로 하며, 또 知恥를 필요로 하니, 이것이 '勇의 次序' 가 되는 까닭이다. 그런데 만약 '氣稟에는 각자 虧欠이 있음' 으로 말한다면, 知가 적은 사람은 문득 好學을 통해서 知에 가깝게 됨이 필요하고, 仁이 적은 사람은 문득 力行을 통해서 仁에 가깝게 됨이 필요하며, 勇이 적은 사람은 문득 知恥를 통해서 勇에 가깝게 됨이 필요한 것이니, 氣稟이 여기에 이르면 모름지기 勇에 기대어 중심으로 삼아야 하는 것이다. 그러한 즉, '합해서 勇의 次序라고 말한 것' 은 대개 '한 사람의 德에 들어가려는 노력' 을 말한 것이며, '나누어서 知 · 仁 · 勇이라고 말한 것' 은 대개 '각각의 사람들이 태어났을 때의 氣稟의 차이' 를 말한 것이다. '力行은 仁에 가깝다' 고 할 때는 '力' 字가 중요한바, 본래는 行에 不能하나 힘써서 行하는 것이니, 이른바 '力疾' [135]의 '力' 字와 같은 것이다. '勉行' 에 견주자면 (力行은) 또 그 다음이 되니, '力行' 과 '勉行' 은 차이가 있는 것 같다.

○ "知斯三者, 則知所以修身." 不曰 "知修身", 而曰 "知所以修身"者, 何也? 旣曰 "知所以修身", 則所以二字, 已包了三近中許多工夫也. 盖概言, 則好學自近知 ; 力行自近仁 ; 知恥自近勇, 而細言, 則好學力行知恥之中, 又有許多等級. 始而好學, 以破愚者, 漸至於不愚也 ; 始而力行, 以去私者, 漸至於無私也 ; 始而知恥, 以起懦者, 漸至於不懦也. 由未近而以求近, 由旣近而漸歸於知之成功之一, 方是身無不修也. 不曰 "知修身", 而曰 "知所以修身"者, 便是包含三近中許多工夫而說, 到得知所以

135) '力疾' 은 보통은 '疾病을 참는 것' 을 뜻하나, 여기에서는 '疾病을 이기고자 힘쓰는 것' 으로 풀이하는 것이 적당할 것 같다.

修身, 則達德全達道行, 而所以治人治天下國家者, 不外是矣.

"이 셋을 알면, 몸을 닦는 所以를 알 것이다."라고 했는데, "몸을 닦을 줄을 알 것이다(知修身)"라고 말하지 않고, "몸을 닦는 所以를 알 것이다(知所以修身)"라고 말한 까닭은 무엇인가? 이미 "知所以修身"이라고 말했으니, '所以' 두 글자는 이미 '三近 가운데의 허다한 工夫'를 포함하는 것이다. 대개 크게 말하면, 好學은 본래 知에 가깝고, 力行은 본래 仁에 가까우며, 知恥는 본래 勇에 가깝다. 그런데 자세히 말하면, 好學 · 力行 · 知恥 가운데 또 허다한 等級이 있다. 好學으로 시작하여 어리석음을 타파함으로써 점차 '어리석지 않음'에 이르고, 力行으로 시작하여 사사로움을 제거함으로써 점차 '사사로움이 없음'에 이르며, 知恥로 시작하여 나약함을 일깨움으로써 점차 '나약하지 않음'에 이르는 것이다. 아직 가깝지 못했던 것을 말미암아 가까운 것을 추구하고, 이미 가까운 것을 말미암아 점차 '앎과 成功함의 동일함'[136]에 도달하는 것이니, 바야흐로 이것이 '몸에 닦여지지 않음이 없는 것'이다. "몸을 닦을 줄을 알 것이다"라고 말하지 않고 "몸을 닦는 所以를 알 것이다"라고 말한 까닭은, 문득 '三近 가운데의 허다한 工夫'를 포함하여 설명함으로써 몸을 닦는 所以를 알게 되면, 達德이 완전해지고 達道가 행해져서, 사람을 다스리고 天下 · 國家를 다스리는 所以가 여기에서 벗어나지 않기 때문이다.

○ 九經之下落處, 惟在於修身二字上. 盖這箇修身, 便是接上面修身說來, 則前面許多說話, 皆是爲修身而設也 ; 後面許多

---

136) '앎과 成功함의 동일함'이란 『中庸章句』 제20장의 "或生而知之, 或學而知之, 或困而知之, 及其知之, 一也 ; 或安而行之, 或利而行之, 或勉强而行之, 及其成功, 一也."라는 말에서, '及其知之, 一也.'와 '及其成功, 一也.'를 아울러 말하는 것임.

工夫, 皆是自修身而推也. 故上文說達道達德, 而結以修身 ; 下文說治天下國家有九經, 而始於修身, 則大學之釋新民, 而必先自新者, 卽此理也.

'九經' 의 下落處[137]는 오직 '修身' 두 글자에 있다. 대개 저 '修身' 은 문득 위에서의 '修身' 과 접맥시켜 말한 것이니, 앞에서의 허다한 이야기는 모두 '修身' 을 위해서 베푼 것이요, 뒤에서의 허다한 工夫는 모두 修身으로부터 미루어나가는 것이다. 그러므로 上文에서는 達道와 達德을 말하고 修身으로 결론을 맺은 것이며, 下文에서는 天下 · 國家를 다스리는 데는 九經이 있음을 말하면서 修身으로부터 시작한 것이다. 그러한 즉, 『大學』에서 '백성을 새롭게 함(新民)' 을 풀이하면서 반드시 먼저 '자기를 새롭게 함(自新)' 을 거론한 것은 이러한 이치이다.[138]

○ 九經, 是治天下之事, 而不言禮樂刑政, 何也? 蓋政者, 爲治之具 ; 刑者, 輔治之法 ; 禮樂, 所以出治之本, 則自修身至懷諸侯, 無非禮樂刑政之事也.

九經은 '天下를 다스리는 일' 인데, 禮樂刑政을 말하지 않은 까닭은 무엇인가? 대개 '政' 이란 '統治를 하는 도구' 요, '刑' 이란 '統治를 보조하는 法' 이며, '禮樂' 은 '統治가 나오는 근본' 이다.[139] 그러한 즉, '修身' 부터

---

137) '下落處' 는 '着落處' 나 '歸着處' 와 같은 뜻임.

138) 『大學章句』 傳2章에서는 三綱領 가운데 '新民' 을 풀이하고 있는데, 먼저 '湯의 盤銘' 의 "진실로 날로 새로워지려거든, 날마다 새롭게 하고, 또 날마다 새롭게 하라."를 들었고(湯之盤銘曰 "苟日新, 日日新, 又日新."), 다음으로 〈康誥〉의 "새로워지는 백성들을 振作시켜라."를 들었다(康誥曰 "作新民"). "苟日新, 日日新, 又日新."은 '自新' 에 해당되고, "作新民"은 '新民' 에 해당되는 것이다.

'懷諸侯' 까지 禮樂刑政의 일이 아닌 것이 없다.

○ **九經所以先言其效, 而後言其事者, 爲欣動哀公行九經,[140] 而看此三節緊緊注到事上去, 則欲哀公之實實行之也.**

九經에서 먼저 그 效果를 말하고 뒤에 그 事業을 말한 까닭은, 哀公을 흔쾌하게 감동시켜 九經을 실행하게 하기 위한 것이었다. 이 '세 句節'[141]의 緊緊한 설명을 보고 事業에 임한다면 哀公이 實로 實行하기를 바랄 것이다.

○ **"來百工則財用足"者, 通上下而言也. 盖通功易事, 農末相資, 而財用足, 則似是單貼在下者說, 而玩其日省一段, 則又未嘗不貼在上者說也.**

"百工을 오게 하면 財用이 풍족하다"는 것은 上·下를 관통해서 말하는 것이다. 대개 通功易事[142]로 農末[143]이 서로 바탕이 되면 財用이 풍족하니,

---

139)『論語』爲政 제3장에서는 "子曰 '道之以政, 齊之以刑, 民免而無恥 ; 道之以德, 齊之以禮, 有恥且格.'"이라 했는데, 주자는 '政'은 '法制禁令'을 뜻하고 '禮'는 '制度品節'을 뜻한다고 풀이한 다음, "政者, 爲治之具 ; 刑者, 輔治之法 ; 德禮則所以出治之本, 而德又禮之本也."라고 설명한 바 있다.

140) '九經'은 心齋의 原本에는 '九九經'으로 표기되어 있으나, '九經'의 誤記임이 분명하므로, 고쳤다.

141) '세 句節'이란 "凡爲天下國家, 有九經, 曰 修身也," 云云한 句節과 "修身則道立," 云云한 句節과 "齊明盛服, 非禮不動, 所以修身也," 云云한 句節을 말한다. 그런데 첫째 구절은 九經을 열거한 것이요, 둘째 구절은 九經의 效果를 설명한 것이며, 셋째 구절은 九經의 구체적인 실천방법(事業)을 설명한 것이다.

142) 通功易事 : 功(노력한 成果)을 통하게 하고 일을 바꿈. 즉 각자의 分業的 勞動

따라서 이것은 오직 在下者들에게만 말하는 것 같다. 그런데 다음의 "날마다 살피고 달마다 시험하여, 창고에서 祿을 줌을 (百工들의) 업적에 어울리게 하는 것은 百工들을 勸勉하는 것이다."라는 한 文段을 음미해 보면, 이것은 또한 일찍이 在上者들에게 한 말인 것이다.

○ "非禮不動, 所以修身也." 視聽言動, 無非修身之事, 而獨以動言之者, 何也? 一動字, 包得視聽言動, 而分言則視聽言動, 各自爲一; 統言則視聽言動, 無非動耳.

"禮가 아니면 행동하지 않음은 몸을 닦는 所以이다."라고 했는데, '視·聽·言·動'이 모두 '修身'과 관계된 일인바,[144] 오직 '動'만을 언급한 까닭은 무엇인가? 하나의 '動' 字는 '視·聽·言·動'을 모두 포함할 수 있다. 나누어서 말하면 視·聽·言·動이 각자 하나가 되지만, 통합해서 말하면 視·聽·言·動이 모두 '動'인 것이다.

○ "嘉善而矜不能", 何獨於遠人爲然耶? 盖遠者, 人之所易忘也, 而能嘉之矜之, 厚之道也.

"잘 하는 사람을 아름답게 여기고 능력이 없는 사람을 불쌍히 여김"은 어찌 오직 '먼 곳에 있는 사람'에게만 그렇게 하는 것인가? 대개 먼 곳에 있는 사람은 사람들이 쉽게 잊는 것인데, 능히 아름답게 여기고 불쌍하게 여기는 것은 두텁게 대하는 道이다.

의 成果를 서로 소통시키는 流通業을 뜻함.

143) 農末 : 農業과 商業. 옛날에는 農業은 根本이요, 商業은 末端이라 하였음.

144) 『論語』 顔淵 제1장의 "非禮勿視, 非禮勿聽, 非禮勿言, 非禮勿動."을 두고 말하는 것임.

○ 齊明不動之前, 當用何工夫乎? 格致是爲學之最初下手, 則齊明不動之前, 當用格致工夫.

"생각을 가다듬고 마음을 깨끗이 하며, 복장을 성대하게 하고, 禮가 아니면 움직이지 않는다.(齊明盛服, 非禮不動.)" 고 했는데, 이러한 工夫의 전에는 마땅히 어떤 工夫를 해야 하는가? 格物致知는 학문을 하는 데 最初의 下手處이니, '齊明盛服 非禮不動' 의 前에는 마땅히 格物致知의 工夫를 해야 할 것이다.

○ 四前定字, 當以何者, 爲本耶? 言事行三句, 擧一段而言; 道前定一句, 擧全體而言, 則道前定者, 豈非言事行之根本乎?

네 개의 '미리 정한다(前定)' 는 글자는 마땅히 어떤 것을 근본으로 삼아야 하는가? '言前定' · '事前定' · '行前定' 세 구절은 각각 一段을 들어서 말하는 것인데, '道前定' 한 구절은 全體를 들어서 말하는 것이다. 그러한 즉, '道前定' 이 어찌 言 · 事 · 行의 근본이 아니겠는가?

○ 獲上信友順親誠身明善之中, 一是皆以誠身爲本. 盖該體用兼動靜者, 這箇誠身, 則誠身一節, 豈非涵養應接之工乎?

'윗사람에게 신임을 얻음(獲上)' · '벗에게 신임을 얻음(信友)' · '부모님께 순종함(順親)' · '자신을 참되게 함(誠身)' · '善에 밝음(明善)' 가운데 한결같이 모두 '誠身' 을 근본으로 삼는다. 대개 體 · 用을 포함하고 動 · 靜을 겸하는 것은 저 '誠身' 이다. 그러한 즉, '誠身' 一節은 어찌 '涵養應接' 의 공부가 아니겠는가?

○ 誠身雖是順親之道, 而凡事皆欲先立乎誠, 則獲上信友順親, 皆所以誠身也.

'誠身' 은 비록 '順親' 의 方道이나, 모든 일은 다 먼저 誠을 세우고자 한다. 그러한 즉, '獲上' · '信友' · '順親' 이 모두 '誠身' 의 所以이다.

○ **天道人道之誠, 一有之字, 一無之字. 盖去此之字, 而聖人所以安行之誠也 ; 着此之字, 而賢人所以勉行之誠也. 一箇誠也, 而之字之有無, 有安勉之分焉.**

天道와 人道의 誠에서, 하나는 '之' 字가 있고, 하나는 '之' 字가 없다.[145] 대개 이 '之' 字를 없애면 '聖人의 편안히 실행하는 誠' 이 되며, 이 '之' 字를 붙이면 '賢人의 힘써서 실행하는 誠' 이 된다. 하나의 誠이지만, '之' 字의 있고 없음에 따라 '편안히 실행함(安行)' 과 '힘써서 실행함(勉行)' 의 구분이 있게 된다.

○ **"誠者, 天之道 ; 誠之者, 人之道." 此與忠者天道恕者人道之意, 似有不同. 盖誠字之分天人, 則有以淺深言也 ; 忠恕之分天人, 則非以優劣論也.**

"참됨(誠)은 하늘의 道요, 참되려고 노력함(誠之)은 사람의 道이다."라고 했는데, 이것은 "忠은 天道요, 恕는 人道이다."라고 하는 것과 그 뜻이 다른 것 같다. 대개 '誠' 字에서 天 · 人을 구분하는 것은 淺 · 深으로 말하는 것이요, 忠 · 恕에서 天 · 人을 구분하는 것은 優 · 劣로 논하는 것이 아니다.

○ **誠者天道, 在聖人固然, 而在吾人, 亦可謂天道耶? 天道流行, 賦予於人, 而人受之以爲性, 此天命之本然者, 便是誠也,**

145) "誠者, 天之道也 ; 誠之者, 人之道也."라고 하여, 天道와 人道를 '誠' 과 '誠之' 로 구분한 것을 두고 말함.

則無論聖凡高下, 莫不有自然之實理, 故以爲天道也.

"참됨은 하늘의 道이다(誠者, 天之道也)"라고 함은 聖人에게 있어서는 진실로 그러하나, 우리들에게 있어서도 또한 '天道'라고 말할 수 있는 것인가? 天道가 流行하여 사람들에게 부여함에, 사람들은 그것을 받아 性으로 삼는 것이니, 이것이 天命의 本然으로서 바로 誠인 것이다. 그러한 즉, 聖·凡과 高·下를 막론하고 '自然의 實理'를 지니지 않음이 없으니, 그러므로 '天道'라 하는 것이다.

○ 誠爲一篇之樞紐, 則天道人道之誠, 直承乎鬼神之誠, 誠身之誠也. 蓋鬼神之誠不可揜, 是以天道言誠, 而誠是眞實之理也. 此章之誠身有道, 是以人道言誠, 而誠是眞實之心也. 所以於此總兩者, 而言之曰 "誠者, 天之道 ; 誠之者, 人之道", 則天道之誠, 總管乎鬼神之誠也 ; 人道之誠, 包括乎誠身之誠也.

'誠'은 이『中庸』一篇의 樞紐가 되니, 天道와 人道의 誠은 '鬼神의 誠'과 '誠身의 誠'을 곧장 계승한 것이다. 대개 '鬼神의 誠'은 가릴 수 없는데,[146] 이것은 '天道'로 誠을 말한 것으로, 이 誠은 '眞實한 理'이다. 이 章에서 "몸을 참되게 함에는 방도가 있다(誠身有道)"고 한 것은 '人道'로 誠을 말한 것으로, 이 誠은 '眞實한 마음'이다. 여기에서는 두 가지를 총괄해서 "誠者, 天之道 ; 誠之者, 人之道."라고 말한 것이니, '天道의 誠'은 '鬼神의 誠'을 총괄하는 것이요, '人道의 誠'은 '誠身의 誠'을 포괄하는 것이다.

○ 學問思辨屬知 ; 篤行屬行. 人之於道, 行之非艱, 而知之惟

146)『中庸章句』제16장의 "詩曰 '神之格思, 不可度思, 矧可射思?' 夫微之顯, 誠之不可揜, 如此夫!"를 두고 말하는 것이다.

艱；守之非難，而擇之爲難．必也學問思辨，而知之眞然後，行自然到也；擇之精然後，守自然固也，則擇善有學問思辨四件工夫，而固執只有篤行一件工夫者，盖以眞能致知，則力行工夫自易故也．

學·問·思·辨은 知에 속하고, 篤行은 行에 속한다. 사람들은 道에 있어서, 行이 어려운 것이 아니라 오직 知가 어려운 것이며,[147] 지키기가 어려운 것이 아니라 택하기가 어려운 것이다. 반드시 博學·審問·愼思·明辨을 통해 知가 참되게 된 다음에 篤行이 저절로 이르는 것이요, 택하기를 정밀하게 한 다음에 지키는 것이 저절로 견고해 지는 것이다. 그러한 즉, '擇善'에는 '博學·審問·愼思·明辨'의 4件의 工夫가 있고, '固執'에는 다만 '篤行' 1件의 工夫가 있는 것은, 대개 참으로 능히 앎을 이루면(致知) 力行의 工夫는 저절로 쉬워지기 때문이다.

○ "博學之"，章句只言學知利行，而不言困知勉行者，何也？章句旣指爲擇善固執之目，則當兼學利困勉，而不言困勉者，盖以下文有己百己千，方指困勉之一等人也．

147) '行이 어려운 것이 아니라 오직 知가 어려운 것이며' : 心齋의 原文은 "行之非艱, 而知之惟艱"인데, 『心齋遺稿』의 原本에는 "아마도 '知之非艱, 而行之惟艱' 일 것"이라는 校正語가 적혀있다. 이 校正語대로 해석하면, "知가 어려운 것이 아니라 오직 行이 어려운 것이며"라고 되는데, 이는 前後의 내용과 文脈이 통하지 않는다. 즉 원래대로 "行之非艱, 而知之惟艱"이 정확한 내용일 것이다. 일반적으로는 흔히 "앎이 어려운 것이 아니라 실천이 어렵다"고 하는데, 앞의 校正語는 이러한 通念에 입각한 것이다. 그러나 『中庸』의 '擇善固執'에 대한 논의에서는 '知(擇善)'를 '行(固執)'보다 훨씬 重大하게 간주하고 있는 것이다.

"博學之" 云云한 것에 대해, 章句에서는 다만 '배워서 알고 이롭게 여겨 실행함(學知利行)' 만을 말하고 '애써서 알고 힘써서 실행함(困知勉行)' 은 말하지 않은 까닭은 무엇인가? 章句에서는 이미 ("博學之" 云云한 것을) 가리켜 擇善固執의 조목으로 삼았으니, 마땅히 '學知利行' 과 '困知勉行' 을 겸해서 말해야 할 것이었다. 그런데 '困知勉行' 을 말하지 않은 까닭은, 대개 下文에 있는 "남이 한 번에 능하면 나는 백 번을 노력하고, 남이 열 번에 능하면 나는 천 번을 노력한다.(人一能之, 己百之 ; 人十能之, 己千之)" 고 한 말이 바야흐로 '困知勉行' 의 등급에 해당하는 사람을 가리키고 있기 때문이다.

○ 博學審問愼思明辨篤行五者, 非是一件事, 而語其用功, 則不無先後次序之可言也.

博學 · 審問 · 愼思 · 明辨 · 篤行 다섯 가지는 一件의 일이 아니며, 그 用功을 말하자면 先 · 後의 次序를 말할 수 없는 것이 아니다.

○ "有不學, 學之, 不能, 不措也." 旣能矣, 又安用問? "有不問, 問之, 不知, 不措也." 旣知矣, 又安用思? "有不思, 思之, 不得, 不措也." 旣得矣, 又安用辨, 而必至於明耶? 今以讀書一事言之, 習其句讀者, 是學而能也 ; 通其大義者, 是問而知也. 以至於思而得, 則如求獲其精微之意也 ; 辨而明, 則如分別其界限之極也. 徒習句讀, 而不通大義, 則固不可以明善. 旣通大義, 而不求獲精微之意, 與旣獲精微之意, 而不分別其界限之極者, 皆不可以明善言也. 此所以旣學而能矣, 又不可不問 ; 旣問而知矣, 又不可不思 ; 旣思而得矣, 又不可不明也.

"배우지 않음이 있을지언정, 배울진댄 능하지 못한 것을 남겨두지 않는다.”고 했는데, 이미 능하다면, 또 어찌 ‘審問’을 쓰는 것인가? “묻지 않음이 있을지언정, 물을진댄 알지 못하는 것을 남겨두지 않는다.”고 했는데, 이미 안다면, 또 어찌 ‘愼思’를 쓰는 것인가? “생각하지 않음이 있을지언정, 생각할진댄 얻지 못함을 남겨두지 않는다.”고 했는데, 이미 얻었다면, 또 어찌 明辨을 써서 반드시 ‘밝음’에 이르는 것인가? 이제 ‘讀書’라는 하나의 일로 말하자면, 그 句讀(구두)를 익히는 것은 ‘배워서 능하게 되는 것(學而能)’이요, 그 大義를 통하는 것은 ‘물어서 아는 것(問而知)’이다. ‘생각해서 얻음(思而得)’에 이르면, 그 精微한 뜻을 추구해서 얻은 것과 같고, ‘분변해서 밝아짐(辨而明)’은 그 界限의 極處를 분별하는 것과 같다. 한갓 句讀만 익히고 大義에 통하지 못하면, 진실로 善에 밝을 수 없다. 이미 大義에 통했어도 精微한 뜻을 추구해서 얻지 않고, 이미 精微한 뜻을 얻었어도 그 界限의 極處를 분별하지 못하면, 모두 ‘善에 밝다(明善)’고 말할 수 없는 것이다. 이것이 이미 배워서 능하더라도 또 묻지 않을 수 없고, 이미 물어서 알았더라도 또 생각하지 않을 수 없으며, 또 생각해서 얻었더라도 또 밝게 분변하지 않을 수 없는 까닭이다.

○ 君子進學之方, 氣質有高下之分, 用工有多少之別, 而在聖人當惜寸陰, 在衆人當惜分陰, 則己百己千, 盖爲其氣質昏弱者言也.

君子가 學問에 나아가는 方法에는, 氣質에는 高・下의 구분이 있고, 用工에는 多・少의 구별이 있다. 그런데 聖人에게 있어서는 마땅히 寸陰을 아끼고, 衆人에게 있어서는 마땅히 分陰을 아끼니, “나는 백 번을 노력한다.”거나 “나는 천 번을 노력한다.”는 말은 대개 氣質이 昏弱한 사람을 위해서 말한 것이다.

○ 旣曰"果能此道", 則此道二字, 指擇善固執之道, 而不但言困知勉行也, 亦當言學知利行也.

이미 "과연 이 道에 능하면"이라고 했는데, '이 道(此道)'라는 두 글자는 '擇善固執'의 道를 가리키니, 다만 '困知勉行'을 말할 뿐만 아니라 또한 마땅히 '學知利行'을 말하는 것이다.

<第21章>

○"誠則明矣, 明則誠矣." 誠字下, 明字下, 皆着則字, 而指義差別. 盖誠則明者, 誠卽明, 明卽誠也; 明則誠者, 明自明, 誠自誠也. 一箇則字, 而上則字意緊, 下則字意慢. 觀於章句無不二字, 可以二字, 可知其微意矣.

"誠則明矣, 明則誠矣."라 하여, '誠' 字 아래와 '明' 字 아래에 모두 '則' 字를 붙였는데, (두 '則' 字의) 가리키는 뜻은 다르다. 대개 "참되면 밝게 된다(誠則明)"라고 한 것은 '참됨이 곧 밝음(誠卽明)'이요 '밝음이 곧 참됨(明卽誠)'이나, "밝으면 참되게 된다(明則誠)"라고 함은 '밝음은 스스로 밝음(明自明)'이요, '참됨은 스스로 참됨(誠自誠)'이다. 하나의 '則' 字이지만, 위의 '則' 字는 뜻이 긴요하고, 아래의 '則' 字는 뜻이 느슨하다. 章句의 '無不' 二字와 '可以' 二字를 보면,[148] 그 細微한 뜻을 알 수 있다.

○ 誠有至誠思誠之分焉. 誠明, 則誠是至誠; 而明誠, 則誠是

---

148) 朱子註에서는 "誠則明矣"에 대해서는 "참되면 밝지 않음이 없다(誠則無不明矣)"고 주석하고, "明則誠矣"에 대해서는 "밝으면 참됨에 이를 수 있다(明則可以至於誠矣)"고 주석하여, 각각 '無不'과 '可以'로 연결시키고 있음.

思誠也. 明有明睿明辨之別焉. 誠明, 則明是明睿；而明誠, 則明是明辨也. 兩誠字兩明字, 不可作一樣看矣.

'誠' 에는 '지극한 참됨(至誠)' 과 '참되려고 생각함(思誠)' 의 구분이 있다. "참되면 밝게 된다(誠明)" 고 할 때의 '誠' 은 '至誠' 이며, "밝으면 참되게 된다(明誠)" 고 할 때의 '誠' 은 '思誠' 이다. '明' 에는 '밝고 깊음(明睿)' 과 '밝게 분변함(明辨)' 의 구별이 있다. "참되면 밝게 된다(誠明)" 고 할 때의 '明' 은 '明睿' 이며, "밝으면 참되게 된다(明誠)" 고 할 때의 '明' 은 '明辨' 이다. 두 '誠' 字와 두 '明' 字는 동일한 뜻으로 볼 수 없다.

○ 誠明之性, 與盡性之性, 不同. 誠明之性, 是箇功用之性也, 所謂性之之性也；盡性之性, 是箇全體之性也, 所謂性善之性也.

'참됨으로부터 밝게 됨을 性이라 한다' 고 할 때의 性(誠明之性)과 '本性을 다 발휘한다' 고 할 때의 性(盡性之性)은 다르다. '誠明之性' 은 '功用으로서의 性' 이니, 이른바 '본성대로 발휘함(性之)의 性' 이다. '盡性之性' 은 '全體로서의 性' 이니, 이른바 '본성은 선하다(性善)의 性' 이다.

<第22章>

○ "贊化育, 參天地" 朱子以地頭言之. 盖贊便是功用地頭；參便是品位地頭, 則至誠盡性, 已是贊也, 已是參也.

"天地의 化育을 돕고, 天地와 더불어 참여한다." 는 것에 대해, 朱子는 '地頭' 로 설명했다.[149] 대개 '天地의 化育을 도움(贊)' 은 바로 '功用의 地頭' 요, '天地와 더불어 참여함(參)' 은 바로 '品位의 地頭' 이니, "오직 천하의 至誠이어야만, 자기의 本性을 다 발휘할 수 있다(盡性)"고 함이 이미 '贊'이요, 이미 '參'이다.

○ 至誠盡性之盡字, 兼內外, 該本末, 無所不盡, 而與盡禮盡義盡智之盡字, 相似矣.

"오직 천하의 至誠이어야만, 자기의 本性을 다 발휘할 수 있다(盡性)"고 할 때의 '盡' 字는 內·外를 겸하고 本·末을 포함하는 것으로서 '極盡히 하지 않음이 없는 것'이니, '禮를 다함(盡禮)'·'義를 다함(盡義)'·'智를 다함(盡智)'의 '盡' 字와 서로 같다.

○ "贊化育", 是固天地氣質上事, 而纔落氣質, 便有過不及, 則必賴聖人之贊助也. 張子所謂"形而後有氣質之性焉. 善反之則天地之性存焉"者, 此也.

"(天地의) 化育을 도움(贊化育)"은 진실로 '天地의 氣質에 관한 일'이다. 다만 氣質에 떨어지면 문득 '過·不及'이 있게 되니, 반드시 '聖人의 贊助'에 힘입게 되는 것이다. 張子의 이른바 "形體가 있은 다음에 氣質之性이 있으니, 잘 돌이키면 天地之性이 보존된다."[150]는 말이 이것이다.

○ 章句曰 "人物之性, 亦我之性." 此人物之性所同也; 孟子

---

149) 『朱子語類』 卷64(중화서국본 1567쪽) : 或問 "如何是 '唯天下至誠'?" 曰 "'唯天下至誠', 言其心中實是天下至誠, 非止一家一國而已. 不須說至於實理之極. 才說箇 '至於', 則是前面有未誠底半截. 此是說聖人, 不說這箇未實底. 況聖人亦非向有未實處, 到這裏方實也. '贊化育與天地參', 是說地頭."

150) 『正蒙』 〈誠明篇第六〉 : 形而後有氣質之性, 善反之則天地之性存焉. 故氣質之性, 君子有弗性者焉.

集註曰 "仁義禮智之稟, 豈物之所得而全哉?" 此人物之性不同也. 二說自相牴牾, 何也? 性有本然之性, 有氣質之性, 而性無人物之殊, 則以本然言也 ; 性有偏全之分, 則以氣質言也. 語固各有所指之不同耳.

章句에서는 "人 · 物의 本性이 또한 나의 本性이다."라고 했으니, 이것은 '사람의 본성(人性)' 과 '만물의 본성(物性)' 이 같음을 말한다. 『孟子集註』에서는 "仁義禮智를 稟受함이 어찌 萬物이 완전히 얻을 수 있는 것이겠는가?"[151]라고 했으니, 이것은 '人性' 과 '物性' 이 다름을 말한다. 이처럼 두 설명이 서로 모순되는 것은 무슨 까닭인가? 性에는 '本然之性' 도 있고, '氣質之性' 도 있다. '性에는 人 · 物의 다름이 없다' 고 함은 '本然之性' 으로 말하는 것이요, '性에는 偏 · 全의 구분이 있다' 고 함은 '氣質之性' 으로 말하는 것이니, 말에 각각 가리키는 바의 다름이 있는 것이다.

<第23章>

○ "其次, 致曲, 曲能有誠." 不曰 "致曲則誠". 而曰 "曲能有誠"者, 何也? 曲與誠, 本非二件事也. 由曲而致之, 卽有誠也. 致得一分曲, 便有一分誠 ; 致得十分曲, 便有十分誠, 則不曰 "致曲則誠", 而曰 "曲能有誠"者, 此也.

"그 다음은 한쪽 부분에서부터 미루어 나가는 것이니, 한쪽 부분에 능하

151) 『孟子集註』 告子上 제3장, 朱子註 : 人物之生, 莫不有是性, 亦莫不有是氣. 然以氣言之, 則知覺運動, 人與物若不異也 ; 以理言之, 則仁義禮智之稟, 豈物之所得而全哉? 此人之性, 所以無不善, 而爲萬物之靈也.

면 참됨이 있게 된다."고 했는데, "한쪽 부분에서부터 미루어 나가면 참됨이 있게 된다.(致曲則誠)"고 말하지 않고, "한쪽 부분에 능하면 참됨이 있게 된다.(曲能有誠)"고 말한 까닭은 무엇인가? '한쪽 부분(曲)'과 '참됨(誠)'은 본래 두 件의 일이 아니다. '한쪽 부분으로부터 말미암아 미루어 나감'이 곧 '참됨이 있는 것'이다. 一分의 한쪽 부분을 미루어 나가면 문득 一分의 참됨이 있고, 十分의 한쪽 부분을 미루어 나가면 문득 十分의 참됨이 있는 것이다. 이러한 까닭에 '致曲則誠'이라고 말하지 않고, '曲能有誠'이라고 말한 것이다.

○ 純善無惡者, 本然之性也；粹駁不齊者, 氣質之性也, 則致曲之道, 非本然之性, 而乃氣質之性也.

'純善無惡'한 것은 本然之性이요, '깨끗함과 잡박함이 고르지 못한 것'은 氣質之性이다. 그러한 즉, '致曲의 道'는 本然之性이 아니요, 바로 氣質之性이다.

○ 形著動變之功, 指內而言乎? 指外而言乎? 顔子之四勿, 有制於外而養其中；曾子之三貴, 有養於中而見於外, 則如致曲所以形著動變者, 內外交相養也.

'形·著·動·變'[152]의 功은 안을 가리켜 말하는 것인가, 밖을 가리켜

---

152) 形·著·動·變："그 다음은 한쪽 부분에서부터 미루어 나가는 것이니, 한쪽 부분에 능하면 참됨이 있게 된다. 참되면 밖으로 드러나고, 밖으로 드러나면 더욱 드러나고, 더욱 드러나면 밝아지고, 밝아지면 감동하고, 감동하면 변하고, 변하면 教化되니, 오직 天下의 至誠이어야만 능히 教化시킬 수 있는 것이다.(其次, 致曲, 曲能有誠, 誠則形, 形則著, 著則明, 明則動, 動則變, 變則化, 唯天下至誠, 爲能化.)"에서의 '形·著·動·變'을 말함.

말하는 것인가? 顔子의 '四勿'[153]은 '밖을 제어함으로써 안을 기름'이 있고, 曾子의 '三貴'[154]는 '안에서 기름으로써 밖으로 드러남'이 있다. 그러한 즉, 致曲과 같은 것이 '形 · 著 · 動 · 變'하는 까닭은 '안과 밖을 서로 길러줌(內外交相養)'에 있는 것이다.

<第24章>

○ 至誠, 與天地同德, 而與天地同德, 則其氣化運行, 與天地同流矣. 興亡之兆, 禍福之來, 感於吾心, 動於吾氣, 而如有萌焉, 無不前知. 況乎誠心之至, 求乎蓍龜而蓍龜告, 察乎四體而四體應, 則至誠, 所以達乎神明而無間, 故曰"至誠如神"也.

'지극한 참됨(至誠)'은 天地와 德을 함께 한다. 天地와 德을 함께 하면, 그 氣化의 運行이 天地와 더불어 流行하니, 興亡의 조짐과 禍福의 다가옴이 내 마음에 느껴지고 내 氣를 움직여서, 만약 싹이 트면 미리 알지 못하는 것이 없는 것이다. 하물며, 참된 마음의 지극함으로 蓍龜를 통해 탐구하면 蓍龜가 알려주고, 四體에서 살피면 四體가 응한다. 그러한 즉, 至誠은 神明에 통달하여 간격이 없으니, 그러므로 "至誠은 神과 같다."고 말하는 것이다.

---

153) 『論語』 顔淵 제1장의 "非禮勿視, 非禮勿聽, 非禮勿言, 非禮勿動."을 말함.

154) 『論語』 泰伯 제4장의 "君子가 道에 있어서 貴하게 여기는 것이 셋이니, 容貌를 움직임에는 사나움과 게으름을 멀리 하고, 顔色을 바르게 함에는 믿음직함에 가깝게 하며, 말과 소리를 낼 때에는 비루하고 어긋남을 멀리할 것이다.(君子所貴乎道者三, 動容貌, 斯遠暴慢矣 ; 正顔色, 斯近信矣 ; 出辭氣, 斯遠鄙倍矣.)"라는 것을 말함.

○ 成湯囚夏臺；文王拘羑里；周公避東山；孔子危陳蔡. 或處君臣之變；或處兄弟之變；或處橫逆之變, 此固聖人不幸之甚者, 而理之所未必者也, 厄之自外而至者也. 至誠之前知者, 理也, 而理外之事, 聖人未嘗容私於其間, 則知與不知, 非所較計於無妄之災. 而素患行患, 蒙難得正, 使桀而終釋夏臺之囚, 使紂而終脫羑里之拘, 此莫非湯文之至誠前知也. 避憂疑之地, 而末乃致成王之感悟郊逆, 任天生之德, 而先知其桓魋之不敢害己, 則亦莫非周孔之至誠前知也.

成湯께서는 夏臺[155]에 갇힌 바 있었고, 文王은 羑里[156]에 구속된 바 있었으며, 周公은 東山으로 피한 바 있었고, 孔子는 陳나라와 蔡나라 사이에서 위험에 처한 바 있었다. 혹은 君臣의 변고에 처한 것이요, 혹은 兄弟의 변고에 처한 것이며, 혹은 橫逆의 변고에 처한 것이니, 이것들은 진실로 聖人들께 不幸이 심했던 것이요, 理로 보아도 필연적인 것은 아니었으니, 橫厄이 밖으로부터 이른 것이다. 至誠이 미리 아는 것은 理요, 理 밖의 일은 聖人께서 일찍이 그 사이에 私를 용납하지 않으셨다. 그러한 즉, 알았든 알지 못했든 '無妄의 災' [157]와는 비교하여 따질 바가 아닌 것이다. 현재 근심에 처했으면 근심에 처한 대로 행동하고, 어려움을 무릅쓰고 바르게 처신하

155) 夏臺 : 夏나라 때 獄의 이름.

156) 羑里(유리) : 殷나라 紂王이 周나라 文王을 幽閉했던 곳의 地名.

157) 『周易』 无妄卦 六三 爻辭에서는 "无妄의 재앙이다. 어떤 사람이 소를 매어 둠에, 지나가는 사람이 끌고 가니, 그 마을에 사는 사람이 재앙을 입는다.(无妄之災, 或繫之牛, 行人之得, 邑人之災.)"라 하였다. 이에 대해 주자는 〈本義〉에서 "까닭 없이 재앙이 생기는 것이다. 예컨대 지나가는 사람이 소를 끌고 가버리니, 그 마을에 사는 사람이 도리어 의심받고 체포되어 곤욕을 치르는 것과 같다.(无故而有災, 如行人牽牛以去, 而居者反遭詰捕之擾也)"라고 풀이하였다.

여, 桀로 하여금 마침내 夏臺의 囚人을 석방하게 하고, 紂로 하여금 마침내 羑里의 拘束을 풀게 했으니, 이것은 모두 湯王과 文王의 至誠이 미리 안 것이다. 憂患과 疑心의 자리를 피하여 끝내 成王이 감동하고 깨달아 郊外로 나와 맞이하게 하고,[158] 하늘이 부여한 德을 自任하여 桓魋가 감히 자신을 해칠 수 없을 것이라는 점을 미리 안 것[159]은 또한 모두 周公과 孔子의 至誠이 미리 안 것이다.

<第25章>

○ 自成自道. 盖誠者, 自然成就之謂也 ; 道者, 自己做去之謂也. 觀於章句, 一則曰 "所以自" ; 一則曰 "所當自"者, 可知其兩自字, 微有自然自己之分屬耳. 而道則這道字, 是天地間本有底理也 ; 自道則這道字, 是日用間當行底事也. 然則而道之道, 如性道之道 ; 自道之道, 如修道之道, 則兩道字之不同, 亦可見矣.

"誠은 스스로 이루어지는 것이요, 道는 스스로 행해야만 하는 것이다.(誠者, 自成也 ; 而道, 自道也.)"라고 했다. 대개 '誠' 이란 '저절로 성취

---

158) 武王이 죽고 어린 나이의 成王이 즉위하였을 때, 周公이 攝政하여 도왔다. 그러자 周公의 형제들인 管叔 · 蔡叔 등이 "周公이 어린 조카(成王)에게 이롭지 않은 짓을 할 것"이라는 流言蜚語를 퍼뜨렸는데, 이에 周公은 嫌疑를 피하고자 관직을 버리고 동쪽 山으로 가서 살았다. 후에 '金縢의 祈禱文'(武王이 病患中이었을 때, 周公이 자신의 목숨을 대신 바치고자 했던 기도문)을 보고 周公의 忠誠心을 깨닫고 감격한 成王은 周公을 復權시키고, 친히 郊外로 나가 周公을 맞이하였다(『書經』 周書 〈金縢〉 참조).

159) 『論語』 述而 22 : 子曰 "天生德於予, 桓魋其如予, 何?"

됨(自然成就)' 을 말하고, '道' 란 '자기가 노력해 나감(自己做去)' 을 말한다. 章句를 보면, 하나(誠)에 대해서는 "所以自"라 하였고, 하나(道)에 대해서는 "所當自"라 하였으니,[160] 두 개의 '自' 字가 '自然' 과 '自己' 로 분속되는 점이 약간 있음을 알 수 있다. '而道' 라고 할 때의 '道' 字는 天地間에 '본래 존재하는 理(本有底理)' 이고, '自道' 라고 할 때의 '道' 字는 日用間에 '마땅히 행해야 할 일(當行底事)' 이다. 그러한 즉, '而道' 의 '道' 는 '率性之謂道' 의 '道' 와 같고, '自道' 의 '道' 는 '修道之謂教' 의 '道' 와 같으니, 두 개의 '道' 字의 다름도 또한 알 수 있다.

○ 章句曰 "誠者, 物之所以自成." 物之所以自成, 則此物字, 天地也, 萬物也, 人也, 事也, 皆在物之一字内也. 蓋這物字, 包攝甚闊, 非對人而稱之, 物乃兼人而言也. 天地間, 象緯流峙, 飛潛動植, 凡有形氣者, 固是物也, 而人亦物也. 人之動作云爲, 交接之事, 亦物也. 故誠者自成一句, 朱子以爲孤立懸空說底, 而包羅廣大, 不專指人, 而人在其中, 則不是單屬對人之物也. 惟其不專指人, 故不可言所當自成, 而云所以自成, 則所以二字, 盖凡物, 非此不成, 而責重之義, 自可見矣.

章句에서는 "誠은 物이 스스로 成就하는 所以이다."라고 했다. '物이 스스로 성취하는 所以' 라면, 이 '物' 字는 天地 · 萬物 · 人 · 事 등이 모두 '物' 이라는 한 글자 안에 있는 것이다. 저 '物' 字는 포섭하는 바가 매우 광활하니, 사람과 대립해서 일컫는 것이 아니다. '物' 은 바로 사람을 겸해서 말하는 것이다. 天地 사이에, 日月星辰, 江河, 山과 고개, 하늘을 나는 새와 물속에 잠긴 물고기, 동물과 식물 등 무릇 形氣가 있는 것들은 모두 '物' 이

160) "誠者, 自成也 ; 而道, 自道也." 에 대해서 朱子는 "誠者, 物之所以自成 ; 而道者, 人之所當自行也."라고 주석하였다.

다. 사람 또한 '物' 이며, 사람이 動作하고 말하고 행위함이나 交接하는 일 또한 '物' 이다. 그러므로 "誠은 스스로 이루어지는 것이다.(誠者自成)" 라는 한 구절에 대해, 朱子는 (小注에서) "고립시켜 허공에 매달아 말한 것(孤立懸空說底)" 이라 했는데, 포함하는 것이 廣大하여 오로지 사람만 가리키는 것이 아니요, 사람이 그 안에 포함되어 있으니, 사람에 대립한 사물에만 홀로 속하는 것도 아니다. 오직 오로지 사람만 가리키는 것이 아니기 때문에, '마땅히 스스로 성취해야 할 바(所當自成)' 라고 말할 수 없었고, '스스로 성취하는 所以이다(所以自成)' 라고 말했던 것이다. 그러므로 '所以' 라는 두 글자는 대개 '모든 사물이 이것이 아니면 이루어지지 않는다' 는 것이니, '중요하게 책망하는 뜻' 을 스스로 알 수 있다.

○ 朱子曰 "誠以心言, 本也 ; 道以理言, 用也." 不曰體, 而曰本者, 何也? 若曰體用, 則是內外動靜相敵對, 而不見誠之重處也. 必曰本用, 則是內外動靜不相對, 而方見誠之重處也, 則言本而不言體者, 以明夫誠爲重也.

朱子는 "誠은 心으로 말하는 것이니, 本이며, 道는 理로 말하는 것이니, 用이다." 라고 주석했는데, '體' 라고 말하지 않고 '本' 이라고 말한 것은 무슨 까닭인가? 만약 '體' 와 '用' 으로 말했으면, 이는 內 · 外와 動 · 靜이 서로 대등하게 대립하여, '誠의 중요함' 을 볼 수 없게 된다. 반드시 '本' 과 '用' 으로 말하면, 이는 內 · 外와 動 · 靜이 서로 대립하지 않아, 바야흐로 '誠의 중요함' 을 볼 수 있게 된다. 그러한 즉, '本' 이라 말하고 '體' 라고 말하지 않은 것은 '誠이 重要함' 을 밝히기 위한 것이었다.

○ 於天而言其心, 於人而言其理, 言本而不語其末, 言用而不語其體者, 何也? 天有自然之誠, 而誠有自然之心 ; 人有當然之道, 而道有當然之理, 故言心於天 ; 言理於人. 而物有本末 ;

道有體用, 則言本而末自在也；言用而體自該也.

天에 대해서는 그 '心'을 말하고, 人에 대해서는 그 '理'를 말하며, '本'을 말하고서는 그 '末'을 말하지 않고, '用'을 말하고서는 그 '體'를 말하지 않음은 무슨 까닭인가? 天에는 '自然의 誠'이 있고, 誠에는 '自然의 心'이 있으며, 人에는 '當然의 道'가 있고, 道에는 '當然의 理'가 있다. 그러므로 天에 대해서 '心'을 말하고, 人에 대해서 '理'를 말하는 것이다. 物에는 本·末이 있고, 道에는 體·用이 있으니, '本'을 말함에 '末'이 스스로 존재하는 것이요, '用'을 말함에 '體'가 스스로 포함된 것이다.

○ "誠者, 自成；而道, 自道." 何其於誠, 而必以心與本言之；於道, 而必以理與用言之耶? 誠以心而爲本者, 心具此實理也；道以理而爲用者, 道行此實理也；盖人欲成己, 則必自其眞實無妄之心, 故曰 "誠以心言, 本也."；有是本, 則可以行道, 故曰[161] "道以理言, 用也." 則誠以心言之者, 是就管攝衆理處說心也；道以理言之者, 是就散在事物處說理也. 就管攝衆理處說心, 則謂之本也；就散在事物處說理, 則謂之用也.

"誠은 스스로 이루어지는 것이요, 道는 스스로 행해야만 하는 것이다.(誠者, 自成也；而道, 自道也.)"라고 한 것에 대해, 어찌하여 '誠'에 대해서는 반드시 '心'과 '本'으로 말하고, '道'에 대해서는 반드시 '理'와 '用'으로 말한 것인가?[162] 誠은 心으로, 本이 되는 까닭은 心이 이 實理를 갖추고 있기 때문이요, 道는 理로, 用이 되는 까닭은 道는 이 實理를 운행하기 때문이다. 대개 사람들은 '자신을 완성함(成己)'을 원하면 반드시 眞實無妄한

---

161) 心齋의 原文에는 '曰' 字가 없으나, 문맥상 있어야 마땅하므로 보충하였다.

162) 朱子註에서 "誠은 心으로 말한 것으로, 本이요, 道는 理로 말한 것으로, 用이다.(誠以心言, 本也；道以理言, 用也.)"라고 한 것을 두고 말하는 것임.

마음으로부터 시작하니, 그러므로 "誠은 心으로 말한 것으로, 本이다.(誠以心言, 本也.)"라고 말한 것이다. 이 本이 있으면 道를 행할 수 있으니, 그러므로 "道는 理로 말한 것으로, 用이다.(道以理言, 用也.)"라고 말한 것이다. 그러한 즉 '誠은 心으로 말한다' 는 것은 衆理를 管攝하는 곳에 나아가 心을 말한 것이요, '道는 理로 말한다' 는 것은 事物에 흩어져 있는 것에 나아가 理를 말한 것이다. 衆理를 管攝하는 곳에 나아가 心을 말하면 '本' 이라 하고, 事物에 흩어져 있는 것에 나아가 理를 말하면 '用' 이라 한다.

○ 章句曰 "誠以心言, 本也." 此誠字, 恐當以實理言, 而此以心言者, 盖以物之所由生而言, 則理爲心之本 ; 而以物之所自成而言, 則心爲理之本乎? 抑以物之所以自成, 人之所當自行, 二句, 直解本文正意, 而下又重複轉換說, 以明夫上一句, 雖是自然之理, 而實主宰萬事之本也 ; 下一句, 雖是自去做底, 而乃自然固有之理也乎? 或有問 "旣說物之所以自成, 而又云誠以心言, 則莫是心者物之所存主處否?" 朱子曰 "誠以心言, 則是就一物上說. 凡物必有是心, 而有是心然後有是事." 則所謂"誠以心言"者, 承物之所以自成而言也, 就見成人物上, 指其所存主者而言. 原其物之所由生, 則固實理之爲也. 然得此實理而自成, 則心固實理之主宰也. "道以理言", 則亦就日用當行之理而言也, 非指在天之實理也. 重複轉換以下, 雖與雲峰之說, 大綱相似, 而實不同也. 上句旣說誠者物之所以自成, 而承之以誠者以心言, 則不應上下, 各異其指也. 朱子旣曰, 凡物必有是心, 則是通人物之自成處言, 而專就人分上主宰萬事而言, 則恐不可也.

章句에서는 "誠은 心으로 말한 것으로, 本이다(誠以心言, 本也.)"라고 했다. 이 '誠' 字는 아마도 마땅히 '實理'로 말해야 할 것 같은데, 여기에서는 '心'으로 말했다. 대개 '物이 말미암아 생기는 것'으로 말하면 理가 心의 근본이 되지만, '物이 말미암아 이루어지는 것'으로 말하면 心이 理의 근본이 되는 것인가? 또한, '物이 스스로 成就하는 所以'와 '사람이 마땅히 스스로 행해야 할 바'라는 두 구절은 本文의 바른 뜻을 곧바로 풀이한 것이다. 그런데, 아래에서는 또 중복해서 전환해서 설명하고 있으니, 위의 한 구절은 비록 自然의 理이나 실로 萬事를 主宰하는 근본이요, 아래의 한 구절은 비록 스스로 나아가 짓는 것이나 바로 自然의 固有한 理임을 밝힌 것인가? 或者가 "이미 '(誠은) 物이 스스로 成就하는 所以'라고 말하고, 또 '誠은 心으로 말하는 것'이라고 했으니, 이것은 心이 '物의 存主處'라는 말이 아닌가?"라고 물으니, 朱子가 답하기를, "'誠은 心으로 말하는 것'이라는 말은 하나의 사물에 나아가 말하는 것이다. 모든 사물에는 반드시 이 心이 있으니, 이 心이 있은 다음에 이 事가 있는 것이다."라고 하였다. 그러한 즉 이른바 "誠은 心으로 말하는 것"이라는 말은 "(誠은) 物이 스스로 成就하는 所以"라는 말을 계승해서 말하는 것으로서, 人·物을 성취시키는 것을 나아가 보고서 그 存主者[163]를 가리켜 말하는 것이다. 그 物이 말미암아 생긴 근원을 탐구하면 진실로 實理가 그렇게 한 것이다. 그러나 이 實理를 얻어 스스로 成就하니, 心은 진실로 實理를 주재하는 것이다. "道는 理로 말하는 것"이라는 말도 또한 '日用에서 마땅히 행해야 하는 理(日用當行之理)'에 나아가 말하는 것이요, '하늘에 있는 實理'를 가리키는 것이 아니다. '重複해서 轉換해서 설명하고 있다'는 以下의 내용은 비록 '雲峰胡氏의 설명'[164]과 大綱은 서로 같으나, 사실은 다르다. 위의 구절에서 이미

163) 存主 : 保存해서 主(중심적인 것)로 삼음. 여기에서의 '그 存主者'란 '心'이요 '誠'인 것이다.

164) 小注에 보이는 雲峰胡氏의 설명 : 此誠字, 卽是天命之性, 是物之所以自成 ;

"誠은 物이 스스로 成就하는 所以" 라고 설명하고, 그것을 "誠은 心으로 말한 것" 이라는 내용으로 이으면, 上·下가 조응하지 않아, 각각 그 취지가 다르게 된다. 朱子는 이미 "모든 사물에는 반드시 이 心이 있다" 고 했으니, 이는 '人·物의 自成處' 를 관통해서 말하는 것이다. 이것을 오로지 '사람이 萬事를 主宰함' 에 나아가 말한 것이라고 한다면, 아마도 옳지 않을 것이다.

○ "誠者, 物之終始." 不曰 "始終", 而必曰 "終始"者, 何也? 盖天下之物, 靡不有初, 鮮克有終, 則不曰 "始終", 而必曰 "終始"者, 以示夫圖厥終之義也.

"誠은 사물의 끝이요 시작이다.(誠者, 物之終始.)" 라고 했는데, "시작과 끝(始終)" 이라고 말하지 않고 반드시 "끝과 시작(終始)" 이라고 말하는 것은 무슨 까닭인가? 대개 天下의 사물은 始初가 없는 것이 없으나, 능히 끝맺음을 잘 하는 경우는 드물다. 그러한 즉, "시작과 끝(始終)" 이라고 말하지 않고 반드시 "끝과 시작(終始)" 이라고 말하는 까닭은 '그 끝을 도모하라(圖厥終)' [165]는 뜻을 보여주기 위한 것이다.

○ 上一節, 兼言誠與道, 而下一節, 單擧誠字者, 何也? 盖誠

此道字, 是率性之道, 是人之所當自行. 物之所以自成, 是全不假人爲 ; 人之所當自行, 爲之全在乎人. 誠以心言本也, 道以理言用也, 專爲人之所當自行者而言. 所以朱子曰 "誠者自成, 且是懸空說此一句." 蓋凡天下之物, 有此實理, 方成此物. 若人之所當自行者, 無此實心, 如何能實此理. 故章句提起心之一字言之. (……) 愚謂誠有以實理言者, 有以實心言者. 以實理言誠卽道也, 似不必分本與用 ; 以實心言, 必實有是心, 然後能實有是理.

165) 『書經』「商書」〈仲虺之誥〉에서는 "그 끝을 삼가려거든 그 처음부터 시작해야 한다.(愼厥終, 惟其始.)" 고 하였고, 『書經』「商書」〈太甲中〉에서는 "오직 그 끝을 도모하라(圖惟厥終)" 고 하였음.

以心言, 本也, 旣爲之本, 則第二條, 只言誠不言道者, 以其誠爲重也. 旣曰 "誠之爲貴", 則人之實心, 有以自成, 而道之在我者, 亦無不行矣.

위의 한 節[166]에서는 '誠' 과 '道' 를 겸해서 말하고, 아래의 한 節[167]에서는 홀로 '誠' 字만 거론한 까닭은 무엇인가? 대개 "誠은 心으로 말한 것으로, 本이다." 라고 했으니, 이미 本으로 삼았기에, 제2조에서 다만 '誠' 을 말하고 '道' 를 말하지 않은 까닭은 '誠' 이 중요하기 때문이다. 이미 "참되려고 노력함을 귀하게 여긴다.(誠之爲貴)" 고 했으니, 사람의 참된 마음이 스스로를 성취하게 하는 것이요, 나에게 있는 道도 또한 행해지지 않음이 없는 것이다.

○ "合內外之道", 與上文自道之道, 似有分別. 盖自道之道字, 有人所當行之意 ; 內外之道字, 有體用一原之意, 則彼以理之當然而言也 ; 此據理之本然而言也.

"內外를 합하는 道(合內外之道)" 는 上文의 '自道' 의 '道' 와는 分別이 있는 것 같다. 대개 '自道' 의 '道' 字는 '사람이 마땅히 행해야 한다' 는 뜻이 있고, '合內外' 의 '道' 字는 '體用一原' 의 뜻이 있다. 그러한 즉, 저것은 '理의 當然' 으로 말하는 것이요, 이것은 '理의 本然' 에 근거해서 말하는 것이다.

○ 上文旣言自成自道, 而下文又以成己成物言之者, 何也? 有體而無用, 非學也 ; 有用而無體, 非學也. 體用兼備, 然後方

---

166) "誠者, 自成也 ; 而道, 自道也." 를 말함.

167) "誠者, 物之終始, 不誠, 無物. 是故, 君子, 誠之爲貴." 를 말함.

可謂之學, 則上言自成自道, 而下言成己成物者, 以示夫明體適用之學也.

上文에서는 이미 '스스로 이루어짐(自成)' 과 '스스로 행해야 할 것임(自道)' 을 말했는데, 下文에서는 또 '자기를 이룸(成己)' 과 '사물을 이루어줌(成物)' 으로 말하는 것은 무슨 까닭인가? 體만 있고 用이 없는 것은 學問이 아니요, 用만 있고 體가 없는 것도 學問이 아니니, 體用을 兼備한 다음에야 바야흐로 學問이라 할 수 있는 것이다. 그러한 즉, 위에서는 '自成' 과 '自道' 를 말하고 아래에서는 '成己' 와 '成物' 을 말한 것은 '밝은 본체와 알맞은 쓰임(明體適用)' 의 學問을 보여주기 위한 것이다.

○ 知仁勇三者, 乃入道之門, 而此章只言仁知, 不言勇. 然兩箇成字, 帶得勇底意思. 蓋盡己成就, 仁也, 而盡己成就處, 勇也; 因物成就, 知也, 而因物成就處, 勇也.

知 · 仁 · 勇 셋은 바로 '道에 들어가는 門' 인데, 이 章에서는 다만 仁과 知를 말하고 勇은 말하지 않았다. 그러나 두 개의 '成' 字[168]는 '勇의 뜻' 을 띠고 있다. 대개 '자기를 다하여 성취함(盡己成就)' 은 仁이요, '盡己成就하는 곳' 은 勇이며, '사물을 因하여 성취함(因物成就)' 은 知요, '因物成就하는 곳' 은 勇이다.[169]

---

168) "成己는 仁이요, 成物은 知이다.(成己, 仁也 ; 成物, 知也.)" 에서의 두 '成' 字를 말함.

169) "成己는 仁이요, 成物은 知이다." 라고 한 것에 대해, 小注에서 朱子는 "誠은 비록 자기를 이루는 所以이나, 나에게 있는 것이 眞實하여 거짓이 없으면 저절로 능히 사물에 미친다. '자기를 이룸(成己)' 으로부터 말하자면, 자기를 다하여 조금의 거짓도 없으니, 그러므로 '仁' 이라 하고, '사물을 이루어줌(成物)' 으로부터 말하자면, 사물을 인하여 成就시켜 각각 그 마땅함을 얻게

<第26章>

○ "故, 至誠, 無息." 故者, 承上之辭也. 如盡性章說到至誠, 而致曲章緊承有誠也；致曲章說到至誠能化, 而前知章緊承至誠也；前知章說到至誠如神, 而自成章緊承[170]誠者也. 以至自成章說到時措之宜, 則此章緊承至誠無息, 而以故字接之, 則理所應也.

"그러므로 지극한 참됨은 쉼이 없다(故, 至誠, 無息.)" 고 했는데, '그러므로(故)' 란 위의 내용을 계승하는 말이다. 예컨대 〈盡性章〉에서는 '至誠' 을 말했는데 〈致曲章〉에서 '有誠' 이라고 긴밀하게 계승했고, 〈致曲章〉에서는 '至誠은 능히 교화시킬 수 있다' 고 했는데 〈前知章〉에서 '至誠' 이라고 긴밀하게 계승했으며, 〈前知章〉에서 '至誠은 神과 같다' 고 했는데, 〈自成章〉에서 '誠者' 라고 긴밀하게 계승했다. 〈自成章〉에서 '時措之宜' 를 말함에 이르자, 이 章에서는 '至誠은 쉼이 없다' 고 긴밀하게 계승하면서, '故' 字로 접맥시켰으니, 理가 조응하는 것이다.

○ 顏子之三月不違仁, 亦可以至誠無息言之乎? 旣無虛假, 自無間斷者, 至誠無息之謂也. 自非大而化之之聖, 不足以當之, 則顏子之三月不違仁, 不可謂不實於三月之內, 而其仁也, 只是守之也. 非化之也, 豈可以至誠無息言之乎?

하니, 그러므로 '知' 라 한다.(誠雖所以成己, 然在我者眞實無僞, 自能及物. 自成己言之, 盡己而無一毫之詐僞, 故曰仁；自成物言之, 因物成就, 各得其當, 故曰知.)" 고 하였다.

170) '緊承' 은 心齋의 原文에는 '說到' 라고 하였으나, 문맥상 '緊承' 이 타당하므로, 고쳤다.

'顔子가 석 달을 仁을 어기지 않은 것(三月不違仁)'[171]도 또한 '至誠無息'으로 말할 수 있는가? 이미 헛된 假飾이 없어서 저절로 間斷이 없는 것이 '至誠無息'이라는 말이니, 스스로 '大而化之'[172]의 聖人이 아니면 감당하기에 부족한 것이다. 그러한 즉, '顔子의 三月不違仁'은 석 달 동안 참되지 않았다고 말할 수는 없으나, 그 仁이란 다만 '(仁을) 지킨 것'이요 '(仁과) 하나가 된 것'은 아니다. 따라서 어찌 '至誠無息'으로 말할 수 있겠는가?

○ "徵則悠遠." 悠字之義, 當於何考驗歟? 聖人之道, 從容不迫, 而書曰 "在寬", 又曰 "克寬". 所謂在寬也, 克寬也, 皆是悠字之義, 而於舜則光天之下至于海隅蒼生, 於湯則萬邦從欲以治, 何莫非從容不迫之道乎?

"징험이 나타나면 멀리 미친다(徵則悠遠)"고 했는데, '멀다(悠)'라는 글자의 뜻은 마땅히 어디에서 考驗해야 하는가? 聖人의 道는 從容하여 迫切

---

171) 『論語』 雍也 5 : 子曰 "回也, 其心, 三月不違仁, 其餘則日月至焉而已矣."

172) 『孟子』 盡心下 제25장에서는 "하고자 할 만한 것을 '善'이라 하고, 자기에게 있는 것을 '信'이라 하며, 充實한 것을 '美'라 하고, 充實하면서 빛나는 것을 '大'라 하며, 위대하여 眞理와 하나가 된 것을 '聖'이라 하고, 聖스러워 알 수 없는 것을 '神'이라 한다.(可欲之謂善 ; 有諸己之謂信 ; 充實之謂美 ; 充實而有光輝之謂大 ; 大而化之之謂聖 ; 聖而不可知之之謂神.)"고 하였다. '大而化之'에 대해, 小注에서 程子는 "'大而化之'란 다만 理와 自己가 하나가 된 것이다. 아직 化하지 못했을 때엔 사람이 尺度를 잡고 물건을 재는 것과 같아서, 尺度를 쓰는 데 오히려 誤差를 면할 수 없다. 化에 이르면 自己가 문득 尺度요, 尺度가 문득 自己인 것이다.(大而化之, 只是理與己一. 其未化者, 如人操尺度量物, 用之尚不免有差 ; 至於化, 則己便是尺度, 尺度便是己."라고 설명했다. 즉 '大而化之'의 '化之'란 '眞理와 自己가 하나가 됨'을 뜻한다는 것이다.

하지 않다. 『書經』에서는 "너그럽게 하라(在寬)" 고 했고,[173] 또 "능히 너그럽게 하셨다(克寬)" 고 했다.[174] 이른바 '在寬' 이나 '克寬' 이란 모두 '悠' 字의 뜻이다. 舜임금에게 있어서는 하늘 아래를 두루 비추시어 바다 모퉁이 끝 백성들에게까지 이르렀으며,[175] 湯임금에게 있어서는 萬邦이 (湯임금을 따라서) 다스림을 받고자 하였으니,[176] 어느 것인들 '從容하여 迫切하지 않은 道' 가 아니겠는가?

---

173) 『書經』 虞書 舜典 : 舜임금이 말씀하시길, "契(설)이여. 백성이 서로 친하지 않으며, 五倫을 따르지 않고 있소. 그대를 司徒에 임명하노니, 공경하여 五倫의 가르침을 베풀되, 너그럽게 하시오." (帝曰 "契. 百姓不親, 五品不遜, 汝作司徒, 敬敷五敎, 在寬.")

174) 『書經』 商書 仲虺之誥 : 오직 湯임금께서는 노래와 여자를 가까이 하지 않으시고, 재물과 이익을 불리지 않으셨으며, 德이 많은 사람에게는 힘써 벼슬을 주셨고, 功이 많은 사람에게는 힘써 賞을 주셨으며, 사람을 등용할 때는 자신과 같이 대우하시고, 허물을 고칠 때에는 인색하지 않으셨으며, 능히 너그러우시고 능히 사랑하시어, 많은 백성들이 밝게 믿게 되었습니다.(惟王, 不邇聲色, 不殖貨利, 德懋懋官, 功懋懋賞, 用人惟己, 改過不吝, 克寬克仁, 彰信兆民.)

175) 『書經』 虞書 益稷 : 禹가 말하기를, "그렇습니다. 舜임금님! 하늘 아래를 두루 비추시어 바다 모퉁이 끝 백성들에게까지 이르도록 하시면, 나라의 여러 어진 사람들이 모두 임금님의 臣下가 되려 할 것입니다." (禹曰 "兪哉. 帝! 光天之下, 至于海隅蒼生, 萬邦黎獻 共惟帝臣.")

176) 『書經』 「商書」 〈仲虺之誥〉에서는 "葛땅의 제후가 밥을 나르던 아이와 원수가 되니, 湯임금이 葛땅부터 정벌을 시작하셨다. 동쪽을 정벌하면 서쪽 오랑캐들이 원망하고, 남쪽을 정벌하면 북쪽 오랑캐들이 원망하여 '어찌하여 우리를 뒤로 미루시는가?' 라고 한탄하였다. 湯임금이 가시는 곳의 백성들은 온 집안이 서로 경축하며, '우리 임금님을 기다리고 있었는데, 이제야 오셔서 우리를 다시 살려주셨다' 고 말하였다. 백성들이 商나라를 떠받든 것은 오래된 일이다." 라고 하였다. 즉 萬邦의 백성들이 각자 虐政에 시달린 나머지, '너그러운(克寬)' 湯의 통치를 받고자 원하고 있었다는 말이다.

○ 悠遠博厚等四者, 亦有次序之可言乎? 一箇至誠, 已該了悠遠高厚, 則悠遠時, 自能博厚也; 博厚時, 自能高明也. 不可謂自悠遠而漸進於博厚也; 亦不可謂自博厚而漸進於高明也. 這箇數則字, 是一時幷到之謂, 而所謂一時幷到者, 以其至誠之自然而然也.

'悠遠' · '博厚' 등 넷은 또한 次序를 말할 수 있는 것인가? 하나의 '至誠' 은 이미 '悠遠' · '博厚' · '高明' 등을 포함하고 있으니, '悠遠' 한 때에 저절로 능히 '博厚' 한 것이요, '博厚' 한 때에 저절로 능히 '高明' 한 것이다. 따라서 '悠遠' 으로부터 점차 전진하여 '博厚' 가 되는 것이라고 말할 수 없으며, 또한 '博厚' 로부터 점차 전진하여 '高明' 이 되는 것이라고도 말할 수 없다. 여기에서의 몇 개의 '則' 字[177]는 '一時에 함께 이른다' 는 말이니, 이른바 '一時에 함께 이른다' 는 것은 그 至誠이 '저절로 그러해서 그런 것(自然而然)' 이다.

○ "聖人, 與天地同其用." 而凡功用之所積者, 廣博而深厚, 則所發者, 高大而光明, 悠久而無疆,[178] 故博厚仁也, 而仁足以載此物也; 高明知也, 而知足以覆此物也; 悠久勇也, 而勇足以成此物也. 如曰厚德載物, 德洽民心, 則博厚之載物也; 如曰其知如神, 就之如日, 則高明之覆物也. 與夫博厚之有終, 高明之無疆, 皆自悠久上做得來也. 而使天下之民, 親賢樂利, 各得其所, 天下之物, 各正性命, 保合太和, 則悠久之所以成物也.

---

177) "至誠, 無息, 不息則久, 久則徵, 徵則悠遠, 悠遠則博厚, 博厚則高明." 에서의 여러 '則' 字들을 말함.

178) '無疆' 은 心齋의 原文에는 '無彊' 으로 되어 있으나, '無疆' 의 誤記임이 분명하므로, 고쳤다. 이 아래에 보이는 네 군데의 '無疆' 도 마찬가지이다.

(朱子註에서는) "聖人은 天地와 더불어 그 쓰임을 함께 한다."고 하였다. 무릇 功用이 쌓인 것이 넓고 깊고 두터우면 발하는 것이 높고 크고 빛나며, 멀고 오래도록 한계가 없는 것이다. 그러므로 博厚는 '仁' 인데, 仁이 만물을 실어주기에 충분한 것이요, 高明은 '知' 인데, 知가 만물을 덮어주기에 충분한 것이며, 悠久는 勇인데, 勇이 만물을 이루어주기에 충분한 것이다.[179] 예컨대 "두터운 德으로 만물을 실어준다."[180]고 함은 德이 民心에 흡족한 것이니, 博厚가 만물을 실어줌이요, "그 앎이 神과 같다."[181]고 함은 그에 나아감이 해와 같은 것이니, 高明이 만물을 덮어주는 것이다. 博厚의 '끝맺음이 있음(有終)' 과 高明의 '한계가 없음(無疆)' 또한 모두 悠久로부터 이루어지는 것이다. 天下의 백성들로 하여금 친한 사람을 친하게 여기고, 어진 사람을 어질게 여기며, 즐거움을 즐거움으로 삼고, 이로움을 이로움으로 삼아서, 각각 자기의 자리를 얻게 하고,[182] 天下의 事物로 하여금 각각 性命을 바르게 하여 太和를 保合하게 하니,[183] 이것이 '悠久' 가 만물을 이루어지게 하는 所以이다.

○ 同是悠久, 而上文曰 "悠久" ; 下文曰 "悠也久也"者, 何也? 這箇悠久, 統而言之, 則悠卽久, 久卽悠也 ; 分而言之, 悠自悠, 久自久也. 前之所以有一義者, 統言之謂也 ; 後之所以有二義者, 分言之謂也.

같은 '悠久' 인데, 上文에서는 "悠久"라 하고, 下文에서는 "悠也久也"라

179) "博厚, 所以載物也 ; 高明, 所以覆物也 ; 悠久, 所以成物也."를 설명하는 것임.
180) 『周易』 坤卦 象辭 : 地勢坤, 君子以, 厚德載物.
181) 『中庸章句』 24 : 禍福將至, 善, 必先知之, 不善, 必先知之, 故至誠如神.
182) 『大學章句』 傳3章 : 君子, 賢其賢而親其親 ; 小人, 樂其樂而利其利.
183) 『周易』 乾卦 彖辭 : 乾道變化, 各正性命, 保合太和, 乃利貞

고 한 것은 무슨 까닭인가? 저 '悠久'는, 통합해서 말하면 悠가 곧 久이고 久가 곧 悠이나, 나누어서 말하면 悠는 스스로 悠이고 久는 스스로 久이다. 앞에서 '하나의 뜻'으로 여긴 것은 '통합해서 말한 것'이요, 뒤에서 '두 개의 뜻'으로 여긴 것은 '나누어서 말한 것'이다.

○ 上言"博厚配地, 高明配天." 而下文今夫天一條, 又以天地順言之者, 何也? 以聖人而爲天地, 則後天而奉天時矣; 以天地而爲聖人, 則先天而天不違矣. 而況上節就功用上說, 下節就功效上說, 而以功用言之, 則一節深於一節, 博厚所以先於高明也; 以功效言之, 則一節順於一節, 昭昭所以先於廣厚也.

위에서는 "博厚는 땅에 짝하고, 高明은 하늘에 짝한다.(博厚配地, 高明配天.)"라고 했는데, 아래의 "이제 하늘이(今夫天)" 云云하는 문장에서는 또 '하늘과 땅'의 순서로 말한 까닭은 무엇인가? 聖人으로서 天地를 위하면 (聖人이) 하늘보다 뒤에 있으면서 天時를 받들고, 天地로서 聖人을 위하면 (聖人이) 하늘보다 앞에 있는데 하늘이 (聖人을) 어기지 않는다.[184] 하물며 上節은 功用上에 나아가 말한 것이며, 下節은 功效上에 나아가 말한 것이다. 功用으로 말하자면 한 節이 앞의 한 節보다 심화되는 것이니, '博厚配地'가 '高明配天'보다 앞서는 것이다. 功效로 말하면 한 節이 앞의 한 節을 따르는 것이니, '하늘의 반짝이는 별들(昭昭)'이 '땅의 넓고 두터움(廣厚)'보다 앞서는 것이다.

○ 高厚猶人之形體; 悠久猶人之元氣. 而聖人之德, 至大至

---

184) 『周易』 乾卦 九五 〈文言〉: 夫大人者, 與天地合其德, 與日月合其明, 與四時合其序, 與鬼神合其吉凶, 先天而天弗違, 後天而奉天時, 天且弗違, 而況於人乎? 況於鬼神乎?

宏, 無所不包. 如寬裕溫柔之仁, 便是博厚也 ; 文理密察之知, 便是高明也 ; 發强剛毅之勇, 便是悠久無疆也.

'高明 · 博厚' 는 사람의 形體와 같고, '悠久' 는 사람의 元氣와 같다. 그런데 聖人의 德은 지극히 宏大하여 포함하지 않는 것이 없다. 예컨대 '寬裕溫柔' 의 仁은 바로 博厚요, '文理密察' 의 知는 바로 高明이며, 發强剛毅의 勇은 바로 悠久無疆이다.[185)]

○ 章句, 一則曰 "聖人與天地同用." ; 一則曰 "聖人與天地同體." 其義亦可言之乎? 同用是說覆載成之自然及物, 而謂之功也 ; 同體是說高厚久之渾然至實, 而謂之德也. 覆載成之時, 已有高厚久之體 ; 高厚久之時, 已有覆載成之用, 則言用而體未嘗相離也, 言體而用未嘗不包也.

章句에서는 한번은 "聖人은 天地와 그 쓰임을 같이 한다(聖人與天地同用)"고 하고, 한번은 "聖人은 天地와 그 본체를 같이 한다(聖人與天地同體)"고 했는데,[186)] 그 뜻을 설명할 수 있겠는가? 그 '쓰임을 같이 한다(同用)' 는 것은 덮어주고 실어주고 이루어주는 것이 저절로 만물에 미침을 말하니, '功' 이라 이른다. '본체를 같이 한다(同體)' 는 것은 高明 · 博厚 · 悠久가 渾然至實함을 말하니, '德' 이라 이른다. 덮어주고 실어주고 이루어주

185) 『中庸章句』 제31장에서는 "唯天下至聖, 爲能聰明睿知, 足以有臨也. 寬裕溫柔, 足以有容也 ; 發强剛毅, 足以有執也 ; 齊莊中正, 足以有敬也 ; 文理密察, 足以有別也."라고 하였음.

186) 本文의 "博厚, 所以載物也 ; 高明, 所以覆物也 ; 悠久, 所以成物也." 에 대해서 朱子는 "此言聖人與天地同用"이라 주석하였고, 本文의 "博厚, 配地 ; 高明, 配天 ; 悠久, 無疆." 에 대해서는 朱子는 "此言聖人與天地同體"라고 주석하였다.

는 때에 이미 高明·博厚·悠久의 體가 있고, 高明·博厚·悠久의 때에 이미 덮어주고 실어주고 이루어주는 用이 있으니, 用을 말함에 體가 일찍이 떠난 적이 없으며, 體를 말함에 用이 일찍이 포함되지 않은 적이 없다.

○ 悠久, 自指至誠也；無疆, 自指天地也. 但上句獨言配, 而此句不言配者, 蓋以悠久無疆, 只在於上兩句而見, 更無儀象之可言配也. 非謂較上句, 更進一層也.

'悠久'는 저절로 至誠을 가리키며, '無疆'은 저절로 天地를 가리킨다. 다만 위의 句節에서만 홀로 '짝한다(配)'고 말했고, 이 句節에서는 '짝한다'고 말하지 않았다.[187] 그것은 대개 '悠久無疆'은 다만 위의 두 句節에서 볼 수 있는 것이요, 다시 '짝함을 말할 수 있는 마땅한 대상'이 없기 때문이다. (그러한 즉, '悠久無疆'은) 위의 두 句節[188]에 비교해서 다시 한 층 나아간 것이 아니다.

○ 天自有不貳之誠, 地自有不貳之誠, 而誠卽理也. 然則所謂不貳者, 專以理言, 不以氣言.

天에도 저절로 '둘이 아님(不貳)'의 誠이 있고, 地에도 저절로 '둘이 아님'의 誠이 있으니, '誠'이란 곧 '理'이다. 그러한 즉, 이른바 '둘이 아님'이란 오로지 '理'로 말하는 것이요, '氣'로 말하는 것이 아니다.

○ 爲物二字, 承上句天地之道, 而明其天地之爲物, 由此不貳之誠也；生物二字, 承上句爲物之誠, 而明其萬物之化生, 得其

---

187) "博厚, 配地；高明, 配天；悠久, 無疆."을 두고 말하는 것임.

188) '위의 두 句節'이란 "博厚, 配地；高明, 配天."을 가리키는 것임.

不貳之誠也. 爲物之物字, 如下文所謂天之昭昭, 地之撮土, 而至於無窮也 ; 生物之物字, 如下文所謂載萬物覆萬物, 而至於不測也.

'물건 됨(爲物)' 이라는 두 글자는 위의 '天地之道' 라는 구절을 계승하여 그 '天地의 물건 됨' 이 이 '不貳의 誠' 에서 연유함을 밝힌 것이요, '물건을 낳음(生物)' 이라는 두 글자는 위의 '爲物之誠' 이라는 구절을 계승하여 그 '萬物의 化生' 이 '不貳의 誠' 을 얻음을 밝힌 것이다. '爲物' 의 '物' 字는 下文의 이른바 '하늘의 반짝반짝 빛나는 것들, 땅의 한줌의 흙' 등과 같은 것으로, 無窮한 데 이르고, '生物' 의 '物' 字는 下文의 이른바 '萬物을 실어주고, 萬物을 덮어줌' 등과 같은 것으로, 헤아릴 수 없는 데 이른다.

○ 上文旣言不貳不測, 以明其天地之至誠無息, 而又就其中, 拈出高厚悠久之道, 以明其天地之自然, 各極其盛, 而乃能有下文生物之功也. 要之, 高厚悠久, 對上文不貳, 則不貳是體, 而高厚悠久是用也 ; 對下文生物不測, 則生物不測是用, 而高厚悠久是體也. 天地之道, 豈非兼內外而言者乎?

上文에서 이미 '둘이 아님(不貳)' · '헤아릴 수 없음(不測)' 을 말하여 '天地의 至誠無息' 을 밝히고, 또 그 가운데 나아가 '高 · 厚 · 悠 · 久' 의 道를 끄집어 내 '天地의 自然이 각각 그 성대함을 지극히 하여, 이에 능히 下文의 물건을 낳는 功이 있음' 을 밝힌 것이다. 요컨대, '高 · 厚 · 悠 · 久' 는, 上文의 '不貳' 와 相對하면, '不貳' 가 體가 되고 '高 · 厚 · 悠 · 久' 는 用이 되며, 下文의 '生物不測' 과 상대하면, '生物不測' 은 用이 되고 '高 · 厚 · 悠 · 久' 는 體가 된다. 天地의 道는 어찌 內 · 外를 겸해서 말하는 것이 아니겠는가?

○ 旣曰 "日月星辰繫焉", 而又曰 "萬物覆焉" ; 旣曰 "載華嶽振河海", 而又曰 "萬物載焉", 則萬物爲天地之覆載, 而日月星辰及華嶽河海, 不爲天地之覆載乎? 覆載二字, 只是就總冒處說, 而日星與河嶽, 特覆載中一物耳. 盖天之生物, 不過曰覆而已 ; 地之生物, 不過曰載而已. 日月星辰之繫, 無非覆於天之下也 ; 華嶽河海之載振, 無非載於地之上也. 指日月星辰之繫, 而必謂非天之所生, 可乎? 指華嶽河海之載振, 而必謂非地之所生, 可乎? 天之代明迭運日月星辰, 而所以代明迭運者, 是亦天之所生之物也 ; 地之流峙融結華嶽河海, 而所以流峙融結者, 是亦地之所生之物也. 萬物不但爲天之所覆, 而日月星辰之繫, 亦可爲天之所覆也 ; 萬物不但爲地之所載, 而華嶽河海之載振, 亦可爲地之所載也.

이미 "日月星辰이 매여 있다" 고 말하고 또 "萬物이 덮여 있다" 고 말했으며, 이미 "華嶽을 싣고 있고 河海를 거두고 있다" 고 말하고 또 "萬物이 실려 있다." 고 말했다. 그러한 즉, 萬物은 하늘이 덮고 있고 땅이 싣고 있는 것인데, 日月星辰과 華嶽河海는 하늘이 덮고 있고 땅이 싣고 있는 것이 아닌가? '덮음과 실음(覆載)' 이라는 두 글자는 다만 '모두 해당시킨 곳(總冒處)' 에 나아가 말하는 것이니, 日月과 河嶽도 다만 덮고 실은 가운데의 一物인 것이다. 대개 하늘이 만물을 낳음은 '덮음' 에 불과할 뿐이고, 땅이 만물을 낳음은 '실음' 에 불과할 뿐이다. 日月星辰이 매여 있음도 모두 하늘 아래에 덮여 있는 것이요, 華嶽이 실려 있고 河海가 모여 있음도 모두 땅 위에 실려 있는 것이다. 日月星辰이 매여 있음을 가리켜 반드시 '하늘이 낳은 것이 아니다' 라고 함이 옳겠는가? 華嶽이 실려 있고 河海가 모여 있는 것을 가리켜 반드시 '땅이 낳은 것이 아니다' 라고 함이 옳겠는가? 하늘에서 교대로 밝히며 운행되는 것은 日月星辰인데, 교대로 밝히며 운행되는 까닭은 또한 '하늘이 낳은 물건' 이다. 땅에서 흐르고 솟고 녹고 맺혀 있는 것은 華嶽과 河海인데, 흐르고 솟고 녹고 맺혀 있는 까닭은 또한 '땅이 낳은 물건' 이다. 萬物만 다만 하늘이 덮고 있는 것이 아니요, 日月星辰의 매여 있음 또한 하늘이 덮고 있는 것이다. 萬物만 다만 땅이 싣고 있는 것이 아니요, 華嶽이 실려 있음과 河海가 모여 있음 또한 땅이 싣고 있는 것이다.

○ "蓋曰文王之所以爲文也, 純亦不已." 不曰"德", 而曰"文"者, 何也? 存諸中者, 德也; 發於外者, 文也. 不曰"德", 而曰"文"者, 以其道之顯者, 謂之文也. 德外無文, 文外無德, 則言文而德在是矣.

"文王께서 '文' 이 되신 까닭은 순수함이 또한 그치지 않음에 있음을 말한 것이다."라고 했는데, '德' 이라고 말하지 않고 '文' 이라고 말한 까닭은 무엇인가? 안에 보존하고 있는 것이 '德' 이요, 밖으로 발현된 것이 '文' 이다. '德' 이라고 말하지 않고 '文' 이라고 말한 까닭은 '道가 드러난 것' 을 '文' 이라 하기 때문이다. 德 밖에 文이 없고, 文 밖에 德이 없으니, '文' 을 말함에 '德' 이 거기에 있는 것이다.

<第27章>

○ 旣言"大哉! 聖人之道." 而復言其"優優大哉!"者, 何也? 大哉是贊歎之辭也, 極於至大而無外者, 大哉之聖道也; 入於至小而無間者, 大哉之禮儀也. 然是皆以道之費隱處言之, 故洋洋一節, 旣以功用言之; 優優一節, 亦以功用言之, 則非以語大

而天下莫能載, 語小而天下莫能破, 皆是言用之廣故也.[189] **此所以大哉二字, 贊歎於先, 而於語小處, 亦以大哉二字, 贊歎之也. 盖兩大字, 皆從廣字意來也.**

이미 "위대하도다! 聖人의 道여.(大哉! 聖人之道.)"라고 하고, 다시 "넉넉하고 넉넉하도록 위대하도다!(優優大哉!)"라고 한 까닭은 무엇인가? "위대하도다(大哉)"라고 하는 것은 贊歎하는 말이니, 지극히 큼을 다하여 밖이 없는 것은 '위대한 聖人의 道'요, 지극히 작음에 들어가서 틈이 없는 것은 '위대한 禮儀'이다. 그러나 이것은 모두 '道의 費隱處'로 말하는 것이다. 그러므로 "넘실넘실 가득 차게 萬物을 發育하여, 높고 큼이 하늘에까지 극진하도다."라는 한 구절은 이미 功用으로 말한 것이요, "넉넉하고 넉넉하도록 위대하도다. 禮儀가 3백 가지요, 威儀가 3천 가지이다."라는 한 구절 또한 功用으로 말한 것이다. 그러한 즉, "큼을 말함에 天下에 능히 실을 수 있는 것이 없고, 작음을 말함에 天下에 능히 깨뜨릴 수 있는 것이 없다."는 것으로 말하지 않은 것은, 모두 '用의 넓음'을 말한 것이기 때문이다.[190] 이

---

189) '皆是言用之廣故也'의 '也' 字는 心齋의 原文에는 '耶' 字로 되어 있으나, 문맥상 '也' 字가 타당하므로, 고쳤다.

190) "큼을 말함에 天下에 능히 실을 수 있는 것이 없고, 작음을 말함에 天下에 능히 깨뜨릴 수 있는 것이 없다."는 것은 제12장에서 "君子之道, 費而隱."을 설명한 내용이다. 즉 "큼을 말함에 天下에 능히 실을 수 있는 것이 없다."는 것은 '費(用의 넓음)'를 말한 것이고, "작음을 말함에 天下에 능히 깨뜨릴 수 있는 것이 없다."는 것은 '隱(體의 은미함)'을 말한 것이다. 그런데 "넘실넘실 가득 차게 萬物을 發育하여, 높고 큼이 하늘에까지 극진하도다."라는 말이나 "넉넉하고 넉넉하도록 위대하도다. 禮儀가 3백 가지요, 威儀가 3천 가지이다."라는 말은 모두 '用의 넓음'을 말한 것이므로, "큼을 말함에 天下에 능히 실을 수 있는 것이 없고, 작음을 말함에 天下에 능히 깨뜨릴 수 있는 것이 없다."는 말로 相應시킬 수 없었다는 설명이다.

것이 "위대하도다(大哉)"라는 두 글자로 앞에서 贊歎하고, 작은 것을 말하는 곳에서 다시 "위대하도다(大哉)"라는 두 글자로 贊歎한 까닭이다. 대개 두 '大' 字는 모두 '廣' 字의 뜻을 따라서 온 것이다.

○ "發育萬物" 是天地之道, 而必以聖人之道言之者, 何也? 聖人亦一天地也, "則天之大, 蕩蕩難名", 是帝堯化育之道, 而孔子贊堯也, 必稱大哉之堯. "維天之命, 於穆不已", 是文王贊育之道, 而周公之頌文也, 必稱於穆之文, 則此章所以言峻極發育之功, 而必以聖人之道言之者, 盖聖人與天地, 合其德也.

"萬物을 발육함"은 '天地의 道'인데, 반드시 '聖人의 道'로 말한 것은 무슨 까닭인가? 聖人 또한 하나의 天地이다. "天의 위대함을 본받아서, 넓고 넓어 이름을 짓기가 어려움", 이것이 堯임금의 化育의 道로서, 孔子가 堯를 칭송할 때에는 반드시 '위대하신 堯임금(大哉之堯)'이라 일컬었다.[191] "오직 하늘의 命이, 아! 深遠하여 그치지 않는도다", 이것이 文王의 贊育의 道로서, 周公이 文王을 칭송할 때에는 반드시 '아! 深遠하신 文王(於穆之文)'이라 일컬었다. 그러한 즉, 이 章에서 '높고 큰 發育의 功'을 말하면서 반드시 '聖人의 道'로 말하는 까닭은, 대개 聖人과 天地는 그 德이 부합하기 때문이다.

○ 發育, 以道之功用而言之; 峻極, 以道之體段而言之, 則所謂發育也峻極也者, 盖就氣字上說, 而旣有是氣, 亦有是理, 則言氣而理不外是矣.

191) 『論語』 泰伯 19 : 子曰 "大哉! 堯之爲君也. 巍巍乎唯天爲大, 唯堯則之, 蕩蕩乎民無能名焉."

'發育' 은 '道의 功用' 으로 말하는 것이고, '峻極' 은 '道의 體段' 으로 말하는 것이다. 그러한 즉, 이른바 '發育' 과 '峻極' 은 모두 '氣' 字에 나아가 말하는 것이다. 그런데 이미 이 氣가 있으면 또한 이 理가 있으니, 氣를 말했으되 理가 이것을 벗어나지 않는다.

○ "待其人而後行." 朱子曰 "總結上兩節." 一節擧其道之大者而言也 ; 一節擧其道之小者而言也. 道之大者, 何人行之 ; 道之小者, 何人行之乎? 道有大處有小處. 自其大者觀之, 則必待德性弘大之人, 而後可行是道之大也 ; 以其小者論之, 必須學問精密之人, 而後可行是道之小也.

"그 사람을 기다린 뒤에 행해진다.(待其人而後行.)" 는 것에 대해, 朱子는 "위의 두 句節을 합쳐서 結論한 것" 이라고 주석하였다. 한 구절[192]은 '道의 큰 것' 을 들어 언급한 것이요, 한 구절[193]은 '道의 작은 것' 을 들어 언급한 것이다. '道의 큰 것' 은 어떤 사람이 행하는 것이며, '道의 작은 것' 은 어떤 사람이 행하는 것인가? 道에는 큰 것과 작은 것이 있다. 그 '큰 것' 으로부터 말하자면, 반드시 '德性이 넓고 큰 사람' 을 기다린 다음에 이 '道의 큰 것' 을 행할 수 있을 것이요, 그 '작은 것' 으로부터 논하자면, 반드시 '學問이 精密한 사람' 을 기다린 다음에 이 '道의 작은 것' 을 행할 수 있을 것이다.

○ 以上之各章誠字, 或以天之實理言, 或以人之實心言, 或言其功用, 或言其功效. 然是泛言至誠之道, 而道須人以行, 則這箇時中, 又爲一篇之主意. 故篇將結殺處, 始說出其人二字. 所

192) "洋洋乎發育萬物, 峻極于天." 이라는 구절을 말함.

193) "優優大哉! 禮儀三百, 威儀三千." 이라는 구절을 말함.

謂其人者, 卽有此至德, 凝此至道, 以行時中之道者也. 居上居下, 在治在亂, 無不得時措之宜, 則體旣立於吾身, 而用可行於天下矣.

以上에서의 各章의 '誠' 字는, 或은 '하늘의 實理' 로 말하고, 或은 '사람의 實心' 으로 말했으며, 或은 그 '功用' 으로 말하고, 或은 그 '功效' 로 말한 것이다. 그러나 광범하게 '至誠의 道' 를 말하면서 '그 사람을 기다려서 행해진다' 고 하니, 저 '時中' 은 또 『中庸』 一篇의 중요한 뜻이 된다. 그러므로 『中庸』 一篇을 장차 마무리하려는 곳에서 비로소 '그 사람(其人)' 이라는 두 글자를 말한 것이다. 이른바 '그 사람' 이란 곧 이 지극한 德이 있고, 이 지극한 道를 응축하여, '時中의 道' 를 행하는 사람이다. 윗자리에 있든 아랫자리에 있든, 治世에 있든 亂世에 있든, 항상 '때에 알맞은 조치(時措之宜)' 를 얻으니, 자기 몸에 體가 이미 확립되어 있음에 天下에 用을 行할 수 있는 것이다.

○ "苟不至德, 至道不凝焉." 德之於道, 若是其重乎? 德之所存, 道之所存, 則有這般至德者, 無往而非這般至道矣. 德之於道, 顧不重哉?

"진실로 지극한 德이 아니면, 지극한 道가 응축되지 않는다." 고 했는데, 德이 道에 있어서 이와 같이 중요한 것인가? 德이 있는 곳이 道가 있는 곳이니, 저 지극한 德이 있는 사람은 어디에 가든 저 지극한 道가 아님이 없다. 德이 道에 있어서 다만 중요하지 않겠는가?

○ 尊德性, 道問學, 二者不可偏重, 而史氏言 "象山之學, 以尊德性爲主 ; 朱子之學, 以道問學爲主, 二家之學, 各有所偏" 者, 何也? 以尊德性, 而闕却問學工夫者, 象山之學也 ; 以道問學, 而兼了尊性工夫者, 朱子之學也, 則二家之學, 固不可均謂之偏重也.

'덕성을 높임(尊德性)' 과 '묻고 배우는 데서 말미암음(道問學)' 두 가지는 어느 한쪽으로 偏重될 수 없는 것이다. 그런데 史氏는 "象山의 學問은 尊德性을 중심으로 삼고, 朱子의 學問은 道問學을 중심으로 삼아서, 二家의 學問이 각각 치우친 바가 있다." 고 말하는 까닭은 무엇인가? 尊德性을 중심으로 하되 도리어 道問學의 工夫를 빠뜨린 것이 象山의 學問이요, 道問學을 중심으로 하되 尊德性의 工夫를 겸하는 것이 朱子의 學問이다. 그러한 즉, 二家의 學問은 진실로 '함께 偏重되었다' 고 말할 수 없는 것이다.

○ 朱子, 以上四者, 皆爲存心之屬 ; 下四者, 皆爲致知之屬. 而存心致知, 以難易言之, 則何者爲難, 何者爲易乎? 存心是守之於已然, 而致知是推之於未然, 則存心非難, 而致知爲難也.

朱子는 '위의 네 가지' 에 대해서는 모두 '마음을 보존함(存心)에 속하는 것들' 이라 하고,[194] '아래의 네 가지' 에 대해서는 모두 '앎을 이룸(致知)에 속하는 것들' 이라 했다.[195] 存心과 致知는 難易로 말하면, 어느 것이 어렵

194) 朱子註에서는 '尊德性' 에 대해서는 "마음을 보존하여 '道體의 큼' 을 지극히 하는 것" 이라고 전제하고, 一毫라도 私意로 스스로를 가리지 않음, 一毫라도 私欲으로 스스로를 얽매지 않음, 이미 아는 것에서 涵泳함, 이미 능한 것에서 敦篤하게 함 등 '네 가지' 를 모두 '마음을 보존함(存心)에 속하는 것들' 이라고 설명했다. 이 '네 가지' 는 각각 致廣大 · 極高明 · 溫故 · 敦厚를 설명한 것이다.

195) 朱子註에서는 '道問學' 에 대해서는 "앎을 이루어 '道體의 자세함' 을 극진히 하는 것" 이라고 전제하고, 理를 분석할 때에는 추호의 어긋남도 없게 함, 일에 처할 때는 過 · 不及의 오류가 없게 함, 理義에 대해서는 그 알지 못했던 점들을 날마다 알아냄, 節文(마디 짓고 꾸밈)에 대해서는 그 신중하지 못했

고, 어느 것이 쉬운가? 存心은 '이미 드러난 상태(已然)' 에서 지키는 것이요, 致知는 '아직 드러나지 않은 상태(未然)' 에서 미루어 나가는 것이니, 存心은 어렵지 않고, 致知가 어려운 것이다.

○ 此章存心, 先於致知, 而大學八條目, 致知工夫, 在誠正之先者,[196] 何也? 以大小而分先後, 則存心居先, 而致知居後 ; 以知行而分先後, 則致知在先, 而誠正在後.

이 章에서는 存心이 致知보다 앞에 있으나, 『大學』의 八條目에서는 致知 공부가 誠意正心보다 앞에 있는 까닭은 무엇인가? 大 · 小로써 先 · 後를 구분하면, 存心이 앞에 오고, 致知가 뒤에 오는 것이다. 知 · 行으로써 先 · 後를 구분하면, 致知가 앞에 오고, 誠意正心이 뒤에 오는 것이다.

○ 此章之溫故知新, 與論語之溫故知新, 各有所重. 蓋溫故然後, 有以知新, 而溫故又不可不知新, 則一以重溫故上說, 一以重知新上說. 然則同一溫故, 同一知新, 而子思之訓, 所重者在溫故, 而不在知新, 以成德言也 ; 夫子之訓, 所重者在知新, 而不在溫故, 以入德言也.

이 章의 '溫故知新' 은 『論語』의 '溫故知新' 과는 중점이 각각 다르다. 대개 '옛것을 익힘(溫故)' 다음에 '새것을 앎(知新)' 이 있는 것인데, 溫故는 또 知新을 하지 않을 수 없다. 그러한 즉, 하나는 溫故를 중시하는 관점에

던 점들을 날마다 신중히 함 등 '네 가지' 를 모두 '앎을 이룸(致知)에 속하는 것들' 이라 했다. 이 '네 가지' 는 각각 盡精微 · 道中庸 · 知新 · 崇禮를 설명한 것이다.

196) '在誠正之先者' 는 心齋의 原文에서는 '在誠正之後者' 라고 되어 있으나, '在誠正之先者' 의 誤記임이 분명하므로, 고쳤다.

서 말하는 것이요, 하나는 知新을 중시하는 관점에서 말하는 것이다. 따라서 동일한 溫故이고, 동일한 知新이지만, 子思의 가르침은 중점이 溫故에 있고 知新에 있지 않으니, '德을 이룸(成德)'으로 말한 것이다. 夫子의 가르침은 중점이 知新에 있고 溫故에 있지 않으니, '德에 들어감(入德)'으로 말한 것이다.

○ 尊德性, 道問學, 以工夫言之, 則不可以分言乎? 蓋太極靜而生陰, 陰中有陽, 動而生陽, 陽中有陰, 無相離獨立之時, 然猶可以分而言之, 况存心致知, 雖是一事, 而心與理, 自有內外, 存與致, 自有動靜, 則豈可以不分言之乎?

尊德性과 道問學은 工夫로 말하자면 나누어서 말할 수 없는 것인가? 대개 太極이 고요해서 陰을 낳는데, 陰 가운데 陽이 있으며, 움직여서 陽을 낳는데, 陽 가운데 陰이 있어서, 서로 분리되어 獨立하는 때가 없는데도, 오히려 (陰과 陽을) 나누어서 말할 수 있다. 하물며 存心과 致知는 비록 하나의 일이라고 하더라도, 心과 理는 저절로 內·外가 있으며, 存과 致는 저절로 動·靜이 있으니, 어찌 나누지 않고 말해야만 하겠는가?

○ 明哲保身, 不但止於默容而已. 蓋不驕不倍, 是亦明哲保身之道也, 足興足容,[197] 是亦明哲保身之事也, 則子思所以引詩者, 是通證上文不驕不倍足興足容, 故結之曰 "其此之謂與", 而陳氏專以默容爲保身, 則於道理, 似不全矣.

'밝고 밝아 몸을 보존함(明哲保身)'은 다만 '침묵이 용납됨'에 그치는

197) '足興足容'은 心齋의 原文에는 '足興足默'으로 되어 있으나, 문맥상 '足興足容'이 타당하므로, 고쳤다. 바로 아래의 '足興足容'도 마찬가지이다.

것이 아니다. 대개 '(윗자리에 있을 때) 교만하지 않음' 과 '(아랫자리에 있을 때) 배반하지 않음' 또한 明哲保身의 道이며, '(나라에 道가 있을 때 그 발언이 사람들을) 족히 興起시킴' 과 '(나라에 道가 없을 때 그 침묵이 사람들에게) 족히 용납됨' 또한 明哲保身의 일이다. 그러한 즉, 子思께서 詩를 인용한 까닭은 上文의 '교만하지 않음' · '배반하지 않음' 과 '족히 興起시킴' · '족히 용납됨' 을 통틀어 증명하고자 한 것이니, 그러므로 "그것은 이것을 말함일 것이다" 라고 결론을 맺은 것이다. 따라서 陳氏가 오로지 '(나라에 道가 없을 때) 그 침묵이 사람들에게 족히 용납됨' 을 '明哲保身' 으로 삼은 것은 道理에 있어서 완전하지 못한 것 같다.

○ "其言足以興", 而所以言者, 道也. "其默足以容", 而所以默者, 亦道也. 言有可言之道, 故言必興焉 ; 默有可默之道, 故默必容焉. 言之道卽默之道也 ; 默之道卽言之道也

"(나라에 道가 있을 때) 그 발언이 사람들을 족히 興起시킨다." 고 했는데, 발언하는 所以는 道이다. "(나라에 道가 없을 때) 그 침묵이 사람들에게 족히 용납된다." 고 했는데, 침묵하는 所以는 또한 道이다. 발언에는 발언할 수 있는 道가 있기 때문에, 발언함에 반드시 (사람들이) 興起되고, 침묵에는 침묵할 수 있는 道가 있기 때문에 침묵함에 반드시 (사람들에게) 용납되는 것이다. 발언함의 道는 곧 침묵함의 道요, 침묵함의 道는 곧 발언함의 道이다.

<第28章>

○ 反古之道, 非灾也, 而愚賤而自用自專, 則灾害必至也.

옛날의 道로 돌이키는 것은 災害가 아니다. 어리석고 卑賤하면서 自用·自專하면,[198] 災害가 반드시 이르는 것이다.

○ "生今世反古道", 旣謂之"災及其身", 則後世欲行先王之道者, 皆可謂反古之道而災及其身乎? "愚好用, 賤好專", 纔着好字, 終是主張私意分上較多, 而若德爲聖人尊爲天子, 而追先王已成之法, 立萬世常行之道, 則彬彬制度, 郁郁儀文, 損益之當然也, 古今之通誼也. 亦何憂災異之及身, 而禍患之竝至也?[199]

(本文에서는) "오늘의 세상에 태어나서 옛날의 道로 돌이키려 하면", 이미 "災害가 그 自身에게 미친다."고 말했다. 그러한 즉, 後世에 '先王의 道'를 행하려 하는 사람은 모두 "옛날의 道로 돌이켜서, 災害가 그 自身에게 미칠 것"이라고 말할 수 있는가? "어리석으면서 自用하기를 좋아하고, 비천하면서 自專하기를 좋아한다."고 하여, 문득 '好' 字를 붙였으니, 이것은 마침내 사사로운 뜻을 주장함이 비교적 많은 것이다. 그런데 만약 德은 聖人이시고 높음은 天子이신 사람이 '先王께서 이미 이루어 놓으신 法'을 따라서 '萬世토록 항상 행해야 하는 道'를 확립하려고 한다면, 彬彬한 制度와 郁郁한 儀文을 損益함이 當然한 것이요, 또한 古今에 마땅한 일이다. 그러니 또 어찌 '災異가 자신에게 미치고, 禍患이 아울러 이를까'를 근심하겠는가?

---

198) 自用·自專 : '다른 사람의 의견'이나 '기존의 法式'을 무시하고, 자기의 마음대로 함.

199) '禍患之竝至也'는 心齋의 原文에는 '禍患之立至也'로 되어 있으나, 문맥상 '禍患之竝至也'가 타당하므로, 고쳤다. 『大學章句』 傳10章에는 "長國家而務財用者, 必自小人矣, 小人之使爲國家, 菑害竝至."라는 말이 보인다.

○ "灾及其身", 盖天下之本在國, 國之本在家, 家之本在身, 而這箇身字, 是天下國家之際接處, 故於此拈出身字也.

"灾害가 그 自身에 이른다."고 했는데, 대개 天下의 근본은 나라에 있고, 나라의 근본은 집안에 있으며, 집안의 근본은 제 自身에 있는 것이니, 저 '自身(身)' 이라는 글자는 天下와 나라 · 집안이 서로 접촉하는 지점이다. 그러므로 여기에서 '身' 字를 끄집어 낸 것이다.

○ "今天下車同軌, 書同文, 行同倫." 天下軌文倫, 何以同之乎? 天下至大, 難可同之, 而三者之皆同, 其惟大一統之義乎! 盖天下之車, 作者, 非一人也, 而皆同軌 ; 天下之文字, 書者, 非一手也, 而皆同文 ; 天下之行, 行者, 非一人也, 而皆同倫者, 豈不以"非天子, 不議禮, 不制度, 不考文", 而無敢自用自專, 而反古者哉? 制度所以爲法, 故車以之同軌 ; 考文所以合俗, 故書以之同文 ; 議禮所以制行, 故行以之同倫. 要莫非統一天下之義耳.

"지금 天下는 수레는 軌度가 같고, 글은 文字가 같으며, 行實은 倫序가 같다."고 했는데, 天下의 軌度와 文字와 倫序가 어떻게 같게 된 것인가? 天下는 지극히 커서 같게 하기가 힘들다. 그런데 세 가지가 모두 같게 된 것은 그 오직 '大一統' 의 뜻일 것이다. 대개 天下의 수레는 만든 사람이 한 사람이 아닌데 모두 軌度가 같고, 天下의 文字는 쓰는 사람이 한 사람이 아닌데 모두 文字가 같으며, 天下의 行實은 행동하는 사람이 한 사람이 아닌데 모두 倫序가 같다. 이것은 어찌 "天子가 아니면 禮를 의논하지 않으며, 法度를 만들지 않으며, 文字를 상고하지 않는다."고 하여, 감히 自用 · 自專하여 옛날의 道로 돌이키려고 함이 없기 때문이 아니겠는가? 法度를 만듦은 法을 만드는 所以이니, 그러므로 수레는 이로써 軌度를 같이 하는 것이요, 文字를 상고함은 風俗을 합치는 所以이니, 그러므로 글은 이로써 文字를 같이 하는 것이며, 禮를 의논함은 行實을 통제하는 所以이니, 그러므로 行實은 이로서 倫序를 같이 하는 것이다. 요컨대, '天下를 統一하는 뜻'이 아닌 것이 없다.

○ "非天子, 不議禮." 而又曰 "吾從周." 夫子之從周, 獨非議禮者乎? 周之禮, 時王之法制也, 今日之所用也, 而聖如天縱, 旣不得位, 則不得不從周, 而其從之也, 此不過循當世之法, 而未嘗有制作之事, 則謂之議禮, 可乎? 夫子所謂述而不作, 是也.

"天子가 아니면 禮를 의논하지 않는다." 고 하고, 또 "나는 周(周禮)를 따르리라." 고 했다. 夫子가 "周禮를 따르리라." 고 한 것은 홀로 '禮를 의논한 것' 이 아닌가? 周의 禮는 時王의 法制로서, 당시에 쓰이고 있던 것이다. 또한 '하늘이 내신 聖人'[200]으로서도 이미 地位를 얻지 못했으니, 周禮를 따를 수밖에 없었던 것이다. 따라서 孔子가 周禮를 따름은 '當世의 法' 을 따르는 것에 불과한 것이요, 일찍이 (禮를) '制作하는 일' 은 없었던 것이다. 그러한 즉, 그것을 '禮를 의논함' 이라고 말하는 것이 옳겠는가? 夫子의 이른바 '述而不作'[201]이 바로 이것이다.

---

200) 子貢은 孔子를 '진실로 하늘이 내신 聖人(固天縱之將聖)' 이라 칭송했던바(『論語』 子罕 제6장 참조), '하늘이 내신 聖人' 이란 孔子를 지칭하는 말이다.

201) '述而不作' 에 대해, 朱子는 "'述' 은 '옛것을 傳承하는 것' 일 뿐이요, '作' 은 '새롭게 만들어내는 것' 이다. 그러므로 '作' 은 聖人이 아니면 不可能하나, '述' 은 賢者면 할 수 있는 것이다."라고 주석한 바 있다(『論語』 述而 제1장, 朱子註 참조). 요컨대 '述而不作' 이란 '옛 聖人이 지어 놓으신 것을 계승해서 발전시키는 것이요, 없었던 것을 새롭게 創作하지는 않는 것' 이다.

○ 殷周之禮, 皆可謂之學, 而夏禮獨謂之說者, 何也? 夫子殷之裔, 而周之人也. 殷雖已亡, 而天乙制作之禮, 猶有存於猗那詩大戴禮之諸篇 ; 周雖已衰, 而蒼姬損益之禮, 時方用於書同文車同軌之天下, 則其所以近而可據, 見而可詳者, 斯可以着得學字. 而至於夏之禮, 時世遠矣. 雖以夏后之孫, 而猶有莫徵之歎, 則聖人於此, 但當說吾之所知而已, 從何處考證, 而亦如學殷學周之爲也?

殷 · 周의 禮에 대해서는 모두 '배우다(學)' 라고 말할 수 있었으면서도, 오직 夏禮에 대해서만은 '말하다(說)' 라고 한 까닭은 무엇인가?[202] 夫子는 殷의 後裔로서 周나라 사람이었다. 殷은 비록 이미 망했지만 天乙이 制作한 禮法은 오히려 『詩經』 商頌의 〈那(猗那)〉篇이나 『大戴禮』의 여러 篇에 보존되어 있고, 周는 비록 이미 衰했으나 蒼姬가 損益한 禮法은 당시에 바야흐로 글은 文字가 같으며 수레는 軌度가 같았던 天下에 쓰이고 있었다. 그러한 즉, 가까워서 依據할 수 있고 볼 수 있어서 詳考할 수 있는 것에 대해서는 '學' 字를 붙일 수 있었던 것이다. 그런데 夏禮에 이르러서는 時代가 이미 멀어졌으니, 비록 夏의 後孫이라 하더라도 오히려 徵驗할 수 없다는 한탄이 있었던 것이다. 그러한 즉, 聖人은 이에 대해서 다만 마땅히 '내가 아는 것을 말한다' 고 할 뿐이니, 어디에서 고증해서 殷禮를 배우고 周禮를 배우는 것처럼 하겠다고 할 수 있겠는가?

○ 夫子不從夏殷, 而特從周禮者, 蓋以時有遠近之別, 制有古今之異, 而豈非麻冕純儉吾從衆之意乎?

202) "子曰 '吾說夏禮, 杞不足徵也 ; 吾學殷禮, 有宋存焉 ; 吾學周禮, 今用之. 吾從周.' "를 두고 말하는 것임.

夫子께서 夏禮와 殷禮를 따르지 않고 다만 周禮를 따르겠다고 한 것은, 대개 時代로는 '遠 · 近의 구별'이 있고, 制度로는 '古 · 今의 차이'가 있기 때문인바, 어찌 "본래는 麻로 면류관을 만드는 것이 禮이거늘, 지금 사람들은 生絲로 만드니 검소하다. 나는 大衆들을 따르겠노라."라고 한 뜻이 아니겠는가?[203)]

○ **此章章下曰"爲下不倍而言", 下章章下曰"居上不驕而言". 先言爲下不倍, 後言居上不驕者, 何也? 蓋先言不倍, 後言不驕者, 所以順接乎至聖配天至誠經綸等數者耳. 蓋居上不驕, 爲下不倍, 上下先後之異, 未必別有他意也. 但先言爲下不倍, 而後言居上不驕, 則與其下極言至聖至誠配天經綸等處, 相接然後語順矣. 不然而中間插入說爲下不倍一段, 則語有斷續, 而不順矣. 烏乎其可也?**

이 章의 章下註에서는 "아랫자리에 있으면서 (윗사람을) 배반하지 않음으로 말한 것"이라 하였고, 下章의 章下註에서는 "윗자리에 있으면서 교만하지 않음으로 말한 것"이라 하였는데, 먼저 '아랫자리에 있으면서 배반하지 않음'을 말하고, 그 뒤에 '윗자리에 있으면서 교만하지 않음'을 말한 까닭은 무엇인가? 대개 먼저 '배반하지 않음'을 말하고, 그 뒤에 '교만하지 않음'을 말한 까닭은 '至聖配天'[204)] · '至誠經綸'[205)] 등의 내용과 順接시키

203) 『論語』 子罕 3 : 孔子께서 말씀하시길, "麻로 冕旒冠을 만드는 것이 禮이거늘, 지금 사람들은 生絲로 만드니, 검소하다. 나는 大衆들을 따르겠노라. 堂 아래에서 절하는 것이 禮이거늘, 지금 사람들은 堂 위에서 절을 하니, 교만한 것이다. 비록 大衆들과 어긋나지만, 나는 아래에서 절하는 禮를 따르리라." (子曰 "麻冕, 禮也, 今也純, 儉, 吾從衆 ; 拜下, 禮也, 今輩乎上, 泰也, 雖違衆, 吾從下.")

204) 제31장의 "唯天下至聖, 爲能聰明睿知, 足以有臨也, 寬裕溫柔, 足以有容也,

기 위한 것이다. 대개 '윗자리에 있으면서 교만하지 않음' 이나 '아랫자리에 있으면서 배반하지 않음' 은 上·下와 先·後의 다름이 있을 뿐, 반드시 별도로 다른 뜻이 있는 것은 아니다. 다만 먼저 '아랫자리에 있으면서 배반하지 않음' 을 말하고, 그 다음에 '윗자리에 있으면서 교만하지 않음' 을 말했으니, 그 아래에서 '至聖配天'·'至誠經綸' 이라고 極言한 것들과 서로 접속한 다음에야 말이 順調롭게 되는 것이다. 그렇지 않고, 중간에 '아랫자리에 있으면서 배반하지 않음' 이라는 한 文段을 끼워 넣으면, 말에 斷續이 생겨 순조롭지 못하게 되니, 어찌 옳겠는가?

<第29章>

○ 王天下者, 始受命爲天子也. 議禮制度考文, 所以新天下之耳目, 一天下之心志, 而國不異政, 家不殊俗, 動而世爲天下道, 行而世爲天下法, 言而世爲天下則, 遠之而有望, 近之而不厭, 則人安得不寡過也? 所謂寡過者, 非謂天下寡過也, 謂天下之人得以寡過也. 人得寡過, 則皆遵義遵路, 而會極歸極矣.

'天下의 王者가 된다(王天下)' 는 것은 비로소 天命을 받아 天子가 됨을 말한다. '禮를 의논함(議禮)'·'法度를 만듦(制度)'·'文字를 상고함(考文)' 등은 天下의 耳目을 새롭게 하고, 天下의 心志를 통일시킴으로써, 나라마다 정치가 다르지 않고 집안마다 풍속이 다르지 않게 하기 위한 것이다. 움직임에 세상에서 天下의 道로 삼고, 行함에 세상에서 天下의 法度로

(……) 凡有血氣者, 莫不尊親, 故曰, 配天." 를 말함.

205) 제32장의 "唯天下至誠, 爲能經綸天下之大經, 立天下之大本, 知天地之化育, 夫焉有所倚." 를 말함.

삼으며, 말함에 세상에서 天下의 準則으로 삼아서, 멀리 있으면 우러러보고 가까이 있으면 싫어하지 않는다면, 사람들이 어찌 허물이 적지 않을 수 있겠는가? 이른바 '허물이 적다' 는 것은 '天下의 허물이 적다' 는 말이 아니요, '天下의 사람들이 허물이 적게 될 수 있다' 는 말이다. 사람들이 허물이 적게 될 수 있으면, 모두 義를 따르고 길을 따라서, 극진한 곳으로 모이고 극진한 곳으로 돌아오게 된다.

○ 前章稱鬼神之德曰 "視之而不見, 聽之而不聞." 此章又曰 "質諸鬼神而無疑." 旣曰 "不見不聞", 則何以謂之"質諸而無疑"也? 眞西山詩曰 "莫謂幽難質, 無愧是無疑." 夫鬼神, 固無形聲, 而盡在我之道, 合神明之德, 則此所以質諸而無疑也.

앞 章에서는 '鬼神의 德' 을 일컬어 "보아도 보이지 않고, 들어도 들리지 않는다."고 했는데, 이 章에서는 또 "鬼神에게 質正해도 의심이 없다."고 하였다. 이미 "보이지 않고, 들리지 않는다."고 했는데, 어떻게 "質正해도 의심이 없다."고 말할 수 있는가? 眞西山의 詩에 이르기를 "그윽한 것은 묻기 어렵다고 말하지 말라. 부끄러움이 없는 것, 이것이 의심이 없는 것이다."라고 하였다. 무릇 鬼神은 진실로 형체와 소리가 없으나, 나에게 있는 道理를 다하여 神明의 德에 부합하게 하면, 이것이 '質正해도 의심이 없는 所以' 이다.

○ 有身此有德, 有德此有應, 則六者之中, 本諸身爲要也. 胡氏所謂 "功用之宏大悠遠, 只在人主一身上"者, 是也.

몸이 있으면 德이 있고, 德이 있으면 感應함이 있으니, '여섯 가지'[206] 가

206) 제29장의 本文에서는 "君子之道, 本諸身, 徵諸庶民, 考諸三王而不謬, 建諸天

운데 '自身에게 근본함(本諸身)' 이 중요한 것이다. (小注에서) 雲峰胡氏가 "功用이 宏大하고 悠遠함은 다만 人主의 한 몸에 달려 있다."라고 한 것이 이것이다.

○ **聖人, 與天地合其德, 與鬼神合其吉凶, 而此曰 "建天地, 質鬼神", 則天地以道言, 鬼神以迹言.**

聖人은 天地와 더불어 그 德이 부합하고, 鬼神과 더불어 그 吉凶이 부합한다.[207] 그런데 여기에서는 "天地에 세운다(建天地), 鬼神에 質正한다(質鬼神)"고 하였으니, 天地는 道로 말하는 것이요, 鬼神은 자취로 말하는 것이다.

○ **知天, 知人, 本非二事, 而知人之至, 則知天之至也. 就鬼神而言, 則便是天之理也; 就聖人而言, 則便是人之理也. 非知天者較深, 而知人者爲較淺, 爲有兩層也.**

'하늘을 아는 것(知天)' 과 '사람을 아는 것(知人)'[208]은 본래 두 일이 아니니, '知人의 지극함' 이 바로 '知天의 지극함' 이다. 鬼神에 나아가 말하면 문득 '하늘의 理' 요, 聖人에 나아가 말하면 문득 '사람의 理' 이다. '知

地而不悖, 質諸鬼神而無疑, 百世以俟聖人而不惑."이라 했는바, '여섯 가지' 란 '自身에게 근본함' · '백성들에게 징험함' · '三王에게 상고하여 틀리지 않음' · '天地에 세워도 어긋나지 않음' · '鬼神에게 質正하여도 의심이 없음' · '百世에 聖人을 기다려도 의혹되지 않음' 을 말한다.

207) 『周易』 乾卦 九五 〈文言〉에서는 "夫大人者, 與天地合其德, 與日月合其明, 與四時合其序, 與鬼神合其吉凶."이라 하였음.

208) 제29장의 本文에서는 " '鬼神에게 質正하여도 의심이 없음' 은 '知天' 이요, '百世에 聖人을 기다려도 의혹되지 않음' 은 '知人' 이다."라고 하였다.

天은 비교적 깊고 知人은 비교적 얕아서, 두 層이 되는 것' 이 아니다.

○ 知天知人, 所操者約, 而所包者廣矣. 蓋天地鬼神, 其理一也, 纔說鬼神, 卽該天地一句, 而以知天結之 ; 先聖後聖, 其揆一也, 纔說後聖, 卽該三王一句, 而以知人結之. 則信乎知天知人四字, 豈不總括了本諸身以下六節之事乎? 然則無疑知天, 與天地不悖相應 ; 不惑知人, 與三王不謬相應. 而旣知其人, 則道未嘗不本諸身也, 德未嘗不徵諸民也. 朱子所謂"知天知人, 只擧後世與鬼神, 而總結上四句之義"者, 非虛語矣.

'知天' · '知人' 은 말은 簡約하지만 포괄하는 것은 넓다. 대개 天地와 鬼神은 그 理가 하나이므로, 문득 鬼神을 말하면 곧 天地 한 구절을 포함하는 것이니, '知天' 으로 결론을 맺은 것이다. 先聖과 後聖은 그 度揆가 하나이므로, 문득 後聖을 말하면 곧 三王 한 구절을 포함하는 것이니, '知人' 으로 결론을 맺은 것이다. 그러한 즉, 참으로 '知天' · '知人' 네 글자는 어찌 '自身에게 근본함(本諸身)' 이하의 '여섯 가지' 일을 總括하는 것이 아니겠는가? 그렇다면 '鬼神에게 質正하여 의심이 없음은 하늘을 아는 것이다(無疑知天)' 라는 말은 위의 '天地에 세워도 어긋남이 없다(建諸天地而不悖)' 는 말과 相應하고, '百世에 聖人을 기다려도 의혹되지 않음은 사람을 아는 것이다(不惑知人)' 라는 말은 위의 '三王에게 상고해도 틀리지 않는다(考諸三王而不謬)' 는 말과 相應하는 것이다. 이미 그 사람을 알면, 道는 일찍이 自身에게 근본하지 않음이 없고, 德은 일찍이 백성들에게 징험하지 않음이 없는 것이다. (小注에서) 朱子가 " '知天' 과 '知人' 은 다만 '後世' 와 '鬼神' 만을 거론했지만, (實際로는) 위의 네 구절의 뜻을 總結한 것이다." 라고 한 것은 헛말이 아닌 것이다.

○ "行而世爲天下法；言而世爲天下則." 盖言者, 行之表也；行者, 言之實也. 行以迹言之, 而有事可據, 則人皆法之也；言以理言之, 而無迹可見, 則人只則之也. 然則分法則於行與言者, 盖以行是已行之事, 而法就法度上說；言是未成之事, 而則就準則上說.

"行함에 세상에서 天下의 法度로 삼으며, 말함에 세상에서 天下의 準則으로 삼는다.(行而世爲天下法；言而世爲天下則.)" 고 했는데, 대개 말은 행동의 겉이요, 행동은 말의 實質이다. 행동은 '자취' 로 말하는 것으로, 근거할 수 있는 일이 있으니, 사람들이 모두 그것을 '法' 으로 삼는 것이다. 말은 '理' 로 말하는 것으로, 볼 수 있는 자취가 없으니, 사람들은 다만 그것을 '則' 으로 삼는 것이다. 그러한 즉, '法' 과 '則' 을 '行' 과 '言' 에서 구분한 까닭은, 대개 '行' 은 '이미 행한 일(已行之事)' 이요 '法' 은 '法度' 에 나아가 말하는 것이며, '言' 은 '이루어지지 않은 일(未成之事)' 이요 '則' 은 '準則' 에 나아가 말하는 것이기 때문이다.

○ 章下曰 "承上章居上不驕而言, 亦人道也." 夫建天地不悖, 質鬼神無疑, 似是天道, 而以人道言之者, 何也? 盖建天地不悖, 質鬼神無疑, 總承上章居上不驕, 而其要在尊德性道問學工夫上做出來, 則安得不爲人道也? 其與愚而好自用章之言爲下不倍之類, 同一人道也.

章下註에서는 "上章을 계승하여, 윗자리에 있으면서 교만하지 않음으로 말한 것이니, 또한 人道이다."라고 하였다. 무릇 '天地에 세워서 어긋나지 않음' 과 '鬼神에게 質正하여 의심이 없음' 은 '天道' 인 것 같은데, '人道' 라고 말한 까닭은 무엇인가? 대개 '天地에 세워서 어긋나지 않음' 과 '鬼神에게 質正하여 의심이 없음' 은 모두 上章의 '윗자리에 있으면서 교만하지 않음'을 계승해서 말한 것이니, 그 요점은 尊德性과 道問學의 공부에서 나오는 것이다. 그러한 즉, 어찌 '人道'가 되지 않을 수 있겠는가? 그것은 "어리석으면서 自用하기를 좋아한다"고 한 章에서 "아랫자리에 있으면서 (윗사람을) 배반하지 않음"을 언급한 것과 마찬가지로, 동일한 人道이다.

<第30章>

○ "祖述堯舜, 憲章文武." 蓋夫子之刪書, 斷自虞書而爲始 ; 夫子之定禮, 必就周禮而考證. 以其遠而可宗者, 堯舜精一之學也 ; 近而可守者, 文武大備之政. 而旣宗堯舜, 則堯舜前農軒, 自包於宗堯舜之中矣 ; 旣守文武, 則文武前禹湯, 自該於守文武之中矣.

(仲尼는) "堯·舜을 祖述하고, 文·武를 憲章으로 삼았다."고 했다. 대개 夫子께서 『書經』을 깎으실 때에는 「虞書」[209]로부터 끊어서 시작을 삼았고, 夫子께서 禮를 정하실 때에는 반드시 '周禮'에 나아가서 考證하셨다. 이는 멀지만 祖宗으로 삼을 수 있는 것은 堯·舜의 精一之學이요, 가까워서 지킬 수 있는 것은 文·武께서 크게 갖추어 놓으신 政事이기 때문이다. 이미 堯·舜을 祖宗으로 삼으면, 堯·舜 이전의 農·軒[210]도 堯·舜을 祖宗으로

209) 『書經』의 「虞書」에는 〈堯典〉·〈舜典〉·〈大禹謨〉·〈皐陶謨〉·〈益稷〉 등이 포함되어 있다. 요컨대 孔子는 '堯·舜 시대'로부터 『書經』의 시작을 삼은 것이다.

210) 農·軒 : '農'은 '神農氏'를 말하고, '軒'은 '軒轅(헌원)' 즉 '黃帝氏'를 말함(黃帝氏가 '軒轅'의 언덕에서 태어났다고 하여 黃帝氏를 '軒轅'이라고도 함).

삼는 가운데 저절로 포함되고, 이미 文 · 武를 지키면, 文 · 武 이전의 禹 · 湯도 文 · 武를 지키는 가운데 저절로 포함된다.

○ 夫子旣祖述堯舜, 則子貢只言 "文武之道, 未墜於地", 而不言堯舜者, 何也? 世之相遠, 而難拚者, 堯舜之道也 ; 時之相近, 而易知者, 文武之道也. 堯舜文武, 其道則一揆, 而遠邇則不同矣. 以子貢之善觀聖人, 而不言堯舜, 獨言文武者, 豈不以周政之近且備耶?

夫子께서는 이미 堯 · 舜을 祖述하셨는데, 子貢은 다만 "文 · 武의 道가 땅에 떨어지지 않았다." 고만 말하고, 堯 · 舜을 언급하지 않은 것[211)]은 무슨 까닭인가? 世代가 서로 멀어 '證據하기 어려운 것'[212)]은 堯 · 舜의 道요, 時代가 서로 가까워 알기 쉬운 것은 文 · 武의 道이다. 堯 · 舜과 文 · 武는 그 道는 하나의 度揆였으나, 멀고 가까움이 달랐던 것이다. 子貢이 聖人을 잘 살폈으면서도 堯 · 舜을 언급하지 않고 오직 文 · 武만 언급한 것은 어찌 周나라의 政事가 가깝고도 잘 갖추어져 있었기 때문이 아니겠는가?

---

211) 『論語』 子張 22 : 衛公孫朝, 問於子貢曰 "仲尼, 焉學?" 子貢曰 "文武之道, 未墜於地, 在人. 賢者, 識其大者 ; 不賢者, 識其小者, 莫不有文武之道焉. 夫子, 焉不學, 而亦何常師之有?"

212) '證據하기 어려운 것' 의 原文은 '難拚者' 인데, 여기서 '拚' 字의 해석이 문제된다. '拚' 字는 '손뼉을 치다' · '청소(掃除)하다' · '하늘을 날다' 등의 뜻이 있는데, 이 가운데 어느 것도 이곳의 문맥과 부합하지 않는다. 이곳의 문맥으로 보아 '難拚者' 는 '증거하기 어렵다' · '변별하기 어렵다' · '알기 어렵다' 등의 뜻이어야만 한다. 譯者는 이곳의 '拚' 字를 心齋가 '據' 字 또는 '辨' 字를 간편하게 쓴 것으로 보고, '증거하기 어려운 것' 이라고 번역하였다.

○ 朱子曰 "皆兼內外, 該本末而言." 陳氏釋之曰 "細底道理, 爲本爲內; 麤底道理, 爲末爲外." 盖細底道理, 雖曰爲本爲內, 而豈無爲末爲外乎? 麤底道理, 雖曰爲末爲外, 而豈無爲本爲內乎? 無論道理之麤細, 皆兼內外,[213] 該本末而言.

朱子는 "모두 內 · 外를 겸하고, 本 · 末을 포함시켜 말한 것이다."라고 주석했는데,[214] (小注에서) 潛室陳氏는 이것을 풀이하여 "세밀한 道理는 本이 되고 內가 되나, 거친 道理는 末이 되고 外가 된다."고 하였다. 대개 세밀한 도리는 비록 本이 되고 內가 된다고 말하나, 어찌 末이 되고 外가 됨이 없겠는가? 거친 道理는 비록 末이 되고 外가 된다고 말하나, 어찌 本이 되고 內가 됨이 없겠는가? 道理의 거침과 세밀함을 막론하고, 모두 內 · 外를 겸하고 本 · 末을 포함하여 말하는 것이다.

○ 此章總論孔子之道德, 而竝育竝行不害不悖者, 只言天地, 不言孔子. 然聖人一天地也. 天有至誠無息之道, 而聖人亦有至誠無息之道焉; 地有博厚持載之道, 而聖人亦有博厚持載之道焉, 則所以言天地者, 乃形容聖人也. 然則竝育竝行, 與不害不悖者, 雖只言天地, 而天地之所以爲大者, 卽孔子之所以爲大也.

이 章은 '孔子의 道德'을 總論한 것인데, '竝育竝行'과 '不害不悖'[215]는

---

213) '兼內外'는 心齋의 原文에는 '兼本外'라 하였는바, '兼內外'의 誤記가 분명하므로, 고쳤다.

214) 朱子의 이 주석은 "仲尼, 祖述堯舜, 憲章文武, 上律天時, 下襲水土."에 관한 설명이었다.

215) 本文에서 "萬物은 함께 자라면서 서로 해치지 않고, 道는 함께 운행되면서 서로 어긋나지 않는다(萬物竝育而不相害, 道竝行而不相悖.)"라 하였는바,

다만 天地를 말하고, 孔子는 말하지 않았다. 그러나 聖人은 하나의 天地이다. 하늘에 至誠無息의 道가 있음에, 聖人 또한 至誠無息의 道가 있으며, 땅에 博厚持載의 道가 있음에 聖人 또한 博厚持載의 道가 있는 것이다. 그러한 즉, 天地를 말한 까닭은 바로 聖人을 形容하기 위한 것이다. 따라서 '竝育竝行'과 '不害不悖'는 비록 다만 天地를 말했지만, 天地가 위대한 존재가 되는 까닭은 곧 孔子가 위대한 존재가 되는 까닭인 것이다.

○ "道竝行而不相悖", 不曰 "四時日月", 而必曰 "道"者, 何也? 易曰 "一陰一陽之謂道." 此道字, 兼四時日月而言也. 蓋四時焉, 有寒暑往來之道 ; 日月焉, 有黃白盈虛之道, 故一道字, 所操者約, 而所包者廣, 則凡天地間, 四時之錯行, 日月之代明, 無非道也. 所以明四時日月之迭運互照者, 必以道字言之也.

"道는 함께 운행되면서 서로 어긋나지 않는다."고 했는데, '四時日月'을 말하지 않고 반드시 '道'라고 말한 까닭은 무엇인가? 『周易』에서는 "一陰一陽을 道라 한다."고 했는데, 이 '道'字는 四時와 日月을 겸해서 말하는 것이다. 대개 四時는 寒暑往來의 道가 있고, 日·月은 黃道·白道[216] 및 차고 기우는 道가 있다. 그러므로 하나의 '道'字는 말은 簡約하지만 포함하는 것은 넓은 것이다. 그러한 즉 무릇 天地의 사이에 四時가 번갈아가면서 운행되고, 日·月이 교대로 밝은 것은 道가 아닌 것이 없는 것이다. 따라서 四時가 번갈아가면서 운행되고 日·月이 서로 비추는 것을 밝힐 때에는 반드시 이 '道'字로 말하는 것이다.

'竝育竝行'이란 '萬物의 竝育과 道의 竝行'을 말하고, '不害不悖'란 '萬物의 不相害와 道의 不相悖'를 말한다.

216) '黃道'란 天球上의 태양의 궤도를 말하고, '白道'란 지구를 도는 달의 궤도를 天球上에 투영한 큰 圓을 말함.

○ 竝育竝行者, 是統而觀之也；不害不悖者, 是析而觀之也. 竝育竝行, 與不害不悖, 是同時事也, 則固可以分合論也, 不可以先後論也. 自物而言, 則竝育竝行者, 固在此, 而不害不悖者, 亦在此也；自天地而言, 則竝育竝行者, 大德之統, 體乎小德, 而不害不悖者, 小德之分, 行乎大德也.

'萬物이 함께 자라고 道가 함께 운행됨(竝育竝行)' 이란 통합해서 살핀 것이요, '萬物이 서로 해치지 않고 道가 서로 어긋나지 않음(不害不悖)' 이란 분석해서 살핀 것이다. '竝育竝行' 과 '不害不悖' 는 同時의 일이니, 진실로 分析과 統合으로 논할 수는 있으나, 先·後로 논할 수는 없다. 萬物로부터 말하자면, '竝育竝行' 하는 것도 진실로 여기에 있고, '不害不悖' 하는 것도 또한 여기에 있다. 그러나 天地로부터 말하자면, '竝育竝行' 이란 大德의 統合됨이 小德의 본체가 됨이요, '不害不悖' 란 小德의 나뉨이 大德에서 행해지는 것이다.

<第31章>

○ "聰明睿知, 足以有臨." 盖臨者, 自上臨下之義, 而此所謂至聖之德, 首出庶物, 然後足以臨下也. 故大學序文中有曰 "一有聰明睿知能盡其性者, 出於其間, 則天必命之, 以爲億兆之君師." 有這般盡性之德者, 有這般君師之責, 則卽此是聰睿足臨之義, 而夫所謂聰明睿知之足臨者, 大槪是有過人處, 方服得人也.

"聰明하고 睿知하여 臨하기에 충분하다." 고 했는데, 대개 '臨한다' 는 것은 위로부터 아래로 臨한다는 뜻이니, 이것은 이른바 "至聖의 德을 지닌 사람이 만물 가운데 으뜸으로 나신 다음에 아랫사람에게 臨하기에 충분하다"는 말이다. 그러므로 〈大學章句〉의 序文 가운데 "한 사람이라도 聰明睿知하여 능히 자기의 本性을 다 발휘할 수 있는 사람이 그 사이에서 나오면, 하늘은 반드시 그에게 命하여 億兆의 君師가 되게 하셨다."고 한 것이다. 저 자기의 本性을 다 발휘할 수 있는 德이 있는 사람은 저러한 君師의 책임이 있게 되니, 이것이 곧 "聰明하고 睿知하여 臨하기에 충분하다"는 말의 뜻이다. 그런데 이른바 '聰明하고 睿知하여 臨하기에 충분한 사람'은 대개 남들보다 탁월한 점이 있어야만 바야흐로 복종시켜 사람을 얻을 수 있는 것이다.

○ 至聖只言聰明睿知, 而不言心. 然心者, 一身之主宰, 萬事之根本, 則纔說聰明睿知, 心在是矣. 盖聰雖以耳, 而所以聰者, 心也 ; 明雖以目, 而所以明者, 心也. 曰睿曰知, 純以心言, 而知者, 是心之本體也 ; 睿者, 是心之思慮也.

(本文에서는) '至聖'을 설명하면서 다만 '聰明睿知'만을 언급하고, '心'은 언급하지 않았다. 그러나 '心'은 一身의 主宰者요, 萬事의 根本이니, 문득 聰明睿知를 말하면 心이 거기에 있는 것이다. 대개 '귀밝음(聰)'은 비록 '귀'로 말하는 것이지만, 귀가 밝을 수 있는 까닭은 '心'이며, '눈밝음(明)'은 비록 '눈'으로 말하는 것이지만, 눈이 밝을 수 있는 까닭은 '心'이다. '睿'라 하고 '知'라 하는 것은 순수하게 '心'으로 말하는 것인데, '知'는 心의 本體요, '睿'는 心의 思慮이다.

○ "溥博淵泉", 似有大德意思, 而必以屬之於小德川流者, 何也? 盖大德小德, 本無二致, 敦化川流, 只是一事, 則溥博淵泉, 似是大德, 而屬之以小德者, 此也.

"두루 넓고(溥博), 고요하고 깊음(淵泉)"은 '大德'의 뜻이 있는 것 같은데, 반드시 '小德의 川流'에 소속시킨 까닭은 무엇인가? 대개 大德과 小德은 본래 두 理致가 아니요, 敦化와 川流도 다만 하나의 일이다.[217] 이러한 까닭에, '溥博淵泉'은 大德인 것 같은데 小德에 소속시킨 것이다.

○ "溥博如天", 章句曰 "充積極其盛, 而發見當其可也". 盖極其盛當其可之說, 雖發於此節, 而極其盛當其可之實, 已盡於上節. 盖充積極其盛, 而發見當其可, 則固不是上節未極其盛, 而於此方言其極盛也, 亦不是上節未當其可, 而於此方言其當可也. 旣曰 "溥博淵泉", 則充積極盛之意, 自在其中也 ; 旣曰 "而時出之", 則發見當可之意, 自該這裏也. 而必於此節而言之者, 是不過推到極大極盡處說去耳.

"溥博은 하늘과 같다.(溥博如天)"고 한 것에 대해, 章句에서는 "쌓임이 그 盛大함을 지극히 하고, 발현됨이 그 옳음에 마땅하다."고 주석하였다.

---

217) 本文에서는 "小德은 냇물처럼 흐르고, 大德은 化育을 두텁게 한다.(小德川流, 大德敦化.)"라고 했는데, 이에 대해 朱子는 "萬物이 서로 해치지 않고 道가 서로 어긋나지 않는 까닭은 '小德의 川流'요, 萬物이 함께 자라고 道가 함께 운행되는 까닭은 '大德의 敦化'이다. '小德'은 全體의 나뉨이요, '大德'은 萬殊의 근본이다. '川流'란 냇물의 흐름과 같은 것으로, 脈絡이 分明하여 끊임없이 흐르는 것이요, '敦化'란 그 化育을 두텁게 하는 것으로, 根本이 盛大하여 끊임없이 流出되어 나오는 것이다.(所以不害不悖者, 小德之川流 ; 所以竝育竝行者, 大德之敦化. 小德者, 全體之分 ; 大德者, 萬殊之本. 川流者, 如川之流, 脈絡分明而往不息也 ; 敦化者, 敦厚其化, 根本盛大而出無窮也.)"라고 풀이하였다. 요컨대 '小德의 川流'란 남을 돕지는 못하되 해치지도 않으면서 묵묵히 자기의 길을 가는 것이요, '大德의 敦化'란 남을 해치지 않음은 물론 그의 成就를 적극적으로 돕는 것이다.

대개 그 '그 盛大함을 지극히 하고 그 옳음에 마땅하다' 는 설명은 비록 이 節에서 발한 것이지만, '그 盛大함을 지극히 하고 그 옳음에 마땅함' 의 實質은 이미 上節에서 모두 밝혀졌다. 대개 "쌓임이 그 盛大함을 지극히 하고, 발현됨이 그 옳음에 마땅하다."는 말은, 진실로 上節에서는 그 盛大함이 지극하지 못했는데 이 節에 이르러서 바야흐로 그 성대함이 지극하다는 말이 아니요, 또한 上節에서는 그 옳음에 마땅하지 못했는데 이 節에 이르러서 바야흐로 그 옳음에 마땅하다는 말도 아니다. 이미 "두루 넓고(溥博), 고요하고 깊다(淵泉)"라고 했으니, '쌓임이 그 盛大함을 지극히 했다' 는 뜻이 그 가운데 있는 것이요, 이미 "때에 따라 나온다(而時出之)"라고 했으니, '발현이 그 옳음에 마땅하다' 는 뜻이 그 가운데 있는 것이다. 그런데 반드시 이 節에서 말한 것은 지극히 크고 지극히 극진한 곳까지 미루어 나가 말한 것에 불과하다.

○ "凡有血氣者, 莫不尊親, 故曰配天." 盖血氣二字, 所該者極廣, 而體信達順之效, 可合乎天之廣大也. 盖血氣, 非徒人也, 禽獸亦血氣也, 草木亦血類也. 如麒麟遊郊, 鳳凰來儀, 蓂莢生庭之類, 都[218]有這尊親底意思, 而只看此等異類, 都在天之下, 而尊親乎天, 則尊親至誠, 可知, 然後其與下文配天之義, 更有體會, 而且盡人性, 便盡物性, 亦是實理如此也. 況乎尊莫大於天也, 德莫盛於天也, 有是聖德之實者, 有是聖德之名, 而尊之所至, 如天之尊也 ; 德之所及, 如天之德也, 則其曰配者, 聖卽天也, 天卽聖也, 天與聖, 一也.

(本文에서는) "무릇 血氣를 지니고 있는 것들은 尊敬하고 親愛하지 않음

---

218) '都' 는 心齋의 原文에는 '徒' (한갓)로 되어 있으나, 문맥상 '都' (모두)가 마땅하므로, 고쳤다.

이 없으니, 그러므로 '하늘과 짝한다(配天)' 고 말한다."라고 했다. 대개 '血氣' 라는 두 글자는 해당되는 것이 매우 넓으니, '信을 체현하여 和順에 이른(體信達順) 효험' [219]이 하늘의 廣大함에 부합할 수 있는 것이다. 대개 血氣는 한갓 사람만 말하는 것이 아니니, 禽獸도 또한 血氣가 있는 것이며, 草木도 또한 血氣가 있는 무리이다. 예컨대 麒麟이 郊外에서 놀고, 鳳凰이 來儀[220]하며, 蓂莢[221]이 뜰에 나는 것과 같은 것들이 모두 저 尊敬하고 親愛하는 뜻을 지니고 있는 것이다. 다만 이러한 무리의 神異한 것들이 모두 하늘 아래에 있어서 하늘을 존경하고 친애함을 보면, 존경하고 친애함의 지

219) 『禮記』 〈禮運〉에서는 "(聖王이 모든 政事를 順理대로 하면) 하늘은 기름진 이슬을 내리고, 땅은 단술이 솟아나는 샘을 주며, 山에서는 보배로운 수레를 내어주고, 물에서는 말이 그림을 지고 나오며, 鳳凰과 麒麟은 모두 郊外의 숲에서 놀고, 거북과 龍은 왕궁의 연못에서 노닌다. 그밖에 진귀한 짐승의 새끼나 신령한 새의 알을 굽어 살피는 곳마다 볼 수 있으니, 이것은 다른 까닭이 아니니다. 先王이 능히 禮를 닦아 義에 통달하고, 信을 체현하여 和順에 이르렀기 때문이다. 그러므로 이것이 和順의 實狀인 것이다.(天降膏露, 地出醴泉, 山出器車, 河出馬圖, 鳳凰麒麟皆在郊棷, 龜龍在宮沼. 其餘鳥獸之卵胎, 皆可俯而闚也. 則是無故, 先王能修禮以達義, 體信以達順, 故此順之實也.)"라고 하였다. '물에서는 말이 그림을 지고 나온다' 는 것은 '河圖洛書' 와 같은 것을 말한다. 위의 인용문에 대해 程子는 "君子가 敬으로 자신을 닦고 독실하고 공경하여, 오직 上下가 한결같이 恭敬하면, 天地가 저절로 자리를 잡고 萬物이 저절로 化育하여, 네 가지 神靈한 것들이 모두 이르게 되니, 이것이 體信達順의 道이다."라고 설명하였고, 朱子는 "信은 實理요, 順은 和氣이다. 體信은 '中을 이룸' 이요 達順은 '和를 이룸' 이다. 진실로 이 道를 몸에 體化하면 저절로 발하여 節度에 맞게 되니, 天下에 미루어 나가도 통하지 않는 바가 없다."고 설명하였다(『禮記集說大全』 卷9 頁56 참조).

220) 來儀 : 훌륭한 모습을 하고 옴.

221) 蓂莢(명협) : 堯임금 때 조정의 뜰에 난 상서로운 풀의 이름. 초하룻날부터 매일 한 잎씩 나서 자라고, 열엿새 째부터 매일 한 잎씩 져서, 그믐에 이른 까닭에, 이것을 바탕으로 달력을 만들었다고 함.

극한 정성을 알 수 있으니, 그런 다음에 下文의 '하늘과 짝한다(配天)'는 뜻과 다시 체험적으로 부합되는 것이다. 또한 사람의 본성을 다 발휘하는 것이 문득 사물의 본성을 다 발휘하게 하는 것이니, 이것 또한 實理가 이와 같은 것이다. 하물며 존귀함이 하늘보다 더 큰 것이 없고, 德이 하늘보다 더 盛大한 것이 없으니, 이 聖德의 實質을 지닌 사람은 이 聖德의 이름을 지니는 것이다. 그리하여 尊貴함이 이르는 바는 하늘의 尊貴함과 같은 것이요, 德이 미치는 바는 하늘의 德과 같은 것이니, 그러므로 '짝한다'고 한 것이다. 聖人은 곧 하늘이요, 하늘은 곧 聖人이니, 하늘과 聖人은 하나이다.

<第32章>

○ 經綸立本知化, 似是小德, 而屬之於大德敦化者, 何也? 大德, 一箇誠也, 而經綸立本知化, 不越乎誠, 則這便是大德也.

'천하의 大經을 經綸함(經綸)'·'天下의 大本을 세움(立本)'·'天地의 化育을 앎(知化)' 등은 '小德'인 것 같은데, '大德의 敦化'에 소속시킨 것은 무슨 까닭인가? '大德'은 하나의 '誠'인데, 經綸·立本·知化는 모두 誠을 벗어나지 않으니, 문득 大德인 것이다.

○ "夫焉有所倚." 蓋不倚之謂中, 而經綸立本知化, 不倚於一物, 則卽此是中庸也.

"무릇 어찌 의지하는 바가 있겠는가?"라고 했는데, 대개 '의지하지 않음'을 '中'이라 한다. 經綸·立本·知化를 하나의 사물에 의지하지 않으면, 이것이 곧 中庸이다.

○ 知化育之知字, 與下章 "知遠之近, 知風之自, 知微之顯", 知字較有不同. 盖此章之一知字, 以聖人至誠之功而言也 ; 下章之三知字, 以學者立心之始而言也. 一箇知字, 而聖人之知, 學者之知, 不同矣.

'天地의 化育을 안다(知化育)' 고 할 때의 '知' 字는 下章의 "먼 것이 가까운 데서부터 시작함을 알고(知遠之近), 바람이 일어나는 곳을 알며(知風之自), 隱微한 것이 드러남을 안다(知微之顯)" 고 할 때의 '知' 字와 비교해 보면 서로 다르다. 대개 이 章에서의 하나의 '知' 字는 '聖人의 至誠의 功效' 로 말하는 것이요, 下章에서의 세 '知' 字는 '學者가 마음을 세운 始初' 로 말하는 것이다. 하나의 '知' 字이지만, '聖人의 知' 와 '學者의 知' 는 다른 것이다.

○ 朱子曰 "此皆至誠無妄自然之功用." 經綸立本知化, 皆以存主處言, 而必曰 "功用"者, 何也? 經綸立本知化, 就存主處說, 而存主之中, 自有功用之妙焉.

朱子는 "이것은 모두 至誠無妄의 自然스러운 功用이다" 라고 하였다. 經綸 · 立本 · 知化는 모두 '主體를 보존하는 차원(存主處)' 에서 말하는 것인데, (朱子는) 반드시 "功用" 이라고 말한 까닭이 무엇인가? 經綸 · 立本 · 知化는 存主處에 나아가 말하는 것인데, 主體를 보존하는 가운데 저절로 '功用의 妙' 가 있는 것이다.

○ 上章曰 "凡有血氣者, 莫不尊親." ; 此章曰 "苟不固聰明聖知達天德者, 其孰能知之?" 盖彼言小德 ; 此言大德, 而小德者, 條理分明, 人所易見也 ; 大德者, 實理渾淪, 惟聖能知也.

上章에서는 "무릇 血氣를 지니고 있는 것들은 尊敬하고 親愛하지 않음이 없다.”고 하였고, 이 章에서는 “진실로 聰明하고 성스럽고 지혜로워 天德에 통달한 자가 아니라면, 그 누가 능히 이것을 알겠는가?”라고 하였다. 대개 上章은 小德을 말한 것이요, 이 章은 大德을 말한 것이다. 小德은 條理가 分明하여 사람들이 알기 쉬운 것이요, 大德은 實理가 渾淪하여 오직 聖人만 능히 알 수 있는 것이다.

○ 朱子曰 “其淵其天, 則非特如之而已.” 夫如天如淵, 其淵其天, 雖有表裏微顯之分, 而亦無高下優劣之可論. 蓋如天如淵者, 以衆人而觀聖人也; 其淵其天者, 以聖人而觀聖人也. 然語其聖人, 則只是一箇聖人也.

朱子는 “其淵·其天은 다만 그와 같을 뿐만이 아니다.”라고 주석하였다.[222] 무릇 ‘如天·如淵’과 ‘其淵·其天’은 비록 表·裏와 微·顯의 구분이 있지만, 또한 高·下와 優·劣을 말할 수 있는 것은 아니다. 대개 ‘如天·如淵’이란 ‘衆人으로서 聖人을 관찰한 것’이요,[223] ‘其淵·其天’은

222) 朱子의 이 주석은 本文의 “정성스럽고 정성스러운 그 仁이며, 고요하고 깊은 그 연못이며, 넓고 큰 그 하늘이다.(肫肫其仁, 淵淵其淵, 浩浩其天.)”에 관한 설명이다. 주자는 ‘肫肫其仁’은 ‘天下의 大經을 經綸함’을 말한 것이요, ‘淵淵其淵’은 ‘天下의 大本을 세움’을 말한 것이며, ‘浩浩其天’은 ‘天地의 化育을 앎’을 말한 것이라 설명하고, 이어서 “其淵·其天은 다만 그와 같을 뿐만이 아니다.”라고 한 것이다. “其淵·其天은 다만 그와 같을 뿐만이 아니다.”라는 말은 “其淵·其天은 (앞 章에서 말한 ‘溥博如天, 淵泉如淵.’의) ‘如天·如淵’과 같을 뿐만이 아니다.”라는 말이다.

223) 앞 章에서는 “溥博如天, 淵泉如淵.” 다음에 “(聖人이) 나타나심에 백성들은 공경하지 않음이 없고, (聖人이) 말씀하심에 백성들은 믿지 않음이 없으며, (聖人이) 행동하심에 백성들은 기뻐하지 않음이 없다.(見而民莫不敬, 言而民莫不信, 行而民莫不說.)”고 하였다. 이런 맥락에서 心齋는 ‘衆人으로서 聖人을 관찰한 것’이라고 설명한 것이다.

'聖人으로서 聖人을 관찰한 것' 이다. 그런데 그 聖人을 말한 것임에 있어서는 다만 하나의 聖人인 것이다.

◯ 於至聖之德, 則曰 "小德之川流" ; 於至誠之道 則曰 "大德之敦化", 至聖至誠, 分大小而言之者, 何也? 小德是零碎底大德 ; 大德是合聚底小德, 則一體一用, 大小雖殊, 而亦非有兩事也. 盖德之發見者, 至聖也 ; 道之存主者, 至誠也. 一本而散爲萬殊, 萬殊而合爲一本者, 有如忠之有恕, 中之有和, 竝育竝行, 不害不悖, 則此非大德之敦化, 而小德之川流者乎?

(朱子는) '至聖의 德' 에 대해서는 "小德의 川流"라 하고, '至誠의 道' 에 대해서는 "大德의 敦化"라 했는데, '至聖' 과 '至誠' 을 각각 大 · 小로 나누어서 말한 까닭은 무엇인가? 小德은 '零碎한 大德' 이며, 大德은 '合聚한 小德' 이다. 하나는 體이고 하나는 用이어서, 大 · 小가 비록 다르나, 또한 두 개의 일이 있는 것은 아니다. 대개 德이 발현한 것이 '至聖' 이요, 道가 주체를 보존한 것이 '至誠' 이다. 하나의 근본이 흩어져서 萬殊가 되고, 萬殊가 합쳐져서 하나의 근본이 됨은 忠에는 恕가 있고 中에는 和가 있음과 같은 점이 있어서, 함께 자라나고 함께 운행되면서 서로 해치지 않고 서로 어긋나지 않는 것이다. 그러한 즉, 이것이 '大德의 敦化' 이면서 '小德의 川流' 인 것이 아니겠는가?

<第33章>

◯ "知風之自", 則風乃設譬之意, 而非以吾氣所發而謂之風也. 盖知其身之得失, 由其心之邪正也.

“바람이 일어나는 곳을 안다(知風之自)” 고 했는데, ‘바람’ 은 바로 譬喩를 들기 위한 뜻이요, ‘나의 氣가 발한 것’ 을 바람이라 말하는 것이 아니다. 대개 ‘그 몸의 得 · 失’ 은 ‘그 마음의 邪 · 正’ 으로부터 말미암는다는 것을 안다는 말이다.

○ 前章曰 “魚躍于淵” ; 此章曰 “潛雖伏矣, 亦孔之昭.” 蓋一理流行, 無物不有, 而魚躍于淵, 亦理之所寓, 則所以明此理之自然昭著也 ; 己所獨知, 其幾輒見, 而魚潛在淵, 亦甚昭然, 則所以晳君子之必謹其獨也.

앞의 第12章에서는 “물고기가 연못에서 뛰논다(魚躍于淵)” 고 했는데, 이 章에서는 “잠긴 것이 비록 엎드려 있으나, 또한 매우 밝게 드러난다.(潛雖伏矣, 亦孔之昭.)” 고 하였다. 대개 하나의 理가 流行함에 그것을 지니지 않은 사물이 없으니, ‘물고기가 연못에서 뛰노는 것’ 또한 理가 붙어 있는 곳인 것이다. 그러한 즉, (앞의 第12章은) ‘이 理가 저절로 밝게 드러남’ 을 밝히기 위한 것이었다. 자기만 홀로 알고 있으나 그 幾微가 문득 드러나니, ‘물고기가 연못 속에 잠겨 있으나 또한 매우 밝게 드러나는 것’ 이다. 그러한 즉, (이 章은) ‘君子가 반드시 그 홀로 있을 때에 삼가야 함’ 을 밝히기 위한 것이다.

○ “內省不疚, 無惡於志”, 所疚者, 何事 ; 所惡者, 何事耶? 人心至靈, 而毫髮之微, 少有自欺, 則必有不能慊於中者, 此所謂疚也, 此所謂惡也.

“안으로 살펴보아 잘못이 없음에, 마음에 부끄러움이 없다.(內省不疚, 無惡於志.)” [224]고 했는데, ‘잘못됨(所疚)’ 이란 무슨 일이며, ‘부끄러움(所惡)’ 이란 무슨 일인가? 사람의 마음은 매우 神靈하여, 터럭만큼 작은 것이라도 조금이라도 스스로를 속임이 있다면, 반드시 속마음에 만족스럽지 못한 점이 있는 것이다.[225] 이것이 이른바 '잘못됨' 이며, 이것이 이른바 '부끄러움' 이다.

○ "相在爾室, 尙不愧于屋漏." 蓋涵養須用敬, 而入道莫如敬, 則屋漏之處, 只是教做存養工夫者, 其必曰持敬之方也.

"네가 (홀로) 방 안에 있음을 살펴보니, 오히려 방 귀퉁이에서도 부끄럽지 않게 한다." 고 하였다. 대개 涵養에는 모름지기 敬을 쓰고, 道에 들어감에도 敬만한 것이 없다. 그러한 즉, '방 귀퉁이에 처함' 은 다만 存養工夫를 하도록 가르치는 사람은 모두 반드시 '持敬의 方法' 이라 할 것이다.

○ "不動而敬, 不言而信." 旣曰 "不動", 則何以謂之敬? 旣曰 "不言", 則何以謂之信耶? 明鏡不照, 而尙見其光也 ; 止水未波, 而尙知其淸也, 則君子敬信之心, 固無動靜語默之間. 故不但動容貌以敬, 而容貌未動之前, 已無不敬矣. 不徒出辭氣以信, 而辭氣未出之前, 已無不信矣.

"(君子는) 움직이지 않아도 공경하고, 말하지 않아도 믿는다." 고 하였다.

---

224) 本文의 '뜻에 싫음(미움)이 없다(無惡於志)' 에 대해서 朱子는 '마음에 부끄러움이 없다(無愧於心)' 로 풀이하였다.

225) 『大學章句』 傳6章에서는 "이른바 '그 뜻을 참되게 한다(誠意)' 는 것은 스스로를 속임이 없는 것이니, 惡臭를 싫어하듯 하고 好色을 좋아하듯 하는 것, 이것을 '自謙(自慊)' 이라 한다. 그러므로 君子는 반드시 그 홀로 있을 때에 삼가는 것이다.(所謂誠其意者, 毋自欺也, 如惡惡臭, 如好好色, 此之謂自謙, 故君子, 必愼其獨也.)" 라고 하였다. 주자는 '自謙' 의 '謙' 이란 '흔쾌하고 만족스러움(快也足也)' 이라고 설명하였다.

이미 "움직이지 않는다"고 했는데 어찌하여 '공경한다' 라고 했으며, 이미 "말하지 않는다"고 했는데 어찌하여 '믿는다' 라고 한 것인가? '밝은 거울(明鏡)' 은 비추지 않아도 오히려 그 빛을 발하며, '고요한 물(止水)' 은 물결이 일지 않아도 오히려 그 맑음을 아는 것이다. 그러한 즉, 君子의 敬·信하는 마음은 진실로 動·靜과 語·默의 간격이 없는 것이다. 그러므로 다만 容貌를 움직일 때에만 敬으로 하는 것이 아니요, 容貌를 움직이기 전에도 이미 공경하지 않음이 없는 것이며, 한갓 말과 소리를 낼 때에만 信으로 하는 것이 아니요, 말과 소리가 나기 전에도 이미 믿음직스럽지 못함이 없는 것이다.[226)]

○ 潛伏一節 兼善惡上說 相在一節 就善一邊說

"잠긴 것이 비록 엎드려 있으나 또한 매우 밝게 드러난다."는 구절은 善·惡을 겸해서 말한 것이요, "네가 (홀로) 방 안에 있음을 살펴보니, 오히려 방 귀퉁이에서도 부끄럽지 않게 한다."는 구절은 善一邊에 나아가 말한 것이다.

○ "君子不賞而民勸, 不怒而民威於鈇鉞." 民勸民畏之前, 當用何工夫耶? 不賞而勸, 不怒而威, 自戒懼謹獨上來耳. 盖潛伏之者, 謹獨之事也 ; 相在云者, 戒懼之事也. 戒懼者, 統體做工夫, 而保守天理也 ; 謹獨者, 切緊加工夫, 而檢防人欲也. 自戒懼而約之, 以至於至靜之中, 無少偏倚, 而其守不失, 則不待賞而民自勸 ; 自謹獨而精之, 以至於應物之處, 無少差謬, 而無適不然, 則不待怒而民自畏也. 然則不賞而勸, 不怒而威者, 其要

226) 『論語』 泰伯 4 : 曾子曰 (……) 君子所貴乎道者三, 動容貌, 斯遠暴慢矣 ; 正顏色, 斯近信矣 ; 出辭氣, 斯遠鄙倍矣.

只在戒懼謹獨, 而戒懼謹獨者, 勸善畏威之本也 ; 勸善畏威者, 戒懼謹獨之效也.

"君子는 賞을 주지 않아도 백성들이 勸勉하게 되고, 성내지 않아도 백성들이 鈇鉞보다 두려워한다."고 하였는데, 백성들이 勸勉하게 되고 백성들이 두려워하게 되기 전에는 마땅히 어떤 工夫를 해야 하는가? 賞을 주지 않아도 勸勉하게 되고 성내지 않아도 두려워하게 되는 것은 戒懼와 謹獨으로부터 유래하는 것이다. 대개 "잠긴 것이 비록 엎드려 있으나 또한 매우 밝게 드러난다."는 구절은 '謹獨' 에 해당되는 일이요, "네가 (홀로) 방 안에 있음을 살펴보니, 오히려 방 귀퉁이에서도 부끄럽지 않게 한다."는 구절은 '戒懼' 에 해당되는 일이다. '戒懼' 란 統體上에서 工夫하여 天理를 지키는 것이요, '謹獨' 이란 절실하고 긴요하게 공부하여 人欲을 막는 것이다. 戒懼로부터 요약하여 지극히 고요한 가운데 조금도 치우치거나 기댐이 없게 되어 그 지킴을 잃지 않는다면, 賞을 주는 것을 기다리지 않고도 백성들은 저절로 勸勉하게 된다. 謹獨으로부터 정밀하게 하여 사물에 응하는 곳에 조금도 어긋남이 없게 되어 어디에 가든 그렇지 않음이 없게 된다면, 성냄을 기다리지 않고 백성들은 저절로 두려워하게 된다. 그러한 즉, 賞을 주지 않아도 勸勉하게 되고, 성내지 않아도 두려워하게 되는 것은, 그 요점은 다만 戒懼와 謹獨에 있을 뿐이다. 그런데, 戒懼와 謹獨은 善을 권면하고 위엄을 두려워하게 하는 根本이요, 善을 권면하고 위엄을 두려워함은 戒懼와 謹獨의 功效이다.

○ 前章曰 "中庸其至矣乎!" ; 此章曰 "不顯惟德." 盖中庸之德, 衆人之所同也 ; 不顯之德, 聖人之所獨也.

앞 章에서는 "中庸은 그 至極하도다!"라 하고, 이 章에서는 "드러나지 않는 德"이라 하였다. 대개 '中庸의 德' 은 衆人들도 함께 할 수 있는 것이지만, '드러나지 않는 德' 은 聖人만이 홀로 지닐 수 있는 것이다.

◯ 無聲無臭者, 此不過形容不顯篤恭之妙, 而開闊中, 又着細密, 寬緩中, 又着謹嚴, 則德雖無形迹之可尋, 而自有形迹之可尋 ; 道雖無聲色之可見, 而自有聲色之可見. 體用兼備, 動靜相涵, 則非如釋氏虛無寂滅之學矣.

'소리도 없고 냄새도 없음' 은 '드러나지 않고, 독실하게 공손함(不顯篤恭)' 의 妙를 형용한 것에 불과하다. 대개 활짝 열린 가운데 또한 細密함을 붙이고, 너그럽고 느슨한 가운데 또 謹嚴함을 붙이는 것이다. 그러한 즉, 德은 비록 찾을 수 있는 形迹이 없으나 저절로 찾을 수 있는 形迹이 있게 되고, 道는 비록 볼 수 있는 聲色이 없으나 저절로 볼 수 있는 聲色이 있게 되어, 體 · 用을 兼備하고 動 · 靜이 서로 머금고 있으니, 釋氏의 虛無寂滅한 학문과는 같지 않다.

◯ 始言天命之性, 末言上天之載, 則曰命曰載, 不同, 何也? 蓋命猶令也 ; 載則事也, 自一理之有萬處言之, 則是命也, 而命卽理也 ; 自萬事之歸一處言之, 則是載也, 而載亦理也. 始言一理, 則無極而太極也 ; 末合一理, 則太極本無極也. 首章言一理之發出, 故言命而不言載也 ; 末章言萬事之歸宿, 故言載而不言命也.

처음에는 '하늘이 命한 性(天命之謂性)' 을 말하고, 끝에서는 '上天의 일(上天之載)' 을 말했으니, '命' 이라 하고 '載' 라 하여, 서로 다르게 말한 까닭은 무엇인가? 대개 '命' 은 '令' 과 같고, '載' 는 곧 '事' 이다. 一理가 萬事로 나뉘게 되는 곳으로부터 말하면 곧 '命' 인데, '命' 은 곧 '理' 이다. 萬事가 一理로 귀착되는 곳으로부터 말하면 곧 '載' 인데, '載' 또한 '理' 이다.

처음에 一理를 말한 것은 '無極이면서 太極(無極而太極)' 인 것이요, 끝에서 다시 一理로 종합됨은 '太極은 본래 無極(太極本無極)' 인 것이다. 首章에서는 一理의 發出을 말했기 때문에 '命' 을 말하고 '載' 를 말하지 않은 것이며, 末章에서는 萬事의 歸宿處를 말했기 때문에 '載' 를 말하고 '命' 을 말하지 않은 것이다.

○ 此章多引詩, 而不言書. 蓋以首章中和二字觀之, 中以狀性之德 ; 和以著情之德, 而詩出性情感發興起者, 非如書之記載政事, 則此章所以必引詩, 申申說去者, 皆所以養中和之德也. 朱子所謂 "古人辭有餘而意無窮者, 多援詩, 以諷詠其餘意", 眞可得此章引詩之義矣.

이 章에서는 『詩經』은 많이 인용하고 『書經』은 언급하지 않았다. 대개 首章의 '中和' 라는 두 글자로 보면, '中' 은 '性의 德' 을 표현한 것이요, '和' 는 '情의 德' 을 드러낸 것이다. 그런데 詩는 性·情이 感發興起하는 데서 나오는 것이니, 『書經』이 政事를 記載한 것과는 다르다. 그러한 즉, 이 章에서 반드시 『詩經』을 인용하여 거듭 거듭 말한 까닭은 모두 '中和의 德' 을 기르기 위한 것이었다. 주자의 "古人들은 하고 싶은 말은 남아있고 뜻은 無窮할 때엔 詩를 인용하여 그 남은 뜻을 읊은 경우가 많았다." 는 말씀은 진실로 이 章에서 『詩經』을 인용한 뜻을 얻은 것이다.

大學辨疑

大學辨疑

<序文>

○ 古之大學, 與今之大學, 有異焉. 三代盛時, 禹湯文武之所以爲大學之敎者, 當以何者, 爲主耶? 天下無性外之事, 而聖賢無性外之功, 則三代大學之敎, 不過曰復其性而已. 盖古之大學, 以身爲敎 ; 今之大學, 以書爲敎, 則古之大學, 卽今之大學也. 天生蒸民, 有物有則, 而但爲氣稟所拘, 物欲所蔽, 不能知其性之所有, 全其性之所賦, 則天必命之以盡性之君, 天必作之以知性之師. 君以治之, 以全其性 ; 師以敎之, 以充其性. 此三代所由敎也. 夏曰校, 殷曰序, 周曰庠, 學則三代共之, 皆所以明人倫也. 明人倫之道, 惟在於明善而復其初也.

옛날의 大學은 지금의 大學과 차이가 있다. 夏·殷·周 三代의 융성한 시절, 禹·湯·文·武께서 大學의 교육을 실시할 때에 마땅히 무엇을 중심으로 삼았겠는가? 天下에는 性에서 벗어난 사물이 없고, 聖賢은 性에서 벗어난 업적이 없으니, 三代의 大學 교육은 다만 '그 本性을 회복함' 에 지나지 않았다. 대개 옛날의 大學은 '몸' 으로써 가르침을 삼았고, 지금의 대학은 '글' 로써 가르침을 삼으니, 옛날의 大學이 곧 지금의 大學이다. 하늘이 뭇 백성을 낳으심에 사물이 있으면 법칙이 있는 것이다(天生蒸民, 有物有則).[1] 다만 氣稟에 구애되고 物欲에 가려져서, '착한 本性을 지니고 있음' 도 알지 못하고, 그 '本性으로 부여된 것' [2]도 온전히 발휘하시 못하는 것이다. 그리하여 하늘은 반드시 자신의 본성을 다 발휘하는 사람을 '君主' 로 명령하고, 자신의 본성을 아는 사람을 '스승' 으로 세우신 것이다.[3] 君主는 백성을 다스림으로써 그들의 본성을 온전하게 해 주고, 스승은 백성을 가르침으로써 그들의 본성을 확충시킨 것이니, 이것이 三代의 교육이 연유한 바이다. 夏나라 때에는 '校' 라 했고, 殷나라 때에는 '序' 라 했으며, 周나라 때에는 '庠' 이라 하였고, '學' 이라는 이름은 三代가 함께 썼으니, 모두가 人倫을 밝히기 위한 것이었다.[4] 人倫을 밝히는 方道는 오직 善을 밝혀서

---

1) 天生蒸民, 有物有則 : 본래『詩經』大雅 烝民篇에 보이는 구절로서, 다만『시경』에서는 '蒸民' 을 본래 '烝民' 이라 표기하였다. 맹자는 烝民篇의 "하늘이 뭇 백성을 낳으심에 사물이 있으면 법칙이 있도다. 백성들은 떳떳한 본성을 지니고 있는지라, 이 아름다운 德을 좋아하는도다(天生烝民, 有物有則. 民之秉彛, 好是懿德.)"를 인용하고, 이것을 자신의 性善說을 뒷받침하는 논거 가운데 하나로 삼았다(『孟子』告子上 제6장 참조). 이러한 맥락에서, '有物有則' 이란 '사물마다 모두 착한 本性을 지니고 있음' 으로 해석된다.

2) '本性으로 부여된 것' 이란 仁·義·禮·智·信의 '五常' 을 말한다.

3) 朱子의 〈大學章句序〉에서 "하나라도 聰明睿智하여 자신의 本性을 다 발휘할 수 있는 사람이 그 사이에서 나오면, 하늘은 반드시 그에게 億兆의 君師가 되도록 명령한다."고 하였듯이, 여기서 말하는 '君主' 와 '스승' 은 별개의 존재가 아니다. 즉 儒學에서는 君主를 종종 '君師' 라고 표현하는바, 군주는 한편으로는 '백성을 길러주는' (養民) 통치자이고 한편으로는 '백성을 가르치는' (敎民) 스승이어야 한다는 것이다. 이것이 유교의 仁政과 德治의 이념이다.

4)『孟子』滕文公上 제3장에서는 "(三代에는) 庠·序·學·校를 세워 백성들을 가르쳤다. 庠은 길러주는 곳이요, 校는 가르치는 곳이요, 序는 활을 쏘는 곳이다. 夏나라 때에는 校라 했고, 殷나라 때에는 序라 했으며, 周나라 때에는 庠이라 했고, 學이라는 이름은 三代가 함께 썼으니, 모두가 人倫을 밝히기 위한 것이었다.(設爲庠序學校, 以敎之. 庠者, 養也 ; 校者, 敎也 ; 序者, 射也. 夏曰校 ; 殷曰序 ; 周曰庠 ; 學則三代共之. 皆所以明人倫也.)"라고 하였다. 이에 대해 朱子는 " '庠' 은 '老人을 봉양함' 을 추구했고, '校' 는 '백성을 교육함' 을 추구했으며, '序' 는 '활쏘기를 연습함' 을 추구했으니, 모두 '鄕學' 이었다. '學' 은 '國

'그 처음을 회복함'[5]에 있는 것이다.

○ 小注, 雲峰胡氏曰 "智則心之神明, 所以妙衆理"云云. 番易沈氏曰 "智者, 涵天理動靜之機"云云. 夫智者, 是衆理也, 是天理也. 今曰 "妙衆理, 涵天理"云爾, 則未免以理包理之病矣.

小注[6]에서, 雲峰胡氏는 "智란 마음의 神明으로서, 衆理를 妙하게 운용한다" 云云하였고, 番易沈氏는 "智란 天理가 動靜하는 기틀을 머금는다" 云云하였다. 무릇 '智'가 바로 '衆理'이고, 바로 '天理'이다. 이제 '衆理를 묘하게 운용한다'거나 '天理를 머금는다'고 말한다면 '理로 理를 포함한다(以理包理)'는 병통을 면할 수 없다.[7]

學'이었다."고 주석하였다.

5) '그 처음을 회복함'(復其初)은 위에서 말한 '그 본성을 회복함'(復其性)과 같은 뜻이다.

6) '小注'란 『大學章句大全』의 '小注'를 말한다. 心齋는 朱子의 集註는 '章句'라고 표기하였다.

7) 맹자는 인간의 本性을 仁·義·禮·智로 설명하였다. 주자는 '仁'에 대해서는 '마음의 德이요, 사랑의 이치(心之德, 愛之理)'라고 풀이하고, '義'에 대해서는 '마음의 제어함이요, 일의 마땅함(心之制, 事之宜)'이라고 풀었으며, '禮'에 대해서는 '天理의 節文이요, 人事의 儀則(天理之節文 人事之儀則)'이라고 풀었으나, '智'에 대해서는 이러한 방식으로 풀이하지 않았다. 이에 雲峰胡氏는 주자의 설명방식을 따라 '智'를 설명하고자 "智란 마음의 神明으로서, 衆理를 묘하게 운용하고 萬物을 주재하는 것(智則心之神明, 所以妙衆理而宰萬物者也.)"이라고 풀었던 것이며, 番易沈氏는 "智란 天理가 動靜하는 기틀을 머금고, 人事의 是非를 비추는 거울을 갖춘 것(智者, 涵天理動靜之機, 具人事是非之鑑.)"이라고 풀었던 것이다. 그러나 이들의 설명은 '性의 조목'인 '智'에 대한 설명이라기 보다는 '마음의 기능'인 '知覺作用'에 대한 설명에 해당되는 것이다. 즉 주자학의 이론체계에 입각하면, 마음은 본성을 머금고 있으면서 본성을 운용하여 감정으로 발현시키는 것이다(이것을 주자는 '心統性情'이라 하였다).

○ 聰明睿知, 受天命, 爲億兆之君師, 治而敎之. 若神農黃帝之時, 則未聞師敎之法者, 何也? 盖上古, 風氣未濟, 民性淳厚, 不言而信, 無爲而治, 則師敎之道, 未必如後世之備, 而亦或有設官之敎, 逸落無傳也耶?

(〈序文〉에서는) "聰明睿智한 사람이 天命을 받아 億兆의 君師가 되어 그들을 다스리고 가르친다."고 하였다. 그런데 神農이나 黃帝의 시대에는 '師敎의 法'이 있었다는 말을 듣지 못했으니, 무슨 까닭인가? 대개 上古時代에는 風氣는 고르지 못했고, 백성의 성품은 淳厚하였으니, 말하지 않아도 믿었고(不言而信), 일을 만들지 않아도 다스려졌다(無爲而治).[8] 따라서 '師敎의 道'가 반드시 後世처럼 갖추어지지는 않았을 것이다. 또한 혹은 官職을 설치하여 교육을 실시한 일이 있었는데, 모두 亡失되어 지금은 전해지는 것이 없는 것일 수도 있다.

○ 小注, 朱子曰 "樂之敎, 又親切. 夔敎胄子, 只用樂." 夫樂

그런데 雲峰胡氏나 番易沈氏의 설명은 '본성이 본성을 운용하고, 본성이 본성을 머금는다'는 논리가 되는 것이니, 心齋의 '理로 理를 포함한다(以理包理)'는 비판은 이것을 지적한 것이다. 한편, '天理의 節文'이란 '天理에 따라 마디를 짓고, 각각의 마디에 알맞게 꾸민다'는 뜻이다(이에 대한 자세한 논의는 拙著, 『儒家社會哲學硏究』, 심산, 2001, 253-256쪽 참조).

8) 유교(주자학)에서 말하는 '無爲而治'란 단순히 '아무 일도 하지 않아도 다스려진다'는 의미가 아니다. 주자학에서 말하는 '無爲而治'는 '爲政者가 德으로 모범을 보이면, 움직이지 않아도 백성들이 저절로 감화되고, 말하지 않아도 백성들이 저절로 신뢰하여, 통제하거나 가르치는 구체적인 행위를 하지 않아도 저절로 다스려진다'는 뜻이다. 즉 유교의 '無爲而治'에는 '爲政者가 먼저 德으로 모범을 보인다'는 '일(有爲)'이 전제되어 있는 것이다. 이에 대한 자세한 설명은 『論語』 爲政 제1장(子曰 "爲政以德, 譬如北辰居其所, 而衆星共之.")에 대한 朱子의 集註 참조.

也者，乃天地中和之氣，而所以蕩滌其邪穢，消融其渣滓，和順其道德，自不覺其手之舞之足之蹈之，則禮樂射御書數之中，五音六律之樂，又切於胄子也．彼胄子之性，未免爲氣質之所偏，則聖人所以因其性而教之，導其樂而救之，欲其矯其偏，而歸於中道也．

小注에서, 朱子는 "樂의 가르침은 더욱 친밀하고 절실하다. 夔가 胄子를 교육할 때도 다만 樂을 활용했을 뿐이다."라고 하였다.[9] 무릇 '樂(音樂)'이란 바로 天地의 中和의 氣로서, 그 사악하고 더러운 것을 깨끗이 씻어내고 찌꺼기를 녹여 없애서, 道德에 和順함으로써 자기도 모르는 사이에 손과 발이 춤추게 하는 것이다. 따라서 禮·樂·射·御·書·數 가운데 五音[10]·六律[11]의 音樂은 더욱 胄子들에게 절실한 것이다. 저 胄子들의 本性이 氣質에 의해 치우치게 됨을 면하지 못하였기에, 聖人이 그들의 本性을 바탕으로 가르치고 音樂으로 이끌어 구제하신 것이니, 그들의 치우침을 바로잡아 中道로 돌아가게 하기 위함이었다.

---

9) '夔(기)'는 舜임금의 신하의 이름이며, '胄子'는 天子와 公卿大夫 등의 '맏아들'을 가리킨다. 『書經』「虞書」〈舜典〉에는 舜이 夔에게 '典樂'을 담당하도록 명령하고, "胄子를 가르치되, 곧되 온화하고, 너그럽되 위엄이 있으며, 강하되 사납지 않으며, 簡約하되 오만하지 않게 하라. 詩는 뜻을 읊는 것이며, 歌는 말을 길게 늘이는 것이요, 聲은 가락을 따르는 것이며, 律은 소리를 조화시키는 것이다. 여덟 音이 능히 調和를 이루어 서로 질서를 어기지 않아야만, 神과 인간이 모두 和諧하게 될 것이다."라고 당부한 말이 보인다.

10) 五音 : 音律의 기본이 되는 宮(궁)·商(상)·角(각)·徵(치)·羽(우)의 다섯 音階.

11) 六律 : '十二律' 가운데 陽聲에 속하는 여섯 音으로서, 黃鍾(황종)·大簇(태주)·姑洗(고선)·蕤賓(유빈)·夷則(이칙)·無射(무역)을 말함. 陰聲에 속하는 여섯 音, 즉 夾鍾(협종)·仲呂(중려)·林鍾(임종)·南呂(남려)·應鍾(응종)·大呂(대려)는 '六呂'라 함.

○ 人生八歲, 皆入小學, 及其十有五年, 皆入大學. 若其八歲十五以後, 做得甚工夫耶? 盖大小學之分屬於八歲十五者, 盖言工夫之淺深, 有此年數之大概, 而本不以此爲限境界也. 年雖二十, 而自爲八歲時節 ; 年雖三十, 而自爲十五光陰. 一邊做小學工夫, 一邊做大學工夫, 不害其竝進而兼補, 一擧而兩得, 則畢竟成就爛漫, 同歸於八歲入小學十五入大學矣. 然則八歲十五以後, 從事於大小學者, 不患其捍格勤苦之病, 而苟以一敬字, 爲大小學之宗旨, 則這敬字, 徹上下, 貫終始, 而果不爲吾心上大小學乎?

(〈序文〉에서는) "사람이 태어나서 8세가 되면 모두 小學에 들어가고, 15세가 되면 모두 大學에 들어간다."고 하였다. 그렇다면 8세나 15세 이후에는 어떠한 工夫를 하는 것인가? 대개 小學과 大學을 8세와 15세로 나누어 소속시킨 것은 다만 工夫의 淺·深에는 대략 이러한 年數가 있음을 말한 것이요, 본래 이것으로 年限의 境界를 삼는다는 것이 아니었다. 나이는 비록 20세라도 스스로 8세 시기에 해당되는 경우가 있고, 나이는 비록 30세라도 스스로 15세 시기에 해당되는 경우도 있다. 이러한 경우, 한편으로는 小學의 工夫를 하고, 한편으로는 大學의 工夫를 한다면, 양자가 竝進하면서 서로 보완이 되어 一擧兩得에 방해가 없을 것이니, 마침내는 爛漫하게 成就하여 8세에 小學에 들어가고 15세에 大學에 들어간 사람들과 마찬가지가 될 것이다. 그렇다면 8세나 15세 이후 小學이나 大學에 종사하는 사람들이 捍格勤苦[12]의 病을 근심하지 않고, 진실로 하나의 '敬' 字로 小學과

---

12) '捍格(한격, 扞格)'은 '반항함'을 뜻하고, '勤苦'는 '부지런히 수고함'을 뜻함. 『禮記』〈學記〉에서는 "大學의 교육 방법에, 학생의 과오를 미연에 禁하는 것을 '豫'라 하고, 그 할 수 있는 때에 맞추는 것을 '時'라 하며, 학생의 수준을 넘지 않게 베푸는 것을 '孫'이라 하고, 서로 살펴서 착해지도록 하는 것을

大學의 宗旨를 삼는다면, 저 '敬' 字가 上·下와 終·始를 꿰뚫을 것이니, 과연 吾心上의 小學과 大學이 되지 않겠는가?

○ **小學教之之道, 皆及於王公以下, 庶人之子弟, 而大學則獨及於天子之元子衆子, 公卿大夫元士之嫡子, 而不及於庶人者, 何也? 聖人之教, 因其才而篤焉. 如小學灑掃應對之節, 此固庶人之所當行, 而大學修己治人之道, 固非庶人之所能與. 故小學則兼言庶人, 大學則不及庶人, 而旣曰凡民俊秀, 皆入大學, 則凡民亦庶人之類也.**

小學에서 교육한 方道는 모두 王公으로부터 그 아래 庶人의 子弟들까지 미쳤다. 그런데 大學은 오직 天子의 元子·衆子 및 公卿·大夫·元士의 嫡子[13]까지만 미치고 庶人들에게는 미치지 않은 까닭이 무엇인가? 聖人의

'摩' 라 한다. 이 네 가지는 교육이 성공하는 요인이다. 과오가 이미 있은 다음에 금하면 이에 저항하여 감당하기가 어려우며, 때가 지난 다음에 가르치면 부지런히 노력해도 괴로울 뿐 성공하기 어렵다. 수준에 맞지 않게 잡다하게 가르쳐 순조롭지 못하게 하면 무너지고 혼란스러워 닦여지지 않으며, 혼자 배워서 친구가 없으면 固陋하고 듣는 것이 적다. 놀기만 하는 친구와 사귀면 스승의 가르침을 어기게 되며, 그릇되고 치우친 것을 즐기면 학업을 폐하게 된다. 이 여섯 가지는 교육이 실패하는 요인이다.(大學之法, 禁於未發之謂豫 ; 當其可之謂時 ; 不陵節而施之謂孫 ; 相觀而善之謂摩. 此四者, 教之所由興也. 發然後禁, 則扞格而不勝 ; 時過然後學, 則勤苦而難成 ; 雜施而不孫, 則壞亂而不修 ; 獨學而無友, 則孤陋而寡聞 ; 燕朋, 逆其師 ; 燕辟, 廢其學. 此六者, 教之所由廢也.)"라고 하였다.

13) '嫡子' 는 '適子' 와 같은 뜻으로(주자의 〈大學章句序〉에서는 '適子' 라고 표기했음), 본래는 '本妻(正室) 所生의 맏아들' 을 뜻하였으나, '妾室 所生의 아들들' 에 대비해 '本妻 所生의 아들들' 모두를 뜻하기도 한다. 여기에서는 문맥상 '본처 소생의 맏아들' 을 뜻한다.

교육은 각자의 才質에 따라 북돋아주는 것이다. 예컨대 小學의 灑掃應對의 禮節은 진실로 庶人이 마땅히 행해야 할 바이나, 大學의 修己治人의 道는 진실로 庶人들이 간여할 수 있는 바가 아니다. 그러므로 小學에서는 庶人을 함께 언급하고, 大學에서는 庶人을 언급하지 않은 것이다. 그런데 이미 "凡民(평범한 백성) 가운데 俊秀한 사람은 모두 大學에 들어갔다"고 하였으니, 凡民 또한 庶人의 무리이다.

○ 小注, 新安陳氏曰 "性分固有, 是理是體 ; 職分當爲, 是事是用." 陳[14]氏之說, 分別事理體用, 太甚. 盖性分固有, 雖曰是理是體, 而事與用, 在其中矣 ; 職分當爲, 雖曰是事是用, 而理與體, 不外是矣.

小注에서, 新安陳氏는 "性分의 固有한 것은 理이고 體이며, 職分의 마땅한 일은 事이고 用이다"라고 하였다. 陳氏의 말은 '理와 事' 및 '體와 用'을 너무 심하게 분별한 것이다. 대개 '性分의 固有한 것'[15]은 비록 理요 體라고 말하더라도 事와 用이 그 가운데 있고, '職分의 마땅한 일'[16]은 비록 事요 用이라고 말하더라도 理와 體가 여기에서 벗어나지 않는다.

○ 此篇序, 單言曾氏 ; 中庸序, 兼言顔曾. 盖單言曾氏者, 以明其作爲傳文者, 乃曾氏一人也 ; 兼言顔曾者, 以示其傳得道統者, 實顔曾二子也. 論其著述, 惟有曾氏, 而言其道統, 亦有

---

14) '陳'은 心齋의 原本에는 '胡'로 되어 있으나, '陳'의 誤字임이 분명하므로, 바꾸었다.

15) '性分의 固有한 것'이란 '仁 · 義 · 禮 · 智'를 말한다.

16) '職分의 마땅한 일'이란 '자식은 부모에게 효도하고 신하는 임금에게 충성하는 것' 등을 말한다.

顔氏, 則立言之或略或詳, 從可知矣.

이 篇(『大學章句』)의 序文에서는 홀로 曾氏만을 언급하고 『中庸章句』의 序文에서는 顔子와 曾子를 함께 언급하였다. 대개 曾氏만을 홀로 언급한 것은 『大學』의 傳文을 지은 사람은 바로 曾氏 한 사람이라는 것을 밝히기 위한 것이요, 顔子와 曾子를 함께 언급한 것은 그 道統을 전해 얻은 사람은 실로 顔子와 曾子 두 사람이라는 것을 밝히기 위한 것이다. 그 著述을 논하자면 오직 曾氏뿐이지만, 그 道統을 말하자면 또한 顔氏도 있는 것이니, 立言이 혹은 간략하고 혹은 자세한 까닭을 이로써 알 수 있다.

○ 此篇序, 以爲有補於國家化民成俗之意；中庸序, 以爲有助於初學行遠升高之工. 盖大學是學者之事, 而敎在其中, 故以國家之化民成俗而言之；中庸是敎者之事, 而學在其中, 故以初學之行遠升高而言之. 以其敎學之相須而竝行耳

이 篇의 序文 에서는 "國家가 百姓을 교화하고 風俗을 아름답게 만들고자 하는 뜻에 보탬이 될 것" 이라 하였고, 『中庸章句』의 序文에서는 "初學者가 먼 길을 가고 높은 산에 오르고자 노력하는 데 도움이 될 것" 이라 하였다. 대개 『大學』은 '배우는 자의 일' 이나 '가르침에 관한 것' 도 그 가운데 포함되어 있다. 그러므로 "國家가 百姓을 교화하고 風俗을 아름답게 만든다" 고 하는 것을 언급한 것이다. 『中庸』은 '가르치는 자의 일' 이나 '배움에 관한 것' 도 그 가운데 포함되어 있다. 그러므로 "初學者가 먼 길을 가고 높은 산에 오른다" 고 하는 것을 언급한 것이다. 이는 '가르침' 과 '배움' 은 서로를 기다리고 함께 행해지는 것이기 때문이다.[17]

---

17) '가르침' 과 '배움' 은 서로를 기다리고 함께 행해지는 관계이기 때문에, '배움' 에 관한 책인 『大學章句』의 序文에서 '가르침에 관한 것' (國家가 百姓을

<篇題>

○ 旣曰"孔氏之遺書"則首章, 何不言孔子曰三字耶? 此篇, 非夫子之言, 而只以其遺意, 述之爲書也. 則述其遺意, 而直謂之孔子曰者, 恐其冒稱聖師之言. 故其不着孔子曰字, 以示夫不敢直謂孔子之言. 又不着曾子曰字, 以明夫不敢創爲作述之意, 而特書大學之道者. 其意若曰"此雖非孔子之言, 而亦嘗取質於丈席問答之間." 故朱子亦曰"盖孔子之言, 而曾子述之." 盖者, 是疑而不敢斷之意, 則其非孔子之言者, 明矣. 而這述字, 亦可見遺意之特成曾子之手也. 況其下傳文, 是亦門人之述曾子意也, 亦未嘗稱之以曾子曰, 則何必於首章, 特稱孔子曰, 如論語記言之凡例也. 遺字當玩味耳.

이미 "(『大學』은) 孔氏가 남긴 책이다"라고 말했다면, (『大學章句』의) 첫째 章에서는 왜 '孔子曰' 이라는 세 글자를 말하지 않았는가? 이 篇은 孔子의 말이 아니요, 다만 孔子가 남긴 뜻을 繼述하여 책으로 만든 것이다. 그렇다면 그 남긴 뜻을 繼述하고서 곧바로 '孔子曰' 이라고 일컫는 것은 아마도 거짓으로 聖師의 말을 일컫는 일일 것이다. 그러므로 '孔子曰' 이라는 글자를 붙이지 않음으로써 감히 곧바로 '孔子의 말' 이라고 일컬을 수 없음을 보여준 것이요, 또 '曾子曰' 이라는 글자도 붙이지 않음으로써 감히 새롭게 창작하여 지은 것이 아니라는 뜻을 밝힌 것이다. 그리하여 다만 '大學之道' 라고만 썼으니, 그 뜻은 말하자면 "이 책은 비록 孔子의 말은 아니

교화하고 風俗을 아름답게 만듦)을 언급하고, '가르침' 에 관한 책인 『中庸章句』의 序文에서 '배움에 관한 것' (初學者가 먼 길을 가고 높은 산에 오름)을 언급했다는 뜻이다.

지만, 또한 일찍이 스승을 모시고 問答하는 사이에서 내용을 취한 것" 이라는 말이다. 그러므로 朱子 또한 "대개 孔子의 말로서, 曾子가 계술한 것(蓋孔子之言, 而曾子述之.)" 이라고 한 것이다. '대개(蓋)' 라는 말은 '의심스러워 감히 단정하지 못하겠다' 는 뜻이니, 그것이 孔子의 말이 아니라는 것은 분명하다. 그런데 저 '계술하다(述)' 라는 글자를 보면 또한 '(孔子가) 남긴 뜻이 다만 曾子의 손으로 이루어진 것임' 을 알 수 있다. 하물며 그 아래의 傳文 또한 (曾子의) 門人이 曾子가 남긴 뜻을 계술한 것임에랴. 그런데도 또한 일찍이 '曾子曰' 이라고 일컫지 않았으니, 어찌 반드시 첫째 章에서만 『論語』에서 공자의 말씀을 기록할 때의 일반적인 例처럼 특별히 '孔子曰' 이라고 일컫겠는가? '남긴(遺)' 이라는 글자를 마땅히 玩味해야 할 것이다.

○ 不曰 "孔子之遺書", 而必曰 "孔氏之遺書"者, 何也? 一章經文, 孔子之訓也 ; 十章傳文, 曾子之述也. 篇首總而名之曰 "孔氏之遺書." 而若曰 "孔子之遺書", 則只言孔子之遺書, 不該曾子之遺書. 而凡言孔氏者, 猶孔門孔家也, 則不但言孔子之遺書也, 亦可該曾子之遺書也. 先儒以爲此孔氏, 自當兼孔曾而言, 此豈非一副當證案乎?

'孔子가 남긴 책(孔子之遺書)' 이라고 말하지 않고 반드시 '孔氏가 남긴 책(孔氏之遺書)' 이라고 말한 까닭은 무엇인가? 一章의 經文은 孔子의 가르침이고, 十章의 傳文은 曾子가 繼述한 것인데, 책의 첫머리에서는 총괄하여 '孔氏가 남긴 책' 이라고 일컬은 것이다. 만약 '孔子가 남긴 책' 이라고 말했다면, 다만 '孔子가 남긴 책' 이라는 말이요, '曾子가 남긴 책' 이라는 뜻은 포함되지 않는 것이다. 그런데 '孔氏' 라고 凡言하는 것은 '孔門' 이나 '孔家' 라는 말과 같은 것이니, '孔子가 남긴 책' 이라는 뜻뿐만 아니라 '曾子가 남긴 책' 이라는 뜻도 함께 포함될 수 있는 것이다. 先儒들은 이 '孔

氏' 라는 말은 스스로 '孔子와 曾子를 겸한 것' 에 해당되는 말이라고 하였으니, 이 어찌 一副[18]의 타당한 증거가 아니겠는가?

○ 獨賴此篇之存, 而論孟次之. 程子之說, 只及大學論孟, 而不及中庸者, 何也? 大學規模節目之詳, 論語操存涵養之實, 孟子體驗充廣之端, 無非切於學者日用工夫, 而至於一部思傳, 乃聖門傳授極致之言也. 萬殊之歸宿處, 隱而莫之見, 一理之退藏處, 微而不可知, 則固非後學之所易得而聞之. 故程子之敎, 未遽及之, 豈不以三書旣通, 然後會其極於中庸乎?

(程子는) "(古人들이 공부한 차례는) 오직 이 篇이 있음에 힘입었고, 『論語』와 『孟子』가 그 다음이었다"라고 하였다. 程子가 다만 『大學』과 『論語』·『孟子』를 언급하고 『中庸』은 언급하지 않은 까닭은 무엇인가? 『大學』의 規模와 節目의 상세함,[19] 『論語』의 操存과 涵養의 實際,[20] 『孟子』의 體驗하고 擴充하는 端緖[21] 등은 모두 學者의 日用工夫에 절실하지 않음이

18) 一副 : 여러 가지 要素들로 구성된 사물의 경우, 그 要素들이 完備된 상태를 '一副' 라 함. 다른 말로는 '一簇(일추)'. '한 벌' · '한 세트(set)'.

19) 朱子는 <大學章句序>에서 "(『大學』은) 밖으로는 '規模의 큼' 을 극진하게 하고, 안으로는 '節目의 자세함' 을 극진하게 했다"고 하였다. '規模의 큼' 이란 明明德에서 新民과 止於至善까지, 또는 格物·致知에서 治國·平天下까지 목표로 삼고 있음을 말하며, '節目의 자세함' 이란 格物·致知에서 治國·平天下까지를 8개의 條目으로 구체적이고 자세하게 설정하고 있음을 말한다.

20) '操存' 이란 '마음을 잡아서 보존함' 을 뜻한다. 孔子는 "잡으면 보존되고 놓으면 없어져서, 나가고 들어옴이 일정한 때가 없으며, 그 일정하게 있는 곳을 알 수 없는 것은 오직 마음을 일컫는 것(操則存, 舍則亡, 出入無時, 莫知其鄕, 惟心之謂與.)" 이라고 말한 바 있다(『孟子』 告子上 8 참조). '涵養' 은 '存養(存心養性)' 이라고도 하는바 마음을 보존함으로써 본성을 해치지 않는 것을 말한다. 心齋는 『論語』의 가르침은 무엇보다도 存心養性에 切實하다고 본 것이다.

없다. 그런데 子思께서 전한 『中庸』 한 권은 바로 聖門에서 傳授한 내용의 極致를 담고 있는 것이다. 萬殊의 歸宿處는 隱微하여 볼 수가 없고, 一理의 退藏處는 隱微하여 알 수가 없으니,[22] 진실로 後學들이 쉽게 얻어 들을 수가 없는 것이다. 그러므로 程子의 가르침은 서둘러 (『中庸』을) 언급하지 않은 것이니, 어찌 세 권의 책을 이미 통달한 다음에 『中庸』에서 그 極致를 이해하라는 뜻이 아니겠는가?

<經1章>

○ **大學之道, 這學字, 固不可專以用功言, 又不可專以成功言. 其必曰由用功而至於成功, 然後方可以得明體適用成己成物之學矣.**

'大學의 道' 라는 말에서 저 '學' 이라는 글자는 진실로 오로지 '用功' [23]

21) 孟子는 어린 아이가 우물에 빠지는 것을 보면 사람은 누구나 근심하고 두려워하면서 惻隱之心을 발휘하게 된다는 것을 예로 들어 사람은 누구나 仁義禮智의 本性을 지니고 있음을 체험적으로 확인시키고, 자신의 四端을 모두 擴充시킬 줄 안다면 마침내 四海를 보존할 수 있을 것이라고 주장하였다(『孟子』 公孫丑上 6). 心齋는 『孟子』의 가르침은 무엇보다도 性善의 確認과 四端의 擴充에 근본이 있다고 본 것이다.

22) 『中庸章句』의 冒頭에는 "中庸은 처음에는 一理를 말하고, 중간에는 흩어져 萬事로 발휘되었다가 끝에서는 다시 一理로 합쳐지니, 풀어두면 天地四方에 가득차고 거두어들이면 물러나 은밀한 곳에 숨는다"는 程子의 말이 보인다. '一理' 란 '天命之謂性' 을 말하고, '萬事(萬殊)' 란 知 · 仁 · 勇의 '三達德', 天下 · 國家를 다스리는 '九經' 의 方道 등을 말한다.

23) '用功' 은 '工夫하다' 의 뜻. '用功' 의 결과 '成功' 에 이르는 것이다. '用功' 은 '用工' 으로도 쓴다.

으로만 볼 수도 없고 또 오로지 '成功' 으로만 볼 수도 없다. 반드시 '用功을 말미암아 成功에 이른다' 고 말한 다음에야 '분명한 體와 적당한 用' 으로 '自己를 이루고 萬物을 이루는' [24] 學이 될 수 있는 것이다.

○ 此篇所謂道者四, 首曰大學之道, 又曰絜矩之道, 又曰君子有大道, 又曰生財有大道. 許多道字, 一是皆以明德爲本也.

이 책에서 말한 '道' 는 네 가지이다. 첫째는 '大學之道' 를 말했고,[25] 다음에는 '絜矩之道' 를 말했으며,[26] 다음에는 '君子有大道' 를 말했고,[27] 다음에는 '生財有大道' 를 말했다.[28] 이처럼 허다한 '道' 字는 한결같이 모두 '明德' 을 근본으로 삼는 것이다.

○ 首言明明德, 而不曾說主敬工夫者, 盖以一敬字, 已具於小學故也.

첫머리에서 '明德을 밝힐 것' 을 말하고 일찍이 '主敬의 工夫' 를 말하지 않은 까닭은 대개 하나의 '敬' 字는 이미 『小學』에 갖추어져 있기 때문이다.

---

24) 『中庸章句』 제25장에서는 "誠은 自己를 이루고 마는 것이 아니라 萬物을 이루는 것이기도 하다. 自己를 이루는 것은 仁이요, 萬物을 이루는 것은 知이다.(誠者, 非自成己而已也, 所以成物也. 成己, 仁也 ; 成物, 知也.)"라고 하였다.

25) 『大學章句』 經1章의 "大學之道, 在明明德, 在新民, 在止於至善." 을 말한다.

26) 『大學章句』 傳10章의 "所謂平天下, 在治其國者, 上老老而民興孝, 上長長而民興弟, 上恤孤而民不倍, 是以, 君子有絜矩之道也." 를 말한다.

27) 『大學章句』 傳10章의 "君子有大道, 必忠信以得之, 驕泰以失之." 를 말한다.

28) 『大學章句』 傳10章의 "生財有大道, 生之者衆, 食之者寡, 爲之者疾, 用之者舒, 則財恒足矣." 를 말한다.

○ 這箇明德, 不是心性外別件物事, 而治心復性之要, 莫切於明是德之本原, 則以示其是心是性之體用者, 明德是已. 故不曰心曰性, 而曰明德也.

저 明德이란 心과 性 바깥의 별개의 사물이 아니다. 그런데 마음을 다스리고 本性을 회복하는 要法은 이 德의 本原을 밝히는 것보다 절실한 것이 없다. 따라서 이 마음과 本性의 體와 用은 바로 明德이라는 점을 보여주고자, 그리하여 '心' 이나 '性' 이라 말하지 않고 '明德' 이라 말한 것이다.

○ 程子曰 "大學, 初學入德之門也." ; 朱子曰 "大學者, 大人之學也." 一以初學言之 ; 一以大人言之. 盖規模節目, 取道至徑, 則初學之入德也 ; 修己治人, 體用兼該, 則大人之學也.

程子는 "大學은 初學이 德에 들어가는 門이다."라고 말하였고, 朱子는 "大學이란 大人의 學이다."라고 말하였다. 한 사람은 '初學' 으로 말하였고, 한 사람은 '大人' 으로 말한 것이다. 대개 規模와 節目이 지극한 捷徑을 方道로 취했다는 점에서는 '初學이 德에 들어가는 門' 인 것이며, 修己와 治人의 體 · 用을 겸비하고 있다는 점에서는 '大人의 學' 인 것이다.

○ 小注, 北溪陳氏, "理與氣合, 所以虛靈." 然則虛靈, 兼理氣而言也. 此與張子所謂 "合虛與氣有性之名"者, 同義. 然或問玉溪盧氏曰 "虛主理言, 靈兼氣言." 此以虛靈, 分理氣而言也. 二說相須, 其義始備.

小注에서, 北溪陳氏는 "理와 氣가 합쳐졌기 때문에 虛靈하다"라고 하였다. 그렇다면 '虛靈' 은 理와 氣를 겸해서 말하는 것이다. 이것은 張橫渠의 "虛와 氣를 합침으로써 性이라는 이름이 있게 되었다."[29]는 말과 같은 뜻이다. 그런데 『大學或問』에서 玉溪盧氏는 "虛는 理를 主로 삼아서 말하는 것이요, 靈은 氣를 겸해서 말하는 것이다."라고 하였다. 이것은 '虛'와 '靈'을 理와 氣로 나누어서 말한 것이다. 두 가지 주장을 相須[30]해야 그 뜻이 비로소 갖추어진다.

○ 明德中, 也有至善, 新民中, 也有至善, 則大學之道, 不過曰明德新民, 而今以止至善, 竝列爲三綱領者, 何也? 土於四行無不在, 則不可以五行稱之, 而竝稱其五行 ; 勇於知仁無不包, 則不可以三達言之, 而竝言其三達德. 盖四行, 非土則無以生也 ; 知仁, 非勇則無以行也. 今以明新, 比之則四行也, 知仁也 ; 止善, 比之則土也, 勇也. 然則止至善, 固可謂明德新民中寸分恰好處, 而竝列爲三綱者, 以其必止於至善, 然後德乃明而民乃新也.

'明德을 밝힘'[31] 가운데에도 또한 至善이 있고, '百姓을 새롭게 함' 가운데에도 또한 至善이 있다. 그렇다면 '大學의 道'는 明明德과 新民에 불과할 것인데, 이제 止於至善을 竝列하여 三綱領으로 삼는 까닭은 무엇인가? 土는 四行(金·木·水·火) 가운데 없는 곳이 없으니, 五行이라 일컬을 수

29) 『正蒙』 〈大和篇第一〉, "由太虛, 有天之名 ; 由氣化, 有道之名 ; 合虛與氣, 有性之名."

30) '相須'란 '대립적인 兩者가 서로를 기다림' 또는 '대립적인 兩者가 서로를 필수적으로 요구함' 등을 뜻하는 말이다. 여기에서는 '兩者를 참고하여 止揚시킨다'는 의미로 이해된다.

31) 心齋의 原文은 '明德'인데, 譯者는 이것을 '明德을 밝힘'으로 해석하였다. 즉 '明德'이라는 표현은 '밝은 德'을 뜻할 때도 있고, '德을 밝힘'을 뜻할 때도 있다. 『大學』의 '明明德'은 '明德(밝은 德)을 밝힘'이란 뜻이다. 이곳에서 心齋가 '明德'이라 한 것은 문맥상 '德을 밝힘'이라는 뜻인데, 『大學』의 원래 표기를 충실히 따르고자 '明德을 밝힘'으로 표기한 것이다.

없을 것인데, 함께 五行이라 일컫는다. 勇은 知·仁 가운데 포함되지 않음이 없으니, 三達德이라 말할 수 없을 것인데, 함께 三達德이라 말한다. 대개 四行은 土가 아니면 생겨날 수가 없고, 知·仁은 勇이 아니면 실행될 수가 없다. 이제 明明德과 新民은 견주자면 四行이나 知·仁에 해당되고, 止於至善은 견주자면 土나 勇에 해당된다. 그렇다면 止於至善은 진실로 明明德과 新民 가운데의 '약간 恰好한 곳'이라 하겠다. 그런데도 竝列하여 三綱領으로 삼는 까닭은, 반드시 至善에 머문 다음에야 明德이 이에 밝아지고 百姓이 이에 새롭게 되기 때문이다.

◯ 大學之道, 則曰大人之學 ; 小學之書, 則曰小子之學. 蓋同是學也, 而一是灑掃應對進退等事, 一是窮理修己治人等事, 則小而曰子, 以未離乎子弟之職也 ; 大而曰人, 以充滿乎形氣而爲人也.

'大學의 道'를 설명할 때에는 '大人의 學'이라고 말하고, '小學의 글'을 설명할 때에는 '小子의 學'이라 말하였다. 대개 '동일한 學'인데, 하나는 灑掃·應對·進退 등의 일이고, 하나는 窮理·修己·治人 등의 일이다. 따라서 '小學'에 대해서 '子'라 말한 것은 子弟의 職分에서 떠나지 않기 때문이요, '大學'에 대해서 '人'이라 말한 것은 形氣에 가득 채워 사람이 되게 하고자 하기 때문이다.

◯ "人之所得乎天, 而虛靈不昧", 此言明德理氣妙合之謂也. 人生稟賦之初, 理先於氣乎? 氣先於理乎? 凡人之生, 必得是理, 然後有以爲健順仁義禮知之性 ; 必得是氣, 然後有以爲魂魄五臟百骸之身. 則明德天稟之初, 理氣之妙合, 雖無先後之可言, 而若論本原, 則理先乎氣 ; 若論稟賦, 則氣先乎理耳.

"사람이 하늘로부터 얻어서 虛靈不昧한 것"이라는 말은 明德이 理와 氣가 妙合한 것임을 말한다. 그렇다면 처음 사람이 태어나면서 (明德을) 稟賦받을 때, 理가 氣보다 앞서는 것인가, 氣가 理보다 앞서는 것인가? 무릇 사람이 태어날 때, 반드시 이 理를 얻은 다음에 健·順과 仁·義·禮·智의 性이 있게 되고, 반드시 이 氣를 얻은 다음에 魂·魄과 五臟·百骸의 몸이 있게 된다. 따라서 처음 明德을 稟賦받을 때에는 理와 氣가 妙合하여 비록 先後를 말할 수 없지만, 만약 本原을 논한다면 理가 氣보다 앞서고, 만약 稟賦를 논한다면 氣가 理보다 앞선다.

○ 虛靈不昧, 以心言, 而包性情在其中. 虛底是性, 靈底是情.

'虛靈不昧'는 心으로 말하는 것인데, 그 가운데 性·情을 포함하고 있다. 虛한 것은 性이고, 靈한 것은 情이다.

○ 釋至善處, 旣以事理言之, 又以天理言之. 盖自散在事物而言, 則曰事理, 而明新之自然而然者, 非天理之極乎? 自人心得於天而言, 則曰天理, 而明新之當然而然者, 非事理之極乎? 事理與天理, 只是一而已.

'至善'을 해석한 곳에서는 이미 '事理'로 말하고 또 '天理'로 말했다. 대개 '事物에 흩어져 있는 것'으로부터 말하면 '事理'라 하는데, 明明德과 新民의 '저절로 그러해서 그런 것'은 '天理의 極致'가 아니겠는가? '하늘로부터 人心을 얻은 것'으로부터 말하면 '天理'라 하는데, 明明德과 新民의 '마땅히 그러해서 그런 것'은 '事理의 極致'가 아니겠는가? 事理와 天理는 다만 하나일 뿐이다.

○ 自然極至之謂至善, 工夫極至之謂知至. 而知止則旣物格而知其至善之所在也, 致知則始格物而欲其所知之無不盡也. 然則至善之至字, 與知至之至字, 不同 ; 知止之知字, 與致知之知字, 有異.

저절로 至極함에 이른 것을 '至善' 이라 하고, 工夫가 至極함에 이른 것을 '知至' 라 한다. 또한 '知止' 란 이미 '사물이 格하여(物格하여)' 그 至善이 있는 곳을 아는 것이며, '致知' 란 비로소 '사물을 格하여(格物하여)' 그 앎이 극진하지 않음이 없게 하고자 하는 것이다. 그렇다면 '至善' 의 '至' 字는 '知至' 의 '至' 字와 같지 않으며, '知止' 의 '知' 字는 '致知' 의 '知' 字와는 다른 것이다.

○ 明德, 新民, 止至善, 三者, 如碁之設盤 ; 定, 靜, 安, 慮, 得, 五者, 如碁之下子. 方其設盤時, 無以辨局路之黑白先後, 而及其下子時, 可以尋局路之次第脈絡, 則此所以旣言明德新民止至善, 而繼言定靜安慮得也.

明明德 · 新民 · 止於至善의 세 가지 일은 바둑을 둘 때 바둑판을 설치하는 것과 같으며, 定 · 靜 · 安 · 慮 · 得의 다섯 가지 일은 바둑알을 놓는 것과 같다. 바야흐로 바둑판을 설치할 때에는 局路의 黑 · 白과 先 · 後를 분변할 수 없다. 바둑알을 놓을 때에야 마침내 局路의 차례와 脈絡을 알 수 있는 것이다. 이것이 이미 明明德 · 新民 · 止於至善을 말하고서 이어서 定 · 靜 · 安 · 慮 · 得을 말하는 까닭이다.

○ 知行工夫, 須着竝進. 知愈明則行益篤 ; 行愈篤則知益明. 有如輪翼之相資 ; 足目之俱到. 其知其行, 不可闕一, 則自知止, 至能得, 皆兼知行而言.

知와 行의 工夫는 모름지기 竝進해야 한다. 知가 더욱 밝아지면 行은 더욱 두터워지고, 行이 더욱 두터워지면 知가 더욱 밝아진다. 이것은 '수레의 두 바퀴' 나 '새의 두 날개' 가 서로 바탕이 되고, (사람이 목적지를 향해 걸을 때) 발과 눈이 함께 이르는 것과 같다. 知와 行은 하나라도 없앨 수 없으니, '知止' 로부터 '能得' 에 이르기까지 모두 知 · 行을 겸해서 말한 것이다.

○ 朱子曰 "得謂得其所止." 旣曰 "得其所止", 則知止能得, 渾爲一事, 而下文章句, 以知止爲始, 能得爲終者, 何也? 射者, 知的而後中的, 則知止能得, 是射者之知的而中的也 ; 行者, 識路而後到家, 則知止能得, 是行者之識路而到家也. 則知止能得, 雖是一事, 而此爲始彼爲終者, 亦宜矣.

('能得' 에 대한 주석에서) 朱子는 "'得' 이란 '머물 곳을 얻음' 을 말한다"고 설명하였다. 이미 '머물 곳을 얻음' 이라고 설명했다면 '知止' 와 '能得' 은 渾然하게 하나의 일이 되는데, 그 아래의 章句에서는 '知止' 를 '始' 로 여기고 '能得' 을 '終' 으로 여긴 까닭은 무엇인가?[32] 활을 쏘는 사람은 과녁을 안 다음에 과녁을 맞추니, '知止' 와 '能得' 은 활 쏘는 사람이 과녁을 알아서 과녁을 맞추는 것에 해당된다. 여행을 하는 사람은 길을 안 다음에 집에 도착하니, '知止' 와 '能得' 은 여행하는 사람이 길을 알아서 집에 도착하는 것에 해당된다. 그렇다면 '知止' 와 '能得' 은 비록 하나의 일이지만, '知止' 는 '始' 가 되고 '能得' 은 '終' 이 됨이 또한 마땅하다.

---

32) 『大學章句』 經1章에서는 "知止而后有定, 定而后能靜, 靜而后能安, 安而后能慮, 慮而後能得."이라 하고, 이어서 "物有本末, 事有終始. 知所先後, 則近道矣."라고 하였다. 이에 대해 朱子는 "明德爲本, 新民爲末 ; 知止爲始, 能得爲終."이라고 주석하였다. 心齋는 지금 이것을 논하고 있는 것이다.

○ 知止則可無慮矣, 又安有慮一節工夫耶? 知止是平時講究工夫 ; 能慮是臨時研審工夫. 無事之時, 固當講究 ; 臨事之時, 又當研審. 則此知止後, 不可不慮, 而非知止, 亦未能慮也.

머물 곳을 알면(知止) '생각함(慮)' 이 없어도 될 것인데, 또 어찌 '생각함(慮)' 에 관한 一節의 工夫가 있는가? '知止' 는 平常時에 講究하는 工夫이며, '能慮' 는 臨事時에 研審[33]하는 工夫이다. 일이 없을 때에는 진실로 마땅히 講究해야 하며, 일에 임했을 때에는 또한 마땅히 研審해야 한다. 이것이 知止 이후에 생각하지 않을 수 없는 까닭이요, 知止가 아니면 또한 생각할 수도 없는 것이다.

○ 小注, 朱子曰 "安而后[34]能慮, 非顏子, 不能也." 安而能慮, 尙在能得之前, 則今曰 "非顏子, 不能"者, 何也? 安字, 如恭安之安 ; 慮字, 如積慮之慮. 凡人平時講究之工, 靡不有知止一節, 而及其臨利害遇事變, 或爲氣稟所拘, 或爲物欲所蔽, 施爲

33) '研審' 은 보통은 '정밀히 상고하고 궁구함' 의 뜻인데, 여기에서는 그 다음 文段에 보이는 '研幾審度' 의 준말로 쓰인 것 같다. 『周易』〈繫辭上傳〉 제10장에는 "夫易, 聖人之所以極深而研幾也." 라는 말이 보이는데, 주자는 〈本義〉에서 "研은 審과 같고, 幾는 微이다" 라고 풀이하였다. 즉 '研幾' 란 '幾微를 살피다' 는 뜻이다. '審度' 는 '程度를 살피다' 는 뜻. 따라서 '研審(研幾審度)' 이란 '幾微와 程度를 살핀다' 는 말이다.

34) '后' 는 心齋의 원본에는 '後' 로 되어 있으나, 다음과 같은 까닭으로 '后' 로 바꾸었다. 첫째, 『大學』 經文에서는 본래 '后' 라고 썼으며, 小注의 해당 朱子語 역시 '后' 로 표기되어 있다. 둘째, 더욱 중요한 까닭은, 이 문단 아래 여덟 번째 문단에 보이듯이, 心齋는 '后' 字와 '後' 字를 구별하는 입장이다. '后' 字와 '後' 字를 구별하는 것이 心齋의 입장이라면, 여기서도 본래의 글자인 '后' 로 표기하는 것이 마땅할 것이다.

做措之間, 不能研幾審度, 而無以到能得地位, 則如顔子之怒而當理, 甲不移於乙, 過而鋤根, 前不復於後, 然後方可謂到此地位, 則安能慮, 慮能得, 惟顔氏子一人耳.

○ 小注에서, 朱子는 "'편안한 다음에 능히 생각할 수 있는 것' 은 顔子가 아니면 불가능하다." 고 하였다. '편안한 다음에 능히 생각할 수 있는 것' 은 오히려 '能得' 의 앞에 있거늘, 이제 "顔子가 아니면 불가능하다" 고 말하는 까닭은 무엇인가? '安' 字는 '恭安' 에서의 '安' 과 같으며, '慮' 字는 '積慮' 에서의 '慮' 와 같다. 무릇 사람이 平常時 講究하는 공부에 '知止' 一節이 없지는 않지만, 利害에 임하고 事變을 만남에 이르러서는 혹은 氣稟이 구애하는 바가 되고 혹은 物欲이 가리는 바가 되어, 베풀고 조치하는 사이에 幾微와 程度를 살필 수 없어서 能得의 地位에 도달할 수 없는 것이다. 예컨대 顔子처럼 노여워하되 理致에 합당하여 甲에 대한 노여움을 乙에게 옮기지 아니하고, 허물이 있으면 뿌리를 뽑아서[35] 앞에서 범한 허물을 뒤에서 반복하지 않은 다음에야,[36] 바야흐로 能得의 地位에 이르렀다고 말할 수 있는 것이다. 그렇다면 '편안한 다음에 능히 생각하고, 생각한 다음에 능히 얻는 것' 은 오직 顔子 한 사람뿐인 것이다.

○ 章句曰 "知之, 則志有定向." 或問曰 "能知所止, 則方寸之間, 事事物物, 皆有定理." 二說似有牴牾. 盖志有定向, 事有定理, 二說相須, 其義始備. 而知之而志有定向之時, 事物之定理,

---

35) 鋤根(서근) : '鋤' 字는 '호미' 또는 '김을 매다' 의 뜻. '鋤根' 이란 '뿌리를 뽑아 없애다' 의 뜻.

36) 顔子의 '不遷怒(노여움을 옮기지 않음)' 와 '不貳過(같은 허물을 두 번 반복하지 않음)' 을 설명하는 것이다(『論語』 雍也 2 : 有顔回者, 好學, 不遷怒, 不貳過, 不幸短命死矣.).

可包矣；知止而事物定理之時，吾志之定向，可知矣.

章句에서는 "이것(머물 곳)을 알면 志에 정해진 방향이 있게 된다." 고 하였고, 『大學或問』에서는 "능히 머물 곳을 알면 方寸 사이의 事事物物에 모두 정해진 이치가 있게 된다." 고 하였으니, 두 주장이 서로 모순되는 것 같다. 대개 '志에 정해진 방향이 있다(志有定向)' 는 말과 '일에 정해진 이치가 있다(事有定理)' 는 말은 相須해야 그 뜻이 비로소 갖추어진다. 머물 곳을 알아 志에 정해진 방향이 있는 때에는 事物의 정해진 이치를 포함할 수 있으며, 머물 곳을 알아 事物에 정해진 이치가 있는 때에는 나의 志가 정해진 방향을 알 수 있다.

○ 明新止三者，是工夫之總臚；知止一節，是工夫之準程. 而不說知止，則無下手地頭，故綱領之下，拈出知止一節，以示夫三綱領之進步節次也.

'明明德 · 新民 · 止於至善' 의 三綱領은 (學者가 해야 할) 工夫를 모두 순서대로 진열한 것이며,[37] '知止而后有定' 一節은 (學者의) 工夫가 준수해야 할 학습과정을 제시한 것이다. '知止而后有定' 一節을 말하지 않았다면 공부를 착수할 지점이 없었을 것이다. 그러므로 三綱領 아래에 '知止而后有定' 一節을 배치해 두어, 三綱領의 進步節次를 보여준 것이다.

○ 章句曰 "安謂所處而安." 小注曰 "安是就身上說." 盖凡人之所知，可以安處則安；可以安身則安. 所謂處安身安，只是一而已.

---

37) 總臚(총려) : '臚' 字는 '진열하다' · '순서대로 늘어놓다' 의 뜻. 따라서 '總臚' 란 '모두 순서대로 진열하다' 라는 말임.

章句에서는 "'安' 은 '處한 바에 편안함' 을 말한다."고 하였고, 小注에서는 "'安' 은 '몸에 나아가 말한 것' 이다."라고 하였다. 대개 凡人들의 識見은 편안하게 처할 수 있으면 편안하고, 몸을 편안하게 할 수 있으면 편안하다. 이른바 '처한 곳이 편안한 것' 과 '몸이 편안한 것' 은 다만 하나일 뿐이다.

○ 上言知止有定 ; 下言知所先後. 蓋知止之知字重, 如大易所謂知終終之之知字也 ; 知所之知字輕, 如孟子所謂知皆擴充之知字也.

위에서는 "머물 곳을 안 다음에 (志가) 정해진다(知止而后有定)"고 하였고, 아래에서는 "먼저 할 것과 뒤에 할 것을 안다(知所先後)"고 하였다. 대개 '知止' 의 '知' 字는 무거우니, 『周易』에서 이른바 '知終終之'[38]라고 할 때의 '知' 字와 같다. '知所先後' 의 '知' 字는 가벼우니, 『孟子』에서 이른바 '知皆擴而充之'[39]라고 할 때의 '知' 字와 같다.

---

38) 『周易』 乾卦 文言의 '九三爻' 해당부분에서는 "이를 곳을 알아서 이르니 幾微에 참여할 수 있으며, 마칠 곳을 알아서 마치니 함께 義를 보존할 수 있다. 그러므로 윗자리에 있으면서 교만하지 아니하고, 아랫자리에 있으면서 근심하지 않는다. 그러므로 종일토록 부지런히 힘쓰고 때에 따라 조심하면, 비록 위태로우나 허물이 없을 것이다.(知至至之, 可與幾也 ; 知終終之, 可與存義也. 是故, 居上位而不驕 ; 在下位而不憂. 故乾乾, 因其時而惕, 雖危, 無咎矣.)"라고 하였다.

39) 『孟子』 公孫丑上 제6장에서는 "무릇 나에게 있는 四端을 모두 擴充시킬 줄 알면, 불이 처음 타오르는 것과 같고 샘이 처음 뚫리는 것과 같으니, 진실로 확충시킬 수 있다면 四海를 보존하기에 충분하고, 진실로 확충시키지 못한다면 父母를 섬기기에도 부족하다.(凡有四端於我者, 知皆擴而充之矣, 若火之始然, 泉之始達. 苟能充之, 足以保四海 ; 苟不充之, 不足以事父母.)"라고 하였다.

○ 上段, 旣對知止能得, 則下段結辭, 亦當對擧, 而但曰知所先後, 不言得所先後者, 何也? 先其始之謂先 ; 後其終之謂後, 而先以知止言也 ; 後以能得言也. 知先後云者, 是知其知止之爲先, 能得之爲後, 而先後二字, 卽是知得之意, 則說他知先後三字, 而已該了能得之義矣. 始是所當先, 而知止爲始也 ; 終是所當後, 而能得爲終也. 知所先而先之, 旣結知止之義 ; 知所後而後之, 又結能得之義. 則何必復言得所先後, 以結之耶?

上段에서 이미 '知止' 와 '能得' 을 對擧하였으니, 下段의 맺음말도 또한 당연히 對擧해야 할 것인데, 다만 '먼저 할 것과 뒤에 할 것을 안다(知所先後)' 는 말만 하고 '먼저 할 것과 뒤에 할 것을 얻는다(得所先後)' 는 말은 하지 않은 까닭이 무엇인가? 그 '처음을 먼저 함' 을 '先' 이라 하고, 그 '끝을 뒤에 함' 을 '後' 라 하는데, '先' 은 '知止' 로써 말하는 것이요, '後' 는 '能得' 으로써 말하는 것이다. '先 · 後를 안다' 고 말하는 것은 '知止가 先이 되고 能得이 後가 됨을 안다' 는 것으로서, '先 · 後' 두 글자는 곧 '知와 得' 의 뜻이다. 그렇다면 저 '知先後(先 · 後를 안다)' 라는 세 글자는 이미 '能得' 의 뜻을 지니고 있는 것이다. '처음(始)' 은 마땅히 먼저 해야 할 것으로서, '머물 곳을 앎(知止)' 이 '처음' 이 된다. '끝(終)' 은 마땅히 뒤에 해야 할 것으로서, '능히 얻음(能得)' 이 '끝' 이 된다. 먼저 해야 할 것을 알아서 먼저 하면 이미 '知止' 의 뜻을 결론지은 것이요, 뒤에 해야 할 것을 알아서 뒤에 하면 또한 '能得' 의 뜻을 결론지은 것이다. 그렇다면 어찌 반드시 '먼저 할 것과 뒤에 할 것을 얻는다(得所先後)' 는 말을 다시 해서 결론을 지어야만 하겠는가?

○ 諸儒, 以知止有定, 物有本末, 及聽訟章, 爲格物致知章之錯簡, 欲掇此而補彼. 退溪非之曰 "取正寢之材, 補廊廡之缺."

此說絕滲漏, 無病敗矣.

여러 학자들[40]은 '知止而后有定' 과 '物有本末' 그리고 〈聽訟章〉[41]을 〈格物致知章〉의 錯簡[42]으로 간주하여, 이것들을 뽑아다가 〈格物致知章〉을 보완하려고 했다. 그러나 退溪는 이것을 잘못으로 규정하여, "正寢(본

---

40) 여러 학자들 : 『退溪集』 卷11 頁8-11, 〈答李仲久〉의 '別紙' 를 보면 '知止而后有定' 과 '物有本末' 그리고 聽訟章을 뽑아다가 格物致知章으로 삼으려고 했던 '여러 학자들' 의 이야기가 나온다. '여러 학자들' 은 주로 중국의 학자들이고, 李仲久는 그 '여러 학자들' 의 주장을 수집하고 있었다. 우리나라 학자로는 晦齋 李彦迪이 이러한 주장을 전개한 바 있었고, 그의 『大學章句補遺』 역시 이러한 맥락에서 편찬된 것이다. 이보다 먼저 陽村 權近의 『入學圖說』에도 이에 관한 논의가 보인다. 즉 『入學圖說』의 〈大學之圖〉에 대한 해설 가운데 陽村은 이러한 주장들을 비판적으로 검토한 바 있다. 李仲久 역시 '여러 학자들' 의 주장을 수집하였으나, "마땅히 결단코 朱子의 학설을 따를 것" 이라고 자신의 입장을 밝힌 바 있다.

41) 聽訟章 : 『大學章句』 傳4章(子曰 "聽訟, 吾猶人也, 必也使無訟乎!" 無情者, 不得盡其辭, 大畏民志, 此謂知本.)을 말함.

42) '錯簡(착간)' : 竹簡의 순서가 뒤바뀐 것. 종이가 없었던 옛날에는 竹簡을 엮어 冊을 만들었었다. '冊' 이라는 글자 자체가 '竹簡을 엮은 모습' 을 나타낸 것이다. '錯簡' 이란 竹簡을 엮은 끈이 망가져 竹簡의 순서가 뒤바뀐 것을 말한다. 주자는 '古本大學' 에는 錯簡이 많다고 보고, 자신의 관점에서 '古本大學' 의 내용적 순서를 일부 修正하였다. 그 자세한 내용은 『大學章句』 각 章의 章下註에 보인다. 주자는 또 '古本大學' 에는 〈格物致知章〉에 해당되는 부분이 亡失되었다고 판단하고, 程伊川의 학설을 바탕으로 '格物致知章' 을 지어 보충하였다. 이것을 '格物補傳' 또는 '補亡章' 이라 한다. 그런데 '여러 학자들' 은 '古本大學' 에는 錯簡은 있어도 亡失은 없다고 전제하고, '知止而后有定' 과 '物有本末' 그리고 〈聽訟章〉을 곧 〈格物致知章〉의 錯簡으로 간주하여, 이것들을 뽑아다가 〈格物致知章〉에 해당시키려 한 것이다. 이에 대하여 退溪는 "正寢(본채)의 材木을 뽑아다가 廊廡(행랑채)의 결함을 보완하려는 것" 이라고 비판한 것이다.

채)의 材木을 뽑아다가 廊廡(행랑채)의 결함을 보완하려는 것" 이라고 말했다. 퇴계의 이 말씀은 물이 새는 것을 막은 것으로, 病廢가 없는 것이다.[43)]

○ "物有本末, 事有終始." 於物稱本末 ; 於事稱終始者, 何也? 先明己德, 而以新其民, 則物有本末 ; 先致其知, 而能得所止, 則事有終始. 盖言其爲學之先後, 則理會一己之物而後, 理會天下之物, 故明德爲新民之本 ; 論其用工之次第, 則知其事理之當然而後, 盡夫天理之極處, 故知止爲能得之始[44)]. 其序不可亂, 而功不可闕, 如此.

(經文에서는) "物에는 本 · 末이 있고, 事에는 終 · 始가 있다." 고 하였는데, 物에 있어서는 '本 · 末' 이라 일컫고 事에 있어서는 '終 · 始' 라고 일컫는 까닭이 무엇인가? 먼저 자기의 德을 밝힘으로써 그 백성들을 새롭게 하

43) 이에 대한 자세한 논의는 『退溪集』 卷11 頁8-11, 〈答李仲久〉의 '別紙' 에 보인다. 퇴계는 '知止而后有定' 과 '物有本末' 을 格物致知章으로 옮기는 것에 대해, 3가지의 이유로 잘못이라 규정하였다. 첫째, '知止而后有定' 과 '物有本末' 을 빼면, "大學의 道는 明德을 밝히는데 있고, 백성을 새롭게 하는데 있으며, 至善에 머무는 데 있다"는 말 다음에 곧바로 "옛날에 天下에 明德을 밝히려는 자는 먼저 그 나라를 다스리고, 그 나라를 다스리려는 자는 (……)" 이라는 구절이 오게 되는데, 이것은 語意가 촉급하고 理趣가 미흡하다는 것이다. 둘째, '知止而后有定' 과 '物有本末' 에는 格物致知에 해당되는 내용이 전혀 담겨 있지 않다는 것이다. 셋째, 『大學』에서 三綱領 · 八條目과는 별도로 先後本末論 자체도 매우 중요한 것이기 때문에, '知止而后有定' 과 '物有本末' 을 그 자리에 배치해 두었다는 것이다. 따라서 '知止而后有定' 과 '物有本末' 을 뽑아다가 〈格物致知章〉으로 삼는 것은 "正寢의 材木을 뽑아다가 廊廡의 결함을 보완하는 꼴" 이라는 것이다.

44) '始' 는 心齋의 原本에는 '終' 으로 되어 있으나, '始' 의 誤字임이 분명하므로, 바꾸었다.

는 것이니, 物에는 本 · 末이 있는 것이다. 먼저 그 앎을 이루고서 머물 곳을 능히 얻는 것이니, 事에는 終 · 始가 있는 것이다. 대개 그 學問을 하는 先 · 後를 말하자면, 자기 한 몸의 물건을 이해한 다음에 天下의 물건을 이해하는 것이므로 明德이 新民의 本이 된다. 그 用工의 차례를 논하자면, 事理의 當然을 안 다음에 天理의 極處를 다하는 것이므로 知止가 能得의 처음이 된다. 그 順序를 어지럽힐 수 없음과, 그 用工을 빠뜨릴 수 없음이 이와 같다.[45]

○ "知所先後, 則近道矣." 上文知止等五后字, 下文物格等七后字, 皆不用後字, 而必用此后字者, 何也? 盖本與末相對, 始與終雙峙. 濶論其工夫之間架, 有一先一後之分, 而如知止等五后字, 物格等七后字, 上段生中段, 中段生下段, 其效相因, 則此非先後之相遠也. 殊不知, 後與先相對, 則這後字, 大有先後之界分 ; 而后與后相因, 則這后字, 略有次第之差殊. 然抑有一說焉, 後與后, 古字通用, 有如摯與至通用, 修與脩通用之類, 別無微意於其間也.

(經文에서는) "먼저 할 것과 뒤에 할 것을 알면 곧 道에 가깝게 된다.(知所先後, 則近道矣.)" 고 하였다. 上文의 "知止而后有定, 定而后能靜" 云云의 5개의 '后' 字와 下文의 "物格而后知至, 知至而后意誠" 云云의 7개의 '后' 字는 모두 '後' 字를 쓰지 않고 반드시 이 '后' 字를 쓴 까닭이 무엇인가? 대개 '本과 末' 은 相對하고, '始와 終' 은 雙峙한다. 그 工夫의 얼개[46]를

45) '順序를 어지럽힐 수 없다' 는 것은 '本 · 末과 終 · 始의 順序' 를 어지럽힐 수 없다는 말이다. '用工을 빠뜨릴 수 없다' 는 것은 '本과 始' 에 해당되는 일뿐만 아니라 '末과 終' 에 해당되는 일 또한 반드시 함께 실천해야 한다는 말이다.

46) 間架(간가) : 간살(칸살)의 얽이. 또는 글의 짜임새나 얼개.

크게 논하자면, 하나는 먼저 해야 할 것이요 하나는 뒤에 해야 할 것이라는 구분이 있다. 그러나 "知止而后有定, 定而后能靜" 云云의 5개의 '后' 字와 "物格而后知至, 知至而后意誠" 云云의 7개의 '后' 字는 上段이 中段을 낳고 中段이 下段을 낳는 것으로서, 그 效驗이 서로 연유하는 것이니, 이것은 '先과 後처럼 서로 먼 것' 이 아니다. 특별히는 모르겠거니와, '後' 는 '先' 과 相對하는 것이니, 저 '後' 字는 크게 '先 · 後의 界分' 이 있는 것이나, '后' 와 '后' 는 서로 연유하는 것이니, 저 '后' 字는 대략 '차례의 差異' 가 있는 것이다. 그러나 또한 一說이 있으니, '後' 와 '后' 는 古字에서 通用했으니, '摯' 와 '至' 를 通用하고 '修' 와 '脩' 를 通用한 類와 같을 뿐, 그 사이에 특별히 은미한 뜻은 없는 것이라고 한다.

○"物有本末, 事有終始", 則兼言事物 ; "致知在格物", 則單言物字. 蓋兼言者, 事物相分 ; 單言者, 事在物中. 故明德新民, 物也 ; 知止能得, 事也. 而至於致知在格物, 則無一物之不到者, 卽無一事之不窮也.

(經文에서) "物에는 本 · 末이 있고, 事에는 終 · 始가 있다." 고 할 때는 '事' 와 '物' 을 겸해서 언급하고, "致知는 格物에 있다" 고 할 때는 홀로 '物' 字만 언급했다. 대개 겸해서 언급할 때에는 事와 物이 서로 나뉘고, 홀로 ('物' 字만) 언급할 때에는 事는 物 가운데 있다. 그러므로 明明德과 新民은 物이고, 知止와 能得은 事이다. 그런데 "致知는 格物에 있음" 의 경우, '一物이라도 이르지 않음이 없음(無一物之不到)' 이 곧 '一事라도 궁구하지 않음이 없음(無一事之不窮)' 인 것이다.

○ 本末, 先言本, 固也, 而始終, 先言終者, 何也? 凡君子之道, 謀始非難, 而圖終爲難 ; 成始非難, 而成終爲難, 則終先於始者, 以明夫有始而有終也. 然則能得之工, 最是學者之難進處, 而欲使學者, 原始而要終, 故必以一終字先之, 以其知止能得有輕重之分也. 書所謂念終始典于學, 中庸所謂誠者物之終始, 盖此意也.

'本과 末' 을 말할 때에 먼저 '本' 을 말하는 것은 진실로 마땅할 것이다. 그런데 '始와 終' 을 말할 때에는 먼저 '終' 을 말하는 까닭이 무엇인가? 무릇 君子의 道는, '시작(始)' 을 도모함이 어려운 것이 아니라 '끝(終)' 을 도모함이 어려운 것이며, '시작(始)' 을 성공함이 어려운 것이 아니라 '끝(終)' 을 성공함이 어려운 것이다. 따라서 '終' 을 '始' 보다 먼저 말하는 것은 '시작이 있고 끝이 있음' 을 밝히기 위한 것이다. 그렇다면 '能得' 을 위한 공부는 學者들이 가장 나아가기 어려운 곳인데, 學者들로 하여금 '처음(始)의 근원을 밝혀 끝(終)을 규명하게' [47] 하고자 한 것이다. 그러므로 반드시 하나의 '終' 字를 앞에 둔 까닭은 '知止' 와 '能得' 사이에는 '輕 · 重의 구분' 이 있기 때문이다. 『書經』에서 "한 생각의 끝과 처음을 항상 배움에 두어라.(念終始, 典于學.)" [48]라고 한 것과 『中庸』에서 "참됨은 사물의 끝과 처음이다.(誠者, 物之終始.)" [49]라고 한 것도 대개 이러한 뜻이다.

---

47) 『周易』 〈繫辭下傳〉 제9장에서는 "『周易』이라는 책은 처음(始)의 근원을 밝혀 끝(終)을 규명하는 것으로써 본질을 삼는다. 六爻가 서로 섞이는 것은 오직 그 상황에 알맞은 사물일 뿐이다. 初爻는 알기 어렵고 上爻는 알기 쉬운 것은 本末이기 때문이다.(易之爲書也, 原始要終, 以爲質也. 六爻相雜, 唯其時物也. 其初, 難知, 其上, 易知, 本末也.)"라고 하였다.

48) 『書經』 「商書」 〈說命下〉에서는 "(傅說이 王께 말하기를) 오직 가르침은 배움이 半입니다. 한 생각의 끝과 처음을 항상 배움에 둔다면, 자신도 깨닫지 못하는 사이에 그 德이 닦여질 것입니다.(惟斆, 學半, 念終始, 典于學, 厥德修罔覺.)"라고 하였다. "念終始, 典于學." 에 대해 蔡沈은 "一念終始, 常在於學, 無少間斷." 이라고 주석하였다.

○ 這箇近道, 雖就知上說, 而所以近道者, 以其用工夫處, 知所先後. 故或問中, 旣曰 "進爲有序." 而注解中, 又云 "不知先後, 便倒了." 則可見先後之自重. 而不是全未着工夫, 只泛泛然僅知其序, 便爲近道耳.

저 '道에 가깝다(近道)' 는 말은 비록 '知' 의 차원에서 말한 것이나, 道에 가깝게 되는 까닭은 工夫를 함에 있어서 먼저 할 것과 뒤에 할 것을 알기 때문이다. 그러므로 『大學或問』에서는 이미 "나아감에는 차례가 있다." 고 말하고, 注解 가운데 또 말하기를 "先 · 後를 알지 못하면 문득 거꾸로 되고 만다." 고 하였으니, 先 · 後가 본래 중요한 것임을 알 수 있다. 그런데 이것은 전혀 工夫를 하지 않고 다만 泛泛하게 겨우 그 차례만 알아도 문득 道에 가깝게 된다는 말이 아니다.

○ 此篇只言格致, 而不言涵養之工者, 何也? 涵養本原, 已具於小學. 故所以大學, 直以格致爲先, 而不言涵養. 然曰顧諟, 曰敬止, 曰誠正, 曰定靜, 則其中自兼涵養之工矣.

이 篇에서는 다만 '格物' 만 말하고 '涵養 공부' 는 말하지 않는 까닭이 무엇인가? '本原을 涵養하는 것' 은 이미 小學에 갖추어져 있다. 그러므로 『大學』에서는 곧바로 '格物致知' 를 앞세우고 '涵養' 을 말하지 않는 것이다. 그러나 '顧諟' [50]를 말하고, '敬止' [51]를 말하고, '誠正' [52]을 말하고, '定

49) 『中庸章句』 제25장에서는 "참됨은 사물의 처음과 끝이니, 참됨이 없으면 사물이 없다. 그러므로 君子는 참되려고 노력하는 것을 귀하게 여긴다.(誠者, 物之終始, 不誠, 無物. 是故, 君子, 誠之爲貴.)" 라고 하였다.

50) 『大學章句』 傳首章의 "하늘의 밝은 命을 돌아보라(顧諟天之明命)" 는 내용을 말함.

51) 『大學章句』 傳3章의 "深遠하신 文王이시여! 아, 영원히 빛나도록 敬에 머무르

靜' [53]을 말했으니, 그 가운데 저절로 '涵養 공부'를 겸하고 있는 것이다.

○ "致知在格物"者, 似一時竝進之工, 而又曰 "物格而后知至", 則亦似有先後之序者, 何也? 在字, 緊得些子 ; 而字, 承上起下. 格物時, 吾之知, 自到於物 ; 致知時, 物之理, 自至於心. 非是格物而又致知 ; 亦非致知而又格物. 故曰 "致知在格物". 而至於收功之時, 則必須物之理旣盡, 然後其知乃至, 而不得無先後之序. 故曰 "物格而后[54]知至"也.

"致知는 格物에 있다."는 말은 (致知와 格物이) 一時에 竝進해야 하는 공부라는 말 같다. 그런데 또 "物格 이후에 知가 이른다."고 하니, 또 先·後의 차례가 있는 것 같다. 어떠한가? ('致知在格物'의) '在' 字는 약간 긴요한 글자이며, ('物格而后知至'의) '而' 字는 위의 말을 이어서 아래의 말을 일으키는 글자이다. 格物할 때에는 나의 知가 스스로 物에 이르며, 致知할 때에는 物의 理가 스스로 (나의) 心에 이른다. 따라서 格物을 하고 또 致知를 하는 것도 아니며, 역시 致知를 하고 또 格物을 하는 것도 아니다. 그러므로 "致知는 格物에 있다."고 말하는 것이다. 노력의 결과를 거두어들일 때에 이르러서는, 반드시 物의 理가 이미 극진해진 다음에야 그 知가 이르는 것으로서, 先·後의 차례가 없을 수 없다. 그러므로 "物格 이후에 知가 이른다."고 말하는 것이다.

셨다.(穆穆文王, 於緝熙敬止.)"는 내용을 말함.

52) 『大學』의 8조목 가운데 '誠意·正心'을 말함.

53) 『大學章句』 經1章의 "(뜻이) 정해진 다음에야 (마음이) 고요해질 수 있다(定而后能靜)"는 내용을 말함.

54) 心齋의 原本에는 '后' 字가 빠져 있으나, 문맥상 꼭 있어야 하므로 보충하였다.

◯ 物者, 物之理也 ; 知者, 心之知也. 而今曰 "致知在格物" 者, 何也? 窮格在物之理, 能致在我之知, 則盖物我一理, 纔明彼卽曉此, 而合內外之道也.

'物' 이란 '物의 理' 이며, '知' 란 '心의 知' 이다. 그런데 이제 "致知는 格物에 있다" 고 말하는 까닭이 무엇인가? 事物에 있는 理를 窮究해서 이르면 능히 나에게 있는 知를 이룰 수 있다. 따라서 대개 '사물과 나는 하나의 理인 것(物我一理)' 이니, 다만 저것을 밝히면 곧 이것에 밝은 것으로서, '안과 밖을 합치는 도리(合內外之道)' [55]인 것이다.

◯ 釋格物, 則曰 "窮至事物之理" ; 釋物格, 則曰 "物理之極處無不到". 盖格物, 以工夫言 ; 物格, 以功效言. 而窮者, 是用力之謂也 ; 到者, 不用力之謂也. 則着窮字於格物, 而換到字於物格者, 是也.

(朱子가) '格物' 을 풀이할 때에는 곧 "事物의 理를 窮究하여 (사물의 理에) 이른다.(窮至事物之理)" 고 하였고, '物格' 을 풀이할 때에는 곧 "物理의 極處가 이르지 않음이 없다.(物理之極處無不到)" [56]고 하였다. 대개 '格物' 은 '工夫' 로써 말하는 것이고, '物格' 은 '功效' 로써 말하는 것이다. 또한

55) 『中庸章句』 제25장에서는 "誠者, 非自成己而已也, 所以成物也. 成己, 仁也 ; 成物, 知也. 性之德也. 合內外之道也." 라고 하였다.

56) '物理之極處無不到' 에 대한 해석은, 전통적으로 "物理의 極處가 이르지 않음이 없다" 라는 해석과 "物理의 極處에 이르지 않음이 없다" 라는 해석이 대립해 왔다. 뒤에 보이듯이 心齋는 이 두 해석과는 다른 제3의 해석을 제시하고 있다. 心齋의 제3의 해석은 吐로는 "物理의 極處가 이르지 않음이 없다" 라는 것에 가까우나, 내용상으로는 전혀 다른 맥락이다. 여기에서는 일단 "物理의 極處가 이르지 않음이 없다" 라고 해석해 두기로 한다.

'窮' 이란 '힘을 씀(用力)' 을 말하는 것이고, '到' 란 '힘을 쓰지 않음(不用力)' 을 말한다. 그렇기 때문에, '格物' 을 풀이할 때에는 '窮' 字를 붙였으나, '物格' 을 풀이할 때에는 '到' 字로 바꾼 것이다.[57]

○ 旣言"致知在格物", 而又言"物格而后知至", 則不曰知致, 而曰知至者, 何也? 至字, 得致之一半, 而事半功倍, 則曰致曰至, 自有工效順逆之不同. 故致字, 在知之上, 則有推致用力之義也; 至字, 在知之下, 則是已得極至之名也. 初頭逆推之工, 不可不下致字, 以曉其用力推去之方; 而末梢順推之效, 不可不下至字, 以明其知得極盡之驗. 則致在乎未至之前; 而至在於致極之後也.

이미 "致知在格物" 이라 말하고 또 '物格而后知至' 라 하였는데, '知致' 라 하지 않고 '知至' 라고 한 까닭은 무엇인가? '至' 字는 '致' 字의 半으로서, 일은 半이지만 功은 倍나 된다. 따라서 '致' 라 하는 것과 '至' 라 하는 것은 저절로 '工 · 效' 와 '順 · 逆' 의 다름이 있다.[58] 그러므로 '致' 字는 '知' 의 앞에 있으니, '미루어나가 힘을 쓰다(推致用力)' 는 뜻이 있는 것이

57) '格物' 은 '工夫' 에 해당되는 것이므로 '힘을 쓰다' 는 의미가 포함된 '窮' 字로 설명하였으나, '物格' 은 '功效(工夫의 결과)' 에 해당되는 것이므로 '힘을 쓰다' 는 의미가 포함되지 않은 '到' 字로 설명하였다는 말이다.

58) '工 · 效' 와 '順 · 逆' : '工' 이란 '工夫(노력)' 를 말하고, '效' 란 '效驗(結果)' 를 말한다. '順 · 逆' 은 아래의 문장에서는 '順推 · 逆推' 라고도 표현했는데, 逆推란 '工夫의 방법' 으로서 '현재의 단계로부터 그 이전의 단계로 계속 거슬러 올라감' 을 말하고, 順推란 '工夫의 효험' 으로서 '이전의 단계로부터 현재의 단계로 순조롭게 추론됨' 을 말한다. 心齋의 이러한 용법과 달리, '原理로부터 現象을 추론하는 것' 을 '順推' 라 하고, '現象으로부터 原理를 추론하는 것' 을 '逆推' 라 하기도 한다.

며, '至' 字는 '知' 의 뒤에 있으니, 이것은 '이미 極至에 도달함(已得極至)' 을 뜻하는 것이다. 처음에 '거슬러 미루어가는(逆推) 공부' 를 말할 때에는 부득불 '致' 字를 써서 그 힘쓰고 미루어 나가는 方法을 밝혀야만 한다. 그러나 끝에 '순조롭게 미루어지는(順推) 효과' 를 말할 때에는 부득불 '至' 字를 써서 그 知가 極盡하게 된 效驗을 밝혀야만 한다. 따라서 '致' 는 '아직 이르지 못한 상태(未至之前)' 에 있는 것이요, '至' 는 '이미 極에 이른 상태(致極之後)' 에 있는 것이다.

○ 聖門之學, 專以心意爲本. 而八條所以先格致後心意者, 蓋以曰心曰意, 包在明德裡許, 而格致爲學者之最初下手處也.

聖門의 學問은 오로지 心과 意로 근본을 삼는다. 그런데 八條目에서 格物 · 致知를 앞세우고 誠意 · 正心을 뒤에 둔 까닭은, 대개 '心' 이나 '意' 라고 하는 것은 '明德' 속에 포함되어 있기 때문이다. 그리하여 格物 · 致知가 學者의 맨 처음 下手處[59]가 되는 것이다.

○ 上文先言治國 ; 下文先言物格. 雙峰饒氏曰 "上一節, 逆推工夫 ; 下一節, 順推功效." 逆推之工, 何以在前? 順推之效, 何以在後耶? 蓋用工, 逆而難 ; 功效, 順而易. 學者不可以不知大本, 而使學者, 必知大本, 故先言治國, 而逆而推之 ; 旣知大本, 又不可以不知其效, 故先言物格, 而順而推之. 逆推故在前 ; 順推故在後.

上文에서는 먼저 '治國' 을 말했고, 下文에서는 먼저 '物格' 을 말했다.

---

59) 下手處 : '着手處' 라고도 하는바, '손을 대야 할 곳' 또는 '工夫를 시작해야 할 곳' 등을 뜻함.

雙峰饒氏는 "위의 一節은 逆推로서 工夫에 해당되고, 아래의 一節은 順推로서 功效에 해당된다." 고 말하였다. 逆推의 工夫는 어찌하여 앞에 있고, 順推의 效驗은 어찌하여 뒤에 있는가? 대개 用工은 거슬러 올라가는 것으로서 어렵고(逆而難), 功效는 따라서 나오는 것으로서 쉽다(順而易). 學者들은 大本을 알지 않을 수 없으므로, 學者들로 하여금 반드시 大本을 알게 하기 위해서 먼저 '治國'을 말하고 逆推하는 것이다. 이미 大本을 알았다면 또한 그 效驗을 알지 않을 수 없으므로, 먼저 '物格'을 말하고 順推하는 것이다. 逆推이기 때문에 앞에 있고, 順推이기 때문에 뒤에 있는 것이다.

○ 小注, 朱子曰 "性發爲情, 其初無有不善, 卽當加夫明之之功 ; 心發爲意, 便有善有不善, 不可不加夫誠之之功." 執此說而論之, 盖情有善惡 ; 意無善惡. 若曰 '情有善惡', 則何以加明之之功?[60] 而惟其意無善惡, 故所以加誠之之功. 而且明德章句, 旣曰 "有時而昏", 則這昏字, 非不善乎? 誠意章句 "欲其必自慊", 則這慊字, 非善乎? 朱子所謂 "情無有不善, 意便有善不善"者, 無乃記錄之誤耶?

小注에서, 朱子는 "性이 發하여 情이 되는데, 그 처음에는 不善함이 없으니, 곧 마땅히 '明之'의 공부를 더해야 할 것이다. 心이 發하여 意가 되는데, 문득 善도 있고 不善도 있으니, '誠之'의 공부를 더하지 않을 수 없다." 고 하였다. 이 주장에 근거해서 논하자면, 대개 情에는 善惡이 있고, 意에는 善惡이 없다. 만약 '情에 善惡이 있다' 고 한다면, 어찌하여 '明之'의 공

60) "執此說而論之, 盖情有善惡 ; 意無善惡. 若曰 '情有善惡', 則何以加明之之功?" 에서의 '有 · 無 · 有' 字는 문맥으로 볼 때 글자가 뒤바뀐 것 같다. 이것을 문맥이 통하도록 고치면 "執此說而論之, 盖情無善惡 ; 意有善惡. 若曰 '情無善惡', 則何以加明之之功?" 이 된다.

부를 더하겠는가? 또한 오직 그 意에는 善惡이 없기 때문에, 그리하여 '誠之' 의 공부를 더하는 것이다. 또한 '明德' 에 관한 주석에서는 이미 "때때로 어두운 경우가 있다(有時而昏)" 고 하였는데, 저 '昏(어둡다)' 字는 不善이 아닌가? '誠意' 에 관한 주석에서는 "그 반드시 스스로 만족스럽게 하기 위한 것(欲其必自慊)" 이라고 하였는데, 저 '慊(만족하다)' 字는 善이 아닌가? 朱子의 이른바 "情에는 不善이 없고, 意에는 문득 善 · 不善이 모두 있다" 는 말은 記錄의 잘못이 아니겠는가?[61]

○ "致知在格物." 格物者, 還是事未至時格耶? 抑事旣至後格耶? 有鏡於斯, 物未照時, 鏡之體無不明, 而物旣照後, 鏡之用無不明矣 ; 有衡於斯, 物未稱時, 衡之體無不正, 而物旣稱後, 衡之用無不正矣. 則君子之心, 卽一箇鏡也衡也. 未發而爲

---

61) 이 문단은 분명 문맥이 이상하다. "情에는 善惡이 있고, 意에는 善惡이 없다. 만약 '情에 善惡이 있다' 고 한다면," 云云하는 데서 '있다' 와 '없다' 가 뒤바뀐 것으로 보인다. 이런 말들을 글자가 뒤바뀐 것으로 간주하고, 譯者가 문맥을 바로잡아 보면 다음과 같다. : 小注에서, 朱子는 "性이 發하여 情이 되는데, 그 처음에는 不善함이 없으니, 곧 마땅히 明之의 공부를 더해야 할 것이다. 心이 發하여 意가 되는데, 문득 善도 있고 不善도 있으니, 誠之의 공부를 더하지 않을 수 없다." 고 하였다. 이 주장에 근거해서 논하자면, 대개 情에는 善惡이 없고, 意에는 善惡이 있다. 만약 '情에 善惡이 없다' 고 한다면, 어찌하여 '明之' 의 공부를 더하겠는가? 또한 오직 그 意에는 善惡이 없기 때문에, 그리하여 '誠之' 의 공부를 더하는 것이다. 또한 '明德' 에 관한 주석에서는 이미 '때때로 어두운 경우가 있다(有時而昏)' 고 하였는데, 저 '昏(어둡다)' 字는 不善이 아닌가? '誠意' 에 관한 주석에서는 '그 반드시 스스로 만족스럽게 하기 위한 것(欲其必自慊)' 이라고 하였는데, 저 '慊(만족하다)' 字는 善이 아닌가? 朱子의 이른바 "情에는 不善이 없고, 意에는 문득 善 · 不善이 모두 있다." 는 말은 記錄의 잘못이 아니겠는가?

鑑空衡平之體；已發而爲鑑空衡平之用. 則格是到那所在, 而有事已至時格底, 有事未至時格底. 則格物之道, 固當如明鏡之應與未應, 而姸媸自照；權衡之稱與不稱, 而輕重自正耳.

"致知는 格物에 있다." 고 했는데, 格物은 곧[62] 사물이 이르지 않았을 때 궁구하는 것인가? 그렇지 않으면 사물이 이미 이른 다음에 궁구하는 것인가? 여기에 거울이 있다고 하자. 아직 사물을 비추지 않았을 때에는 거울의 體가 밝지 않음이 없고, 사물을 이미 비춘 다음에는 거울의 用이 밝지 않음이 없다. 여기에 저울이 있다고 하자. 아직 사물을 달지 않았을 때에는 저울의 體가 바르지 않음이 없고, 사물을 이미 단 다음에는 저울의 用이 바르지 않음이 없다. 그렇다면 '君子의 마음' 은 곧 하나의 거울이고, 하나의 저울이다. 아직 發하지 않았을 때에는 거울처럼 텅 비고 저울처럼 균형을 이루는 體가 되고, 이미 發했을 때에는 거울처럼 텅 비고 저울처럼 균형을 이루는 用이 된다. 그러한 즉, '格' 이란 저들이 있는 곳을 궁구하여 이르는 것이니, 사물이 이미 이르렀을 때 格物하는 것도 있고, 사물이 아직 이르지 않았을 때 格物하는 것도 있다. 그렇다면 '格物의 道' 는 진실로 마땅히 明鏡이 응하냐 응하지 않느냐에 따라서 姸媸[63]가 저절로 비추어지고, 權衡이 저울질을 하냐 하지 않느냐에 따라서 輕重이 저절로 바르게 되는 것과 같다.

○ 格物, 則物必有所當然之則, 所以然之故. 蓋所當然之則, 理之實處；而所以然之故, 理之原頭. 則所當然與所以然者, 皆指理而言也.

62) '還' 은 副詞로서, '곧바로' 의 뜻.

63) 姸媸(연치) : 아름다움과 추함.

事物을 궁구하면(格物), 事物에는 반드시 '所當然之則' 과 '所以然之故' 가 있다. 대개 所當然之則은 '理의 實處' 이고, 所以然之故는 '理의 原頭' 이다. 따라서 所當然과 所以然은 모두 '理' 를 가리켜 말하는 것이다.

○ 意者, 心之所發, 則似意在心後, 而今曰 "欲正其心, 先誠其意"者, 何也? 盖與物相感者, 意也. 而物纔動意, 意便牽心, 則欲正其心者, 必先乎誠意也.

'意는 心이 발한 것' 이라 한다면, 意는 心 다음에 있는 것 같다. 그런데 지금 "그 心을 바르게 하고자 한다면 먼저 그 意를 참되게 한다." 고 말하는 것은 무슨 까닭인가? 대개 事物과 더불어 서로 감응하는 것은 意이다. 事物이 (사람의) 意를 움직이자마자, 意는 문득 心을 끌어당기는 것이다. 그러므로 그 心을 바르게 하고자 하는 사람은 반드시 먼저 意를 참되게 하는 것이다.

○ 致知之道, 莫先於格物, 而格物之道, 亦莫先於明人倫, 則明人倫, 豈非格物之切要處耶?

'致知' 의 道는 '格物' 보다 앞서는 것이 없고, '格物' 의 道는 또한 '人倫을 밝히는 것' 보다 앞서는 것이 없다. 그렇다면 '人倫을 밝힘' 이 어찌 '格物의 절실하고 요긴한 곳' 이 아니겠는가?

○ 心者, 本也. 意特心之發耳. 今"欲正其心, 先誠其意", 則似是倒了說去者, 何也? 今夫治家者, 先去蝨賊而後, 家可以寧靜；種田者, 先去稂莠而後, 田可以下種. 則欲正其心者, 不可不先誠其意. 而心之爲物, 元無形影, 則須從所發, 而必下工夫, 則除了許多惡根, 而心可以自正耳.

心은 근본이며, 意는 다만 心이 發한 것이다. 이제 "그 心을 바르게 하려면, 먼저 그 意를 참되게 하라."는 말은 (순서를) 거꾸로 말하는 것 같으니, 어떠한가? 이제 무릇 집안을 다스리는 사람은 먼저 蟊賊[64]을 없앤 다음에 집안이 편안하고 조용할 수 있는 것이요, 밭에 씨앗을 뿌리는 사람은 먼저 稂莠[65]를 없앤 다음에 밭이 씨앗을 뿌릴 수 있게 되는 것이다. 그러한 즉, 心을 바르게 하고자 하는 사람은 먼저 그 意를 참되게 하지 않을 수 없다. 그런데 心이라는 물건은 원래 형체도 없고 그림자도 없으니, 모름지기 發한 바를 따라서 반드시 工夫를 해야만, 허다한 惡의 뿌리를 제거하여 心이 저절로 바르게 될 수 있는 것이다.

○ 八條目, 皆有先後次第, 則了一節而後, 做一節耶? 格致誠正, 修齊治平, 雖有先後之序, 而一時竝進, 齊頭做去, 則豈可謂了一節而後, 做一節耶?

八條目은 모두 先·後의 차례가 있으니, 한 節目을 마친 뒤에 다음 節目에 착수하는 것인가? 格·致·誠·正과 修·齊·治·平은 비록 先·後의 차례가 있더라도 一時에 竝進하여 머리를 나란히 하면서 이루어 나가는 것이다. 그러한 즉, 어찌 한 節目을 마친 뒤에 다음 節目에 착수하는 것이라고 할 수 있겠는가?

○ "古之欲明明德於天下者, 先治其國", 則治平, 天子諸侯之事也. 固非始學之所當議, 而射者之的, 行者之歸, 亦學者立志之初, 所當知也. 故自天子, 至於庶人, 一是皆以治平, 爲分内事也. 況大學之敎, 乃爲天子之元子衆子, 公卿大夫士之適子,

---

64) 蟊賊(모적) : 나무의 뿌리나 마디를 갉아먹는 해충. 또는 良民을 해치는 惡漢.

65) 稂莠(낭유) : 강아지풀(가라지풀). 논밭에 자생하여 農作物에 해가 되는 잡초.

與國之俊選而設焉. 是皆將有天下國家之責, 而不可辭者, 則所以素敎而預養者, 安得不以天下國家, 爲己事之當然, 而求其正本淸源之道哉?

(經文에서는) "옛날에 天下에 明德을 밝히고자 했던 사람은 먼저 그 나라를 다스렸다." 고 하였다. 治國 · 平天下는 天子와 諸侯의 일로서, 진실로 처음 배우는 學者들이 마땅히 의논할 바가 아니나, 활쏘는 사람의 과녁이나 여행하는 사람의 歸着地처럼 또한 學者들이 처음 뜻을 세울 때에 마땅히 알아야 할 바이다. 그러므로 天子로부터 庶人에 이르기까지 한결같이 모두 治國 · 平天下를 '자기 분수 안의 일' 로 여기는 것이다. 하물며 大學의 교육은 바로 天子의 元子 · 衆子와 公卿 · 大夫 · 士의 適子, 그리고 나라 안에서 뽑힌 俊秀한 사람들을 위해 설치한 것이다. 이들은 모두 장차 天下 · 國家에 대한 책임이 있는 사람들로서, (그 책임을) 사양할 수 없는 사람들이다. 그러한 즉, 미리[66] 가르치고 미리 기르는 까닭은 어찌 天下 · 國家를 자기의 당연한 일로 삼아서 '근본을 바르게 하고 근원을 맑게 하는 道' 를 추구하라는 것이 아니겠는가?

○ 大學言格致而後誠正 ; 中庸言尊德性而後道問學. 一則知先而行後 ; 一則行先而知後者, 何也? 大學, 入德之書也 ; 中庸, 成德之書也. 以入德言, 則知先乎行 ; 以成德言, 則行先乎知. 而知外無行, 行外無知. 則格致屬知, 而行在是矣 ; 尊性屬行, 而知不外矣.

『大學』에서는 格物致知를 말한 다음에 誠意正心을 말했는데, 『中庸』에서는 '尊德性(덕성을 높임)' 을 말한 다음에 '道問學(묻고 배우는 데서 말

---

66) 原文의 '素' 字에는 '미리' 라는 뜻이 있음.

미암음)' 을 말했다. 하나는 知가 앞서고 行이 뒤인데, 하나는 行이 앞서고 知가 뒤인 까닭은 무엇인가? 『大學』은 '德에 들어가는 책(入德之書)' 이요, 『中庸』은 '德을 이루는 책(成德之書)' 이다. '入德' 으로 말하자면 知가 行보다 앞서고, '成德' 으로 말하자면 行이 知보다 앞선다. 그런데 知 밖에 行이 없고, 行 밖에 知가 없다. 그러한 즉, 格物致知는 知에 속하지만 行이 그 가운데 있고, 尊德性은 行에 속하지만 知가 여기에서 벗어나지 않는다.

○ 誠意, 自修之首, 進德之基, 而徹上徹下, 無所不包, 則誠意一節, 雖在於格致之下, 而纔說格致, 帶得誠意底意也.

'誠意' 는 스스로를 닦는 공부의 시작이요 德에 나아가는 기반으로서, 上 · 下를 꿰뚫어 포함하지 않는 것이 없다. 그러한 즉, '誠意' 한 節目은 비록 格物 · 致知의 아래에 있지만, 다만 格物 · 致知를 말하면 이미 誠意의 의미를 띠고 있는 것이다.

○ "意者, 心之所發也；心者, 身之所主也." 意旣實矣, 則心可以無病, 而猶有忿懥等四者之病, 而點檢其心；心旣正矣, 則身可以無偏, 而尙有親愛等五者之偏, 而收斂其身. 有則改之, 無則加勉者, 豈非精而又精, 緊而又緊者乎?

(朱子는) "'意' 는 心이 발한 것이며, '心' 은 몸을 주재하는 것이다."라고 풀이하였다. 意가 이미 誠實하면 心은 病이 없을 수 있다. 그런데도 오히려 '忿懥 등 네 가지 病'[67]이 생기니, 그 心을 點檢하는 것이다. 心이 이미 바르면 몸은 치우침이 없을 수 있다. 그런데도 오히려 '親愛 등 다섯 가지의

67) 『大學章句』 傳7章에서 말하는 '忿懥(분치) · 恐懼 · 好樂(호요) · 憂患' 을 가리키는 것으로서, 마음에 이 네 가지의 病이 있으면 행실이 바르게 될 수 없다고 하였다.

치우침'[68]이 생기니, 그 몸을 收斂하는 것이다. 있으면 고치고 없으면 더욱 힘쓰는 것이 어찌 '정밀한 데도 더욱 정밀하게 하고, 긴요한 데도 더욱 긴요하게 함'이 아니겠는가?

○ 八條目, 一是皆以格致爲主. 而逆推工夫, 無不統於格致; 順推功效, 無不管於格致. 則曰誠曰正曰修, 皆是格致上做去也; 曰齊曰治曰平, 皆自格致中流出也. 則格物致知, 其惟學者之最初下手處乎!

八條目은 한결같이 모두 格物·致知를 중심으로 삼으니, '逆推의 工夫'도 모두 格物·致知에 統攝되고, '順推의 功效'도 모두 格物·致知에 管攝된다. 그러한 즉, 誠意·正心·修身도 모두 格物·致知를 바탕으로 이루어지는 것이요, 齊家·治國·平天下도 모두 格物·致知로부터 流出되는 것이다. 그렇다면 格物·致知는 그 오직 學者들이 가장 먼저 着手해야 할 곳일 것이다.

○ "欲其極處無不到." 到字之義, 以何物形容乎? 今夫南釗人之往建陽[69]也, 須得到郡縣廳上, 而方可謂之至也. 若只到建陽境上, 而不可謂之至也. 則格物者, 所以實行到那般地頭, 而猶南釗人之直到建陽方休耳.

(朱子는 '格物'에 대한 해석에서) "그 極處에 이르지 않음이 없게 하고자

68) 『大學章句』 傳8章에서 말하는 '親愛·賤惡(천오)·畏敬·哀矜·敖惰'를 가리키는 것으로서, 사람은 이 다섯 가지에 대해서는 偏僻되기 쉽다고 하였다.

69) '建陽'은 心齋의 原本에서는 建寧으로 되어 있으나, 아래의 '建陽'과 통일을 꾀하기 위해 '建陽'으로 바꾸었다. 여기서의 '建陽'은 任意的인 地名일 것이다.

한다.(欲其極處, 無不到.)"라고 했는데, '到(이르다)' 字의 뜻은 무엇으로써 형용할 수 있겠는가? 이제 '남쇠'라는 사람이 '建陽'에 간다고 할 때, 모름지기 郡縣의 廳舍까지 到達해야만 바야흐로 '이르렀다'고 말할 수 있는 것이다. 만약 다만 建陽의 境界까지만 도달했다면 '이르렀다'고 말할 수 없는 것이다. 그러한 즉, '格物'이란 實行해서 저러한 경지에 도달하기 위한 것으로서, 남쇠라는 사람이 곧바로 建陽의 廳舍까지 도달해야만 바야흐로 아름다운 것과 같다.[70]

○ 誠意之意, 與致志之志, 有公私之分. 志是向去底意 ; 意是較量底志也.

'誠意'의 '意'와 '致志'의 '志'는 公·私의 구분이 있다. 또한 '志'는 '向해서 가는 意'이고, '意'는 '비교하고 헤아리는 志'이다.[71]

○ 意易發而難制 ; 心本虛而不昧. 則卽其所發之意, 而可知所主之心. 故釋心意處, 先言所發, 後言所主也.

'意'는 쉽게 發하여 제어하기 어렵고, '心'은 본래 텅 비어 어둡지 아니하다. 그러한 즉, 그 (心이) '발한 것'인 '意'에 나아가면 (몸을) '주재하는

---

70) '郡縣의 廳舍'까지 도달해야만 그 '고을에 도달했다'고 말할 수 있는 것처럼, 그 탐구한 경지를 '實行'하는 데 이르러야만 '格物했다'고 말할 수 있다는 뜻임.

71) 『朱子語類』 卷5(중화서국본 96쪽)에서는 "志는 公的이지만 意는 私的이다(志公而意私)"라고도 하였고, "意는 주된 방향이 있는 것(意則有主向)" 또는 "意는 요모조모 따지고 비교해서 하는 것(意是去百般計較做底)"이라고도 하였다. 같은 곳에서는 또한 "心은 一身의 主宰者(心者 一身之主宰)"요, "意는 마음이 발한 것(意者, 心之所發.)"이며, "志는 마음이 가는 곳(志者, 心之所之.)"이라고도 하였다.

것' 인 '心' 을 알 수 있다. 그러므로 '心' 과 '意' 를 풀이하는 곳에서는 먼저 '발한 것(所發, 意)' 을 말하고, 뒤에 '주재하는 것(所主, 心)' 을 말한 것이다.

○ 誠正修三者, 不無淺深小大之別. 而論其淺深, 則誠意工夫較深, 而正心工夫較淺 ; 論其小大, 則誠意較緊細, 而正修地位又較大, 又較施展也.

誠意 · 正心 · 修身 셋 사이에는 淺 · 深과 小 · 大의 구별이 없지 않다. 그 淺 · 深을 논하자면, 誠意 공부는 비교적 깊고, 正心 공부는 비교적 얕다. 그 小 · 大를 논하자면, 誠意는 비교적 緊密하고 微細하나, 正心 · 修身은 地位가 비교적 크고 또 비교적 베풀어 펴는 것이다.

○ 致知知至, 比之於行路之人, 有方行郡邑而方至京師者 ; 有已歷郡邑而已至京師者. 致知工夫, 如方行郡邑而方至京師也 ; 知至功效, 如已歷郡邑而已至京師也.

'致知' 와 '知至' 를 '길을 가는 사람' 에 견주자면, 바야흐로 郡邑을 거쳐서 바야흐로 서울에 도착하는 사람도 있고, 이미 郡邑을 거쳐서 이미 서울에 도착한 사람도 있다. '致知' 는 '工夫' 로서 바야흐로 郡邑을 거쳐서 바야흐로 서울에 도착하는 것과 같으며, '知至' 는 '功效' 로서 이미 郡邑을 거쳐서 이미 서울에 도착한 것과 같다.[72)]

72) '致知(工夫)' 를 '바야흐로 郡邑을 거쳐서 서울에 도착하는 것' 에 비유하고 '知至(功效)' 를 '이미 郡邑을 거쳐서 서울에 도착해 있음' 에 비유한 것은 『退溪集』 卷26 頁36, 〈格物物格俗說辯疑答鄭子中〉에도 보인다.

○ 格物注, "欲其極處無不到也."; 物格注, "物理之極處無不到也." 晦齋則兩處皆讀曰厓; 申駱峯論此, 以厓辭爲是, 而苟知此意, 則功效注,[73] 雖云極處是, 固亦無妨. 退溪則不取晦齋之言, 特取申公之言, 曰 "物格注吐, 或厓或是, 兩無所礙." 其詳見於溪集.

(주자는) '格物' 에 대한 주석에서는 '欲其極處 無不到也' 라 하였고, '物格' 에 대한 주석에서는 '物理之極處 無不到也' 라 하였다. 晦齋는 이 두 곳을 모두 '에' 로 吐를 달아 읽었다. 그런데 申駱峯은 이것을 논하여 '에' 로 吐를 다는 것이 옳다 하고, "진실로 이 뜻을 안다면 功效에 대한 주석을 '極處이' 로 읽더라도 진실로 또한 無妨하다." 고 하였다. 退溪는 晦齋의 말을 취하지 않고 특별히 申公의 말을 취하고, "物格의 註에 대한 吐는 '에' 로 하든 '이' 로 하든 둘 다 방해됨이 없다." 고 하였다. 그 자세한 내용은 『退溪集』에 보인다.[74]

---

73) '功效注' 의 '功' 字는 心齋의 原文에는 '工' 으로 되어 있으나, '功' 字가 타당하므로, 고쳤다. 이 文章의 出處인 『退溪集』(卷26 頁38)에도 '功效' 로 되어 있다.

74) '晦齋' 는 李彦迪의 號이고, 駱峯은 申光漢의 號임. 원문의 '厓' 는 口訣로 吐를 단 것으로, 한글로는 '에' 에 해당된다. 마찬가지로 口訣의 '是' 는 한글로는 '이' 에 해당된다. 회재는 格物(工夫)에 대한 주석은 '欲其極處에 無不到也' 로 읽었는바 "그 極處에 이르지 않음이 없게 하고자 하는 것이다" 라고 해석하는 것이며, 物格(功效)에 대한 주석은 '物理之極處에 無不到也' 로 읽었는바 "物理의 極處에 이르지 않음이 없다" 고 해석하는 것이다. 낙봉과 퇴계는 格物(工夫)에 대한 주석을 '欲其極處에 無不到也' 로 읽는 것에 대해서는 동의하였다. 그러나 物格(功效)에 대한 주석은 '物理之極處에 無不到也' 로 읽어도 되고, '物理之極處이 無不到也' 로 읽어도 된다는 것이다. '에' 는 處所를 나타내는 吐이고, '이' 는 主體를 나타내는 吐이다. 따라서 '物理之極處' 다음에 '에' 라는 吐를 달면 '物理之極處' 는 '到' 라는 행위가 미치는 객체가 되는 것

○ 物格等而后字, 與上文知止等而后字, 似有不同. 盖知止節五[75]箇而后字, 一知止, 便直貫到能得也 ; 物格節七箇而后字, 却逐層各有境界遞下也. 則知止至能得, 相去不遠, 而有如中庸之形動變化也 ; 物格至治平, 地步稍間, 而有如孟子之善信聖神也.

"物格而后知至, 知至而后意誠" 등에서의 '而后' 라는 글자는 上文의 "知止而后有定, 定而后能靜" 등에서의 '而后' 라는 글자와는 다른 것 같다. 대개 '知止' 節에서 5개의 '而后' 라는 글자는 하나의 '知止' 가 문득 곧바로 관철되어 '能得' 까지 이르는 것이다. 그러나 '物格' 節에서의 7개의 '而后' 라는 글자는 도리어 각 단계마다 각각의 境界가 있는 것을 따라서, 다음 단계로 옮겨가는 것이다. 그러한 즉, '知止' 부터 '能得' 까지는 서로 거리가 멀지 않으니, 『中庸』의 '形 · 動 · 變 · 化' [76]와 같은 점이 있다. 그런데

이다. 반면에 '物理之極處' 다음에 '이' 라는 토를 달면 '物理之極處' 는 '到' 라는 행위의 주체가 되는 것이다. 따라서 '物理之極處이 無不到也' 라고 읽으면 "物理의 極處가 이르지 않음이 없다" 는 해석이 된다. 퇴계는 이 당시에는 '物理之極處이 無不到也' 로 읽더라도 '物理의 極處가 스스로 나에게 이른다는 말은 아니다' 라고 설명했다(퇴계의 이에 대한 자세한 논의는 『退溪集』 卷26 頁34-39, 〈格物物格俗說辯疑答鄭子中〉에 보인다). 그러나 高峯 奇大升과의 '四端七情論爭' 을 거친 다음에는 '理自到說' 을 정립하여 '物理의 極處가 스스로 나에게 이른다' 고 해석하게 되었다(퇴계의 이에 대한 자세한 논의는 『退溪集』 卷18 頁30-31, 〈答奇明彦別紙〉에 보인다). 퇴계의 '理自到說(理到說)' 은 그의 '理能發說(理發說)' 과 상응하는 것이다. 퇴계가 '理自到說' 을 정립하는 데에는 고봉의 영향이 컸다.

75) '五' 는 心齋의 原本에는 '六' 으로 되어 있으나, '五' 의 誤字이므로, 바꾸었다.

76) 『中庸章句』 제23장에서는 "(지극히 참된 聖人이 天地에 參與하는 것) 다음은 한쪽 부분에서부터 미루어 나가는 것이니, 한쪽 부분에 능하면 참됨이 있게 된다. 참됨이 있으면 형체가 이루어지고(形), 형체가 이루어지면 드러나고

'物格' 에서 '治國 · 平天下' 까지는 거리가 좀 벌어져 있으니, 『孟子』의 '善 · 信 · 聖 · 神'[77]과 같은 점이 있다.

○ 致知在格物, 則無兩層工夫. 而至於物格知至, 則雖着而后二字, 而其與下文意誠心正等而后之例, 當作一般看了耳.

"致知는 格物에 있다"고 하였으니, (致知와 格物은) 두 層의 공부가 아니다. 物格과 知至에 있어서도 비록 '而后' 라는 두 글자를 붙여놓았어도, 그 아래의 意誠 · 心正 等에 '而后' 를 붙인 例와 마땅히 一般으로 보아야 할 것이다.[78]

(著), 드러나면 밝아지고(明), 밝아지면 감동시키고(動), 감동시키면 변하게 되고(變), 변하게 되면 化하게 되니(化), 오직 天下의 지극히 참된 사람만이 능히 '化' 하게 할 수 있다.(其次致曲, 曲能有誠, 誠則形, 形則著, 著則明, 明則動, 動則變, 變則化, 唯天下至誠, 爲能化.)" 고 하였다.

77) 『孟子』 盡心下 제25장에서는 "하고자 할 만한 것을 '善' 이라 하고, 자기에게 있는 것을 '信' 이라 하며, 充實한 것을 '美' 라 하고, 充實하면서 빛나는 것을 '大' 라 하며, 위대하여 眞理와 하나가 된 것을 '聖' 이라 하고, 聖스러워 알 수 없는 것을 '神' 이라 한다.(可欲之謂善 ; 有諸己之謂信 ; 充實之謂美 ; 充實而有光輝之謂大 ; 大而化之之謂聖 ; 聖而不可知之之謂神.)" 고 하였다.

78) "致知는 格物에 있다"고 하였으니, 致知와 格物은 두 層의 공부가 아니다. 그런데 '物格' 과 '知至' 의 경우 兩者 사이에 '而后' 라는 글자를 두면, 物格과 知至가 '두 層의 공부' 처럼 여겨지는 것이다. 즉 '物格而后知至' 를 "物格한 다음에 知가 이른다"고 해석하면, '物格' 과 '知至' 가 '두 層' 으로 되는 것이다. 心齋는 이에 대해 "그 아래의 意誠 · 心正 等에 '而后' 를 붙인 例와 마땅히 一般으로 보아야 할 것"이라고 주장하는 것이다. 朱子는 '知至而后意誠' 에 대해서는 "知가 이미 극진하면 意가 誠實할 수 있다(知旣盡, 則意可得而實矣.)" 라고 주석하였고, '意誠而后心正' 에 대해서는 "意가 이미 誠實하면 心이 바르게 될 수 있다(意旣實, 則心可得而正矣.)" 라고 주석하였는데, 이는 經文의 '而后' 를 '可得(……할 수 있음)' 으로 풀이한 것이다. '而后' 를 글자 그대로

○ 知之眞切, 則意已誠矣, 如何而又有誠意之功耶? 就至與誠之交關親切, 則纔知至, 而便不須疑貳也 ; 就致與誠之各項用功, 則知已至, 而須更去誠意也.

'知' 가 참되고 절실하면 '意' 도 이미 참되게 되는데, 어찌하여 또 '誠意' 라는 用功이 있는 것인가? '知至' 와 '意誠' 이 서로 親切하게 관계된 것임에 나아가 보면, 知가 이르자마자 문득 疑貳[79]할 필요가 없는 것이다. 그러나 '致知' 와 '誠意' 가 各項의 用功이라는 점에 나아가 보면, 知가 이미 이르렀어도 모름지기 다시 '誠意' 공부를 해야만 한다.

○ 旣曰 "物格而后知至", 則所謂知至者, 知之而至於何處耶? 今有一條蠟燭於此, 而光之所及者, 八窓玲瓏, 無處不照, 一室通達, 無物不明, 則方可謂之蠟燭. 而知至者, 要須四至八到, 無所不至, 然後乃謂至也. 則這箇知至, 正如蠟燭之無一不到耳.

(經文에서는) 이미 "物格한 다음에 知가 이른다." 고 했는데, 이른바 '知가 이른다(知至)' 는 것은 알아서 어디에 이른다는 말인가? 이제 여기에 한 자루의 蠟燭[80]이 있다고 하자. 그 촛불의 빛이 미치는 곳은, 八方의 窓을 영

'……한 다음' 으로 풀면 '意誠' 과 '心正' 은 '두 層의 공부' 가 된다. 그러나 '而后' 를 '可得' 으로 풀면 '意誠' 과 '心正' 은 두 層이 됨을 면할 수 있다. 心齋는 '物格而后知至' 에서의 '而后' 도 이처럼 '可得' 으로 풀어야 한다고 설명하는 것이다.

79) 疑貳 : 의심하여 마음이 결정되지 아니함. 또는 의심하여 두 마음을 품게 됨. '誠' 은 '眞實無妄(진실하여 함부로 함이 없음)' 또는 '毋自欺(스스로를 속이지 아니함)' 를 뜻하는 바, 따라서 '疑貳' 와 '誠意' 는 반대되는 뜻임.

80) 蠟燭(납촉) : 蜜蠟으로 만든 초.

롱하게 비추어 어디든 비추지 않는 곳이 없으며, 방 안에 두루 사무쳐 무엇이든 밝히지 않는 사물이 없어야만, 바야흐로 '蠟燭' 이라고 말하는 것이다. '知至' 라는 것도 반드시 (앎이) 四方八方으로 이르러, 어디든 이르지 않은 곳이 없는 다음에야 이에 '至' 라고 하는 것이다. 그러한 즉, 저 '知至' 란 바로 '蠟燭이 한 군데라도 이르지 않는 곳이 없음' 과 같은 것이다.

○ 物理之極處無不到, 則這到字, 固非物理之自到於吾心也, 亦非吾心之自到於物理也. 物理之到處, 卽吾心之所到也 ; 吾心之到處, 卽物理之所到也. 然則所謂到者, 到盡之謂也. 如理到精到懇到之到而言. 物理之極處, 自到盡無餘也.

(朱子의 주석에서는) "物理之極處, 無不到." 라고 했다. 저 '到' 字는 진실로 "物理가 나의 마음에 저절로 이른다." 는 말이 아니요, 또한 "나의 마음이 物理에 저절로 이른다." 는 말도 아니다. '物理가 이른 곳' 이 곧 '吾心이 이른 곳' 이며, '吾心이 이른 곳' 이 곧 '物理가 이른 곳' 이다. 그렇다면 이른바 '到' 라고 하는 것은 '극진한 곳에 이름(到盡)' 을 말하는 것이니, 예컨대 '理到' · '精到'[81] · '懇到'[82]의 '到' 와 같은 말이다. 物理의 極處가 저절로 극진한 곳에 이르러 남음이 없는 것이다.

○ 格物, 物格, 同一格也, 而格物須有窮之之工, 物格須有至之之效, 則格物非無至底意思, 而所重者, 在乎窮也 ; 物格非無窮底意思, 而所重者, 在乎至也.

'格物' 과 '物格' 은 同一한 '格' 字로 되어 있다. 그런데 '格物' 은 모름지

---

81) 精到 : 아주 정밀함. 매우 치밀함.

82) 懇到(간도) : 지극히 정성스러움.

기 '窮求하다' 라는 工夫의 뜻을 지니고 있고, '物格' 은 모름지기 '이르다' 라는 效驗의 뜻을 지니고 있다. 그러한 즉, 格物은 '이르다(至)' 의 뜻이 없는 것은 아니지만 重點은 '궁구하다(窮)' 에 있고, '物格' 은 '궁구하다' 의 뜻이 없는 것은 아니지만 重點은 '이르다' 에 있다.

○ 朱子曰 "物格者, 物理之極處, 無不到." 此言物理之極處, 而補亡章釋物格, 而不言物理之極處者, 何也? 旣曰 "物理之極處無不到", 則蓋衆理之極處, 卽無不到之處也. 理依然自在事物, 而吾之窮究, 無一不到處耳. 至於補亡章, 則乃合表裏精粗, 而言其無不到, 則巨細相涵, 本末都具, 渾淪乎無處之可言耳.

朱子는 "物格者, 物理之極處, 無不到."라고 하였다. 여기에서는 '物理의 極處' 라는 말을 했는데, 〈補亡章〉에서는 '物格' 을 해석하면서 '物理의 極處' 라는 말을 하지 않은 까닭은 무엇인가? 이미 "物理之極處, 無不到."라고 했으니, 대개 '衆理의 極處' 가 곧 '無不到의 곳' 이다. 理는 依然하게 事物 속에 自在하는데, 나의 窮究가 하나라도 이르지 않는 곳이 없는 것이다. 〈補亡章〉에 이르러서는 바로 表 · 裏와 精 · 粗를 합쳐서 '이르지 않음이 없다' 고 말한 것이다. 그러한 즉, 큰 것과 작은 것이 서로 머금고 근본과 말단을 모두 갖추어, 渾淪하여 (이곳과 저곳을 분별하여) 말할 수 있는 곳이 없는 것이다.

○ "自天子, 至於庶人, 壹是皆以修身爲本." 則修身之本, 庶人與天子同, 而治平之責, 亦與天子同乎? 修身爲本 ; 治平爲末, 則天子與庶人, 本同而末亦同矣. 蓋大學之道, 乃爲天子之元子衆子, 公卿大夫元士之適子, 與凡民之俊秀, 而敎之以窮理正心修己治人之術. 是皆將有天下國家之責, 而不可辭者, 則雖

位非在上大人之位, 而學則同一大人之學也.

(經文에서는) "天子로부터 庶人에 이르기까지 한결같이 모두 修身으로 근본을 삼는다."고 하였다. 그러한 즉, '修身' 이라는 근본은 庶人과 天子가 동일한 것인데, '治國 · 平天下' 라는 책임도 庶人과 天子가 동일한 것인가? 修身은 근본이고, 治國 · 平天下는 말단이다. 그러한 즉, 天子와 庶人은 근본에 있어서도 동일하고, 말단에 있어서도 동일한 것이다. 대개 '大學의 道' 는 바로 天子의 元子와 衆子, 公卿 · 大夫 · 元士의 適子, 그리고 평범한 백성 가운데 俊秀한 사람들을 위해서 窮理 · 正心 · 修己 · 治人의 방법을 가르치는 것이었으니, 이들은 모두 장차 天下 · 國家의 책임을 맡을 사람들로서, 사양할 수 없는 사람들이다. 그러한 즉, 비록 地位는 위에 있는 大人의 地位가 아니라 하더라도, 學問은 동일한 大人의 學問인 것이다.

○ 前一節, 以本末終始知所先後, 順結 ; 而此一節, 以本亂厚薄, 反結者, 何也? 本末終始, 是自有底, 而先後, 是人做底有得失. 故前節, 以知所先後, 順結 ; 而此節, 以本亂厚薄, 反結之, 以明知所先後, 則本末終始, 不失其序, 而可以進於道也 ; 不知先後, 則本末終始, 有所舛繆, 而遠於道也.

앞의 一節[83]에서는 '本末終始와 知所先後' 로써 순조롭게 결론을 맺고, 이곳 一節[84]에서는 '本亂厚薄' 으로써 되돌려서 결론을 맺은 까닭은 무엇

83) "物에는 本 · 末이 있고, 事에는 終 · 始가 있다. 먼저 할 것과 뒤에 할 것을 알면 곧 道에 가깝게 된다.(物有本末, 事有終始, 知所先後, 則近道矣.)"라는 구절을 말한다.

84) "그 근본이 어지러우면서 말단이 다스려진 경우는 없었으며, 그 厚하게 해야 할 곳에 薄하게 하고 薄하게 해야 할 곳에 厚하게 하는 사람도 있지 않았다.(其本亂而末治者, 否矣, 其所厚者薄, 而其所薄者厚, 未之有也.)"라는 구절

인가? '本末終始'는 '저절로 있는 것'이고, '先後'는 '사람이 지어낸 것'으로 得·失이 있는 것이다. 그러므로 앞의 一節에서는 '知所先後'로써 순조롭게 결론을 맺고, 이곳 一節에서는 '本亂厚薄'으로 되돌려서 결론을 맺음으로써, 先·後를 알면 本·末과 終·始가 그 차례를 잃지 않아서 道에 나아갈 수 있으나, 先·後를 알지 못하면 本·末과 終·始가 뒤엉켜 道에서 멀어지게 된다는 점을 밝힌 것이다.

○ 經一傳十, 朱子定以爲曾子之述, 曾子之意, 而其中誠意章, 却有曾子曰三字者, 何也? 傳十章, 曾子之意也. 曾子曰, 曾子之言也. 而曰言曰意, 較有不同. 則誠意章之特加曾子曰三字者, 以明其曾子所嘗警戒之辭, 而令人惕然有深省處耳.

經一章과 傳十章에 대해, 朱子는 각각 '曾子가 繼述한 것'과 '曾子의 뜻'이라고 論定하였다.[85] 그런데 그 가운데 〈誠意章〉에서는 도리어 '曾子曰'이라는 세 글자가 있는 것'[86]은 무슨 까닭인가? 傳十章은 '曾子의 뜻'이요, '曾子曰'이라 한 것은 '曾子가 하신 말씀'이다. '말씀'이라 한 것과 '뜻'이라 한 것은 약간의 차이가 있다. 그러한 즉, 〈誠意章〉에서 특별히 '曾子曰'이라는 세 글자를 붙인 것은 그것이 曾子께서 일찍이 警戒하신 말씀이라는 것을 밝힘으로써, 사람들로 하여금 惕然히 깊이 반성하는 곳이 있게 하기 위함인 것이다.

을 말한다.

85) 『大學章句』는 經一章과 傳十章으로 구성되어 있다. 주자는 經一章의 章下註에서 "經一章은 孔子의 말씀인데 曾子가 繼述한 것이요, 傳十章은 曾子의 뜻인데 (曾子의) 門人이 기록한 것이다."라고 論定한 바 있다.

86) 『大學章句』의 傳6章 가운데 셋째 구절(曾子曰 "十目所視, 十手所指, 其嚴乎!")을 말하는 것임.

○ "文理接續, 血脈貫通," 云云. 蓋一章之自明, 起二章自新之意 ; 二章之用極, 起三章所止之說 ; 四章之知本, 起五章致知之語 ; 且顧諟明之顧字, 爲誠正修三章下工夫之綱領 ; 作新民之作字, 爲齊治平三章下工夫之綱領 ; 止於敬之敬字, 總爲傳六章全體下工夫之綱領. 則凡此數者, 皆所以承上起下, 而文理接續, 血脈貫通耳.

(朱子는 經一章의 章下註에서) "(무릇 傳文에서는 복잡하게 經傳을 인용하여 統紀가 없는 것 같으나) 文理가 接續하고 血脈이 貫通한다." 云云하였다. 대개 傳1章의 '自明(스스로 밝힘)' 은 傳2章의 '自新(스스로를 새롭게 함)' 의 뜻을 일으킨 것이요, 傳2章의 '用極(지극함을 씀)' 은 傳3章의 '所止(머물 곳)' 의 내용을 일으킨 것이며, 傳4章의 '知本(근본을 앎)' 은 傳5章의 '致知(앎을 이룸)' 라는 말을 일으킨 것이다. 또한 '顧諟天之明命(이 하늘의 밝은 命을 되돌아보라)' 의 '顧(되돌아봄)' 字는 誠意 · 正心 · 修身 3개 章의 工夫에 착수하는 綱領이 되고, '作新民(새로워지는 백성들을 振作시켜라)' 의 '作(振作시킴)' 字는 齊家 · 治國 · 平天下 3개 章의 工夫에 착수하는 綱領이 되며, '止於敬(敬에 머물다)' 의 '敬' 字는 '傳文 6개 章 全體'[87]의 工夫에 착수하는 綱領이 된다. 그러한 즉, 무릇 이 몇 가지 것들이 모두 '위의 내용을 이어서 아래의 내용을 일으킨 것' 들로서, '文理가 接續하고 血脈이 貫通하는 것' 이다.

○ 十章傳文, 有文理接續處, 有始終精密處, 而所以自言 "今不盡釋者", 蓋指其不盡釋某文之通續於某文, 不盡說某訓之精

87) 『大學章句』의 傳5章부터 傳10章까지, 즉 '八條目을 설명한 전체' 를 말한다. 『大學章句』의 傳1章부터 傳3章까지는 '三綱領' 을 설명하고 있으며, 傳4章은 '本 · 末' 을 설명하고 있다.

深於某訓耳.

10개 章의 傳文에는 '文理가 接續하는 곳' 도 있고, '始 · 終이 精密한 곳' 도 있다. 그런데 (朱子가) "이제 모두 풀이하지는 않는다." 고 말한 것은, 대개 어떤 구절이 어떤 구절과 통해서 접속되는 것인지를 모두 풀이하지는 않겠다는 것과, 어떤 교훈이 어떤 교훈보다 더 정밀하고 심오하다는 것을 모두 설명하지는 않겠다는 것을 가리킨다.

<傳首章>

◯ 康誥言 "克明德", 帝典言 "克明峻德." 聖人之德, 本自光明, 固無待於克明, 而康誥帝典, 皆言克明者, 何也? 今夫鏡本光明, 而磨之, 則鏡自明焉 ; 火本光明, 而嘘之, 則火自明焉. 至於聖人, 亦然. 德本光明, 而少有怠忽, 則不能明焉. 故此帝堯文王所以夙夜慥慥不息, 而克明其德也.

〈康誥〉에서는 "능히 明德을 밝히라" 고 하였고, 〈帝典(堯典)〉에서는 "능히 峻德을 밝히라" 고 하였다. 聖人의 德은 본래 스스로 光明하여, 진실로 '능히 밝힘' 을 기다릴 것이 없다. 그런데 〈康誥〉와 〈帝典〉에서는 모두 '능히 밝히라' 고 말한 까닭은 무엇인가? 이제 무릇 거울은 본래 光明하여, (티끌을) 닦아주면 거울이 저절로 밝아지며, 불꽃은 본래 光明하여 (바람을) 불어주면 불꽃이 저절로 밝아진다. 聖人의 경우에도 또한 그러하니, 德은 본래 光明하나 잠시라도 소홀히 하면 밝아질 수 없는 것이다. 그러므로 이것이 堯임금과 文王께서 새벽부터 밤늦게까지 부지런히 쉬지 않고 능히 그 德을 밝히신 까닭이다.

○ 天之明命, 本無形象, 則有何顧諟之道耶? 盖明命, 雖無形象, 而日用之間, 實理流行, 則其所以顧諟之道, 只在於靜存動察四字上, 政如忠信篤敬之參前倚衡矣.

'하늘의 밝은 命' 은 본래 形象이 없으니, 돌아볼 수 있는 방법이 무엇이 있겠는가? 대개 '밝은 命' 은 비록 形象이 없으나, 日用의 사이에 實理가 流行한다. 그러한 즉, 그 돌아볼 수 있는 방법은 다만 '靜存動察'[88] 네 글자에 있는 것이니, 바로 忠信과 篤敬을 서 있으면 그것이 앞에 참여하듯이 하고, 수레에 있으면 그것이 멍에에 의지하듯이 하는 것과 같은 것이다.[89]

○ 克明峻德小注, 臨川吳氏曰 "著明明德之效也." 夫克明者, 是明之之功, 而吳氏以效言之者, 盖以此德全體之大也.

'克明峻德' 의 小注에서, 臨川吳氏는 "明德을 밝힌 效驗을 드러낸 것" 이라 하였다. 무릇 '능히 밝히다(克明)' 라는 것은 '밝힘(明之)의 工夫' 인데, 臨川吳氏는 '效驗' 으로 말한 까닭은 대개 '明德全體의 큼' 으로 말한 것이

---

88) 靜存動察 : 고요할 때에는 마음을 보존하여 본성을 기르고(存心養性), 움직일 때에는 幾微를 살피는 것. 즉 未發時의 涵養과 已發時의 省察을 말함.

89) 子張이 '行함' 에 대해 묻자, 孔子가 "말이 忠信(충성스럽고 믿음직함)하며 행실이 篤敬(두텁고 공경스러움)하면 비록 오랑캐의 나라에서라도 행할 수 있지만, 말이 忠信하지 못하고 행실이 篤敬하지 못하면 비록 자기 고을이라도 행할 수 있겠는가? 서있으면 그것(忠信篤敬)이 앞에 참여함을 보고, 수레에 있으면 그것이 멍에에 의지함을 볼 것이니, 그런 뒤에야 행하는 것이다.(言忠信, 行篤敬, 雖蠻貊之邦, 行矣 ; 言不忠信, 行不篤敬, 雖州里, 行乎哉? 立則見其參於前也, 在輿則見其倚於衡也, 夫然後行.)" 라고 답하신 바 있다(『論語』衛靈公 5 참조). 朱子는 "立則見其參於前也, 在輿則見其倚於衡也." 에 대해 "忠信篤敬에 대해 늘 생각하고 잊지 않아서, 所在에 따라서 항상 눈으로 보는 것 같이 하여, 비록 잠깐이라도 떠나려고 해도 그럴 수 없는 것" 이라고 주석한 바 있다.

기 때문이다.[90)]

○ 皆自明三字, 承上文, 克明德, 顧諟明, 明峻德, 三者而言耳.

"모두 스스로 밝히는 것이다(皆自明)"라는 세 글자는 上文의 '克明德' · '顧諟天之明命' · '克明峻德' 셋을 이어서 말한 것이다.

○ 克明德, 自明之始事 ; 顧諟明, 自明之中事 ; 明峻德, 自明之終事. 而以淺深言之, 則克明德爲淺, 而顧諟明爲深 ; 顧諟明爲淺, 而明峻德爲深也.

'克明德' 은 '스스로 밝힘의 시작 단계' 이고, '顧諟天之明命' 은 '스스로 밝힘의 중간 단계' 이며, '克明峻德' 은 '스스로 밝힘의 마지막 단계' 이다. 그런데 淺 · 深으로 말하자면, '克明德' 이 얕다면 '顧諟天之明命' 은 깊은 것이 되고, '顧諟天之明命' 이 얕다면 '克明峻德' 이 깊은 것이 된다.

○ 傳首章引書而不引詩 ; 傳三章引詩而不引書者, 何也?

---

90) 臨川吳氏의 小注에서는 "康誥曰 克明德" 에 대해서는 '文王이 홀로 明德을 밝힘에 능했음' 을 밝혀서 '사람은 마땅히 자신의 명덕을 밝혀야 함' 을 闡明한 것이니 '明德을 밝히는 端緖를 발한 것(發明明德之端)' 이라 하였고, "太甲曰 顧諟天之明命" 에 대해서는 자기의 明德을 밝히려는 사람은 '항상 하늘이 나에게 부여한 明德을 주목해야 함' 을 말한 것이니 '명덕을 밝히는 방법을 보여준 것(示明明德之方)' 이라 했으며, "帝典曰 克明峻德" 에 대해서는 항상 하늘이 나에게 부여한 明德을 주목해서 밝히면 '堯임금처럼 큰 德을 능히 밝힐 수 있음' 을 말한 것이니 '明德을 밝힌 效驗을 드러낸 것(著明明德之效)' 이라 하였다. 心齋의 설명은, 臨川吳氏는 이처럼 '明明德의 全體的인 맥락' 에서 말한 것이기 때문에 '克明峻德' 을 '效驗' 에 해당시켰다는 것이다.

傳首章, 釋明明德, 而書之言德處較多 ; 傳三章, 釋止至善, 而詩之言止處最多, 則兩章中, 或引書或引詩者, 皆因文解義之意耳.

傳首章에서는 『書經』은 인용하고 『詩經』은 인용하지 않았으며, 傳3章에서는 『詩經』은 인용하면서 『書經』은 인용하지 않은 까닭은 무엇인가? 傳首章은 '明明德' 을 풀이한 것인데 『書經』에서는 '德' 을 언급한 곳이 비교적 많고, 傳3章에서는 '止於至善' 을 풀이한 것인데 『詩經』에서는 '머묾(止)' 을 언급한 곳이 가장 많다. 그러한 즉, 두 章 가운데, 혹은 『書經』을 인용하고 혹은 『詩經』을 인용한 것은 모두 '글을 따라 의미를 풀이한다(因文解義)' 는 뜻인 것이다.

<傳2章>

○ 湯之盤銘曰 "苟日新, 日日新, 又日新." 盤是沐浴之盤, 而成湯之必以此爲銘者, 何也? 盖盤者, 常用之器也 ; 銘者, 自警之辭也. 古之聖賢, 兢兢業業, 無少間斷, 故必就日盥之器, 而以銘日新之工者, 盖爲朝夕警省之資, 而其亦几席觴豆, 刀劍户牖, 莫不有銘之意也.

湯임금의 盤銘에 이르기를 "진실로 날로 새로워지려거든 날마다 새롭게 하고 또 날마다 새롭게 하라." 고 하였다. '盤' 은 沐浴할 때 쓰는 대야인데, 成湯께서 반드시 여기에다 글씨를 새겨 넣은 까닭은 무엇인가? 대개 대야란 늘 쓰는 그릇이요, 글씨를 새겨 넣는 것은 스스로를 경계하는 말이다. 옛 聖賢들은 兢兢業業[91]하여 잠시도 間斷이 없었던바, 그러므로 반드시 날마다 쓰는 대야 같은 그릇에다 날로 새로워지고자 하는 공부의 구절을 새겨 넣은 것이니, 대개 朝夕으로 경계하고 살피는 바탕을 삼고자 한 것이었다. 几席이나 술잔 또는 刀劍이나 창문 등에도 모두 글씨를 새겨 넣은 것 또한 같은 뜻이었다.

○ 康誥曰 "作新民." 君處九重之內, 何以知四海之外, 億兆之人, 自新之時, 而振作之耶? 經文曰 "明明德於天下." 夫明德, 人己之所同得, 而明己明人, 體用相須. 故天下至大, 兆民至夥, 而必曰 "明明德於天下." 則如康誥之作新民, 是亦明明德於天下之意, 而天下之心, 卽一人之心. 故行一善政, 聞一善言, 則莫不有感發興起之端者, 便是自新之機也. 聖人因以鼓舞而振作之, 何必家喩而户說也?

〈康誥〉에서는 "새로워지는 백성들을 振作시켜라."고 하였다. 君王은 아홉 겹의 깊은 곳에 처해 있는데, 어떻게 四海 밖의 億兆의 사람들이 스스로 새로워지는 때를 알아서 그들을 振作시킬 수 있는가? 經文에서는 "天下에 明德을 밝힌다."고 하였다. 무릇 明德이란 남들과 내가 함께 얻은 것으로서, '나의 명덕을 밝히는 것'과 '남의 명덕을 밝히는 것'은 體·用이 相須하는 것이다. 그러므로 天下는 지극히 크고, 兆民은 지극히 많은데도 반드시 "天下에 明德을 밝힌다."고 말하는 것이다. 그러한 즉, 〈康誥〉의 "새로워지는 백성들을 振作시켜라."는 말 같은 것 또한 "天下에 明德을 밝힌다."는 뜻이다. 그런데 '天下의 마음'은 곧 '한 사람의 마음'이다. 그러므

91) 兢兢業業(긍긍업업) : '兢兢'은 조심하는 것, '業業'은 두려워하는 것. 『書經』 虞書 皐陶謨에는 皐陶(고요)가 禹에게 "편안함과 탐욕으로 나라를 다스리지 않게 하시고, 조심하고 두려워하십시오. 하루 이틀 사이에 만 가지 幾微가 생기는 것입니다.(無敎逸欲有邦, 兢兢業業. 一日二日, 萬幾.)"라고 말한 내용이 보인다.

로 하나의 善政을 베풀고 하나의 善言을 들으면 모두 感發興起의 端緖를 지니게 되니, 이것이 문득 '스스로 새로워지는 기틀'이다. 聖人은 이것을 바탕으로 鼓舞시키고 振作시키니, 어찌 반드시 집집마다 깨우치고 집집마다 설득하는 것이겠는가?

○ "君子, 無所不用其極." 章句曰 "自新新民, 皆欲止於至善也." 夫文王詩之命維新, 卽自新新民之極也. 用其極三字, 似專指文王詩自新新民之義, 而其實, 則承盤銘之自新, 康誥之新民而言耳.

"君子는 그 극진함을 쓰지 않음이 없다."고 하였는데, 章句에서는 "스스로 새로워짐과 백성들을 새롭게 함을 모두 至善에 머물게 하고자 하는 것"이라고 풀이하였다. 무릇 〈文王詩〉의 "그 命이 오직 새롭다(其命維新)"고 한 것은 곧 '스스로 새로워짐'과 '백성들을 새롭게 함'의 지극함이다. '그 지극함을 쓴다(用其極)'는 세 글자는 오로지 〈文王詩〉의 '스스로 새로워짐'과 '백성들을 새롭게 함'의 뜻인 것 같으나, 사실은 '湯之盤銘'의 '스스로 새로워짐'과 〈康誥〉의 '백성을 새롭게 함'을 이어서 말한 것이다.

<傳3章>

○ 此釋止至善, 而於玄鳥之詩, 則曰 "物各有所當止之處"; 於綿蠻之詩, 則曰 "人當知所當止之處." 物與人, 分而言之者, 何也? 物是泛言底, 人是切言底, 而物亦人也, 人亦物也. 言物而人在其中, 言人而物在其中, 則物各所止之處, 豈無人當知止之義也? 人當知止之處, 豈無物各所止之義也? 但"邦畿千里,惟民所止", 則不得不就物上說, 而"子曰"以下, 孔子說詩之辭, 則不可不就人上說耳.

(이 章은) '止於至善' 을 풀이한 것이다. 그런데 (朱子는) 〈玄鳥詩〉[92]에 대해서는 "事物은 각각 마땅히 머물러야 할 곳이 있다." 고 풀이하고, 〈綿蠻詩〉[93]에 대해서는 "사람들은 마땅히 머물러야 할 곳을 마땅히 알아야 한다." 고 풀이하였다. 이처럼 '사물' 과 '사람' 을 나누어 말한 까닭은 무엇인가? '物' 은 광범하게 말하는 것이며, '人' 은 절실하게 말하는 것이다. 그런데 '物' 또한 '人' 이며, '人' 또한 '物' 이니, '物' 을 말함에 '人' 이 그 가운데 있고, '人' 을 말함에 '物' 이 그 가운데 있는 것이다. 그러한 즉, '사물은 각각 머물러야 할 곳이 있다.' 는 말에 어찌 '사람은 마땅히 머무를 곳을 알아야 한다.' 는 뜻이 없겠는가? 또한 '사람은 마땅히 머무를 곳을 알아야 한다.' 는 말에 어찌 '사물은 각각 머물러야 할 곳이 있다.' 는 뜻이 없겠는가? 다만 "邦畿 千里여! 오직 백성들이 머물 곳이로다." 라는 詩句는 不得不 '物' 에 나아가 말씀한 것이며, "子曰" 以下의 '孔子께서 〈緡蠻詩〉를 해설한 말씀' [94]은 不可不 '人' 에 나아가 말씀한 것이다.

○ 民之止畿, 鳥之止隅, 固非止至善, 而此不過借止畿止隅之

92) "邦畿 千里여! 오직 백성들이 머물 곳이로다.(邦畿千里, 惟民所止.)" 라는 詩句를 말함.

93) '綿蠻(면만)' 은 『大學』에서는 '緡蠻(면만)' 으로 표기하고 있는바(『詩經』에서는 본래 '綿蠻' 으로 표기하였음), '새가 우는 소리' 를 나타내는 擬聲語이다. 〈綿蠻詩〉란 "면만한 소리로 우는 黃鳥여! 언덕 모퉁이에 머물러 있도다.(緡蠻黃鳥, 止于丘隅.)" 라는 詩句를 말함.

94) "머무름에 있어서 그 머무를 곳을 아는 것이니, 사람으로서 黃鳥만 못하겠는가?(於止, 知其所止, 可以人而不如鳥乎?)" 라는 내용을 가리킨다.

止字, 以明止至善之止耳.

'백성들이 邦畿에 머무는 것' 이나 '黃鳥가 언덕 모퉁이에 머무는 것' 은 진실로 '止於至善' 에 해당되는 것이 아니다. 이것은 다만 '邦畿에 머무르다' 와 '언덕 모퉁이에 머무르다' 의 '머무르다(止)' 라는 글자를 빌려서 '止於至善' 의 '止' 字를 밝힌 것에 불과하다.

○ 詩之"穆穆文王, 於緝熙敬止", 以大學之序言之, 則有知止能得, 而今曰 "於緝熙敬止"者, 何也? 以學者言之, 則先知所止, 然後方得所止, 而聖人安於所止, 則不待先知而後得也. 此所以不言止得, 而只言敬止也.

『詩經』의 "穆穆하신 文王이여! 아, 계속 밝게 공경하여 머무시는구나." 는 『大學』의 차례로 말하면 '머무를 곳을 알아서(知止) 머무를 곳을 얻음(能得)' 에 해당된다. 그런데 이제 "아, 계속 밝게 공경하여 머무시는구나." 라고 말하는 까닭은 무엇인가? '배우는 사람' 으로 말하자면, 먼저 머물 곳을 안 다음에 바야흐로 머물 곳을 얻는 것이다. 그런데 聖人은 머물 곳에 편안하시니, 먼저 머물 곳을 알기를 기다린 다음에 머물 곳을 얻는 것이 아니다. 이것이 '머무를 곳을 알아서(知止) 머무를 곳을 얻음(能得)' 을 말하지 않고 다만 '공경하여 머묾(敬止)' 만을 말한 까닭이다.

○ 仁敬孝慈信五者, 是日用常行之大節目. 故於此特言之, 而旣言仁敬等五者, 則忠在於不言之中也.

'仁 · 敬 · 孝 · 慈 · 信' 다섯 가지는 日用常行의 큰 節目이므로, 여기에서 특별히 언급한 것이다. 그런데 이미 '仁 · 敬 · 孝 · 慈 · 信' 다섯 가지를 말했다면, '忠' 도 말하지 않는 가운데 포함되어 있는 것이다.

○ 仁義禮智, 根於心, 見於外, 而有穆穆之容. 記所謂"和順積中, 英華發外"; 易所謂"美在其中, 暢於四支"者, 是也.

仁義禮智가 마음에 뿌리를 내린 것이 밖으로 드러나서 '穆穆한 容貌' 가 있게 되는 것이다. 『禮記』의 이른바 "和順이 안에 쌓여 英華가 밖으로 발휘된다."[95]는 말과 『周易』의 이른바 "아름다움이 그 안에 있어서 四支에 暢達한다."[96]라는 말이 이것이다.

○ 敬止是聖人安行之敬, 而程子以主一無適整齊嚴肅言之, 謝氏以惺惺法言之, 尹氏以其心收斂不容一物言之, 無非爲學者垂敎之微言至論. 然若就其中, 求其所當先務, 則整齊嚴肅一段, 是切至工夫, 而片片說與人矣. 朱子所以深取此說者, 以其有着實下手處耳.

'공경하여 머묾(敬止)' 은 聖人의 '安行[97]의 敬' 이다. 그런데 程子는 '마음을 한 곳에 집중하여 달아나지 않도록 함(主一無適)' 과 '몸가짐을 가지런하고 엄숙하게 함(整齊嚴肅)' 으로 설명하였고, 謝氏[98]는 '늘 깨어있는

95) 『禮記』 〈樂記〉에서는 "德者, 性之端也; 樂者, 德之華也. 金石絲竹; 樂之器也. 詩, 言其志也; 歌, 詠其聲也; 舞, 動其容也. 三者本於心, 然後樂器從之. 是故, 情深而文明, 氣盛而化神. 和順積中而英華發外, 唯樂不可以爲僞."라고 하였다.

96) 『周易』 坤卦 六五의 爻辭(黃裳元吉)에 대한 〈文言〉의 해설에서 "君子黃中通理, 正位居體, 美在其中, 而暢於四支, 發於事業, 美之至也."라 하였다.

97) 『中庸章句』 제20장에서는 "或生而知之, 或學而知之, 或困而知之, 及其知之, 一也; 或安而行之, 或利而行之, 或勉强而行之, 及其成功, 一也."라고 하였다. 요컨대 '聖人' 은 태어나면서부터 알고(生而知之), 편안하게 여겨 실천한다(安而行之)는 것이다. 『論語』 里仁 제2장의 "仁者는 仁을 편안하게 여기고, 知者는 仁을 이롭게 여긴다.(仁者安仁, 知者利仁.)"는 말에서의 '安仁' 도 같은 맥락이다.

것(惺惺法)' 으로 설명하였으며, 尹氏[99]는 '그 마음을 收斂하여, 一物도 용납하지 않음(其心收斂, 不容一物.)' 으로 설명하였으니, 이것들은 모두 배우는 사람을 위해 가르침을 드리운 微言至論이다. 그러나 만약 그 가운데 나아가 그 마땅히 먼저 힘써야 할 것을 구한다면 '整齊嚴肅' 一段이 가장 절실한 공부로서, 자세하게 사람들에게 말해준 것이다. 朱子가 이 설명을 깊이 취한 까닭은 그것이 着實하게 착수할 곳을 지니고 있기 때문이다.

○ 淇澳之竹, 固無關於武公之學. 然苟能默識而旁通之, 則猗猗綠竹, 交關於武公之學. 盖竹本上, 武公見其上, 則思所以下學而上達；竹本密, 武公見其密, 則思所以銖累而寸積；竹乃美盛, 而武公之德, 亦與之美盛；竹乃漸長, 而武公之德, 亦與之漸進. 彼亭亭之勁節, 萋萋之翠筠, 何嘗不關於武公之學哉?

'淇澳의 대나무' 는 진실로 '武公의 학문' 과는 관계가 없다.[100] 그러나 진실로 능히 묵묵히 알아 두루 통한다면, '아름답고 무성한 푸른 대나무' 는 '武公의 학문' 과 관계가 있는 것이다. 대개 대나무는 본래 위로 뻗어가니, 武公이 그 위로 뻗음을 보고서는 '아래로부터 배워 위로 통달할 것(下學而上達)' 을 생각했을 것이다. 대나무는 본래 빽빽하니, 武公이 그 빽빽함을 보고서는 '작은 노력을 쌓아 크게 이룰 것' 을 생각했을 것이다. 대나무는 곧 아름답고 무성한 것이니 武公의 學德 또한 더불어 아름답고 무성했을 것이며, 대나무는 곧 점차 자라나는 것이니 武公의 學德 또한 더불어

98) 程子의 제자 謝良佐(1050~1103, 字는 顯道, 號는 上蔡)를 말함.

99) 程子의 제자 尹焞(號는 和靖)을 말함.

100) 〈淇澳詩〉는 『詩經』의 '衛風' 에 속하는 것으로, 당시 衛나라의 제후 武公의 學德을 찬양하는 詩이다. '淇(기)' 는 물 이름, '澳(욱)' 은 물이 굽이쳐 돌아 흐르는 곳.

점차 진보했을 것이다. 저 곧고 굳센 節概와 무성한 푸른빛의 대나무가 어찌 일찍이 武公의 學德과 관계가 없겠는가?

○ 道學自修, 小注, 陳氏曰 "學所以致知, 知視行爲易." 此知易於行也 ; 中庸博學之小注, 陳氏曰 "擇善處, 眞能知之, 則行處功自易也." 此知難於行也. 盖以知行之先後次第言之, 則知易而行難也 ; 以知行之輕重緩急言之, 則知難而行易也.

'道學' 과 '自修' 의 小注에서, 新安陳氏는 "배움은 致知를 위한 것이니, 知는 行을 쉬운 것으로 본다."라고 했는데, 이는 '知가 行보다 쉽다' 는 말이다.[101] 『中庸』의 '博學之' 의 小注에서는, 陳氏는 "'擇善' 에 있어서 진실로 능히 알면, 實行함에 있어서는 노력해야 할 것이 저절로 쉽게 된다."[102] 고 했는데, 이는 '知가 行보다 어렵다' 는 말이다. 대개 '知 · 行' 의 先 · 後 차례로 말하자면 知는 쉽고 行은 어렵다. 그러나 '知 · 行' 의 輕 · 重과 緩 · 急으로 말하자면 知가 어렵고 行이 쉬운 것이다.

---

101) 新安陳氏의 설명을 모두 인용하면 "배움은 致知를 위한 것이니, 知는 行을 쉬운 것으로 본다. 그러므로 切磋로써 견준 것이니, 骨角을 다스림이 玉石을 다스림보다 오히려 쉬운 것이다. 自修는 力行을 위한 것이니, 行은 知를 어려운 것으로 본다. 그러므로 琢磨로써 견준 것이니, 玉石을 다스림이 骨角을 다스림보다 어려운 것이다.(學所以致知, 知視行爲易, 故以切磋比之, 治骨角, 猶易於治玉石也 ; 自修所以力行, 行視知爲難, 故以琢磨比之, 治玉石, 則難於治骨角矣.)"라는 것이다.

102) 『中庸章句』 제20장의 "博學之, 審問之, 愼思之, 明辨之, 篤行之" 에 대해, 小注에서 陳氏는 "'擇善' 에는 博學 · 審問 · 愼思 · 明辨의 工夫가 있으니, 노력해야 할 것이 좀 많은 편이다. 그러나 '固執' 에는 다만 篤行 1건의 工夫가 있다. 이는 '擇善' 에 있어서 진실로 능히 알면 實行함에 있어서는 노력해야 할 것이 저절로 쉽게 되는 것이다.(擇善有博學審問愼思明辨工夫, 儘用功多, 固執只有篤行一件工夫, 是擇善處, 眞能知之, 則行處功自易也.)"라고 풀이하였다.

○ 切磋喩學問, 而就知上說 ; 琢磨喩自修, 而就行上說, 則一箇至善, 是固恰好處, 而切磋琢磨, 求其止於是而已.

'切磋' 는 學問을 비유한 것으로, '知' 에 나아가 말한 것이며, '琢磨' 는 自修를 비유한 것으로 '行' 에 나아가 말한 것이다. 그러한 즉, 하나의 至善은 진실로 恰好[103]한 곳으로서, 切磋琢磨[104]는 여기에 머묾을 추구하는 것일 뿐이다.

○ 道學自修, 言其止至善之由 ; 恂慄威儀, 言其止至善之象 ; 盛德至善, 言其止至善之實. 則章內所言, 皆釋止至善之義耳.

'道學' 과 '自修' 는 止於至善이 말미암는 바를 말한 것이요, '恂慄' 과 '威儀' 는 止於至善의 氣象을 말한 것이며, '盛德' 과 '至善' 은 止於至善의 實質을 말한 것이다. 그러한 즉, 〈傳3章〉 안에서 말한 것은 모두 止於至善의 뜻을 풀이한 것이다.

○ 此章之如切如磋, 如琢如磨, 與子貢所言如切如磋, 如琢如磨之義, 不同. 此以知行之難易而言之 ; 彼以義理之無窮而言之.

이 章에서 "如切如磋, 如琢如磨." 라고 한 것은 子貢이 말한 "如切如磋, 如琢如磨."[105]의 뜻과는 다르다. 이 章에서는 '知 · 行의 難 · 易' 로써 말한

---

103) 恰好(흡호) : 꼭 알맞음, 꼭 좋음.

104) 切磋琢磨(절차탁마) : '切' 은 칼이나 톱으로 자르는 것, '磋' 는 줄로 가는 것, '琢' 은 정이나 망치로 쪼는 것, '磨' 는 모래나 숫돌로 가는 것. 朱子는 "뿔이나 뼈를 다듬는 경우에는 먼저 칼이나 톱으로 자르고(切) 다시 줄로 갈아낸다(磋). 옥이나 돌을 다듬는 경우에는 먼저 정이나 망치로 쪼아낸(琢) 다음 다시 모래나 숫돌로 갈아낸다(磨)." 고 풀이하였다.

것이며, 子貢은 '義理의 無窮함' 으로써 말한 것이다.

○ 淇澳烈文兩詩, 亦有次第之可言乎? 蓋此兩節, 相表裏, 而上節卽此節之本原, 此節卽上節之效驗, 則兩節中所引, 亦豈無次第之可言乎?

〈淇澳〉과 〈烈文〉 두 편의 詩는 또한 차례를 말할 수 있는 것인가? 대개 이 두 句節은 서로 表裏를 이루니, 上節(〈淇澳詩〉를 인용한 구절)은 此節(〈烈文詩〉를 인용한 구절)의 本原이며, 此節은 上節의 效驗이다. 그러한 즉, 두 구절 가운데 인용된 詩 또한 어찌 차례를 말할 수 없겠는가?

○ "此兩節, 咏歎淫泆, 其味深長." 蓋淇澳言盛德至善, 烈文言親賢樂利. 而今讀其書, 卽其事, 宛然如聖人之在目, 而咏歎乎其辭, 淫泆乎其義, 則其味之深長, 不啻如義理之芻豢, 日用之飮食矣.

(朱子는) "이 두 구절은 읊으며 감탄한 것이 풍부하여(淫泆)[106] 그 意味가

---

105) 『論語』 學而 15 : 子貢이 묻기를, "가난하면서도 아첨하지 않고 부유하면서도 교만하지 않다면 어떻습니까?" 孔子께서 답하시기를, "괜찮다. 그러나 가난하면서도 즐겁고 부유하면서도 禮를 좋아하는 것만은 못하다." 子貢이 말하기를, "『詩經』에서는 '如切如磋, 如琢如磨.' 라 하였는데, 그것은 이를 두고 하는 말 같습니다." 孔子께서 답하시기를, "賜(子貢의 이름)와는 비로소 더불어 詩를 논할 수 있겠구나. 지나간 일을 일러주니, 앞으로 올 일을 아는구나."(子貢曰 "貧而無諂, 富而無驕, 何如?" 子曰 "可也, 未若貧而樂, 富而好禮者也." 子貢曰 "詩云, 如切如磋, 如琢如磨, 其斯之謂與." 子曰 "賜也, 始可與言詩已矣. 告諸往而知來者.")

106) 淫泆(음일) : 限度를 넘어 亂雜함. 여기에서는 '詩語로 표현된 것 이상으로 뜻이 풍부함' 을 뜻함.

깊고 길다."고 하였다. 대개 〈淇澳詩〉는 풍성한 德과 지극한 善을 말했고, 〈烈文詩〉는 어진 사람을 어질게 여기고 친한 사람을 친하게 여김과 즐거움을 즐겁게 여기고 이로움을 이롭게 여김을 말했다. 이제 그 글을 읽고 그 일에 나아가 보면, 마치 聖人이 目前에 계신 듯하다. 그 말을 읊어보고 그 뜻을 풍부하게 음미해보면 그 의미가 깊고 길어, '義理의 芻豢'[107]이나 '日用의 飮食'과 같을 뿐만이 아니니다.

<傳4章>

○ "此章釋本末", 而綱領條目之間, 必以此立傳者, 何也? 經文物有本末下, 有終始先後, 而旣以此章釋本末, 則何不釋其終始先後耶? 本末乃運用綱條之一大關捩. 不知本末, 則無下手地頭. 故綱領條目之間, 依經文次第立傳者, 是也. 誠知先其本而後其末, 先其始而後其終, 則終始先後之義, 已該了釋本末之中耳.

(朱子는) "〈傳4章〉은 '本·末'을 풀이한 것"이라 하였다. 그런데 綱領과 條目 사이에 반드시 이로써 한 章의 傳文을 세운 까닭은 무엇인가? 經文의 '物有本末' 아래에는 '終始先後'가 있는데, 이미 이 章을 '本·末을 풀이

107) 芻豢(추환) : '芻'는 '꼴(말린 풀)' 또는 '꼴을 먹여서 기르는 짐승(소나 양 등)'을 뜻하고, '豢'은 '곡식을 먹여서 기르는 짐승(개나 돼지 등)'을 뜻함. 맹자는 "義理가 내 마음을 기쁘게 함은 芻豢이 내 입을 기쁘게 함과 같다.(理義之悅我心, 猶芻豢之悅我口.)"고 말한 바 있는데(『孟子』 告子上 7), 여기에서의 '芻豢'은 '소나 양 또는 개나 돼지를 잡은 고기'를 뜻한다. 이러한 맥락에서, 心齋가 말하는 '義理의 芻豢'이란 '義理를 북돋아주는 親切有味한 계기'로 이해할 수 있겠다.

한 것' 이라 한다면, 어찌하여 그 '終始先後' 는 풀이하지 않은 것인가? '本 · 末' 은 三綱領과 八條目을 운용하는 하나의 큰 關捩[108]이니, '本 · 末' 을 알지 못하면 着手할 곳이 없는 것이다. 그러므로 三綱領과 八條目의 사이에 經文의 차례에 의거하여 한 章의 傳文을 세운 것이다. 참으로 '그 근본을 먼저 하고 말단을 뒤에 해야 함' 과 '그 시작을 먼저 하고 끝을 뒤에 해야 함' 을 안다면, '終始先後' 의 뜻은 이미 '本 · 末' 을 풀이하는 가운데 포함되어 있는 것이다.

○ 釋本末之義, 必以聽訟爲首者, 何也? 明德爲本, 新民爲末, 而聽訟末也, 無訟本也, 則聽訟無訟之本末, 卽明德新民之本末也. 傳四章之釋本末, 必以聽訟爲首也.

'本 · 末' 의 뜻을 풀이함에 있어서 반드시 '聽訟' 을 첫째로 삼은 까닭은 무엇인가? 明明德은 本이 되고 新民은 末이 되며, 聽訟은 末이고 無訟은 本이다.[109] 그러한 즉, '聽訟과 無訟의 本 · 末 관계' 는 곧 '明明德과 新民의 本 · 末 관계' 와 같은 것이다. 그러므로 〈傳4章〉의 '本 · 末을 풀이함' 은 반드시 '聽訟' 을 첫째로 삼은 것이다.

○ "此謂知本." 盖聽訟而無訟者, 以己德旣明, 而民德自新, 則得其本之明效也. 此非所以知本者乎?

"이것을 '근본을 안다' 고 말한다." 고 했는데, 대개 聽訟에서 無訟으로 되는 것은 자기의 德이 이미 밝아져서 백성들의 德도 스스로 새로워진 것이니, 그 근본을 얻은 분명한 효험이다. 이것이 '근본을 아는 것' 이 아니겠

---

108) 關捩(관렬) : 關鍵과 같은 뜻.

109) '聽訟' 은 '訟事를 들어서 처리함' 을 뜻하고, '無訟' 은 '明德을 밝혀서 애초에 訟事가 일어나지 않도록 啓導함' 을 뜻한다.

는가?

○ 此章非綱領條目, 而以本末釋之者, 何也? 纔說本末, 綱條在中. 而明德爲本, 新民爲末, 則聽訟無訟之本末, 卽明德新民之本末也. 修身爲本, 家國爲末, 則聽訟無訟之本末, 卽修身齊治之本末也. 本末二字, 豈非綱領條目之第一關鍵耶?

이 章은 綱領이나 條目이 아닌데 '本 · 末'로 풀이한 까닭은 무엇인가? 다만 本 · 末을 말하면, 綱領과 條目은 그 가운데 있는 것이다. 明明德은 本이 되고 新民은 末이 되니, '聽訟과 無訟의 本 · 末 관계'는 곧 '明明德과 新民의 本 · 末 관계'와 같다. 修身은 本이 되고 齊家와 治國은 末이 되니, '聽訟과 無訟의 本 · 末 관계'는 곧 '修身과 齊家 · 治國의 本 · 末 관계'와 같다. '本 · 末' 두 글자는 어찌 三綱領과 八條目의 第一關鍵이 아니겠는가?

<傳5章>

○ "間嘗竊取程子之意." 蓋朱夫子一生精力, 盡在格致一章, 而竊取之意, 如程子十六條之說也. 而上兩條者, 皆言格物致知, 所以當先而不可後之意也; 次九條者, 皆言格物致知所當用力之地, 與其次第工程也; 下五條者, 又言涵養本原之功, 所以爲格物致知之本者也. 竊取之意, 其在斯乎! 詳見或問.

(朱子는 〈補亡章〉의 첫머리에서) "近間에 일찍이 그윽이 程子의 뜻을 취하여" 云云하였다. 대개 朱夫子의 一生의 精力은 모두 '格物致知' 한 章에 있다. 그런데 '그윽이 취한 뜻'은 程子의 16箇條의 설명과 같은 것이다. 첫

머리의 2箇條[110]는 모두 '마땅히 格物致知를 우선해야 하니, 뒤로 미룰 수 없다.' 는 것을 말한 것이다. 다음의 9箇條[111]는 모두 '格物致知를 위해서

110) 제1조 : 或問於程子曰 "學何爲而可以有覺也?" 程子曰 "學莫先於致知. 能致其知, 則思日益明, 至於久而後有覺爾. 書所謂思曰睿 睿作聖, 董子所謂勉强學問, 則聞見博而智益明, 正謂此也."

제2조 : 或問 "忠信則可勉矣. 而致知爲難, 奈何?" 程子曰 "誠敬固不可以不勉. 然天下之理, 不先知之, 亦未有能勉以行之者也. 故大學之序, 先致知而後誠意, 其等有不可躐者. 苟無聖人之聰明睿知, 而徒欲勉焉, 以踐其行事之迹, 則亦安能如彼之動容周旋無不中禮也哉! 惟其燭理之明, 乃能不待勉强而自樂循理爾. 夫人之性, 本無不善, 循理而行, 宜無難者. 惟其知之不至, 而但欲以力爲之. 是以, 苦其難而不知其樂耳. 知之而至, 則循理爲樂, 不循理爲不樂. 何苦而不循理, 以害吾樂耶? 昔嘗見有談虎傷人者, 衆莫不聞, 而其間一人, 神色獨變. 問其所以, 乃嘗傷於虎者也. 夫虎能傷人, 人孰不知? 然聞之有懼有不懼者, 知之有眞有不眞也. 學者之知道, 必如此人之知虎, 然後爲至耳. 若曰 '知不善之不可爲, 而猶或爲之.' 則亦未嘗眞知而已矣."

111) 제3조 : 又有問進修之術何先者. 程子曰 "莫先於正心誠意. 然欲誠意, 必先致知, 而欲致知, 又在格物. 致, 盡也 ; 格, 至也. 凡有一物, 必有一理. 窮而至之, 所謂格物者也. 然而格物, 亦非一端. 如或讀書講明道義 ; 或論古今人物而別其是非 ; 或應接事物而處其當否, 皆窮理也."

제4조 : 曰 "格物者, 必物物而格之耶? 將止格一物, 而萬理皆通耶?" 曰 "一物格而萬理通, 雖顔子, 亦未至此. 惟今日而格一物焉, 明日又格一物焉, 積習旣多, 然後脫然有貫通處耳."

제5조 : 又曰 "自一身之中, 以至萬物之理, 理會得多, 自當豁然有箇覺處."

제6조 : 又曰 "窮理者, 非謂必盡窮天下之理, 又非謂止窮得一理便到. 但積累多後, 自當脫然有悟處."

제7조 : 又曰 "格物非欲盡窮天下之物. 但於一事上窮盡, 其他可以類推. 至於言孝, 則當求其所以爲孝者如何. 若一事上窮不得, 且別窮一事. 或先其易者, 或先其難者. 各隨人淺深. 譬如千蹊萬徑, 皆可以適國. 但得一道而入, 則可以推類而通其餘矣. 蓋萬物各具一理, 而萬理同出一原. 此所以可推而無不通也."

제8조 : 又曰 "物必有理, 皆所當窮. 若天地之所以高深, 鬼神之所以幽顯,

마땅히 노력해야 할 것 및 그 차례와 課程'을 말한 것이다. 마지막 5箇條[112]는 또한 '本原을 涵養하는 노력이 格物致知의 근본이 됨'을 말한 것이다. '그윽이 취한 뜻'은 여기에 있을 것이다. 자세한 내용은 『大學或問』에 보인다.

○ 知字, 不可以一概論. 知有萬理明盡之知, 又有吾心本來之知. 自其萬理明盡之知而言, 則必待物理窮格之後, 而盡其知也. 經文所以"物格而后知至"也; 自其吾心本來之知而言, 則惟在物理窮格之前而有其知也. 此章所以"因其已知而益窮之"也.

是也. 若曰'天吾知其高而已矣. 地吾知其深而已矣. 鬼神吾知其幽且顯而已矣.' 則是已然之詞, 又何理之可窮哉! 又曰'如欲爲孝,' 則當知所以爲孝之道. 如何而爲奉養之宜, 如何而爲溫凊之節, 莫不窮究, 然後能之. 非獨守夫孝之一字而可得也."

제9조 : 或問 "觀物察己者, 豈因見物而反求諸己乎?" 曰 "不必然也. 物我一理, 纔明彼卽曉此, 此合內外之道也. 語其大, 天地之所以高厚, 語其小, 至一物之所以然, 皆學者所宜致思也." 曰 "然則先求之四端, 可乎?" 曰 "求之情性, 固切於身. 然一草一木, 亦皆有理, 不可不察."

제10조 : 又曰 "致知之要, 當知至善之所在. 如父止於慈, 子止於孝之類. 若不務此, 而徒欲汎然以觀萬物之理, 則吾恐其如大軍之游, 騎出太遠, 而無所歸也."

제11조 : 又曰 "格物莫若察之於身, 其得之尤切."

112) 제12조 : 又曰 "格物窮理, 但立誠意以格之. 其遲速, 則在乎人之明暗耳."

제13조 : 又曰 "入道莫如敬. 未有能致知而不在敬者."

제14조 : 又曰 "涵養須用敬, 進學則在致知."

제15조 : 又曰 "致知在乎所養, 養知莫過於寡欲."

제16조 : 又曰 "格物者適道之始. 思欲格物, 則固已近道矣. 是, 何也?" "以收其心而不放也."

'知' 字는 한 가지로 대강 논의할 수 없다. '知' 에는 '萬理가 모두 밝혀진 知' 도 있고, 또 '우리 마음이 본래 지니고 있는 知' 도 있다. '萬理가 모두 밝혀진 知' 로부터 말하자면, 반드시 事物의 理를 窮格하는 것을 기다린 다음에 그 知가 극진하게 되는 것이니, 그리하여 經文에서는 "物이 格한 다음에 知가 이른다(物格而后知至)" 라고 한 것이다. '우리 마음이 본래 지니고 있는 知' 로부터 말하자면, 事物의 理를 窮格하기에 앞서 그 知를 지니고 있는 것이니, 그리하여 이 章에서는 "이미 알고 있는 理를 바탕으로 더욱 窮格한다." 고 말한 것이다.

○ 曰 "致吾之知", 曰 "莫不有知", 曰 "知有不盡", 曰 "因其已知", 四箇知字, 只是一而已. "表裏精粗, 無不到", 則就物格上說 ; "全體大用, 無不明", 則就知至上說.

"나의 知를 이룬다(致吾之知)" · "知를 지니지 않음이 없다(莫不有知)" · "知에 극진하지 못함이 있다(知有不盡)" · "이미 알고 있는 理를 바탕으로 한다(因其已知)" 고 말할 때의 4개의 '知' 字는 다만 하나일 뿐이다. "表裏와 精粗가 이르지 않음이 없다(表裏精粗, 無不到.)" 는 것은 '物格' 에 나아가 말하는 것이며, "온전한 體와 큰 用이 밝아지지 않음이 없다(全體大用, 無不明.)" 는 것은 '知至' 에 나아가 말하는 것이다.

○ "用力之久, 而一朝, 豁然貫通焉." 盖曾子工篤三省, 妙悟一貫. 而方其做三省之時, 銖累而寸積 ; 及其聞一貫之時, 心融而神會. 則此是用力之久, 而豁然貫通處也.

(〈補亡章〉에서는) "노력함이 오래되면 하루아침에 豁然貫通하게 된다." 고 하였다. 대개 曾子는 三省[113]을 독실하게 노력하여, 一貫之道[114]를 妙悟한 것이다. 그런데 바야흐로 三省을 독실하게 노력할 때에는 '조그마한 노

력들을 거듭 쌓아 나간 것'[115]이요, 一貫之道에 대해서 가르침을 받을 때에는 '마음으로 융합하고 정신으로 이해한 것' 이다. 그러한 즉, 이것이 바로 '노력함이 오래되어 豁然貫通하게 된 경지' 인 것이다.

○ 此章文體, 與他章不同. 而朱子所以補其遺亡, 不效文體者, 非特自謙也, 亦非不能也. 只是鄭重尊閣之意耳.

이 章의 文體는 다른 章과는 다르다. 朱子가 그 亡失된 것을 補完하면서 文體는 본받지 않은 까닭은 다만 스스로 겸손했기 때문만도 아니요, 또한 능력이 없었기 때문도 아니었다. 그것은 다만 鄭重하게 (經文과 傳文을) 높이는 뜻이었다.[116]

---

113) 『論語』 學而 4 : 曾子가 말하기를, "나는 날마다 세 가지로 나 자신을 反省하나니, 남을 위해 일을 도모함에 최선을 다하지 않았던가? 친구와 사귐에 믿음직하게 하지 않았던가? 스승으로부터 가르침을 받은 것을 익히지 않았던가?" (曾子曰 "吾日三省吾身, 爲人謀而不忠乎? 與朋友交而不信乎? 傳不習乎?")

114) 『論語』 里仁 15 : 孔子가 말씀하기를, "參(曾子의 이름)아, 나의 道는 하나로 꿰뚫었느니라." 曾子가 답하기를, "그렇습니다." 孔子께서 나가시거늘, 門人이 묻기를, "무슨 말씀입니까?" 曾子가 말하기를, "夫子의 道는 忠恕일 뿐이니라." (子曰 "參乎, 吾道, 一以貫之." 曾子曰 "唯." 子出, 門人問曰 "何謂也?" 曾子曰 "夫子之道, 忠恕而已矣.")

115) 銖累寸積(수루촌적) : '銖' 는 '무게의 단위' 로서, '1냥(兩)의 24분의 1' 을 말함. '寸' 은 '길이의 단위' 로서 '1尺의 10분의 1' 을 말함. '銖累寸積' 이란 '적고 작은 것들을 쌓아 나아감' , 즉 '티끌 모아 태산' 을 뜻함.

116) 주자가 〈補亡章〉의 文體를 『大學』의 經文이나 傳文처럼 흉내내지 않은 것은 文體가 뚜렷이 구별되게 함으로써, 讀者들로 하여금 그것이 주자의 私見임을 분명히 알게 하고, 그럼으로써 經文과 傳文의 권위를 높이고자 한 것이라는 뜻이다.

○ 補文處, 不入敬意, 則盖敬已成就了一部小學, 而亦如經文之首言明德, 不說主敬也.

傳文을 보충할 때 '敬' 의 뜻은 포함시키지 않은 까닭은, 대개 '敬' 은 이미 한 권의『小學』에서 성취되었기 때문이니, 또한 經文의 첫머리에서 明德을 말하고 '主敬' 을 말하지 않은 것과 마찬가지이다.

<傳6章>

○ 毋自欺, 是誠意 ; 自謙, 是意誠, 則一以就工夫上說 ; 一以就功效上說.

'스스로를 속임이 없음(毋自欺)' 은 '뜻을 참되게 함(誠意)' 에 해당되고, '스스로 상쾌하고 만족함(自謙)' [117]은 '뜻이 참되게 되었음(意誠)' 에 해당된다. 그러한 즉, 하나는 '工夫' 에 나아가 말한 것이며, 하나는 '功效' 에 나아가 말한 것이다.

○ "知爲善以去惡", 小注曰 "此知字, 帶從上章致知之知字來." 盖知爲善之知字輕, 致知之知字重. 今以知爲善之知字, 從致知之知字來, 竊恐未然.

(朱子가 '自欺' 를 풀이할 때) "善을 실천함으로써 惡을 제거해야 함을 안

117) '自謙' 은 일반적으로는 '스스로 겸손함' 으로 풀이된다. 그러나 〈誠意章(傳6章)〉의 '自謙' 에 대해서, 주자는 "'謙' 은 '快' 와 '足' 의 뜻" 이라고 풀이하였다. 따라서 여기에서의 '自謙' 은 '스스로 상쾌하고 만족함' 으로 풀이된다. 이러한 뜻에서의 '自謙' 은 '自慊' 으로 표기하기도 한다.

다(知爲善以去惡)" 云云한 것에 대해, 小注에서는 "여기에서의 '知' 字는 上章의 '致知'의 '知' 字를 따라서 온 것"이라 하였다. 대개 '善을 실천해야 함을 알다(知爲善)'의 '知' 字는 가볍고, '앎을 이루다(致知)'의 '知' 字는 무겁다. 이제 '知爲善'의 '知' 字가 '致知'의 '知' 字를 따라서 온 것이라고 여김은 아마도 그렇지 않은 것 같다.

○ 知至了, 如何到誠意? 又說毋自欺耶? 毋自欺三字, 爲誠意之最初下手處, 則固不是知至而更不加毋自欺之工也.

'知至'가 끝났다면 어떻게 '誠意'에 이르며, 또 '스스로를 속임이 없음(毋自欺)'을 말하는가? '毋自欺' 세 글자는 '誠意'의 最初의 着手處가 된다. 그러한 즉, 진실로 '知가 이르면 다시는 毋自欺의 공부를 더하지 않는 것'이 아니다.

○ 兩言愼獨. 蓋誠意工夫, 都在兩自字. 而上之所以愼獨, 欲其自謙也 ; 下之所以愼獨, 防其自欺也.

(이 章에서는) '愼獨'을 두 번이나 언급했다. 대개 '誠意' 공부는 두 개의 '自' 字에 모두 들어있다.[118] '위에서 말한 愼獨'[119]은 '自謙(스스로 상쾌하고 만족함)'을 성취하기 위한 것이며, '아래에서 말한 愼獨'[120]은 '自

---

118) 두 개의 '自' 字는 결국 '自身'을 뜻하는바, '誠意' 공부는 自身과의 관계에서 성립하는 '對自的 工夫'라는 뜻이다.

119) "如惡惡臭, 如好好色, 此之謂自謙. 故君子必愼其獨也."에서의 '愼獨'을 지칭함.

120) "小人閒居, 爲不善, 無所不至, 見君子而后, 厭然揜其不善, 而著其善. 人之視己, 如見其肺肝然, 則何益矣? 此所謂誠於中形於外. 故君子必愼其獨也."에서의 '愼獨'을 지칭함.

欺(스스로를 속임)' 를 막기 위한 것이다.

◯ 此章言愼獨, 而有必字 ; 中庸言愼獨, 而無必字者, 何也? 大學專是用工地頭 ; 中庸包擧全體大原, 則齊固愼獨, 而着此必字, 以用工言也 ; 去此必字, 以成功言也.

이 章에서는 '愼獨' 을 말하면서 '必' 字를 붙이고, 『中庸』에서는 '愼獨' 을 말하면서 '必' 字를 붙이지 않은 까닭은 무엇인가?[121] 『大學』은 오로지 '用工' 의 차원에 입각한 것이며, 『中庸』은 '全體大原' 을 포함하여 거론한 것이다. 그러한 즉, 진실로 마찬가지의 '愼獨' 이나, '必' 字를 붙인 것은 '用工' 으로 말한 것이며, '必' 字를 없앤 것은 '成功' 으로 말한 것이다.

◯ 誠其意者, 欲其必自謙而毋自欺, 則正心修身之工, 已無不至. 而正心章言四有之病, 修身章言五僻之病者, 何也? 緊一緊者, 君子接續之工, 則不以誠意, 而不察其病也. 盖四有, 心有偏私處 ; 五僻, 身有偏私處. 而日用應接之間, 斯須不戒, 則必陷於一偏, 而心不正, 身不修矣. 誠意之初, 雖着十分工夫, 而豈可謂意苟一誠, 更不加工, 而心自正, 身自修耶?

그 뜻을 참되게 함은 반드시 스스로 상쾌하고 만족스럽게 하여 스스로를 속임이 없고자 하는 것이다. 그러한 즉, '正心' 과 '修身' 의 공부가 이미 이르지 않은 곳이 없는데, 〈正心章(傳7章)〉에서는 '四有의 病'[122]을 말하고,

---

121) 『中庸章句』 제1장에서는 "莫見乎隱, 莫顯乎微. 故君子, 愼其獨也." 라고 하였다.

122) '四有의 病' 이란 '분하게 여겨 성냄이 있음(有所忿懥)' · '두려워함이 있음(有所恐懼)' · '좋아하고 즐김이 있음(有所好樂)' · '근심하고 걱정함이 있음(有所憂患)' 을 말한다. 〈正心章〉에서는 마음에 이 네 가지 病이 있으면 마

〈修身章(傳8章)〉에서는 '五僻의 病'[123]을 말하는 까닭은 무엇인가? 긴장하고 또 긴장하는 것이 '君子의 계속되는 공부' 인데, 誠意가 아니라면 그 病을 살필 수 없는 것이다. 대개 '四有' 는 '마음에 치우침과 사사로움이 있는 것' 이며, '五僻' 은 '몸에 치우침과 사사로움이 있는 것' 이다. 그런데 日常에서 應接하는 사이에 斯須[124]라도 警戒하지 않음이 있다면 반드시 한쪽으로 치우침에 빠져서, 마음은 바르지 못하고 몸은 닦이지 않는 것이다. 뜻을 참되게 하고자 노력하는 초기에 비록 조금 많은 工夫를 했다고 하더라도, 어찌 "뜻이 진실로 한번 참되면, 다시는 工夫를 더하지 않아도, 마음은 스스로 바르게 되고 몸은 스스로 닦이게 된다." 고 말할 수 있겠는가?

○ 此章之誠其意之誠, 與中庸誠之不可揜之誠, 所指不同. 彼以實理言 ; 此以實心言.

이 章에서 '그 뜻을 참되게 한다(誠其意)' 고 말할 때의 '誠' 은『中庸』에서 "誠을 가릴 수 없음이 이와 같도다!"[125]라고 할 때의 '誠' 과 가리키는 바가 다르다.『中庸』에서는 '實理' 로 말하는 것이고, 여기에서는 '實心' 으로 말하는 것이다.

음이 바르게 될 수 없다고 하였다.

123) '五僻의 病' 이란 '그 親愛하는 바에 편벽됨(之其所親愛而辟焉)' · '그 천하게 여기고 미워하는 바에 편벽됨(之其所賤惡而辟焉)' · '그 두려워하고 공경하는 바에 편벽됨(之其所畏敬而辟焉)' · '그 슬퍼하고 불쌍히 여기는 바에 편벽됨(之其所哀矜而辟焉)' · '그 거만하고 게으른 바에 편벽됨(之其所敖惰而辟焉)' 을 말한다.

124) 斯須(사수) : 잠시 동안. '須臾(수유)' 와 같은 말.

125)『中庸章句』16 : 詩曰 "神之格思, 不可度思, 矧可射思?" 夫微之顯, 誠之不可揜, 如此夫!

○ 君子之毋欺處, 說得細密 ; 小人之自欺處, 說得麤粗. 而曰細密者, 指君子隱然心術之微也 ; 曰麤粗者, 指小人顯然詐僞之著也.

君子가 스스로를 속이지 않는 곳은 말이 細密하고, 小人이 스스로를 속이는 곳은 말이 粗雜하다. '細密하다' 고 함은 君子의 隱然한 心術의 隱微함을 가리키고, '粗雜하다' 고 함은 小人의 顯然한 속임수의 드러남을 가리킨다.

○ "人之視己, 如見其肺肝然." 則肺肝, 卽己之肺肝也.

"남이 자기를 바라봄은 그 肺肝을 들여다보는 것과 같다."고 하였는데, '肺肝' 은 곧 '자기의 肺肝' 을 말한다.

○ "厭然, 消沮閉藏之貌." 盖消沮字, 有消縮沮衷之態 ; 閉藏字, 有閉匿藏掩之意, 則此四字, 善形容小人見君子之情狀也.

(朱子는) " '厭然' [126]은 '消沮閉藏' 하는 모습" 이라고 풀이하였다. 대개 '消沮' 라는 글자는 '없애고 축소하며, 드러나는 것을 막는' 모양이며, '閉藏' 이라는 글자는 '닫아서 숨기고 감추고 가리다' 는 뜻이니, 이 네 글자는 '(못된 짓을 하던) 小人이 君子를 보았을 때의 (부끄러운) 情狀' 을 잘 표현한 것이다.

○ "此謂誠於中, 形於外." 小注, 雙峰饒氏曰 "此誠字, 是兼善惡說." 盖小人實有是惡, 故其惡形見於外, 則此專指惡一邊

---

126) '厭' 字의 音에 대해서 朱子는 '於와 簡의 反切(於簡反)' 이라고 설명했는데, 이것을 현재 우리 音을 기준으로 읽으면 '안' 이 된다.

而言之也. 今饒氏"兼善惡說"者, 恐是記錄之誤耳.

"이것을 '마음속이 참되면 몸 밖으로 드러난다' 고 한다."라는 곳의 小注에서, 雙峰饒氏는 "이 '誠' 字는 善 · 惡을 겸해서 말한 것"[127]이라 하였다. 대개 小人은 진실로 이 惡이 있으므로 그 惡이 밖으로 드러나는 것이다. 그러한 즉, 이것은 오로지 '惡一邊' 을 가리켜 말한 것이다. 이제 雙峰饒氏가 "善 · 惡을 겸해서 말했다" 고 한 것은 아마도 잘못된 記錄인 것 같다.

○ 閒居一段, 是小人之情狀, 則何關於君子愼獨之工耶? 蓋君子, 於小人之揜惡詐善處, 思所以戒之, 而實無是惡也 ; 思所以警之, 而實有是善也, 則小人之閒居一段, 豈非君子之惕然深省處, 而必謹其幽獨之中乎?

"閒居" 云云한 文段은 '小人의 情狀' 을 말한 것인데, '君子의 愼獨 공부' 와 무슨 관계가 있는가? 대개 君子는 '小人이 惡을 가리고 거짓으로 善을 꾸밈' 을 보게 되면, 경계할 것을 생각하여 실로 이러한 惡이 없게 하며, 경계할 것을 생각하여 실로 이러한 善이 있게 한다. 그러한 즉, "小人의 閒居" 云云한 文段은 어찌 '君子가 惕然[128]하게 깊이 성찰할 곳으로서, 그 그윽한 곳에 홀로 있을 때 반드시 삼가야 할 것' 이 아니겠는가?

○ "言雖幽獨之中, 而善惡之不可揜如此, 可畏之甚也." 蓋善不可畏, 而一念方萌, 善惡所分, 則豈非可畏之甚者乎? 十目所視, 十手所指者, 一心上善惡之幾耳.

---

127) 雙峰饒氏는 "閒居爲不善, 自欺也. 厭然, 則不自慊矣. 揜其不善而著其善, 是又欺人也. 自欺與欺人, 常相因. 始焉自欺, 終焉必至於欺人. 此謂誠於中, 形於外. 此誠字, 是兼善惡說." 이라고 하였다.

128) 惕然(척연) : 근심하고 두려워하는 모양.

(曾子의 "十目所視, 十手所指, 其嚴乎!"라는 말씀에 대해, 朱子는) "비록 그윽하게 홀로 있는 가운데라도 그 善과 惡을 가릴 수 없음이 이와 같으니, 매우 두려워해야 할 것임을 말씀하신 것이다."라고 풀이했다. 대개 善은 두려워할 것이 아니다. 그런데 바야흐로 一念이 싹트면서 善·惡이 나뉘게 되면, 어찌 매우 두려워해야 할 것이 아니겠는가? 열 눈이 보는 것과 열 손가락이 가리키는 것은 '한 마음에 있어서의 善·惡의 幾微' 인 것이다.

○ 愼其獨, 曾子平日所嘗警戒之辭, 而非所以釋經者. 故門人特加曾子曰三字, 以別之也.

'그 홀로 있을 때에 삼가는 것(愼其獨)' 은 曾子께서 평소 일찍이 警戒로 삼았던 말씀으로서, 經文을 해석하는 말이 아니다. 그러므로 門人들이 특별히 '曾子曰' 이라는 세 글자를 덧붙여서 구별한 것이다.

○ "心廣體胖", 則意已誠矣, 而又曰 "誠其意"者, 何也? 必誠其意, 故所以廣胖, 則旣言廣胖, 而又言誠意者, 以明夫廣胖之樂, 只在於誠其意也.

"마음이 넓어지고 몸이 펴졌으면(心廣體胖)" 뜻은 이미 참된 것이다. 그런데 또 "그 뜻을 참되게 한다"고 말한 까닭은 무엇인가? 반드시 그 뜻을 참되게 했기 때문에 마음이 넓어지고 몸이 펴진 것이다. 그러한 즉, 이미 '心廣體胖' 을 말하고 또 '誠意' 를 말한 까닭은 '무릇 心廣體胖의 즐거움은 다만 그 뜻을 참되게 함에 달려있음' 을 밝히기 위한 것이다.

○ 旣曰 "心廣體胖", 則更有下章四有五僻許多病痛者, 何也? 察之精切, 而善惡之分, 判矣 ; 爲之誠實, 而自欺之萌, 祛矣. 其效至於心廣而體胖, 則更有下章四有五僻許多病痛者, 盖誠意爲自修之首, 而意極其誠, 則心正身修之本, 已在於此. 故誠意末端, 極言心廣體胖之效. 而或問亦曰 "內外昭融, 表裏澄瀅, 心無不正, 身無不修," 而非謂恃此而不着正修之工也.

이미 '心廣體胖' 이라 말하고서, 다시 下章(傳7章과 傳8章)에서 '四有' · '五僻' 등 허다한 病痛을 언급하고 있는 까닭은 무엇인가? 정밀하고 절실하게 살피면 '善 · 惡의 구분' 이 判明되고, 誠實하게 실천하면 '自欺의 싹' 이 제거되어, 그 효과가 '心廣體胖' 에 이르는 것이다. 그러한 즉, 다시 下章에서 '四有' · '五僻' 등 허다한 病痛을 언급한 것은 (다음과 같은 이유 때문이다). 대개 '誠意' 는 自修의 첫째로서, 뜻이 그 참됨을 지극하게 한다면 마음이 바르게 되고 몸이 닦이는 근본이 이미 여기에 있는 것이므로, 〈誠意章〉의 末端에 '心廣體胖' 의 효과를 지극하게 말한 것이요, 『大學或問』에서도 또한 "內 · 外가 밝게 융화되고 表 · 裏가 맑아져서, 마음은 바르지 못함이 없고 몸은 닦이지 않음이 없다." 고 말했는데, 이는 '이러한 효과를 믿고, 正心 · 修身의 공부를 더하지 말라.' 는 말이 아니다.

○ 經曰 "欲誠其意, 先致其知." 又曰 "知至而后意誠." 欲誠而先致其知, 知至而后意誠者, 何也? 欲誠意而先致知, 則所重在乎致知也, 序之不可亂也 ; 知至而后意誠, 則所重在乎意誠[129]也, 功之不可闕也.

經文에서는 "그 뜻을 참되게 하려면 먼저 그 知를 이루라." 고 하였고, 또 "앎이 이른 다음에 뜻이 참되게 된다." 고 하였다. "그 뜻을 참되게 하려면 먼저 그 知를 이루라." 는 말과 "앎이 이른 다음에 뜻이 참되게 된다." 는 말

---

129) '意誠' 은 心齋의 原本에는 '誠意' 라고 되어 있으나, '意誠' 이라 하는 것이 마땅하므로, 고쳤다.

은 무슨 뜻인가? "그 뜻을 참되게 하려면 먼저 그 知를 이루라."고 하면, 중요한 것이 致知에 있으니, (致知와 誠意의) 順序를 어지럽힐 수 없는 것이다. "앎이 이른 다음에 뜻이 참되게 된다."고 하면, 중요한 것이 意誠에 있으니, (意誠이라는) 功效를 빠뜨릴 수 없는 것이다.

○ 每章皆連兩事, 而獨此章單擧誠意. 饒氏以爲知行不可連說, 誠正不可連說, 此則似不然矣. 知行豈無相須底工夫? 誠正豈無相資底工夫乎? 若如饒說, 則知行判而爲二物, 誠正分而爲二歧矣.

모든 章에서는 모두 두 개의 사항을 연결해서 거론했는데, 오직 이 章에서는 '誠意' 하나만 거론하였다. 이에 대해 雙峰饒氏는 "知와 行은 연결해서 말할 수 없고, 誠意와 正心도 연결해서 말할 수 없기 때문"이라고 설명했는데,[130] 이는 그렇지 않은 것 같다. 知와 行은 어찌 '相須하는 工夫'가 없다고 하겠으며, 誠意와 正心은 어찌 '相資하는 工夫'가 없다고 하겠는가? 만약 饒氏의 설명과 같다면, 知 · 行은 쪼개져서 두 개의 일이 되고, 誠意 · 正心은 나뉘어져서 두 갈래의 길이 될 것이다.

---

130) 小注에 보이는 雙峰饒氏의 설명은 "傳之諸章, 釋八事, 每章皆連兩事而言, 獨此章單擧誠意. 蓋知至意誠, 固是相因. 然致知屬知, 誠意屬行. 知行畢竟是二事, 當各自用力, 不可謂知了便自然能行. 所以誠意章, 不連致知說者, 爲此. 正心誠意, 雖皆屬行, 然誠意不特爲正心之要, 自修身至平天下, 皆以此爲要. (……) 若只連正心說, 則其意促狹, 無以見其功用之廣大如此也."라는 것이다.

<傳7章>

○ 忿懥, 恐懼, 好樂, 憂患, 四者, 人常之所不能無, 而今以有所爲病者, 何也? 喜怒憂懼, 固不可無, 亦不可有, 則一有字, 帶得留着之病矣. 盖忿懥等四者, 卽是重疊之辭, 則許多病痛, 由此而生也. 烏得無有所之病乎?

忿懥 · 恐懼 · 好樂 · 憂患 네 가지는 사람들이 보통 없을 수 없는 것인데, 이제 (네 가지의) '하는 바가 있음(有所)' 으로써 病을 삼는 까닭은 무엇인가? 喜 · 怒 · 憂 · 懼는 진실로 없을 수 없지만, 또한 있을 수도 없으니, 하나의 '有' 字는 '머물러 붙어있음(留着)의 病' 이라는 뜻을 띠고 있다. 대개 忿懥 등 네 가지는 곧 '重疊' 된 말이니, 허다한 病痛이 이로부터 생기는 것이다. 어찌 '하는 바가 있음의 병(有所之病)' 이 없겠는가?[131]

○ "一有之而不能察." 盖一, 是四者之一, 而有一於此, 則心不得其正也.

(朱子는) "하나라도 (마음에) 두고서 살피지 못한다면" 云云했는데, 대개 '하나' 란 이 (忿懥 · 恐懼 · 好樂 · 憂患) 넷 가운데의 '하나' 를 말한다. 이 넷 중에 하나라도 (마음에) 두면, 마음이 그 바름을 얻지 못하는 것이다.

○ 小注, 朱子曰 "意有善惡之殊, 意或不誠, 則易於爲惡 ; 心有偏正之異, 心有不正, 則爲物欲所動." 盖心有偏正, 則固可正

---

131) '有所之病' 이라는 말은 '마음에 忿懥하는 바가 있으면 그 바름을 얻지 못한다(有所忿懥則不得其正)' 云云할 때의 '有所' 에서 따온 말이다. 心齋는 忿懥 등 네 가지는 모두 '重疊' 된 말이라는 맥락에서 '有' 字 또한 '留着' 으로 풀이하고, 무엇에든지 '머물러 붙어있으면 病이 된다' 고 설명하는 것이다.

其偏處；而意有善惡, 則惡者其可謂之誠乎? 恐是記錄之誤耳.

小注에서 朱子는 "意에는 善·惡의 다름이 있으니, 意가 혹 참되지 못하면 惡을 행하기 쉽다. 心에는 偏·正의 차이가 있으니, 心에 바르지 못함이 있으면 物欲에 의해 움직여진다."고 하였다. 대개 心에 偏·正이 있으면, 진실로 그 치우친 곳을 바로잡을 수 있다. 그런데 意에 善·惡이 있으면, '惡' 한 것을 '참되다' 고 말할 수 있겠는가? 아마도 잘못된 記錄인 것 같다.[132]

○ 意之不誠, 是私意上錯了；心之不正, 是公道上錯了, 則意之病痛, 較重；心之病痛, 較輕.

意가 참되지 못함은 私意上에 어긋난 것이며, 心이 바르지 못함은 公道上에 어긋난 것이다. 그러한 즉, 意의 病痛은 비교적 무겁고, 心의 病痛은 비교적 가볍다.[133]

○ 忿懥等四者, 害則俱害, 而不可執一爲最害也, 亦如意必固我之病也.

'忿懥' 등 넷은 해롭다고 하면 모두 해로운 것이니, 그 중의 하나를 골라

---

132) 譯者는 이 文段의 내용을 납득하기 어렵다. 주자의 말에 아무런 瑕疵가 없어 보이기 때문이다. 한편, 『朱子語類』에도 이와 유사한 내용이 보이는데, 그것을 소개하면 다음과 같다. 『朱子語類』 卷16(중화서국본 341쪽) : "意有善惡之殊, 意或不誠, 則可以爲惡. 心有得失之異, 心有不正, 則爲物所動. 却未必爲惡, 然未有不能格物致知而能誠意者, 亦未有不能誠意而能正心者."

133) 公·私 사이에 '公的인 것이 무겁고, 私的인 것은 가볍다' 고 보는 것이 일반적이라면, 心齋의 글은 아마도 "意의 病痛은 비교적 가볍고, 心의 病痛은 비교적 무겁다.(意之病痛, 較輕；心之病痛, 較重.)" 로 고쳐져야 할 것 같다.

'가장 해로운 것' 으로 여길 수 없다. 이는 또한 '意 · 必 · 固 · 我의 病' 과 마찬가지이다.[134]

○ 小注, 雲峰胡氏曰 "在正其心, 此正字, 蓋謂心之用 ; 不得其正, 此正字, 是說心之體." 胡氏此說, 分別體用太甚, 而章句曰 "四者, 皆心之用." 又曰 "用之所行, 或不能不失其正." 則曰正其, 曰其正者, 皆心之用耳.

小注에서, 雲峰胡氏는 " '在正其心' 에서의 '正' 字는 '心의 用' 을 두고 말한 것이며, '不得其正'[135]에서의 '正' 字는 '心의 體' 를 두고 말한 것이다."라고 하였다. 胡氏의 이러한 설명은 '體 · 用' 을 분별함이 너무 심하다. 章句에서는 "(忿懥 · 恐懼 · 好樂 · 憂患 등) 넷은 모두 '心의 用' 이다." 라고 하였고, 또 "用이 실행되는 데에는 간혹 그 올바름(正)을 잃지 않을 수 없다." 고 하였다. 그러한 즉, '在正其心' 이나 '不得其正' 이나 모두 '心의 用' 을 두고 말하는 것이다.

○ 忿懥等四者, 說有心之病 ; 視聽食三者, 說無心之病. 有心於此, 故無心於彼 ; 無心於此, 故有心於彼, 則有心無心, 同是

---

134) 『論語』 子罕 제4장에서는 "孔子께서는 네 가지를 끊으셨으니, '意' 도 없으셨고, '必' 도 없으셨고, '固' 도 없으셨고, '我' 도 없으셨다.(子絶四, 毋意, 毋必, 毋固, 毋我.)"라고 하였다. 주자는 意는 私意로, 必은 期必로, 固는 執滯로, 我는 私己로 해석하고, 이 넷은 서로 終始가 된다고 설명하였다. 즉 "私意에서 야기되어, 期必함으로 이루어지고, 固執에서 머물러, 私己에서 완성된다.(起於意, 遂於必, 留於固, 而成於我.)"는 것이다. 이처럼 넷은 서로 終始가 되는 것이라면, 그 가운데 어느 하나가 더 해롭다고는 말할 수 없는 것이다.

135) '在正其心' 과 '不得其正' 은 "所謂修身, 在正其心者, 身(心)有所忿懥, 則不得其正," 云云에서의 '在正其心' 과 '不得其正' 을 말한다.

一病. 而上節注之察字, 察此心之有無也; 下節注之察字, 察此心之存否也. 纔察其有心, 則便察其無心也. 其所察之之道, 只是一而已矣.

'忿懥 등 넷' 은 '有心의 病' 을 말한 것이며, '視·聽·食 셋'[136]은 '無心의 病' 을 말한 것이다. 여기에 마음을 두었기 때문에 저기에 마음이 없었던 것이요, 여기에 마음이 없었기 때문에 저기에 마음을 두었던 것이다. 그러한 즉, '有心(마음을 둠)' 과 '無心(마음을 없앰)' 은 同一한 病이다. 그런데 上節 注의 '察' 字[137]는 '이 마음의 有·無를 살핀다' 는 것이며, 下節 注의 '察' 字[138]는 '이 마음의 存·否를 살핀다' 는 것이다.[139] 그 '有心' 을

136) "마음이 있지 아니하면, 보아도 보이지 않고, 들어도 들리지 않으며, 먹어도 그 맛을 알지 못한다.(心不在焉, 視而不見, 聽而不聞, 食而不知其味.)"는 내용을 말한다.

137) 傳文의 "所謂修身, 在正其心者, 身(心)有所忿懥, 則不得其正," 云云에 대해서, 朱子는 "蓋是四者, 皆心之用, 而人所不能無者. 然一有之而不能察, 則欲動情勝, 而其用之所行, 或不能不失其正矣."라고 주석하였다.

138) 傳文의 "心不在焉, 視而不見, 聽而不聞, 食而不知其味."에 대해서, 朱子는 "心有不存, 則無以檢其身. 是以, 君子, 必察乎此, 而敬以直之, 然後, 此心常存, 而身無不修也."라고 주석하였다.

139) 心齋는 마음의 '有·無' 와 '存·否' 를 구별하고 있는데, '有·無' 와 '存·否' 의 차이는 다음과 같이 정리될 수 있을 것 같다. '有' 와 '存' 은 '마음이 現存함' 이라는 점에서는 같지만, 그 現存하는 마음이 '意圖的이냐, 非意圖的이냐' 로 구분이 될 듯하다. 이러한 맥락에서는, '의도적으로 현존시키는 마음' 은 '有(두다)' 에 속하고, 비의도적으로 자연스럽게 현존하는 마음은 '存(존재하다)' 에 속한다. '無' 와 '否' 는 모두 '마음이 不在함' 으로서, '不在' 의 경우에는 '意圖的, 非意圖的' 을 구분할 필요가 없을 것이다. 心齋는 '有心' 도 病이지만 '無心' 도 病이라고 보았다. 따라서 '存心' (또는 '心存')이란 '有心과 無心의 中庸' 으로 成立하는 것 같다. 이는 孟子가 '浩然之氣를 기르는 방법' 으로 '必有事焉·勿正·勿忘·勿助長' (『孟子』 公孫丑上 2)을 제시한 것

살피면 문득 그 '無心'을 살피는 것이다. 그 살핌의 방법은 다만 하나일 뿐이다.

○ 恐懼, 逼緊乎眼前, 而蒼黃失措之謂也; 憂患, 預防乎思慮, 而禍福利害之來也, 則恐懼與憂患, 相似而實不同也.

'恐懼'는 '眼前에서 핍박당하여 긴장함으로써, 蒼黃[140)]하여 어찌할 바를 모름'을 말하고, '憂患'은 '禍福과 利害가 다가오는 것을 思慮를 통해 預防함'을 말한다. 그러한 즉, '恐懼'와 '憂患'은 서로 비슷하면서도 사실은 같지 않다.

○ 旣曰視, 則何以謂之不見; 旣曰聽, 則何以謂之不聞耶? 盖視與見不同; 聽與聞有異. 在外者, 視聽也; 在心者, 見聞也. 目之司視, 耳之司聽, 不得不視聽於物來聲至之間, 而苟或心不要視乎這箇物, 則物自過於目, 而不見其物之爲何物也; 心不要聽乎這箇聲, 則聲自過於耳, 而不聞其聲之爲何聲也. 心不在, 而視不見聽不聞者, 是也.

이미 '보다(視)'라고 말하고서 또 어찌하여 '보이지 않는다(不見)'고 말하는 것이며, 이미 '듣다(聽)'라고 말하고서 또 어찌하여 '들리지 않는다(不聞)'고 말하는 것인가? 대개 '보다(視)'와 '보이다(見)'는 같지 않으며, '듣다(聽)'와 '들리다(聞)'도 다른 것이다. 밖에 있는 것은 '視·聽'이며, 마음속에 있는 것은 '見·聞'이다. 눈이 視를 맡고 귀가 聽을 맡아서, 사물과 소리가 다가오는 사이에 不得不 보고 듣는다. 그러나 진실로 혹 마음이

과 같은 맥락으로 볼 수 있을 것이다.

140) 蒼黃(창황) : 어찌할 겨를이 없이 매우 급함. '倉皇'·'倉黃'으로도 표기함. '倉卒'과도 같은 뜻.

그 사물을 보기를 요구하지 않는다면 사물은 스스로 눈앞을 지나가나 그 사물이 어떤 사물인지는 보이지 않는 것이며, 마음이 그 소리를 듣기를 요구하지 않는다면 소리는 스스로 귓가를 지나가나 그 소리가 어떤 소리인지는 들리지 않는 것이다. "마음이 있지 않으면, 보아도 보이지 않고, 들어도 들리지 않는다."는 것은 이것을 말한다.

○ 正心章, 言忿懥等事, 而不言正心之方；修身章, 言親愛等事, 而不言修身之道者, 何也? 誠意二字, 已兼正心修身而言, 則二章所以只言其病者, 是也.

〈正心章〉에서는 '忿懥' 등에 관한 일은 언급하고서 '正心의 방법'은 언급하지 않았으며, 〈修身章〉에서는 '親愛' 등에 관한 일은 언급하고서 '修身의 방법'은 언급하지 않은 까닭은 무엇인가? '誠意'라는 두 글자는 이미 '正心'과 '修身'을 겸해서 말하는 것이니, 두 章에서 다만 그 病痛만을 언급한 것은 이러한 까닭이다.[141]

○ 章句, 察字, 敬字, 直字, 卽朱子所以補其略處也.

章句의 '察'字, '敬'字, '直'字[142] 등은 곧 朱子가 傳文의 간략한 곳을 補完한 것이다.

○ "視而不見, 聽而不聞, 食而不知其味." 則見在何處, 聞在

---

141) '誠意'가 바로 '正心과 修身의 방법'이기도 하다는 뜻임.

142) 傳文의 "心不在焉, 視而不見, 聽而不聞, 食而不知其味."에 대해서, 朱子는 "心有不存, 則無以檢其身. 是以, 君子, 必察乎此, 而敬以直之, 然後, 此心常存, 而身無不修也."라고 주석하였는데, 여기에서의 '察'字, '敬'字, '直'字 등을 지칭하는 것이다.

何處, 味在何處耶? 盖君子之學, 本於心. 而心不存主, 則視簡而不見, 聽諷而不聞. 至於味亦然, 則一箇身心, 都無關涉, 終歸於昏迷不省耳. 然則以一心之放, 而見聞味三者, 惟在彼而已.

“보아도 보이지 않고, 들어도 들리지 않으며, 먹어도 그 맛을 알지 못한다.”고 한다면, 보이는 것은 어디에 있고, 들리는 것은 어디에 있으며, 맛은 어디에 있는 것인가? 대개 君子의 학문은 마음에 근본한다. 마음이 있지 않으면 편지글을 보아도 보이지 않으며, 풍자하는 소리를 들어도 들리지 않으니, 맛에 있어서도 마찬가지이다. 그러한 즉, 하나의 몸과 마음은 전혀 關涉이 없게 되어, 마침내 昏迷하여 살피지 못하는 데 귀착되고 만다. 그렇다면 하나의 마음을 풀어놓음으로써, 보이고 들리고 맛을 아는 것 등이 오직 저기에 있을 뿐이게 된다.

○ 心之一物, 體用竝備. 或指體之存乎內, 而有在軀殼之內；或就用之發乎外, 而有在視聽之上, 則兩說皆得之矣.

‘마음’ 이라는 하나의 물건은 體와 用을 아울러 갖추고 있다. 혹은 ‘안에 있는 體’ 를 가리켜서 ‘몸 속에 있다’ 고 하며, 혹은 ‘밖으로 發하는 用’ 에 나아가서 ‘보고 듣는 데 있다’ 고 하니, 두 설명이 모두 성립할 수 있는 것이다.

<傳8章>

○ 上章以有所言之；此章以之其所言之. 同一所字, 而上章有所爲病, 此章偏僻爲病, 而不可以之其所爲病也.

上章에서는 '하는 바가 있음(有所)' 으로 말하고, 이 章에서는 '그 하는 바에(之其所)' 로 말했다. 동일한 '所' 字이지만, 上章은 '하는 바가 있음(有所)' 을 病이라 한 것이나, 이 章은 '偏僻' 을 病이라 한 것이니 '之其所' 를 病으로 삼을 수는 없는 것이다.

○ 五者之心, 雖因待人接物處發見, 而五者之僻, 最爲自家身心上病痛, 則就他待人接物處省察者, 所以就吾身心上襯貼用工夫耳.

(親愛 · 賤惡 · 畏敬 · 哀矜 · 敖惰 등) '다섯 가지의 마음' 은 비록 사람을 대하고 사물을 접하는 것을 연유로 발현하나, '다섯 가지의 편벽됨' 은 자기의 心身에 있어서 가장 病痛이 되는 것이다. 그러한 즉, 남들이 사람을 대하고 사물을 접하는 것에 나아가 省察하는 사람은 따라서 자기의 心身에 나아가 襯貼[143]하게 노력해야 한다.

○ 衆人之許多病痛, 爲君子之頂門上一針, 則章句所以言衆人者, 乃所以曉君子, 而於常人之病痛處, 君子必察乎此, 而好惡得中耳. 且這箇衆人, 非愚蠢之謂, 而乃君子中之衆人也.

衆人의 허다한 病痛은 君子에게 頂門一針이 된다. 그러한 즉, 章句에서 '衆人' 을 언급하는 까닭은 바로 '君子' 를 깨우치지 위한 것이다. 常人들의 病痛處에 대해서 君子는 반드시 이를 살핌으로써 好 · 惡가 中庸을 얻게 되는 것이다. 또한 여기서 말하는 '衆人' 은 '어리석은 사람들' 을 말하는 것이 아니라 바로 '君子 가운데의 衆人' 을 말하는 것이다.

---

143) 襯貼(츤첩) : 가깝고 편안함.

○ 此章修身, 以五僻言之 ; 中庸修身, 以齊明盛服非禮不動言之. 盖五僻之修身, 以治外言也 ; 九經之修身, 兼內外言也, 則兩處修身, 有疎密之分耳.

이 章의 '修身' 은 '五僻' 으로 말한 것이며, 『中庸』의 修身은 '깨끗이 齋戒하고 성대하게 衣服을 갖추어, 禮가 아니면 움직이지 않음' 으로 말한 것이다. 대개 '五僻의 修身' 은 '밖을 다스림' 으로 말한 것이며, '九經의 修身' 은 內 · 外를 겸해서 말하는 것이다.[144] 따라서 두 곳의 修身은 '소략함과 정밀함' 의 구분이 있다.

○ 五者在人, 本有當然之則, 而必以五僻爲病者, 何也? 五者在人, 固不可無, 亦不可偏, 則這箇僻字, 帶得偏着之病也.

(親愛 · 賤惡 · 畏敬 · 哀矜 · 敖惰 등) 다섯 가지는 사람에게 있어서 본래 '마땅한 법칙(當然之則)' 이 있는 것인데, 반드시 '五僻' 을 病痛으로 여기는 까닭은 무엇인가? 다섯 가지는 사람에게 있어서 진실로 없을 수 없으나, 또한 偏僻될 수 없는 것이다. 그러한 즉, 저 '僻' 字는 '치우치게 집착하는 病' 이라는 뜻을 지니고 있다.

○ 五者之中, 敖惰不當有, 則不瑕害於君子之德乎? 敖惰雖非好事, 而敖其所當敖, 則固無害於君子之德也. 如孔子之取瑟而歌, 孟子之隱几而臥, 非謂孔孟爲敖惰也. 謂敖惰之在孔孟做處, 如是而已, 則何嫌於同般敖惰乎? 亦何慮學者之傲物

---

144) 『中庸』에서는 '天下 · 國家를 다스리는 방법' 으로 '九經' 을 말했는데, 그 첫째가 '修身' 이다. 또한 『中庸』의 '九經' 에서는 '깨끗이 齋戒하고 성대하게 衣服을 갖추어, 禮가 아니면 움직이지 않음(齊明盛服, 非禮不動.)' 으로 '修身' 을 설명하였다(『中庸章句』 제20장 참조).

輕世乎?

다섯 가지 가운데, 마땅히 '거만하고 게으름(敖惰)'을 두지 않는다면 '君子의 德'을 해치지 않는 것인가? '敖惰'가 비록 좋은 것은 아니나, 마땅히 거만해야 할 곳에 거만하면 진실로 '君子의 德'을 해치지 않는다. 예컨대 '孔子가 비파를 취하여 노래를 부른 것'[145]이나 '孟子가 안석에 기대어 누운 것'[146]을 두고 "孔 · 孟이 거만하고 게을렀다."고 말하지는 않는다. "敖惰가 孔 · 孟에게 있어서 발휘될 때에는 이와 같았다."라고 말할 뿐인 것이다. 그러한 즉, (孔 · 孟과) 같은 방식으로 敖惰함을 꺼릴 것이 무엇이며, 또한 學者가 물건을 업신여기고 세상을 가볍게 여김을 염려할 것이 무엇인가?

○ 君子之於人, 旣知其惡, 則何以好之, 旣知其美, 則何以惡之乎? 蓋常人之情, 偏於好則不知其惡, 偏於惡則不知其美. 而至於君子則不然, 於其所好而必察其惡焉, 於其所惡而必察其美焉, 雖知其惡而可以好之則好之, 雖知其美而可以惡之則惡

145) 『論語』 陽貨 제20장에 "孺悲가 孔子를 뵈려 하거늘, 孔子께서 아프다고 사양하시고, 명령을 받은 자가 문을 나가자, 비파를 끌어당겨 연주하면서 노래하여, 그로 하여금 듣게 하였다.(孺悲欲見孔子, 孔子辭以疾, 將命者出戶, 取瑟而歌, 使之聞之.)"라는 기록이 보인다. 孺悲는 당시에 罪를 얻었던 사람인데, 그가 뵙기를 청하자 공자는 疾病을 핑계로 사양하고, 또 비파를 연주하면서 노래하여, 사실은 疾病이 없음을 알게 한 것이라 한다.

146) 맹자가 齊나라를 떠날 때에 晝라는 곳에서 留宿하였는데, 마침 齊나라 王을 위해서 맹자의 발걸음을 만류하는 客이 있었다. 이때 맹자가 응대하지 않고 안석에 기대어 누웠던 것이다. 이에 客이 기뻐하지 않자, 맹자는 '魯繆公과 子思의 例'를 들어 '客의 정성이 미흡했음'을 깨우친 바 있다(자세한 내용은 『孟子』 公孫丑下 제11장 참조).

之. 此非仁人所以能愛人能惡人者乎?

君子가 사람들을 대함에 있어서, 이미 그의 '惡한 점'을 알았다면 어떻게 그를 좋아할 수 있으며, 이미 그의 '아름다운 점'을 알았다면 어떻게 그를 미워할 수 있는 것인가? 대개 보통 사람들의 감정은 좋아함에 치우치면 그의 惡한 점을 알지 못하고, 미워함에 치우치면 그의 아름다운 점을 알지 못한다. 그러나 君子는 그렇지 않아서, 자기가 좋아하는 사람에 대해서도 반드시 그의 악한 점을 살피고, 자기가 미워하는 사람에 대해서도 반드시 그의 아름다운 점을 살피는 것이요, 비록 그의 악한 점을 알아도 좋아할 만하면 좋아하고, 비록 그의 아름다운 점을 알아도 미워할 만하면 미워하는 것이다. 이것이 "오직 어진 사람만이 능히 사람을 사랑할 수 있고, 능히 사람을 미워할 수 있다."[147]는 것이 아니겠는가?

○ "好而知其惡, 惡而知其美者, 天下鮮矣." 正心以後, 猶難言之, 故曰 "天下鮮矣." 盖親愛之過, 則爲褻狎矣 ; 賤惡之過, 則爲忿疾矣 ; 畏敬之過, 則爲足恭矣 ; 哀矜之過, 則爲姑息矣 ; 敖惰之過, 則爲侮慢矣. 其病皆起於不能察焉. 察之於心, 而不能察之於身, 則不知不覺, 病痛發露. 親愛畏敬哀矜而僻者, 是偏於好也. 偏於好, 而美中有惡, 則便不知也 ; 賤惡敖惰而僻者, 是偏於惡也. 偏於惡, 而惡中有美, 則便不知也. 如人有九分美一分惡, 則雖是當好他, 而亦要知他有此一分之惡也 ; 人

147) 『大學章句』 傳10章에서는 "오직 어진 사람이어야만 (남의 재주를 猜忌하는 사람들을) 추방하여 사방 오랑캐의 땅으로 내쫓아, 中國과 함께하지 못하게 하나니, 이것을 '오직 어진 사람이어야만 능히 남을 사랑할 수 있고, 능히 남을 미워할 수 있다' 고 말하는 것이다.(唯仁人, 放流之, 迸諸四夷, 不與同中國, 此謂唯仁人, 爲能愛人, 能惡人.)"라고 하였음.

有九分惡一分善, 雖是當惡他, 而亦要知他有此一分之美也. 僻者皆不復顧, 則夫正心以後, 猶難言之, 而天下不亦鮮乎?

"좋아하면서 그 악한 점을 알고, 미워하면서도 그 아름다운 점을 아는 사람은 天下에 드물다."고 하였는데, '正心' 이후에는 오히려 말하기 어려운 것이기 때문에 "天下에 드물다"고 한 것이다. 대개 親愛가 지나치면 褻狎[148]이 되고, 賤惡가 지나치면 忿疾이 되며, 畏敬이 지나치면 足恭[149]이 되고, 哀矜이 지나치면 姑息이 되며, 敖惰가 지나치면 侮慢이 되는데, 이러한 病들은 모두 '살피지 못함'에서 야기되는 것이다. 마음에서 살폈더라도 몸에서 살피지 못하면 자기도 모르는 사이에 病痛이 드러난다. 親愛·畏敬·哀矜에 편벽된 것은 좋아함에 치우친 것이다. 좋아함에 치우치면 아름다운 가운데 악한 점이 있어도 문득 알지 못한다. 賤惡·敖惰에 편벽된 것은 미워함에 치우친 것이다. 미워함에 치우치면 악한 가운데 아름다운 점이 있어도 문득 알지 못한다. 만약 어떤 사람이 90%는 아름다우나 10%가 악하다면 비록 마땅히 그를 좋아해야 하나, 또한 그에게는 이 10%의 악한 점이 있음을 알아야만 한다. 어떤 사람이 90%는 악하나 10%가 착하다면 비록 마땅히 그를 미워해야 하나, 또한 그에게는 이 10%의 아름다운 점이 있음을 알아야만 한다. 그런데 편벽된 사람은 모두 다시는 되돌아보지 않는다. (이와 같은 偏僻의 病은) 무릇 '正心' 이후에는 오히려 말하기 어려운 것이나, (이러한 病이 없는 사람은) 또한 天下에 드물지 않겠는가?

○ 上言親愛等五者, 而此只言好惡惡美. 然親愛等五者工夫, 已該於好惡惡美四字上矣.

---

148) 褻狎(설압) : 버릇없이 굶.

149) 足恭(주공) : 지나치게 공손함. 아첨함. '足' 字는 '충분하다'는 뜻일 때에는 '족'으로 읽으나, '지나치다'는 뜻일 때에는 '주'로 읽음.

위에서는 '親愛' 등 다섯 가지를 말하고서, 여기에서는 다만 '좋아하되 그 악한 점을 알고, 미워하되 그 아름다운 점을 안다(好惡惡美)'[150]는 것만을 말했다. 그러나 '親愛' 등 다섯 가지의 공부는 모두 이미 '好惡惡美'라는 네 글자에 포함되어 있다.

○ "莫知其子之惡, 莫知其苗之碩." 盖言溺愛貪得之病也. 家之不齊, 只在於溺愛貪得者, 何也? 身與物接, 惟愛易偏, 惟欲難克, 而家不齊之許多病痛, 尤在於愛與貪二者, 則其所以特擧二者而戒之者, 盖就其易偏難克處言之耳.

"(사람들이) 자기 자식의 악함은 알지 못하고, 자기 苗의 큼은 알지 못한다."는 말은 대개 '溺愛와 貪得의 病'을 말한 것이다. '齊家'가 되지 않는 이유가 다만 溺愛와 貪得에 있는 까닭은 무엇인가? 몸과 사물이 접촉할 때, 오직 사랑은 치우치기 쉽고, 오직 탐욕은 극복하기 어렵다. 齊家가 되지 않는 허다한 病痛은 더욱이 사랑과 탐욕 두 가지에 있다. 그러한 즉, 특별히 두 가지를 들어 경계한 까닭은 대개 '치우치기 쉽고 극복하기 어려운 곳'에 나아가 말한 것이다.

○ 上言好而鮮知其惡也, 所以下引莫知子之惡, 以證之也; 上言惡而鮮知其美也, 所以下引莫知苗之碩, 以明之也, 則上下文之所言, 自不無旨義之相貫耳.

위에서는 "좋아하면서 그 악한 점을 아는 사람은 드물다."고 했으므로, 아래에서는 "자기 자식의 악함은 알지 못한다."는 말을 인용하여 증명한

---

150) 好惡惡美(호악오미) : '好惡惡美'는 "好而知其惡, 惡而知其美."를 줄인 말인바, 따라서 '호악오미'로 읽어야 한다.

것이며, 위에서는 "미워하면서 그 아름다운 점을 아는 사람은 드물다."고 했으므로, 아래에서는 "자기 苗의 큼은 알지 못한다."는 말을 인용하여 증명한 것이다. 그러한 즉, 위와 아래에서 말한 내용은 저절로 旨義가 서로 통하는 점이 없지 않을 것이다.

○ 八條目末端, 順結其語, 而獨修身章, 反結之曰"此謂身不修, 不可以齊其家"者, 何也? 順結者, 其意差輕 ; 反結者, 其意差重. 家之齊不齊, 只係於身之修不修, 而不但如七箇條目, 其序相因而已, 則其所以不順結, 而必反結者, 以其順結, 不如反結之爲有力也. 盖修身, 卽躬行之事也 ; 齊家, 卽推行之事也. 若不躬行, 無以推行, 則必以躬行推行, 對待說去, 而纔着兩箇不字, 帶得飜轉話法, 則可見其修身章之反結, 都由於歸重修身之意, 而此退溪所以取陽村入學圖說也.

八條目을 해설하는 각 章의 末端은 모두 그 말을 '順結'로 하였는데, 오직 〈修身章〉에서는 '反結'로 하여 "이것을 '몸이 닦이지 않으면 그 집안을 가지런히 하지 못한다'고 하는 것이다."라고 말한 까닭이 무엇인가?[151] '順結'하는 것은 그 뜻이 약간 가볍고, '反結'로 하는 것은 그 뜻이 약간 무겁다. 家의 齊·不齊는 다만 身의 修·不修에 달려있으니, 나머지 7개의 條目처럼 다만 그 순서가 서로 원인이 되는 것뿐만이 아니다. 그러한 즉, 順結로 하지 않고 반드시 反結로 한 까닭은, 順結로 하면 反結로 하는 것만큼 有力하지 못하기 때문이다. 대개 修身은 곧 '몸소 행하는(躬行) 일'이

151) '順結'이란 순조롭게 결론을 맺었다는 뜻으로, 예컨대 〈傳7章〉의 "此謂修身, 在正其心."이나 〈傳9章〉의 "此謂治國, 在齊其家."처럼 끝맺은 것을 말한다. '反結'이란 順結과 반대되는 방식으로, 즉 '不'字를 두 번씩 써서 話法을 뒤집어 전환시켜 결론을 맺었다는 뜻이다.

요, 齊家는 곧 '미루어 행하는(推行) 일' 이다. 만약 몸소 행하지 않으면 미루어 행할 것이 없는 것이니, 반드시 躬行과 推行으로 짝을 이루어 설명하는 것이요, 두 개의 '不' 字를 붙인 것[152]은 話法을 뒤집어 전환시키는 의미를 지닌다. 그러한 즉, 〈修身章〉에서 反結로 한 까닭은 모두 '修身' 에 중요성을 부여하기 위한 뜻에서 연유한 것이요, 이것이 退溪가 陽村[153]의 『入學圖說』에서 (〈大學之圖〉를) 취한 까닭이다.

○ 小注, 雙峰饒氏曰 "有所忿懥等, 而能密察, 是謹獨以正其心也 ; 之其所親愛等, 而能加察, 是謹獨以修其身也." 密察加察, 有所不同者, 何也? 蓋正心之工, 一節深一節 ; 修身之工, 一節濶一節. 故或言密察, 或言加察也.

小注에서, 雙峰饒氏는 "忿懥하는 바 등이 있음에 능히 密察하는 것은 謹獨으로써 그 마음을 바르게 하는 것이요, 親愛하는 바 등에 대해서 능히 加察하는 것은 謹獨으로써 그 몸을 닦는 것이다."라고 말했는데, '密察(정밀히 성찰함)' 과 '加察(성찰을 가함)' 이라는 차이가 있는 까닭은 무엇인가? 대개 '正心' 공부는 一節에서 一節로 깊어지는 것이며, '修身' 공부는 一節에서 一節로 넓어지는 것이다. 그러므로 혹은 '密察' 이라 하고, 혹은 '加察' 이라 한 것이다.

---

152) "此謂身不修, 不可以齊其家."에서 '不' 字가 두 번 들어간 것을 말함.

153) 陽村은 조선 초기의 유학자 權近의 號. 退溪의 『聖學十圖』 가운데 〈第四大學圖〉는 陽村의 『入學圖說』에 있는 〈大學之圖〉를 취한 것이다. 〈大學之圖〉에서는 格物·致知를 '知' 의 일로, 誠意·正心·修身을 '行' 의 일로 규정하고, 齊家·治國·平天下는 앞의 躬行을 '미루어나가는 것' (推行)으로 표현해 놓았다.

<傳9章>

○ "治國, 必先齊其家." 夫誠意正心修身以上, 皆無必先二字, 而獨於齊家章曰 "必先齊其家"者, 何也? 盖心與身之間, 相去不遠; 家與國之間, 分際濶遠, 則欲言齊治之要, 舍二字, 奚以哉? 夫格致, 齊頭之工也; 誠正, 一身之事也. 而家之於國, 有小大之分焉; 國之於家, 有遠近之別焉, 則將言治國之道, 而旣着必字, 以示夫家之不可不齊也; 又着先字, 以明夫家之不可不先也. 必字, 如必有事之必字; 先字, 如知所先之先字, 則必先二字, 大有力於齊治之道也.

(傳文에서는) "治國은 '반드시 먼저(必先)' 그 집안을 가지런히 해야 한다."고 하였다. 무릇 〈誠意章〉·〈正心章〉·〈修身章〉까지는 모두 '반드시 먼저(必先)'라는 두 글자가 없었는데, 오직 〈齊家章〉에서만 "반드시 먼저 그 집안을 가지런히 해야 한다."고 말하는 까닭이 무엇인가? 대개 心과 身 사이는 서로 거리가 멀지 않은데, 家와 國 사이는 간격이 넓고 멀다. 그러한 즉, 齊家와 治國의 요점을 말하고자 함에 '必先'이라는 두 글자를 제외하면 무엇으로 할 수 있겠는가? 무릇 格物·致知는 나란히 병행하는 공부요, 誠意·正心은 一身의 일이다. 家는 國에 대해서 小·大의 구분이 있으며, 國은 家에 대해서 遠·近의 구별이 있다. 그러한 즉, 장차 治國의 道를 말하려 함에 있어서, 이미 '必'字를 붙여서 家를 가지런히 하지 않을 수 없음을 보여주고, 또 '先'字를 붙여서 家를 먼저 하지 않을 수 없음을 밝힌 것이다. '必'字는 '반드시 일삼음이 있다(必有事焉)'[154]고 할 때의 '必'字

154) 『孟子』 公孫丑上 제2장의 "반드시 일삼음이 있되 期必하지 말 것이요, 마음에 잊지도 말고, 助長하지도 말라.(必有事焉而勿正, 心勿忘, 勿助長也.)"는 내용을 말함. 맹자는 '浩然之氣'를 기르는 방법을 이렇게 설명한 것이다.

와 같으며, '先' 字는 '먼저 할 것과 뒤에 할 것을 안다(知所先後)'[155]고 할 때의 '先' 字와 같다. 그러한 즉, '必先' 두 글자는 齊家·治國의 道에 있어서 크게 힘이 되는 것이다.

○ **孝弟慈, 本是事親事兄愛子, 而必以事君事長使衆言之者, 何也? 蓋事親孝, 故忠可移於君；事兄弟, 故順可移於長；愛子慈, 故惠可移於衆, 則忠孝, 弟順, 慈惠, 只是一而已.**

孝(효도)·弟(공손)·慈(사랑)는 본래 각각 어버이를 섬기고(事親), 형을 섬기고(事兄), 자식을 사랑하는(愛子) 것이다. 그런데 (傳文에서는) 반드시 임금을 섬기고(事君), 어른을 섬기고(事長), 민중을 부리는(使衆) 것으로 말한 까닭은 무엇인가? 대개 어버이를 섬기는데 '孝' 하기 때문에 '忠'을 임금에게 옮길 수 있고, 형을 섬기는데 '弟' 하기 때문에 '順'을 어른에게 옮길 수 있으며, 자식을 사랑하는데 '慈' 하기 때문에 '惠'를 민중에게 옮길 수 있는 것이다. 그러한 즉, 忠과 孝는 다만 하나일 뿐이며, 弟와 順도 다만 하나일 뿐이고, 慈와 惠도 다만 하나일 뿐이다.[156]

○ **"不出家, 而成敎於國." 蓋家之本在身, 國之本在家, 而修齊治平之道, 不越乎孝弟慈三者, 則家齊於上, 而敎成於下矣.**

(傳文에서는) "(君子는) 집에서 나가지 않고서도 나라에 가르침을 이룬

---

155) 『大學章句』 經1章의 "物에는 本·末이 있고 事에는 終·始가 있으니, 먼저 할 것과 뒤에 할 것을 알면 곧 道에 가깝게 될 것이다.(物有本末, 事有終始, 知所先後, 則近道矣.)"라는 내용을 말함.

156) "忠孝, 弟順, 慈惠, 只是一而已."를 글자 그대로 해석하면 "'忠孝, 弟順, 慈惠'가 모두 다만 하나일 뿐이다."라고 해석될 수 있는데, 이것은 『大學』의 취지나 心齋의 취지에 어긋난다. 그리하여 각각 분리하여 해석한 것이다.

다.”고 하였다. 대개 家의 근본은 身에 있고, 國의 근본은 家에 있으니, 修身・齊家・治國・平天下의 道는 ‘孝・弟・慈’ 셋을 벗어나지 않는다. 그러한 즉, 위에서 집안이 가지런해지면, 아래에서 가르침이 이루어지는 것이다.[157]

○ 齊家章, 言孝弟慈三者, 而平天下章, 歷擧孝弟慈三者. 家之所以孝弟慈, 國之所以孝弟慈, 不無難易淺深之分焉. 夫孝弟慈則一也, 而家與國, 有化與推之別焉. 盖化者, 自身教而動化也；推者, 推此道而廣充也. 惟化故可推, 惟推故皆化, 而非化, 推不行；非推, 化不周, 則家之孝弟慈, 非無推行, 而以成化爲本也；國之孝弟慈, 非無成化, 而以推行爲主也. 況家之孝弟慈, 國之孝弟慈, 有工夫功效之不同耳.

〈齊家章〉에서는 ‘孝・弟・慈’ 셋을 말했는데 〈平天下章〉에서도 ‘孝・弟・慈’ 셋을 일일이 거론하였다. ‘집안에서의 孝・弟・慈’와 ‘나라에서의 孝・弟・慈’는 難易와 淺深의 구분이 없지 않을 것이다. 무릇 ‘孝・弟・慈’라는 점에서는 하나이지만, ‘家와 國’은 ‘化와 推’의 구별이 있다. 대개 ‘化’란 ‘자신으로부터 가르쳐서 감동시켜 변화시키는 것’이요, ‘推’란 ‘이러한 방법을 미루어나가 확충시키는 것’이다. 오직 감화시켰기 때문에 미루어나갈 수 있는 것이요, 오직 미루어나갈 수 있기 때문에 모두 감화시킬 수 있는 것이다. 또한 감화가 아니면 미루어나갈 수 없고, 미루어나감이 아니면 감화가 두루 퍼질 수 없다. 그러한 즉, ‘집안에서의 孝・弟・慈’

157) “家齊於上, 而敎成於下”는 朱子註에 있는 말로서, 여기에서의 ‘上과 下’는 ‘在上者와 在下者’ 또는 ‘統治者와 被治者’를 말한다. 즉 통치자들이 자신의 집안을 가지런히 하면 피치자들이 그것을 본받아, 나라가 잘 다스려지게 된다는 것이다.

는 '미루어나감(推行)' 이 없는 것은 아니지만 '감화를 이룸(成化)' 으로 근본을 삼으며, '나라에서의 孝·弟·慈' 는 '감화를 이룸' 이 없는 것은 아니지만 '미루어나감' 으로 중심을 삼는다. 하물며 '집안에서의 孝·弟·慈' 와 '나라에서의 孝·弟·慈' 는 工夫와 功效의 차이가 있음에랴.

○ 上言 "不出家, 而成教於國." 下言 "是以, 有絜矩之道." 何其家國則必言教字, 天下則必言道字乎? 地有遠近之別, 故言有道教之分. 盖家國近矣 ; 天下遠矣. 近故止言乎教, 教是躬行化下言也 ; 遠故重言乎道, 道是政事制度言也.

위에서는 "집에서 나가지 않고서도 나라에 가르침(教)을 이룬다." 고 하였고, 아래에서는 "그러므로 君子에게는 絜矩之道가 있다." 고 하였다. 어찌하여 家·國에서는 반드시 '가르침(教)' 이라는 글자로 말하고, 天下에서는 반드시 '道' 라는 글자로 말하는 것인가? 處地에는 가깝고 먼 곳의 구별이 있으므로, 말에는 '道' 와 '教' 라는 구분이 있는 것이다. 대개 家·國은 가깝고, 天下는 멀다. 가깝기 때문에 '教' 를 말하는 것으로 그쳤으니, '教' 란 '몸소 실천해서 아랫사람을 감화시키는 것' 을 말한다. 멀기 때문에 거듭 '道' 를 말하였으니, '道' 란 '政事와 制度' 를 말한다.

○ 引康誥曰 "如保赤子." 使衆之道非一, 而必以如保赤子言之者, 何也? 凡人慈幼之心得於天, 而使衆之道合於人, 則卽此慈幼之心, 而可知使衆之道. 盖赤子之欲, 不能自言, 慈母之心, 獨得所欲. 而"雖不中, 亦不遠"者, 愛出於誠, 彼己不隔, 以心求之, 不待勉强, 則君之養民之道, 亦當如慈母之於赤子, 而所欲與聚, 所惡勿施, 則其惟保民之道乎!

(傳文에서는) 〈康誥〉를 인용하여 "갓난아이를 보호하듯 하라(如保赤

子)" 고 하였다. '民衆을 부리는 道' 는 하나가 아닌데, 반드시 '如保赤子' 로 말하는 까닭은 무엇인가? 무릇 사람이 '어린아이를 사랑하는 마음' 은 하늘로부터 얻은 것이요, '民衆을 부리는 道' 는 사람들에게 부합하는 것이니, 이 '어린아이를 사랑하는 마음' 에 입각하면 '民衆을 부리는 道' 를 알 수 있는 것이다. 대개 갓난아이는 자신의 욕구를 스스로 말할 수 없는데, 자비로운 어머니의 마음만이 홀로 그 욕구를 아는 것이다. 그것이 "비록 꼭 들어맞지는 않더라도, 또한 멀리 벗어나지도 않는" 까닭은, 사랑이 정성에서 나오고, 갓난아이와 자기 사이에 간격이 없어서, 정성스런 마음으로 추구하면 힘써 노력함을 기다릴 필요가 없는 것이다. 그러한 즉, 君王이 백성을 길러주는 道 또한 마땅히 자비로운 어머니가 갓난아이를 보호함과 같아야 한다. 따라서 백성들이 원하는 것을 주어서 모이게 하고, 백성들이 싫어하는 것을 베풀지 말아야 할 것이니,[158] 그것이 오직 '백성을 보호하는 道' 일 뿐이겠는가!

○ "心誠求之." 此誠字, 與誠意之誠字, 不同. 盖"心誠求之", 則就天理自然上說; "必誠其意", 則從念頭方萌處說.

(傳文에서) "마음이 참으로 추구한다(心誠求之)" 고 하였는데, 여기에서의 '誠' 字는 '誠意' 에서의 '誠' 字와는 다르다. 대개 "마음이 참으로 추구

158) 맹자는 "桀·紂가 天下를 잃은 것은 그 백성을 잃었기 때문이요, 백성을 잃은 것은 백성의 마음을 잃었기 때문이다. 天下를 얻는 데는 방법이 있으니, 그 백성을 얻으면 이에 天下를 얻는다. 백성을 얻는 데는 道가 있으니, 그들의 마음을 얻으면 이에 백성을 얻는다. 백성의 마음을 얻는 데는 道가 있으니, 백성들이 원하는 것을 주어서 모이게 하고, 백성들이 싫어하는 것을 베풀지 말아야 한다.(桀紂之失天下也, 失其民也. 失其民者, 失其心也. 得天下有道, 得其民, 斯得天下矣; 得其民有道, 得其心, 斯得民矣; 得其心有道, 所欲, 與之聚之, 所惡, 勿施爾也.)" 고 하였다(『孟子』 離婁上 제9장 참조).

한다(心誠求之)" [159]는 것은 天理의 自然스러운 것에 나아가 말한 것이며, "반드시 그 뜻을 참되게 한다(必誠其意)" [160]는 것은 念頭가 바야흐로 싹트는 곳에 나아가 말한 것이다.

○ 自赤子之不言而觀之, 雖不中赤子之所欲；自慈幼之眞心而論之, 亦不遠赤子之所欲, 則不中不遠之義, 亦當如此看得耳.

'갓난아이가 말하지 못함' 으로부터 본다면 비록 갓난아이가 원하는 것에 꼭 들어맞지는 않지만, '어린아이를 사랑하는 참된 마음' 으로부터 논한다면 또한 갓난아이가 원하는 것에서 멀리 벗어나는 것도 아니다. 그러한즉, "비록 꼭 들어맞지는 않지만, 멀리 벗어나지도 않는다." 의 뜻은 또한 마땅히 이와 같이 보아야 할 것이다.

○ "未有學養子而後, 嫁者也." 盖慈者, 人道之大端, 而衆心之所同, 則慈本於天, 而無一毫勉强之心, 愛出於誠, 而無一息安排之意, 則所謂"未有學養子而後嫁者", 特就其慈幼之眞心言之也.

(傳文에서는) "자식을 기르는 방법을 배운 다음에 시집가는 여자는 없다."고 하였다. 대개 '慈' 란 人道의 큰 端緖요, 많은 사람들의 마음이 함께하는 바이다. 慈는 하늘에 근본하는 것으로서 조금이라도 (억지로) 힘써 노력하는 마음이 없는 것이며, 愛는 정성에서 나오는 것으로서 조금이라도 按排하는 뜻이 없는 것이다. 그러한 즉, 이른바 "자식을 기르는 방법을 배

159) 傳9章의 "康誥曰, 如保赤子, 心誠求之, 雖不中, 不遠矣."를 두고 하는 말임.

160) 傳6章의 "富潤屋, 德潤身, 心廣體胖, 故君子, 必誠其意."를 두고 하는 말임.

운 다음에 시집가는 여자는 없다."는 말은 다만 그 '어린아이를 사랑하는 참된 마음'에 나아가 말한 것이다.

○ 一家至小, 一國至大, 何以一家仁讓, 而一國興仁讓乎? 蓋家國一理, 物我無間, 則一家之仁讓, 而豈不能一國之興仁讓者乎?

한 집안은 지극히 작고, 한 나라는 지극히 크다. 그런데 어떻게 한 집안이 어질고 사양한다고 해서 한 나라에 어질고 사양하는 기풍이 일어나는 것인가? 대개 家와 國은 하나의 理이며, 物과 我는 간격이 없다. 그러한 즉, 한 집안의 어질고 사양함이 어찌 한 나라에 어질고 사양하는 기풍을 일게 할 수 없겠는가?

○ 上文言孝弟慈, 而此節只言仁讓. 然仁者, 心之德也；讓者, 禮之實也, 則仁讓二字, 已包了孝弟慈三者, 而旣曰仁讓, 則乃化之也, 非推之也.

윗글에서는 '孝 · 弟 · 慈'를 말했는데, 이 節에서는 다만 '仁 · 讓'을 말했다. 그러나 '仁'은 '마음의 德'이요, '讓'은 '禮의 實質'이니, '仁 · 讓' 두 글자는 이미 '孝 · 弟 · 慈' 셋을 포함하고 있는 것이다. 또한 이미 '仁 · 讓'이라고 말했으니, 곧 '감화시키는 것'이요, '미루어나가는 것'이 아니다.

○ "堯舜帥天下以仁, 而民從之；桀紂帥天下以暴, 而民從之." 人性本善, 則旣從善, 而又從惡者, 何也? 只就人性本善處言之, 則堯舜與桀紂, 其民一也. 而特以堯舜之民, 以堯舜之仁爲君, 桀紂之民, 以桀紂之暴爲君, 則信乎君者生民之主, 而萬邦之表也. 君如堯舜, 帥之以仁, 則堯舜之帥民, 旣是順人之性, 而民不得不從也. 君如桀紂, 帥之以暴, 則桀紂之帥民, 雖是反人之性, 而民不敢不從也. 張子所謂性本善, 故順之而無不善, 本無惡, 故反之而爲惡者, 是也.

(傳文에서는) "堯 · 舜이 天下를 仁으로 통솔함에 백성들이 따르고, 桀 · 紂가 天下를 포악함으로 통솔함에 백성들이 따랐다."고 하였다. 사람의 本性은 본래 善하니, 이미 善을 따르고서 또한 惡을 따르는 것은 무슨 까닭인가? 다만 人性이 본래 善하다는 것에 나아가 말하면 堯 · 舜의 백성이나 桀 · 紂의 백성이나 마찬가지이다. 다만 堯 · 舜의 백성은 堯 · 舜처럼 어진 사람을 군왕으로 삼고, 桀 · 紂의 백성은 桀 · 紂처럼 포악한 사람을 군왕으로 삼은 것이니, 참으로 군왕은 '백성의 주인' 이요 '萬邦의 師表' 인 것이다. 군왕이 堯 · 舜과 같아서 仁으로 통솔하면 堯 · 舜이 백성을 통솔하는 것으로서, 이미 사람의 본성을 따랐으니 백성들이 따르지 않을 수 없는 것이다. 군왕이 桀 · 紂와 같아서 포악함으로 통솔하면 桀 · 紂가 백성을 통솔하는 것으로서, 비록 사람의 본성을 거역하는 것이나 백성들은 감히 따르지 않을 수 없는 것이다. 張子의 이른바 "性은 본래 善하기 때문에, 따르면 善하지 않음이 없다. 性은 본래 惡함이 없기 때문에, 거역해야만 惡이 된다."는 말이 이것이다.

○ 堯舜桀紂之民, 其從仁, 宜矣, 而其從暴, 何也? 文武興而民好善 ; 幽厲興而民好暴. 誠以君之所令, 一出於所好, 故善惡雖殊, 而其民好則一也. 然則堯舜之仁焉而民乃從之 ; 桀紂之暴焉而民亦從之者, 豈非文武幽厲之興, 而民所以好善好暴者乎?

堯 · 舜과 桀 · 紂의 백성이 그 仁을 따른 것은 마땅한데, 그 포악함을 따

른 것은 무슨 까닭인가? 文 · 武가 일어나심에 백성은 善을 좋아하고, 幽 · 厲[161]가 일어남에 백성들은 暴惡함을 좋아했다. 참으로 군왕이 명령한 바가 한결같이 군왕 자신이 좋아하는 바에서 나왔기 때문에, 善 · 惡이 비록 달라도 그 백성들이 좋아한 것은 마찬가지이다. 그러한 즉, 堯 · 舜처럼 어질어도 백성들은 곧 따르고, 桀 · 紂처럼 포악해도 백성들은 또한 따르는 것은 어찌 文 · 武나 幽 · 厲가 일어남에 백성들은 善을 좋아하거나 暴惡함을 좋아하는 것이 아니겠는가?

○ "有諸己而後, 求諸人 ; 無諸己而後, 非諸人."者, 自是君子分上事, 而固非衆人之所可能也. 然則此章之說, 盖以有天下國家者, 勢不可不以責他. 而至於衆人自修之道, 則有諸己而不必求諸人也 ; 無諸己而不必非諸人也.

(傳文에서) "자기에게 (善이) 있고 난 다음에 남에게 요구하며, 자기에게 (惡이) 없고 난 다음에 남을 비방한다."고 한 것은 본래 君子의 직분에 속하는 일이요, 진실로 衆人에게 가능한 일이 아니다. 그러한 즉, 이 章에서 말한 것은 대개 天下 · 國家를 지닌 사람은 形勢가 남을 책망하지 않을 수 없다는 점이다. 衆人이 스스로를 닦는 道에 있어서는, 자기에게 (善이) 있더라도 남에게 요구할 필요가 없으며, 자기에게 (惡이) 없더라도 남을 비방할 필요가 없는 것이다.

○ 己有善而求人之有善, 己無惡而非人之有惡者, 是固終身行之之恕, 而至於無善則不求人之善, 有惡則不非人之惡者, 不

161) 幽 · 厲(유 · 려) : 幽王과 厲王으로, 모두 周代의 暴君. 桀 · 紂와 함께 暴君의 代名詞로 쓰임.

可以終身行恕, 論之也.

자기에게 善이 있음에 남에게 善이 있기를 요구하고, 자기에게 惡이 없음에 남에게 惡이 있음을 비방하는 것은 진실로 '終身토록 행할 수 있는 恕'[162]라 하겠다. 그러나 자기에게 善이 없으면 남에게 善을 요구하지 않고, 자기에게 惡이 있으면 남의 惡을 비방하지 않음에 대해서는 '終身토록 행할 수 있는 恕'로 논할 수 없다.

○ 齊家以後旣言恕, 則修身以前當言忠矣. 盖格致誠正修五者, 自其盡己處言之也 ; 齊治平三者, 自其推己處言之也, 則一恕字, 宜於治國平天下之事, 而不宜於格致誠正修之事也. 故八條目, 皆無恕字, 而獨於治平兩章, 方言恕字也.

'齊家' 이후에 이미 '恕'를 말했다면, '修身' 이전에는 마땅히 忠을 말했어야 한다. 대개 格物·致知·誠意·正心·修身 다섯 가지는 盡己處로부터 말한 것이요, 齊家·治國·平天下 세 가지는 推己處로부터 말한 것이다.[163] 그러한 즉, 하나의 '恕' 字는 治國·平天下의 일에 있어서는 마땅하지만 格物·致知·誠意·正心·修身의 일에 있어서는 마땅하지 못한 것이다. 그러므로 八條目에는 모두 '恕' 字가 없고 오직 治國·平天下 두 章에서 바야흐로 '恕' 字를 말한 것이다.

---

162) 『論語』 衛靈公 23 : 子貢이 묻기를, "한마디 말로서 終身토록 행할 만한 것이 있습니까?" 孔子께서 말씀하시길, "恕가 그것이다! 자기가 하고 싶지 않은 일을 남에게 베풀지 말라."(子貢問曰 "有一言而可以終身行之者乎?" 子曰 "其恕乎! 己所不欲, 勿施於人.")

163) 주자는 "盡己之謂忠, 推己之謂恕"라고 설명한 바 있다(『論語集註』 里仁 제15장, 朱子註 참조). '盡己'란 '자기의 최선을 다함'을 말하고, '推己'란 '자기를 미루어 남에게 이름'을 말한다.

○ "'之子于歸, 宜其家人.' 宜其家人而后, 可以教國人." 朱子曰 "之子猶言是子, 此指女子之嫁者而言也." 女子, 何以宜家人, 而教國人耶? 易之家人卦曰 "利女貞." 又曰 "風自火出, 家人, 君子以, 言有物而行有恒." 夫家道之正直, 雖是利女之貞, 而言行之能謙, 是固君子之事, 則今以大學之治國章言之, 則首句之宜家, 指女子之宜家也, 次句之宜家, 指君子之宜家也, 則治國之事, 明是君子之道, 而不可與論於一女子耳.

(傳文에서는) "(『詩經』에 이르기를) '이 女子의 시집감이여, 그 집안 사람들을 착하게 하겠도다.' 라고 하였으니, 그 집안 사람들을 착하게 한 다음에 나라 사람들을 가르칠 수 있는 것이다."라고 하였다. 이에 대해 朱子는 "'之子'는 '是子'와 같은 말이니, 이것은 女子가 시집가는 것을 가리켜 말한 것이다."라고 풀이하였는데, 女子가 어떻게 집안 사람들을 착하게 하고 나라 사람들을 가르칠 수 있는가? 『周易』의 家人卦에서는 "女子의 곧음이 이롭다."고 하였으며, 또 "바람이 불로부터 나오는 것이 家人이니, 君子는 이를 본받아, 말은 證據가 있게 하고 행동은 恒常됨이 있게 한다."라고 하였다. 무릇 家道의 바르고 곧음은 비록 女子의 곧음을 이롭게 여기지만, 言行을 겸손하게 할 수 있음은 진실로 君子의 일이다. 이제 『大學』의 〈治國章〉으로 말하자면, 첫 구절의 '宜家(집안 사람들을 착하게 함)'는 女子의 '宜家'를 가리키며, 다음 구절의 '宜家'는 君子의 '宜家'를 가리킨다. 그러한 즉, 나라를 다스리는 일은 분명 君子의 道이니, 하나의 女子와 더불어 논할 수 없는 것이다.

○ 詩咏婚姻之事, 而起興於物者, 有二義焉. 見唐棣之芳華而起興者, 以時物爲興也; 引關雎之有別而起興者, 以比類爲興也. 惟此桃夭之詩, 盖所以起興於時物, 而亦不無比類之義耳.

『詩經』에서 '婚姻'의 일을 읊을 때, 사물로부터 興을 일으키는 것에는 두 종류가 있다. 唐棣[164]의 향기로운 꽃을 보고서 興을 일으킨 것은 '時物(時節의 사물)'로 興을 일으킨 것이요, 關雎[165]의 有別함을 인용하여 興을 일으킨 것은 '比類(비슷한 부류의 사물)'로 興을 일으킨 것이다. 오직 이 桃夭[166]의 詩는 대개 '時物'로 興을 일으킨 것이나, 또한 '比類'의 뜻도 없지 않다.

○ 桃夭之篇, 蓼蕭之什, 徒從齊家上推出治國來, 而以而后, 點醒在字之義, 則今此鳲鳩之詩, "其儀不忒", 是說身修上事也, "正是四國", 是說國治上事也, 而其間却未說齊家底事, 故傳者補"其爲父子兄弟足法"一句於其中, 則盖父子兄弟, 都是我家裡面事, 而今君子之爲父子兄弟者足法, 則一家無不則而象之, 而后, 民乃法之也.

(傳文에 인용된) 〈桃夭篇〉이나 〈蓼蕭之什〉[167]은 한갓 '齊家를 따라서 治國을 미루어 낸 것'으로서, '而后'라는 글자로 '在' 字의 뜻을 각성시킨 것이다.[168] 그러한 즉, 이제 이 〈鳲鳩篇〉[169]의 詩에서 '其儀不忒(그 거동이 어

---

164) 唐棣(당체) : 산앵두나무. 또한 逸詩의 제목으로서, 『論語』 子罕 제30장에 인용되어 있음.

165) 關雎(관저) : '關關雎鳩'의 준말로서, '關關'은 새의 울음소리를 나타낸 擬聲語이고, '雎鳩'는 새의 이름으로서 '물수리(징경이)'를 말함. 또한 『詩經』 國風 周南의 첫째 詩의 제목으로서, 『論語』 八佾 제20장에 인용되어 있음.

166) 桃夭(도요) : '桃'는 복숭아나무요, '夭'는 어리고 아리따운 것. '桃夭'는 『詩經』 國風 周南에 속한 詩의 제목으로서, 『大學章句』 傳9章에 인용되어 있음.

167) 蓼蕭(육소) : 풀의 이름으로서, '여뀌'와 '쑥'을 말함. 또한 『詩經』 小雅에 속한 詩의 제목으로서, 『大學章句』 傳9章에 인용되어 있음.

168) 傳文에서는 『詩經』 〈桃夭之篇〉의 "桃之夭夭, 其葉蓁蓁. 之子于歸, 宜其家

긋나지 않도다)' 이라 한 것은 '몸이 닦여짐' 에 해당되는 일을 말한 것이고, '正是四國(사방의 나라들을 바르게 하는구나)' 이라 한 것은 '나라가 다스려짐' 에 해당되는 일을 말한 것인데, 그 사이에 도리어 '齊家' 에 해당되는 일을 언급하지 않았다. 그러므로 傳文을 지은 사람이 그 가운데에 "父子와 兄弟가 충분히 본받을 만하게 된 다음(其爲父子兄弟足法而后)" 이라는 구절을 보완한 것이다. 대개 '父子와 兄弟' 는 모두 '내 집안 속에 해당되는 일' 이다. 이제 君子가 父子와 兄弟가 충분히 본받는 사람이 된다면, 온 집안에서 본받아 닮으려고 하지 않는 사람이 없을 것이니, '그러한 다음에(而后)' 백성들이 곧 그를 본받는 것이다.

○ 此章言治國在齊家之事, 而通結上文, 故曰 "治國在齊其家." 又三引詩, 結之曰 "此謂治國在齊其家." 考之他章, 皆不然, 而此獨再言治國在齊其家者, 何也? 朱子曰 "清廟之瑟, 一倡而三歎." 誠以此說, 參之於治國章, 則旣結上文, 而復三引詩者, 所以詠歎上文之事也. 蓋古人, 辭有餘而意無窮者, 多援詩以咏歌其餘意, 則今治國章之再結治國在齊其家者, 欲使齊家治國之人, 歌咏而振作, 感發而鼓動, 必如此桃夭之宜家人而后, 可以敎國人也 ; 必如此蓼蕭之宜兄宜弟而后, 可以敎國人也 ; 必如此鳲鳩之父子兄弟足法而后, 民法之也.

人." 이라는 내용을 인용하고 "宜其家人而后, 可以教國人." 이라고 부연했으며, 또한 〈蓼蕭之什〉의 "宜兄宜弟" 라는 내용을 인용하고 "宜兄宜弟而后, 可以教國人." 이라고 부연했다. 그런데 "宜其家人而后, 可以教國人." 이나 "宜兄宜弟而后, 可以教國人." 에서의 '而后' 라는 글자는 "治國在齊其家" 에서의 '在' 字를 상기시키는 글자라는 설명이다.

169) 鳲鳩(시구) : 새의 이름으로서, '뻐꾸기' 와 '비둘기' 를 말함. 또한 『詩經』 曹風에 속한 詩의 제목으로서, 『大學章句』 傳9章에 인용되어 있음.

이 章에서는 '治國은 齊家에 달려 있는 일' 임을 말하고, 그 위의 글들을 관통시켜 결론짓기를 "그러므로 治國은 그 집안을 가지런히 하는 데 있다." 고 한 것이다. 그리고 또 세 篇의 詩를 인용하고는 결론짓기를 "이것을 '治國은 그 집안을 가지런히 하는 데 있다' 고 하는 것이다." 라고 하였다. 다른 章들을 살펴보면 모두 그렇지 않은데, 오직 이 章에서만 두 번이나 "治國은 그 집안을 가지런히 하는 데 있다" 고 말한 까닭은 무엇인가? 朱子는 "淸廟의 詩를 비파로 연주할 때는 한 사람이 읊고 세 사람이 讚歎(和答)한다." 고 했다.[170] 진실로 이 말을 〈治國章〉에 적용시켜 본다면, 이미 그 위의 글들을 결론짓고 다시 세 편의 詩를 인용한 것은 윗글에서 말한 일을 詠歎하기 위한 것이었다. 대개 古人들은 하고 싶은 말은 남아있고 뜻은 無窮할 때엔 詩를 인용하여 그 남은 뜻을 읊은 경우가 많았다. 그러한 즉, 이제 〈治國章〉에서 두 번이나 "治國은 그 집안을 가지런히 하는 데 있다" 고 결론지은 것은 齊家와 治國에 힘쓰는 사람들로 하여금 詩를 읊으면서 振作하고 感發하여 鼓動함으로써, 반드시 〈桃夭篇〉처럼 그 집안 사람들을 착하게 한 다음 나라 사람들을 가르칠 수 있게 되고, 반드시 〈蓼蕭篇〉처럼 兄과 아우를 착하게 한 다음 나라 사람들을 가르칠 수 있게 되며, 반드시 〈鳲鳩篇〉처럼 父子와 兄弟가 충분히 본받을 만하게 된 다음 백성들이 본받게 하라고 한 것이다.

---

170) "淸廟의 詩를 비파로 연주할 때는 한 사람이 읊고 세 사람이 찬탄한다." 는 말은 본래는 『禮記』〈樂記〉에 나오는 말이다. 〈樂記〉에서는 "淸廟의 詩를 연주하는 비파는 絃은 붉고 바닥은 구멍이 뚫려 있는바, 한 사람이 읊으면 세 사람이 찬탄하는데, 다하지 못한 餘音이 있다.(淸廟之瑟, 朱絃而疏越, 壹倡而三歎, 有遺音者矣.)" 라고 했는데, 주자는 『詩集傳』 周頌 淸廟之什 淸廟一章의 章下註에 이를 인용하여 해설한 바 있다.

<傳10章>

○ 上之於民, 有尊卑之分, 則何以上老老而民興孝, 上長長而民興弟, 上恤孤而民不倍耶? 觀夫張橫渠西銘一篇, 所以明分殊一理之義, 而所謂民吾同胞者, 盖以天下爲一家, 中國爲一人, 則這便是一視同仁之德. 而其曰"尊高年, 所以長其長; 慈孤弱, 所以幼其幼.[171)]"者, 天下之老, 一也, 故凡尊天下之高年者, 乃所以長吾長也; 天下之幼, 一也, 故凡慈天下之孤弱者, 乃所以幼吾幼也, 則君子之於民, 雖有尊卑之分, 而其好德之良心, 秉彛之所同得, 則上之所以老長恤孤, 而民之所以孝弟不倍者, 是也.

윗사람은 백성과 '尊·卑'의 구분이 있는데, 어떻게 윗사람이 노인을 노인으로 공경한다고 하여 백성들이 '孝'에 흥기되고, 윗사람이 어른을 어른으로 공경한다고 하여 백성이 '弟(공손함)'에 흥기되며, 윗사람이 孤兒를 救恤한다고 하여 백성이 배반하지 않게 되는 것인가? 張橫渠의 〈西銘〉 한 篇을 살펴보면 '理一分殊'의 뜻을 밝히기 위한 것이다. 〈西銘〉에서 "백성은 나와 동포이다(民吾同胞)"라고 한 것은, 대개 天下로 한 집안을 삼고 中國으로 한 사람을 삼는 것으로서, 그것이 문득 '하나로 보고 같이 仁으로 대하는(一視同仁)[172)] 德'인 것이다. 〈西銘〉에서 "나이가 많은 사람을 존경하는 것은 어른을 어른으로 대하기 위함이요, 孤兒나 허약한 사람을 사랑

---

171) '所以幼其幼'는 心齋의 原文에는 '所以幼吾幼'로 되어 있으나, 〈西銘〉의 原文에 따라서 고쳤음.

172) 一視同仁 : 韓退之의 〈原人〉에서는 "聖人은 (모든 사람을) 하나로 보고 같이 仁으로 대하며, 가까운 사람을 두텁게 대하고 먼 사람을 일으켜준다.(聖人, 一視而同仁, 篤近而擧遠.)"고 하였음.

하는 것은 어린이를 어린이로 대하기 위함이다."라고 한 것은, 天下의 老人은 한가지이므로 무릇 天下의 나이가 많은 사람을 존경하는 것은 바로 나의 어른을 어른으로 대하는 것이며, 天下의 어린이는 한가지이므로 무릇 天下의 孤弱을 사랑하는 것은 바로 나의 어린이를 어린이로 대하는 것이다. 그러한 즉, 君子는 백성과 비록 '尊·卑'의 구분이 있다고 하더라도, 그 '德을 좋아하는 良心'은 秉彛로서 함께 얻은 것이니, 윗사람이 노인과 어른을 공경하고 고아를 구휼함에 백성들이 효도하고 공손하며 배반하지 않는 것은 이러한 까닭이다.

○ 上行下效, 捷於影響, 推己及人, 各得分願, 則化之在於興孝之等, 推之在於絜矩之道.

윗사람이 실천함에 아랫사람이 본받음은 그림자나 메아리보다 빠르고, 자기를 미루어나가 남에게 미치면 각각 본분에 맞는 소원을 얻는 것이다. 그러한 즉, '감화시킴'은 '孝에 흥기됨' 등에 있고, '미루어나감'은 '絜矩之道'에 있다.[173)]

○ 旣言"興孝興弟不倍", 而又言"絜矩之道"者, 何也? 蓋徒善不足以爲政, 徒法不能以自行, 則君之於民, 旣有以化之, 而興其孝弟不倍之心; 必有以推之, 而遂其孝弟不倍之願者, 此非由孝弟而能絜矩者乎?

---

173) "윗사람이 실천함에 아랫사람이 본받음은 그림자나 메아리보다 빠르다.(上行下效, 捷於影響.)는 말은 朱子의 註釋에 나오는 말로서, 心齋는 이것을 '감화시킴(化之)'으로 규정하는 것이다. "자기를 미루어나가 남에게 미치면 각각 본분에 맞게 원하는 것을 얻는다."는 내용 역시 朱子의 註釋에 보이는 것으로서, 心齋는 이것을 '미루어나감(推之)'으로 규정하는 것이다.

(傳文에서는) 이미 (백성들이) '孝에 흥기되고, 弟에 흥기되며, 배반하지 않는다' 고 말하고서, 또 '絜矩之道' 를 말하는 까닭은 무엇인가? 대개 한갓 善만으로는 政事를 펴기에 부족하고, 한갓 法만으로는 스스로 행해질 수가 없는 것이다.[174] 그러한 즉, 君王은 백성들에게 이미 '감화시킴' 이 있어서 그 '孝弟와 배반하지 않는 마음' 을 흥기시키고도, 반드시 '미루어나감' 이 있어서 그 '孝悌와 배반하지 않는 소원' 을 완수시키는 것이니, 이것은 孝弟로부터 말미암아 능히 絜矩하는 것이 아니겠는가?

○ 如心爲恕, 則絜矩是恕者之事, 而凡施爲做措曰惟心爾.

'나의 마음과 같이 함(如心)' 을 '恕' 라 하니, '絜矩' 는 '恕' 의 일이다. 무릇 베풀고 조치하는 일은 오직 '마음' 에 달려 있는 것이다.

○ 這箇絜矩, 非絜而矩之, 乃絜之以矩也. 其詳, 見於朱子答江德功書.

---

174) 맹자는 "離婁의 밝은 눈과 公輸子의 교묘한 손재주로도 規矩를 쓰지 않으면 方形과 圓形을 이루지 못하고, 師曠의 밝은 귀로도 六律(黃鐘·太蔟·姑洗·蕤賓·夷則·無射)을 쓰지 않으면 五音(宮·商·角·徵·羽)을 바로잡지 못하며, 堯·舜의 道로도 仁政을 쓰지 않으면 天下를 고르게 다스릴 수 없다. 이제 君王들이 어진 마음과 어질다는 소문이 있으면서도 백성들이 그 혜택을 입지 못하여 後世에 모범이 되지 못하는 것은 先王의 道를 행하지 않기 때문이다. 그러므로 '한갓 善만으로는 政事를 펴기에 부족하고, 한갓 法만으로는 스스로 행해질 수가 없다' 고 말하는 것이다.(離婁之明, 公輸子之巧, 不以規矩, 不能成方員; 師曠之聰, 不以六律, 不能正五音; 堯舜之道, 不以仁政, 不能平治天下. 今有仁心仁聞, 而民不被其澤, 不可法於後世者, 不行先王之道也. 故曰徒善不足以爲政, 徒法不能以自行.)" 라고 하였다(『孟子』 離婁上 제1장 참조).

저 '絜矩' 란 '재서 자로 삼는 것(絜而矩之)' 이 아니라 '자로써 재는 것(絜之以矩)' 이다. 그 자세한 내용은 朱子의 〈答江德功〉書에 보인다.[175]

---

175)『朱子大全』卷44에는 13편의 〈答江德功〉書가 실려 있는데, 그 가운데 제2서와 제3서에 '絜矩' 에 관한 논의가 보인다. 그런데 譯者가 검토한 결과, 朱子의 '絜矩' 에 대한 해석은 오히려 '재서 자로 삼는다' 는 맥락인 것 같다. 〈答江德功〉 제2서에서는 "絜矩란 '사물을 헤아려 그 方道를 얻는 것' 이다. 아래의 문장으로 탐구해 보면 알 수 있다. 이제 '자로써 사물을 재는 것' 이라 말한다면 마땅히 '矩絜' 이라고 했어야 그 뜻을 얻을 것이다(絜矩者, 度物而得其方也. 以下文求之, 可見. 今曰 '度物以矩', 則當爲矩絜, 乃得其義矣.)" 라 하였다. 여기서 알 수 있듯이 주자는 '자로써 사물을 잰다(度物以矩)' 라는 해석을 명백히 반대하는 것이다. 〈答江德功〉 제3서에서는 "絜矩라는 말은 대개 자기의 마음으로 남(物)의 마음을 헤아려 (사물에) 對處하는 方道로 삼는 것이다(絜矩之說, 蓋以己之心, 度物之心, 而爲所以處之之道爾.)" 라 하였다. 또한『朱子大全』卷50의 〈答周舜弼〉(제10서)에서는 "絜矩之道란 자기를 미루어 남(物)을 헤아려 (사물에) 대처하는 方道를 탐구하는 것이다(絜矩之道, 推己度物, 而求所以處之之方.)" 라는 설명도 보인다. 즉 주자의 입장은, 絜矩에서의 '絜' 은 '재다(헤아리다)' 는 행위를 뜻하고, '矩' 는 '사물에 對處하는 方道' 를 뜻한다는 것이다. 주자는 '絜' 의 基準이 되는 것은 '自己(自己의 마음)' 라고 전제했다. 요컨대 주자의 해석을 종합하자면, "자기의 마음을 기준으로 '남의 마음을 헤아려서' (絜) 그를 대하는 '올바른 方道' (矩)를 얻는다" 는 논리가 된다. 즉 주자의 경우 '矩' 란 '絜' 을 통해서 얻어지는 '사회생활의 바람직한 方道' 인 것이다. 다만『朱子大全』卷50의 〈答周舜弼〉(제10서)에는 "자로써 헤아려 그 方道를 취함(度之以矩, 而取其方耳.)" 이라는 설명도 보이는바, 이러한 설명은 心齋의 '絜之以矩' 와 같은 맥락으로 볼 수 있을 것 같다. '絜矩' 란 '자로써 재는 것' (絜之以矩)라고 해석하는 心齋의 경우, '矩' 는 '자(尺)' 로서 '絜의 기준' 이 되는 것이다. 心齋는 '絜矩' 란 '絜而矩之' 가 아니라 '絜之以矩' 라 하였는바, 譯者가 판단하기에 주자의 해석은 오히려 '絜而矩之' 에 가까운 것이다. 특히 心齋가 지목한 〈答江德功〉書의 입장은 분명 '絜而矩之' 라는 것이며, 絜矩를 '恕(推己及人)' 와 연관시킨다면 역시 '絜之以矩' 보다 '絜而矩之' 가 타당하다. 그리하여 譯者는 心齋의 "這

○ 天下之本在國, 國之本在家, 而平天下之道, 不越乎齊家治國, 則不齊其家, 而未有能治其國也; 不治其國, 而亦未有能平天下. 故此章釋平天下, 而老老長長恤孤, 以齊家言之; 興孝興弟不倍, 以治國言之耳.

天下의 根本은 國에 있고, 國의 根本은 家에 있으며, '平天下의 道'는 齊家·治國을 초월하지 않는다. 그러한 즉, 그 집안을 가지런히 하지 않으면 능히 그 나라를 다스릴 수 없으며, 그 나라를 다스리지 않으면 능히 天下를 평정할 수 없는 것이다. 그러므로 이 章에서는 '平天下'를 풀이하면서 '노인을 노인으로 공경하고, 어른을 어른으로 공경하며, 孤兒를 구휼함'을 언급한 것은 '齊家'로써 말한 것이며, '孝에 흥기하고, 弟에 흥기하며, 배반하지 않음'을 언급한 것은 '治國'으로써 말한 것이다.

○ 凡事有接與處之分焉, 則上下前後左右, 就際接上說; 使事先從交, 就處置上說. 盖君子, 知夫人同此心, 心同此理. 故其與人接, 必有以揆, 度於其間, 而曰上, 曰下, 曰前, 曰後, 曰左, 曰右, 接之之境也; 曰使, 曰事, 曰先, 曰從, 曰交, 處之之道也. 於其接之之境, 思其處之之道, 以此準彼, 視彼猶此, 務使上下四旁, 均齊方正, 而無缺然不滿之處, 則是以謂絜矩. 而盖擧天下之圓, 無不出於規也; 擧天下之方, 無出於矩也. 君子以此矩而絜之, 居上而施之下者如此, 則居下而施之上者, 亦當如此也; 居前而施之後者如此, 則居後而施之前者, 亦當如此也; 居左而施之右者如此, 則居右而施之左者, 亦當如此也. 推此心

箇絜矩, 非絜而矩之, 乃絜之以矩也."는 아마도 "這箇絜矩, 乃絜而矩之, 非絜之以矩也."의 誤記일 것이라고 推論한다.

以往, 處之各得其宜, 待之各當其可, 則人人皆滿其分願, 而天下平矣.

모든 일에는 '接(交接하는 대상)' 과 '處(對處하는 도리)' 의 구분이 있으니, '上·下, 前·後, 左·右' 는 '교접하는 대상' 에 나아가 말하는 것이며, '使(부림)·事(섬김)·先(먼저 함)·從(따름)·交(사귐)' 는 '對處하는 도리' 에 나아가 말하는 것이다. 대개 君子는 무릇 사람은 이 마음을 함께 하고, 마음은 이 理를 함께 한다는 것을 안다. 그러므로 남과 더불어 交接함에 반드시 법도로써 그 사이에서 헤아린다. '上·下, 前·後, 左·右' 는 '交接하는 대상' 이요, '使·事·先·從·交' 는 '對處하는 道理' 이다. 그 '교접하는 대상' 에 대해서 그 '대처하는 도리' 를 생각하여, 이것으로써 저것과 균등하게 하고, 저것을 보기를 이것과 같이하여, 上下四旁으로 하여금 고르고 가지런하며 方正하게 하여, 이지러져 不滿스런 점이 없도록 힘쓰는 것이니, 그러므로 이것을 '絜矩' 라 일컫는 것이다. 대개 天下의 모든 圓은 規에서 나오지 않는 것이 없고, 天下의 모든 方形은 矩에서 나오지 않는 것이 없다.[176] 君子는 이러한 規矩로써 재서, 윗자리에 있으면서 아랫사람에게 베풀기를 이와 같이 했다면 아랫자리에 있을 때에 윗사람에게 베푸는 것도 또한 마땅히 이와 같이 하는 것이요, 앞에 있으면서 뒷사람에게 베풀기를 이와 같이 했다면 뒤에 있을 때에 앞사람에게 베푸는 것도 또한 마땅히 이와 같이 하는 것이며, 왼쪽에 있으면서 오른쪽 사람에게 베풀기를 이와 같이 했으면 오른쪽에 있을 때에 왼쪽 사람에게 베푸는 것도 또한 마땅히 이와 같이 하는 것이다. 이 마음을 미루어 나간다면, 대처하는 것이 각각 그 마땅함을 얻을 것이요, 대접함이 각각 그 옳음을 얻을 것이니, 그러한 즉 사람마다 모두 본분에 맞는 소원을 이루어서 天下가 평정하게 될

---

176) 規矩(규구) : '規' 는 '그림쇠' 로서 圓을 그리는 도구. '矩' 는 '곱자' 로서 方形을 그리는 도구.

것이다.[177)]

○ 上下則固分明, 而前後左右, 何所指而言耶? 待前底心, 便折轉來待後 ; 而待左底心, 便折轉來待右, 則前後左右與上下, 都只一樣心. 如竝坐不撞肱, 則恐妨礙左邊人, 又妨礙右邊人, 如此則左右俱不相妨, 而此便是以左之心, 交於右 ; 以右之心, 交於左也. 如户開亦開, 户闔亦闔. 有後入者, 闔而勿遂, 則前人之開, 所以待後之來, 而自家亦當依他恁地開也, 前人之闔, 恐後人之有妨所議, 而自家亦當依他恁地闔也, 則此是不以後來而變乎前之意也.[178)] 如後面更有人來, 則吾不當盡闔了門也, 而此又是不以先人而拒乎後之意也. 如此則前後處得都好, 而便是以前之心, 先於後 ; 以後之心 從於前也. 朱子所謂物物皆有前後左右意者, 是也.

'上 · 下' 는 진실로 분명한데, '前 · 後, 左 · 右' 는 무엇을 가리켜 말하는 것인가? 앞사람을 대하는 마음이 문득 전환되어 뒷사람을 대하는 것이며, 왼쪽 사람을 대하는 마음이 문득 전환되어 오른쪽 사람을 대하는 것이니,

---

177) "君子는 이러한 規矩로써 잰다(君子以此矩而絜之)"는 말 자체는 앞에서 논한 '絜之以矩' 의 맥락에 해당되는 것으로 보인다. 그런데 그 위에 있는 "君子는 무릇 사람은 이 마음을 함께 하고, 마음은 이 理를 함께 한다는 것을 안다. 그러므로 남과 더불어 交接함에 반드시 법도로써 그 사이에서 헤아린다."는 말은 '자기의 마음을 법도로 삼는다는 것' 이니 곧 '絜而矩之' 의 맥락에 해당되는 것이다. 또 마지막 부분의 "이 마음을 미루어 나간다면, 대처하는 것이 각각 그 마땅함을 얻을 것이요, 대접함이 각각 그 옳음을 얻을 것이다."라는 말로 보아도, 心齋의 지론은 '絜而矩之' 에 있음을 알 수 있다.

178) '變乎前之意也' 의 '變' 字는 心齋의 原文에는 '率' 字로 되어 있으나, 문맥상 '變' 字가 마땅하므로, 고쳤다.

'前·後, 左·右'와 '上·下'는 모두 다만 한 양태의 마음인 것이다. 예컨대 나란히 앉아 있을 때에 팔뚝을 부딪치지 않음은 왼쪽 사람을 방해할까 두려워하는 것이요, 또 오른쪽 사람을 방해할까 두려워하는 것이다. 이렇게 하면 왼쪽 사람과 오른쪽 사람이 모두 서로 방해가 되지 않으니, 이것이 문득 '왼쪽 사람의 마음으로 오른쪽 사람과 사귀고, 오른쪽 사람의 마음으로 왼쪽 사람과 사귀는 것'이다. 만약 문이 열려 있었으면 (자기도) 또한 열어 두고, 문이 닫혀 있었으면 (자기도) 또한 닫아 둔다. 뒤에 들어올 사람이 있는데 닫혀 있어 들어오지 못할까 하여, 앞사람이 열어둔 것은 뒷사람이 올 것을 기다린 것이라면, 자기 또한 마땅히 그에 따라 그대로 열어두어야 할 것이다. 앞사람이 닫아둔 것은 뒷사람이 議論하는 데 방해가 될까 두려웠기 때문이라면, 자기 또한 마땅히 그에 따라 그대로 닫아두어야 할 것이다. 이것은 뒤에 온 사람으로서 앞사람이 한 것을 바꾸지 않는다는 뜻이다. 만약 뒤에 또 사람이 올 것이라면 나는 마땅히 문을 모두 닫아서는 안 될 것이니, 이것은 또한 앞선 사람으로서 뒤에 올 사람을 막지 않는다는 뜻이다. 이와 같이 하면 앞뒤로 대처함이 모두 좋게 될 것이니, 이것이 문득 앞사람의 마음으로 뒷사람에게 먼저 베푸는 것이요, 뒷사람의 마음으로 앞사람을 따르는 것이다. 주자가 "사물마다 모두 '前·後, 左·右'의 뜻이 있다"고 말한 것은 이러한 맥락이다.

○ 所惡者, 在於何處; 毋以者, 在於何處耶? "己所不欲, 勿施於人", 則自我而言曰'所惡'; 自人而言曰'毋以'. 蓋推己及物者, 絜矩之道也. 以己度人者, 亦絜矩之道也. 而所惡云者, 皆是就吾身切近處說也; 毋以云者, 方是推以及物之事也, 則所惡處, 在於自家也; 毋以處, 在於他人也.

'싫은 것(所惡)'은 어디에 있으며, '하지 말라(毋以)'는 어디에 있는 것인가? "자기가 원하지 않는 것을 남에게 베풀지 말라.(己所不欲, 勿施於人.)"[179]고 했으니, 나로부터 말하면 '싫은 것' 이라 하며, 남으로부터 말하면 '하지 말라' 라고 한다. 대개 '자기를 미루어 남에게 미침(推己及物)' 이 '絜矩之道' 이며, '자기로써 남을 헤아림(以己度人)' 또한 '絜矩之道' 이다.[180] 그런데 '싫은 것' 이라는 말은 모두 내 몸의 切近한 곳에 나아가 말하는 것이며, '하지 말라' 는 말은 바야흐로 이것을 미루어 남에게 미치는 일인 것이다. 그러한 즉, '싫은 곳(所惡處)' 은 자기에게 있으며, '하지 말 곳(毋以處)' 은 남에게 있는 것이다.

○ "所惡於上, 毋以使下."等節, 只言惡而不言好者, 以其好已在於上文故也. 盖老老長長恤孤, 君之所好也 ; 興孝興弟不倍, 民之所好也, 則下面言其惡, 足矣. 何必更言乎所好也? 是故, 上下前後左右, 只說得惡一邊, 不說得好一邊, 而以示夫所惡一條, 相對乎上文興孝等之所好也.

(傳文의) "윗사람에게 싫었던 것으로 아랫사람을 부리지 말라." 는 등의 구절은 다만 '싫음' 만 말하고 '좋음' 은 말하지 않았는데, 그것은 '좋음' 은 이미 그 윗글에 포함되어 있기 때문이다. 대개 '노인을 노인으로 공경하고, 어른을 어른으로 공경하며, 고아를 구휼하는 것' 은 군왕이 하는 '좋은

---

179) "己所不欲, 勿施於人." 이라는 구절은 『論語』 顔淵篇 제2장에도 보이고, 衛靈公篇 제23장에도 보인다.

180) " '자기를 미루어 남에게 미침(推己及物)' 이 '絜矩之道' 이며, '자기로써 남을 헤아림(以己度人)' 또한 '絜矩之道' 이다." 라는 말 역시 앞에서 논한 '絜而矩之' 의 맥락에 해당되는 것이다. 따라서 '絜矩之道' 의 해석에 대해서, 心齋의 持論은 '絜之以矩' 에 있는 것이 아니라 '絜而矩之' 에 있는 것이라 하겠다.

일' 이요, '孝에 흥기되고, 弟에 흥기되며, 배반하지 않은 것' 은 백성들이 하는 '좋은 일' 이다. 그러한 즉, 그 아래의 글은 '싫음' 만 말해도 충분한 것이니, 어찌 반드시 다시 '좋음' 을 말해야만 되겠는가? 그러므로 '上 · 下, 前 · 後, 左 · 右' 에 있어서 모두 다만 '싫음' 일변만 말하고 '좋음' 일변은 말하지 않음으로써, '싫음' 一條는 윗글의 孝 · 弟 등의 '좋음' 과 서로 대비되는 것임을 보여준 것이다.

○ 絜矩之道, 或做九箇人, 或做七箇人, 或做三箇人. 蓋上下也二人, 前後也二人, 左右也二人, 而我各在於上下前後左右, 則便是做九箇人也；我合在於上下前後左右, 則便是做七箇人也；以至於上之所以待我, 我之所以待下, 我當在於上下二人之中, 則此非所以做三箇人乎?

'絜矩之道' 는 혹은 9명으로 간주하기도 하고, 혹은 7명으로 간주하기도 하며, 혹은 3명으로 간주하기도 한다. 대개 '上 · 下' 가 2명이고, '前 · 後' 가 2명이며, '左 · 右' 가 2명인데, '자기' 가 '上 · 下, 前 · 後, 左 · 右' 에 각각 들어가 있다고 하면 문득 9명으로 간주하는 것이요, '자기' 가 '上 · 下, 前 · 後, 左 · 右' 에 통합해서 들어가 있다고 하면 문득 7명으로 간주하는 것이다. 윗사람이 나를 대하고 내가 아랫사람을 대할 때 나는 마땅히 '上 · 下' 두 사람 중에 있는 것이라고 한다면, 이것은 3명으로 간주하는 것이 아니겠는가?

○ 絜矩二字, 爲治國平天下之綱領, 而一章之內, 所以明能絜矩與不能絜矩也.

'絜矩' 라는 두 글자는 治國 · 平天下의 綱領이 된다. 이 章에서는 '絜矩에 능한 경우' 와 '絜矩에 不能한 경우' 를 밝힌 것이다.

○ 小注, 雲峰胡氏曰 "人之心, 本無間於己, 是以有絜矩之道 ; 己之心, 能不間於人, 此之謂絜矩之道." 胡氏之說固然, 然是以有云者, 方引起絜矩之事也 ; 此之謂云者, 將覆解絜矩之義也. 如此看得, 似不妨耳.

小注에서, 雲峰胡氏는 "남의 마음은 본래 나와 간격이 없으니, 그러므로 絜矩之道가 있는 것이다(是以有絜矩之道). 나의 마음은 남과 간격이 없을 수 있으니, 이것을 絜矩之道라 말한다(此之謂絜矩之道)."고 말했다. 胡氏의 설명은 진실로 그러하다. 그런데 '그러므로 ……가 있다(是以有)' 云云한 것은 바야흐로 '絜矩의 일'을 이끌어 일으키는 것이요, '이것을 ……라 한다(此之謂)' 云云한 것은 장차 '絜矩의 뜻'을 다시 풀이하는 것이다. 이렇게 보면, 방해가 없을 것 같다.

○ "民之所好, 好之 ; 民之所惡, 惡之." 愛民之道非一, 而必以好惡言之者, 何也? 蓋愛民之道, 雖非一端, 而其所以愛之之實, 則莫不由好惡中出來. 故得其所好, 則好之 ; 就其所惡, 則惡之. 一好一惡, 天下之心, 同也. 爲人上者, 以民之心, 爲己之心 ; 以己之心, 度民之心. 所好於民者, 己亦好之, 而與聚焉 ; 所惡於民者, 己亦惡之, 而勿施焉, 則斯所謂民之父母, 而愛民之道, 莫切於此也.

(傳文에서는) "백성들이 좋아하는 것을 좋아하고, 백성들이 싫어하는 것을 싫어한다."고 하였다. 백성을 사랑하는 방법은 하나가 아닌데, 반드시 '좋아함과 싫어함'으로 말하는 까닭은 무엇인가? 대개 백성을 사랑하는 방법은 비록 하나가 아니지만, 그 백성을 사랑하는 實質은 모두 '좋아함과 싫어함'으로부터 말미암아 나오는 것이다. 그러므로 그 좋아함을 얻으면 좋아하고, 그 싫어함에 나아가면 싫어하는 것이다. 한 번 좋아하고 한 번 싫어

함에 있어서 天下의 마음은 동일한 것이다. 남의 윗자리에 있는 사람은 백성의 마음으로 자기의 마음을 삼고, 자기의 마음으로 백성의 마음을 헤아려서, 백성들이 좋아하는 것은 자기도 좋아하여, 주어서 모이게 하고, 백성들이 싫어하는 것은 자기도 싫어하여, 베풀지 말 것이다. 이것이 이른바 '백성의 부모' 로서, 백성을 사랑하는 방법은 이것보다 절실한 것이 없다.

○ 父母之於子, 爲之就利避害, 未嘗頃刻而忘懷, 則以民之父母言之者, 盖就其公好惡, 而愛民如愛子也.

父母는 자식에 대해서, 자식을 위해서 이익이 되는 곳에 나아가고 해가 되는 곳을 피하여, 잠시라도 품기를 잊는 경우가 없다. 그러한 즉, '백성의 부모' 로 말한 것은 대개 그 좋아함과 싫어함을 공정하게 함으로써 백성을 사랑하기를 자식을 사랑하는 것처럼 하라는 것이다.

○ "有國者, 不可不愼", 則其釋平天下, 而必以有國言之者, 盖以天下之本在國, 而分殊理一故也.

(傳文에서는) "나라를 둔 사람은 삼가지 않을 수 없다" 고 하였다. '平天下' 를 풀이하면서 반드시 '나라를 둔 사람' 으로써 말한 것은 대개 天下의 근본은 國에 있고, '本分은 다르지만 理는 하나' 이기 때문이다.

○ 旣曰 "有國者, 不可不愼", 則這愼字, 固非愼獨之愼, 又非愼德之愼, 而其要, 只在與民同好惡也.

이미 "나라를 둔 사람은 삼가지 않을 수 없다" 고 했는데, 여기에서의 '삼가다(愼)' 라는 글자는 진실로 '愼獨' 의 '愼' 字가 아니요, 또한 '愼德' 의 '愼' 字도 아니다. 그 요점은 다만 '백성들과 더불어 好 · 惡를 함께 함' 에 있는 것이다.

○ 一篇之中, 多言命字. 得衆則得國, 失衆則失國者, 不易之命也 ; 善則得之, 不善則失之者, 不常之命也, 而善則得之者, 卽得國之謂也, 不善則失之者, 卽失國之謂也. 以至於自稟受而以理言之者, 顧諟之命也 ; 自膺受而以德言之者, 維新之命也. 稟受之明命, 初不外乎膺受之新命, 而膺受之新命, 本不離於稟受之明命, 則不易之命與不常之命, 顧諟之命與維新之命, 似若不同, 而命以我德, 命以天下者, 皆天之命也. 但必自明其德之命, 則能受天下之命, 又未嘗不同也.

『大學』一篇 가운데에서는 '命' 字를 많이 언급하였다. "民衆을 얻으면 나라를 얻고, 民衆을 잃으면 나라를 잃는다."는 것은 '쉽지 않은 命(不易之命)' 이며,[181] "착하면 얻고, 착하지 못하면 잃는다."는 것은 '영원하지 못한 命(不常之命)' 이다.[182] 그런데 '착하면 얻는다' 는 것은 곧 '나라를 얻음' 을 말하고, '착하지 못하면 잃는다' 는 것은 곧 '나라를 잃음' 을 말한다. 稟受한 것으로부터 理로써 말하는 것은 '이것을 돌아보라는 命(顧諟之命)' 이며,[183] 가슴에 품은 것으로부터 德으로써 말하는 것은 '오직 새로운 命(維新之命)' 이다.[184] '稟受한 밝은 命' 은 애초에 '가슴에 품은 새로운 命' 을 벗어나지 않으며, '가슴에 품은 새로운 命' 은 본래 '稟受한 밝은 命' 을 떠나지 않는다. 그러한 즉 '不易之命' 과 '不常之命', '顧諟之命' 과 '維新之命' 은 다른 것 같으나, 나의 德으로써 命하고 天下로써 命하는 것은 모두 '하늘의 命' 이다. 다만, '스스로 그 德을 밝히는 命' 은 곧 '능히 天下를 받

181)『大學章句』傳10章 : 詩云 "殷之未喪師, 克配上帝, 儀監于殷, 峻命不易." 道得衆則得國, 失衆則失國.

182)『大學章句』傳10章 : 康誥曰 "惟命, 不于常." 道善則得之, 不善則失之矣.

183)『大學章句』傳首章 : 太甲曰 "顧諟天之明命."

184)『大學章句』傳2章 : 詩曰 "周雖舊邦, 其命維新."

는 命' 이니, 일찍이 다르지 않다.

○ **德爲此篇之綱領, 而又爲治國平天下之大本, 則愼德所以明德, 而旣曰 "愼德", 則已包了新民止至善之事也,**

'德' 은 『大學』 一篇의 綱領이 되고, 또한 治國 · 平天下의 大本이 된다. 그러한 즉, '德을 삼가는 것' 이 바로 '德을 밝히는 것' 이다. 그런데 이미 '덕을 삼간다(愼德)' [185]고 했으면 이미 '新民' 과 '止於至善' 의 일을 포함하는 것이다.

○ **古之君子, 先謹乎德, 而有德則天下歸仁, 斯有人矣 ; 有人則莫非王土, 斯有土矣 ; 有土則任土作貢, 斯有財矣 ; 有財則量入爲出, 斯有用矣. 曰人, 曰土, 曰財, 曰用, 無一不本於德也.**

옛날의 君子는 먼저 德을 삼갔다. 德이 있으면, 天下가 어진 사람에게 돌아가기에, 이에 백성이 있게 된다. 백성이 있으면, (天下의 모든 땅은) 王土가 아닌 것이 없기에, 이에 땅이 있게 된다. 땅이 있으면, 땅을 맡겨서 貢物을 바치게 하니, 이에 재물이 있게 된다. 재물이 있으면, 수입을 헤아려 지출을 하게 되니, 이에 쓰임새가 있게 된다. 그러한 즉, 백성 · 땅 · 재물 · 쓰임새 등은 하나라도 德에 근본하지 않는 것이 없다.

○ **"有財此有用", 則財用果可爲治平之要務耶? 蓋食爲民天, 民惟邦本, 而政在養民. 旣富方穀, 則爲國絜矩之大者, 莫切於理財用, 而所謂理財用者, 不過曰取之有道, 用之有節, 各當於**

---

185) '愼德' 이란 "是故, 君子, 先愼乎德, 有德此有人, 有人此有土, 有土此有財, 有財此有用." 에서의 '先愼乎德' 을 말함.

義而已.

(傳文에서는) "재물이 있으면 이에 쓰임새가 있다"고 했는데, 財用은 과연 治國·平天下의 要務가 될 수 있는가? 대개 食은 백성의 하늘이며,[186] 백성은 나라의 근본이니,[187] 政治는 백성을 기르는 데 있는 것이다.[188] 이미 糧穀을 풍부하게 했다면, 나라를 위한 絜矩의 큰 것은 財用을 다스림보다 절실한 것이 없다. 이른바 '財用을 다스림'이란 '(세금을) 거두어들이는 데 道가 있고, (재물을) 사용하는 데 節度가 있어서, 각각 義에 합당하게 함'을 말하는 것에 불과할 뿐이다.

○ 洪範之八政, 食貨爲首 ; 夫子之論政, 足食居先, 則信乎財用之於天下國家, 有不可一日緩, 而今曰 "德爲本, 財爲末"者, 以財而對德言也.

〈洪範〉의 '八政'에서는 '食'과 '貨'가 첫머리이고,[189] 夫子께서 政事를 논할 때도 '양식을 충분하게 함'이 첫째였다.[190] 그러한 즉, 참으로 天下·

186) 『史記』〈酈食其傳〉에는 "王者는 백성을 하늘로 삼고, 백성은 食糧을 하늘로 삼는다.(王者以民人爲天, 而民人以食爲天.)"는 말이 있는데, 이는 본래 管子의 말로 전해진다. 즉 管子는 "王者以民爲天, 而民以食爲天."이라는 말을 남겼다고 하는데, 현행 『管子』에는 이 말이 보이지 않는다. 한편, '酈食其(역이기)'는 漢나라 高祖 때의 策士였음.

187) 『書經』 夏書 五子之歌 : 皇祖有訓, 民可近, 不可下. 民惟邦本, 本固邦寧.

188) 『書經』 虞書 大禹謨 : 德惟善政, 政在養民. 火水金木土穀, 惟修. 正德利用厚生, 惟和.

189) 『書經』의 '洪範九疇' 가운데 셋째 범주가 '八政'이다. 그런데 '八政' 가운데 첫째가 '食'이며, 둘째가 '貨'이다(『書經』 周書 洪範 : 三, 八政, 一曰食, 二曰貨, 三曰祀, 四曰司空, 五曰司徒, 六曰司寇, 七曰賓, 八曰師).

190) 『論語』 顔淵 7 : 子貢問政, 子曰 "足食, 足兵, 民信之矣." 子貢曰 "必不得已而

國家에 있어서 財用은 하루라도 느슨하게 할 수 없는 것이다. 그런데 이제 "德이 根本이 되고, 財物은 末端이 된다."고 한 것은 財物을 德과 대비해서 말했기 때문이다.

○ 旣曰 "外本內末而爭民施奪", 則此特論其是非而已, 未及乎利害也.

(傳文에서) 이미 "根本을 밖으로 하고 末端을 안으로 하면 백성들을 다투게 하고 빼앗는 것을 베푸는 것이다."라고 했는데, 이것은 다만 그 是非를 논한 것일 뿐, 利害에 대해서는 언급하지 않은 것이다.

○ 上言 "財聚則民散" ; 下言 "生財有大道", 上下所訓, 自相牴牾者, 何也? 財聚與生財不同, 財聚是聚民之財也 ; 生財是生民之財也, 則所以斥財聚者, 卽生財之義也. 豈相牴牾也.

위에서는 "재물이 모이면 백성이 흩어진다."고 하고, 아래에서는 "재물을 생산하는 데에는 大道가 있다."고 했으니, 위와 아래의 가르침이 스스로 서로 모순되는 까닭은 무엇인가? '재물이 모임' 과 '재물을 생산함' 은 다르다. '재물이 모임' 은 '백성의 재물을 긁어모으는 것' 이요, '재물을 생산함' 은 '백성의 재물을 생산하는 것' 이다. 그러한 즉, '재물이 모임을 배척한 것' 이 곧 '재물을 생산함' 의 뜻이니, 어찌 서로 모순되는 것이겠는가?

○ "財聚民散, 財散民聚", 猶易之損下益上損上益下之義, 而能絜矩與不能絜矩也.

去, 於斯三者, 何先?" 曰 "去兵." 子貢曰 "必不得已而去, 於斯二者, 何先?" 曰 "去食, 自古皆有死, 民無信不立."

"재물이 모이면 백성이 흩어지고, 재물이 흩어지면 백성이 모인다."는 말은 『周易』의 "아래의 것을 덜어서 위에 보태주고, 위의 것을 덜어서 아래에 보태준다."는 뜻과 같으니, '능히 絜矩함'과 '능히 絜矩하지 못함'을 말한 것이다.[191]

○ "此以言之出入, 明貨之出入"者, 何也? 君有逆命, 而民有逆辭 ; 上貪於利, 而下人侵畔, 則言之出入, 如貨之出入也.

(朱子의 註釋에서) "이것은 말의 出入으로 재화의 出入을 밝힌 것"이라 한 것은 무슨 말인가? 군왕이 어긋난 명령을 내리므로 백성은 어긋나게 말하는 것이요, 윗사람이 이익을 탐함에 아랫사람이 침범하여 배반하는 것이니, 말의 出入은 재화의 出入과 같은 것이다.

○ 商紂以自焚, 而起鉅橋鹿臺之財 ; 德宗以出走, 而豊瓊林大盈之積. 皆以身發財之效也. 此數君者, 以非道取人之財, 而人以非道奪之, 則此豈非悖入而悖出之貨乎?

商나라의 紂王은 스스로 불에 타 죽을 몸으로 鉅橋와 鹿臺에 재물을 축적하였고,[192] (唐나라의) 德宗은 반란에 도망갈 몸으로 瓊林과 大盈에 풍성

---

191) 『周易』의 損卦 彖辭에서는 "損이란 아래의 것을 덜어서 위에 보태주는 것이다(損下益上)"라고 했으며, 益卦 彖辭에서는 "益이란 위의 것을 덜어서 아래에 보태주는 것이다(損上益下)"라고 하였다. '財聚民散'은 '損下益上'으로서 '능히 絜矩하지 못함'에 해당되고, '財散民聚'는 '損上益下'로서 '능히 絜矩함'에 해당되는 것이다.

192) '紂'는 湯王으로부터 28대가 되는 商나라의 마지막 王. 자신이 정벌한 오랑캐 나라 有蘇氏國에서 공물로 妲己(달기)라는 계집을 보내오자, 紂는 妲己에게 매료되어 마침내 酒池肉林을 차리고 120일 동안이나 계속된 酒宴에 빠지게 되었다. 紂는 1천여 명의 사람들에게 男女를 막론하고 모두 裸身으로 이

하게 쌓아두었으니,[193] 모두 '자기 몸을 망쳐가면서 재물을 모은(以身發財)' 결과이다. 이 몇 君王들은 그릇된 방법으로 백성들의 재물을 긁어모았고, 백성들 역시 그릇된 방법으로 그것을 다시 빼앗았으니, 이것이 어찌 '그릇되게 들어와서 그릇되게 나간 재화'가 아니겠는가?

○ 湯惟其仁也, 故天命人心, 眷而歸商 ; 紂惟其不仁, 故天命人心, 轉而歸周, 則此卽善則得之不善則失之效, 而且善不善之得失, 惟在於有德而有人, 悖入而悖出也.

湯은 오직 어질었기 때문에 天命과 人心이 돌아보고 商으로 돌아온 것이며, 紂는 오직 어질지 못했기 때문에 天命과 人心이 옮겨가서 周로 돌아간 것이니, 이것이 곧 "착하면 얻고, 착하지 못하면 잃는" 효험이다. 착함과 착

酒宴에 참여하도록 命하는 등, 淫虐의 극치를 선보였다. '鉅橋'는 紂가 세운 곡식 창고 이름이다. '鹿臺'는 紂가 妲己를 위해 세운 보물 창고 이름으로, 어마어마한 규모의 창고를 세워 온갖 寶貨를 가득 채워 두었다고 한다. 奢侈·放蕩·暴惡의 極을 연출한 紂는 周나라의 武王이 군사를 일으켜 쳐들어오자, 鹿臺에 들어가 스스로 불을 지르고 죽었다고 한다(기원전 1111년, 『史記』 殷本紀 참조). 『書經』 「周書」 〈武成〉에는 "(武王이) 鹿臺의 재물을 나누고 鉅橋의 곡식을 꺼내어 四海의 백성들에게 크게 나누어 주자, 萬百姓이 기뻐 복종하였다."는 기록이 보인다.

193) '德宗'은 唐나라의 제9대 황제. 재위 779~805년. 덕종은 당시 세력을 떨치던 각 지방의 藩鎭(절도사)을 진압하려 했으나 山東·河北·河南·淮西 등의 유력한 藩鎭들이 잇달아 반란을 일으켜 실패하였다. 또한 군비조달을 위해 부과한 각종 雜稅가 백성들의 원한을 사서 財政도 궁핍해졌다. 마침내 토벌군의 일부가 처우에 불만을 품고 반란을 일으켜 長安을 점거하자, 덕종은 奉天(지금의 陝西)으로 避亂하였다. '瓊林'과 '大盈'은 덕종의 倉庫의 이름으로, 덕종은 이곳에 貢物을 저장해 두었다(『資治通鑑』 卷228, 唐紀44, 德宗神武聖文皇帝3, 建中4年(西紀 783년)條 참조).

하지 못함의 得失은 오직 '德이 있으면 백성이 있게 됨' 과 '거슬리게 들어오면 거슬리게 나가게 됨' 에 있는 것이다.[194]

○ "楚國無以爲寶, 惟善以爲寶." ; "亡人無以爲寶, 仁親以爲寶", 則寶者, 財也 ; 善仁, 人也. 平天下之道, 莫大於理財用人, 故引楚書舅犯之語而以明之也.

(『楚書』에서는) "楚國은 보배로 삼을 것이 없으니, 오직 착한 사람을 보배로 삼는다."라고 했고, (舅犯은) "亡命한 사람은 보배로 삼을 것이 없으니, 어버이를 仁愛함을 보배로 삼는다."라고 말했다. 보배란 재물이요, 善과 仁은 사람이다. '平天下' 의 道는 '재물을 다스리는 것' 과 '사람을 쓰는 것' 보다 重大한 것이 없다. 그러므로 (傳文에서는) 『楚書』와 舅犯의 말을 인용하여 이것을 밝힌 것이다.

○ 不寶金玉而寶善人, 不寶得國而寶仁親者, 卽賤貨而貴德也. 楚書舅犯之言, 若是襯着於絜矩內本外末之義也.

金玉을 보배로 여기지 않고 착한 사람을 보배로 여기며, 나라를 얻음을 보배로 여기지 않고 어버이를 친애함을 보배로 여기는 것은 곧 財貨를 천하게 여기고 德을 귀하게 여기는 것이다. 『楚書』와 舅犯의 말은 이와 같이 근본을 안으로 하고 말단을 밖으로 하는 뜻을 헤아리는 데 꼭 들어맞는 것이다.

○ 小注, 四明李氏曰 "楚爲春秋所惡, 舅犯特霸王之佐耳. 大

---

194) '착함의 得' 은 '德이 있으면 백성이 있게 됨' 에 있고, '착하지 못함의 失' 은 '거슬리게 들어오면 거슬리게 나가게 됨' 에 있다는 뜻임.

學參稽格言, 以垂訓萬世, 乃於此乎取, 何歟? 蓋天下之善, 無窮 ; 君子之取善, 亦無窮." 此章所以用楚書舅犯者, 正如孟子之羞稱管晏, 而特取其晏子巡狩述職省耕省斂等善語也.

小注에서, 四明李氏는 "楚나라는 『春秋』에서 미워했던 나라요, 舅犯은 다만 覇王을 보좌한 사람이었을 뿐이다. 그런데 『大學』에서 格言을 참고하여 萬世에 가르침을 드리우면서 곧 이러한 것들에서 취함은 무슨 까닭인가? 대개 天下의 善은 無窮하고, 君子가 善을 취함 또한 無窮하다." 고 하였다. 이 章에서 『楚書』와 舅犯의 말을 인용한 까닭은 바로 孟子가 管仲과 晏子를 일컫는 것을 부끄러워하면서도[195] 특별히 晏子의 '巡狩述職, 省耕省斂' 등에 관한 착한 말을 취한 것과 같다.[196]

○ 如有容, 與寔能容, 首尾相應. 如有容者, 從休休中, 得其氣象也 ; 寔能容者, 從有技彦聖五句中, 得其精神也.

'용납함이 있는 듯하다(如有容)' 와 '이것을 능히 용납한다(寔能容)' 는

---

195) 管仲(管夷吾, 管子)과 晏子(晏嬰)는 齊나라의 유명한 大夫들이었다. 맹자는 그들이 覇道만 알고 王道를 몰랐다는 이유로, 그들에 대해서 말하는 것을 부끄럽게 여겼다. 이에 대한 자세한 논의는 『孟子』 公孫丑上 제1장 참조.

196) 齊景公이 晏子에게 자신의 영토를 巡狩하는 일에 대해 묻자, 晏子는 "天子가 諸侯의 나라에 가는 것을 '巡狩' 라 하니, '巡狩' 란 '지키는 境內를 巡行한다' 는 뜻입니다. 諸侯가 天子의 나라에 朝會를 가는 것을 '述職' 이라 하니, '述職' 이란 '자신이 맡은 직분을 陳述한다' 는 뜻입니다. (巡狩든 述職이든) 業務가 아닌 것이 없으니, 봄에는 백성들이 경작하는 것을 살펴서(省耕) 부족한 것을 보완해주고, 가을에는 수확하는 것을 살펴서(省斂) 부족한 것을 도와줍니다."라는 취지로 답하였다. 맹자는 晏子의 이 말을 높이 평가하여, 자신의 王道政治(與民同樂)에 대한 논의에 이 말을 인용한 것이다. 이에 대한 자세한 논의는 『孟子』 梁惠王下 제4장 참조.

首尾가 相應한다. '용납함이 있는 듯하다' 는 것은 '그 마음이 착하고 아름답다(其心休休)' 는 말로부터 그 氣象을 얻고, '이것을 능히 용납한다' 는 것은 '有技 · 彦聖 등 다섯 구절' [197]로부터 그 精神을 얻는다.

○ **有技者, 有才之人 ; 彦聖者, 有德之人. 故於有技, 則曰 "若己有之" ; 於彦聖, 則曰 "其心好之", 則蓋有之好之, 亦有淺深之不同也.**

(傳文의) '有技' 란 '재주가 있는 사람' 을 말하고, '彦聖' 이란 '德이 있는 사람' 을 말한다. 그러므로 '有技' 에 대해서는 "자기에게 있는 것처럼 여긴다(若己有之)" 고 하였고, '彦聖' 에 대해서는 "자기의 마음으로 좋아한다(其心好之)" 고 하였다. 그러한 즉, '若己有之' 와 '其心好之' 사이에는 또한 淺 · 深의 차이가 있는 것이다.

○ **發於外而有限者, 口之稱美也 ; 存諸中而無窮者, 心之好慕也, 則"其心好之, 不啻若自其口出"者, 以其在心之好, 有甚於在口之好也.**

밖으로 발현되어 有限한 것은 입으로 아름답다고 칭송하는 것이요, 속으로 보존하여 無窮한 것은 마음으로 좋아하고 사모하는 것이다. 그러한 즉, "자기의 마음으로 좋아하여, 자기의 입에서 나온 것처럼 여길 뿐만이 아니다." 라는 것은 '마음에 있어서의 좋아함' 이 '입에 있어서의 좋아함' 보다 심한 점이 있기 때문이다.

---

197) '다섯 구절' 이란 "남이 재주가 있는 것을 자기에게 있는 것처럼 여기고, 남이 아름답고 총명한 것을 자기의 마음으로 좋아하여, 자기의 입에서 나온 것처럼 여길 뿐만이 아니다.(人之有技, 若己有之, 人之彦聖, 其心好之, 不啻若自其口出.)" 라는 내용을 말한다.

○ 能愛人者, 謂之仁人, 可也, 而能惡人者, 似不可謂仁人. 然吾之好惡, 一出於至公無私, 則不徒能愛人之謂仁人, 而至於能惡人處, 苟非仁人, 不能也.

'능히 사람을 사랑할 수 있는 사람' 을 '어진 사람' 이라고 하는 것은 옳으나, '능히 사람을 미워할 수 있는 사람' 을 '어진 사람' 이라고 말할 수는 없을 것 같다. 그런데 나의 好·惡가 한결같이 至公無私에서 나왔다면, '능히 사람을 사랑할 수 있는 사람' 을 '어진 사람' 이라고 할 수 있을 뿐만이 아니니, '능히 사람을 미워함' 에 있어서도 진실로 어진 사람이 아니면 불가능한 것이다.

○ 朱子曰 "若此者, 知所愛惡矣, 而未能盡愛惡之道." 蓋君子之於賢否, 曰擧曰退, 則知所愛惡矣, 不先不遠, 則未盡愛惡矣.

朱子는 "이러한 사람들은 사랑할 바와 미워할 바를 알고 있으나, 사랑함과 미워함의 道를 다하지는 못하는 것이다."라고 하였다. 君子가 어진 사람에 대해서 등용하라고 말하고 어질지 못한 사람에 대해서 물리치라고 말하는 것은 '사랑할 바와 미워할 바를 아는 것' 이다. 그러나 먼저 등용하지 못하고 멀리 물리치지 못하는 것은 '사랑함과 미워함의 道를 다하지 못하는 것' 이다.

○ 好惡之失正, 常人之情, 而好惡之得正, 聖人之心. 故匡章之不孝, 通國惡之, 而孟子謂其情有可恕 ; 仲子之廉潔, 齊人好之, 而孟子斥其不近人情者, 蓋以衆惡而必察, 衆好而必察之道也. 以其至公無私, 故眞得能好能惡, 則不可以拂人之性論之也.

'好 · 惡가 올바름을 잃는 것' 은 '常人의 情' 이요, '好 · 惡가 올바름을 얻는 것' 은 '聖人의 마음' 이다. 그러므로 '匡章의 不孝' 를 온 나라 사람들이 미워했는데, 孟子는 '그 實情에 용서할 만한 점이 있다' 고 하였으며,[198] '仲子의 廉潔' 을 齊나라 사람들이 좋아했는데, 孟子는 그것이 '人情에 가깝지 않다' 고 배척하였다.[199] 이것이 대개 大衆이 미워해도 반드시 살피고, 大衆이 좋아해도 반드시 살피는 道理로서,[200] 至公無私한 까닭에 진실로 능히 좋아할 수 있고 능히 미워할 수 있는 것이다. 그러한 즉, '拂人之性' 으로 논할 수 없는 것이다.[201]

○ 朱子曰 "發己自盡謂忠, 循物無違謂信." 此與論語三省章之注, "盡己之謂忠, 以實之謂信." 有所不同. 盖其忠信則一也, 而彼以省身言, 故釋忠信, 則以盡己以實言之 ; 此以治平言, 故

---

198) 匡章은 齊나라 사람으로서, 그 아버지께 責善을 하다가 은혜를 해친 사람이다. 匡章은 자신의 잘못을 뉘우치고 謹愼하기 위해 종신토록 妻子의 奉養을 받지 않았다고 한다. 이에 대한 자세한 논의는 『孟子』 離婁下 제30장 참조.

199) 仲子는 齊나라의 世家 사람으로서, 자신의 兄이 받은 祿을 '不義한 祿' 이라 하여 얻어먹지 않았고, 兄의 집을 '不義한 집' 이라 하여 함께 살지 않았으며, 兄과 어머니를 떠나서 산 인물이다. 이에 대한 맹자의 비판은 『孟子』 滕文公下 제10장 참조.

200) 맹자는 君王이 사람을 쓰고 버림에 있어서, 모든 사람이 어질다고 하더라도 반드시 君王 자신이 살펴보아 어진 점을 확인한 다음에 등용하고, 모든 사람이 不可하다고 하더라도 반드시 君王 자신이 살펴보아 不可한 점을 확인한 다음에 버리고, 모든 사람이 죽이라고 하더라도 반드시 君王 자신이 살펴보아 죽여야 할 사유가 있음을 확인한 다음에 죽이라고 하였다(『孟子』 梁惠王下 제7장 참조).

201) 傳文에서는 "사람들이 미워하는 것을 좋아하고, 사람들이 좋아하는 것을 미워함을 '사람의 본성을 거역함(拂人之性)' 이라 한다." 고 했는데, 맹자의 경우는 '拂人之性' 에 해당되는 것이 아니라는 말이다.

釋忠信, 則以發己循物言之, 以其有體用之分也.

朱子는 "자기의 마음에서 발하여 스스로 극진히 한 것을 '忠' 이라 하고, 사물의 이치를 따라서 어기지 않는 것을 '信' 이라 한다."[202]고 풀이했는데, 이것은 『論語』 〈三省章〉[203]의 注에서 "자기를 극진히 한 것을 '忠' 이라 하고, 眞實로써 하는 것을 '信' 이라 한다."고 풀이한 것과는 차이가 있다. 그 忠 · 信은 하나이지만, 저것은 '자신을 반성함' 으로 말하는 것이기 때문에 忠 · 信을 풀이하면서 '자기를 극진히 함' 과 '진실로써 함' 으로 설명한 것이요, 이것은 '治國 · 平天下' 로 말하는 것이기 때문에 忠 · 信을 풀이하면서 '자기의 마음에서 발하여 스스로 극진히 함' 과 '사물의 이치를 따라서 어기지 않음' 으로 설명한 것이니, 體 · 用의 구분이 있는 것이다.

○ "君子有大道", 則盖言其修己治人之術也 ; "生財有大道", 則盖言其厚生足國之事也. 所指各不同耳.

"君子에게 大道가 있다"고 한 것은 대개 修己 · 治人의 방법을 말한 것이요, "재물을 생산하는 데 大道가 있다"고 한 것은 대개 民生을 두텁게 하고 나라를 풍족하게 하는 일을 말한 것이니, 가리키는 바가 각자 다른 것이다.

○ 朱子曰 "三言得失, 而語益加切." 盖得衆得國失衆失國之得失, 以人言也 ; 善則得不善則失之得失, 以身言也 ; 忠信則得驕泰則失之得失, 以心言也. 故曰 "三言得失而語益加切"也.

朱子는 "세 번 得失을 말하면서 말은 더욱 절실해졌다."고 풀이하였다.

---

202) 朱子의 小注에서는 '忠 · 信' 을 더 자세히 설명하여 "發於己心而自盡則爲忠, 循於物理而不違背則爲信."이라 하였는바, 이를 참고하였다.

203) 『論語』 學而 제4장(曾子曰 "吾日三省吾身, 爲人謀而不忠乎, 與朋友交而不信乎, 傳不習乎.")을 말함.

대개 "民衆을 얻으면 나라를 얻고, 民衆을 잃으면 나라를 잃는다."고 할 때의 得失은 '사람'으로 말한 것이요, "착하면 얻고, 착하지 않으면 잃는다."고 할 때의 得失은 '몸'으로 말한 것이며, "忠信하면 얻고 驕泰하면 잃는다."고 할 때의 得失은 '마음'으로 말한 것이다. 그러므로 "세 번 得失을 말하면서 말은 더욱 절실해졌다."고 풀이한 것이다.

○ 朱子曰 "循物無違謂信." 凡物之白者, 同謂之白, 而不可謂之黑也 ; 物之黑者, 同謂之黑, 而不可謂之白也. 至於君子絜矩之道, 亦然. 於其好惡, 則隨其好惡而好惡焉 ; 於其理財, 則隨其理財而理財焉 ; 於其用人, 則隨其用人而用人焉. 好惡理財用人之各當其可, 此循物無違之謂也.

朱子는 "사물의 이치를 따라서 어기지 않는 것을 '信'이라 한다."고 풀이하였다. 무릇 물건의 흰 색은 모두 함께 희다고 하고 검다고 말할 수 없는 것이며, 물건의 검은 색은 모두 함께 검다고 하고 희다고 말할 수 없는 것이다. 君子의 絜矩之道에 있어서도 또한 마찬가지이니, 好 · 惡에 있어서는 그 好 · 惡(의 이치)를 따라서 좋아하거나 미워하고, 理財에 있어서는 그 理財(의 이치)를 따라서 재물을 다스리며, 用人에 있어서는 그 用人(의 이치)를 따라서 사람을 등용하는 것이다. '좋아함과 미워함' · '재물을 다스림' · '사람을 등용함' 등을 각각 그 옳음에 마땅하게 하는 것, 이것을 '사물의 이치를 따라서 어기지 않음'이라고 말하는 것이다.

○ 剝民之財者, 固不可有 ; 厚民之財者, 亦不可無, 則上文旣闡徇財之非, 而此節又曉生財之道者, 是也.

백성의 재물을 박탈하는 것은 진실로 있을 수 없으며, 백성의 재물을 풍족하게 함은 또한 없을 수 없으니, 윗글에서 이미 '徇財[204]의 그릇됨'을 밝히고, 이 節에서 또 '生財의 道'를 깨우치는 것은 이러한 까닭 때문이다.

○ 財者, 末利也. 以末利而謂之大道, 則以明足國之道, 在乎務本而節用也. 觀於周禮天官冢宰篇,[205] "以九貢之法, 致邦國之財, 以九賦之法, 令田野之財用"者, 皆所以廣儲蓄, 備凶荒, 而兢兢於豊耗浩暴之間, 則此所謂大學生財之道也.

財物은 末利이다. 末利로써 '大道'라 했으니, '나라를 풍족하게 하는 方道'는 '근본에 힘쓰고 쓰임새를 절약함에 있음'을 밝힌 것이다. 『周禮』 天官冢宰篇을 보면, "九貢의 法으로써 邦國의 財物을 이루며, 九賦의 法으로써 田野의 財用을 다스린다."고 했는데,[206] 이것은 모두 儲蓄을 확대하여 凶荒에 대비하기 위한 것이니, 豊耗浩暴[207]의 사이에서 삼가고 두려워한다면, 이것이 이른바 『大學』의 '生財之道'인 것이다.

○ 朱子曰 "自此至於終篇, 皆一意也." 盖"生衆食寡爲疾用舒"者, 卽有德有財之謂, 而下面"仁者, 以財發身", 則以仁財對

---

204) 徇財(순재) : 재물을 탐하다가 목숨을 잃는 일. 여기서의 '徇' 字는 '殉' 字와 같은 뜻임.

205) '天官冢宰篇'은 心齋의 原文에는 '王制篇'이라 하였는바, 誤記가 분명하므로, 고쳤다(『周禮』에는 王制篇이 없고, 王制篇은 『禮記』에 있다).

206) 『周禮』 天官冢宰篇에서는 "以九貢之法, 致邦國之財, 以九賦之法, 令田野之財用."이라 했는데, '九貢'이란 "一曰祀貢, 二曰嬪貢, 三曰器貢, 四曰幣貢, 五曰材貢, 六曰貨貢, 七曰服貢, 八曰游貢, 九曰物貢."을 말하며, '九賦'란 "一曰邦中之賦, 二曰四郊之賦, 三曰邦甸之賦, 四曰家削之賦, 五曰邦縣之賦, 六曰邦都之賦, 七曰關市之賦, 八曰山澤之賦, 九曰幣餘之賦."를 말한다.

207) 豊耗浩暴(풍모호포) : 財物이 풍부하냐(豊) 빈약하냐(耗)에 따라서 人心이 너그럽거나(浩) 사납게(暴) 된다는 말.

言乎前德財也. "不以利爲利, 以義爲利", 則以義利亦對言乎前德財也. 故曰 "自此至終篇, 皆一意也."

朱子는 "여기서부터 마지막까지 모두 동일한 뜻이다."[208]라고 하였다. 대개 "생산하는 사람은 많고 먹는 사람은 적으며, 일하는 사람은 부지런히 하고 소비하는 사람은 천천히 한다."는 것은 곧 "德이 있으면 財物이 있게 된다."는 내용이다. 또 아래의 "어진 사람은 재물로써 몸을 일으킨다."는 말은 '仁과 財' 로써 앞의 '德과 財' 와 대비시킨 것이다. "利로써 利를 삼지 않고 義로써 利를 삼는다."는 말은 '義와 利' 로써 또한 앞의 '德과 財' 와 대비시킨 것이다. 그러므로 "여기서부터 마지막까지 모두 동일한 뜻이다."라고 말한 것이다.

○ '生之爲之', 則指在下者而言也 ; '食之用之', 則指在上者而言也. 則上下之分, 可以推知矣.

'생산함 · 일함' 은 '在下者' 를 가리켜 말한 것이요, '먹음 · 소비함' 은 '在上者' 를 가리켜서 말한 것이니, 上 · 下의 직분을 미루어 알 수 있겠다.

○ 生財之大道, 君子之大道, 同一大道, 而苟就其中細分, 則生財之大道, 是君子大道中一事耳.

'生財의 大道' 와 '君子의 大道'[209]는 同一한 大道이다. 그런데 그 가운데 나아가서 자세히 구분한다면, '生財의 大道' 는 '君子의 大道' 가운데 한 가지 일이다.

---

208) 이것은 傳文의 "生財有大道, 生之者衆, 食之者寡, 爲之者疾, 用之者舒, 則在恒足矣."라는 부분 밑에 붙인 朱子의 註釋語이다.

209) 傳文의 "君子有大道, 必忠信以得之, 驕泰以失之."라는 내용을 가리키는 것.

○ 財則一也. 仁者, 惟其公也, 故財散民聚而身尊；不仁者, 惟其私也, 故損身賈禍而崇貨, 則發身發財之分, 只在於仁不仁之如何耳. 此則孟子所謂"仁則榮, 不仁則辱"之意也. 且仁者之以財發身, 盖言其散財之效也, 是豈仁者之眞有箇以財發身之心也哉?

財物은 하나일 뿐이다. 어진 사람은 오직 공정하기 때문에 재물을 흩뜨려 백성이 모이게 하면서 자신이 높아지는 것이요, 어질지 못한 사람은 오직 사사롭기 때문에 자신을 해치고 재앙을 사면서 재물을 숭상하는 것이다. 그러한 즉, '몸을 일으킴(發身)' 과 '재물을 일으킴(發財)' 의 구분은 다만 '仁이냐, 不仁이냐' 의 如何에 있는 것이다. 이것이 孟子가 "어질면 영광스럽게 되고, 어질지 못하면 치욕스럽게 된다."[210]고 한 말의 뜻이다. 또한 "어진 사람은 재물로써 몸을 일으킨다."고 한 말은 대개 재물을 흩뜨린 효과를 말한 것이니, 어찌 어진 사람이 참으로 '재물로써 몸을 일으켜야겠다는 마음' 이 있었겠는가?

○ "仁者, 以財發身." 一句, 只含糊說去, 則正恐人之誤認, 以財發身, 把作爲仁看了, 故以三箇未有, 反覆言之, 而以明夫府財之保有, 必由於其事之有終；其事之有終, 必由於下之好義；下之好義, 必由於上之好仁, 則可見其仁者之無意於財, 而財自發身也.

"어진 사람은 재물로써 몸을 일으킨다."는 한 구절은 다만 模糊하게 설명하면 곧바로 사람들이 誤認하여 '재물로써 몸을 일으킴' 을 '仁' 으로 간

210) 『孟子』 公孫丑上 4 : 孟子曰 "仁則榮, 不仁則辱, 今惡辱而居不仁, 是猶惡濕而居下也."

주할까 두려운 것이다. 그러므로 세 번이나 '있지 않았다(未有)' 라는 말을 반복함으로써,[211] 창고에 재물을 보유함은 반드시 일의 끝맺음에서 말미암고, 일의 끝맺음은 반드시 아랫사람이 義를 좋아함에서 말미암으며, 아랫사람이 義를 좋아함은 반드시 윗사람이 仁을 좋아함에서 말미암는다는 것을 밝힌 것이다. 그러한 즉, 어진 사람은 재물에 뜻이 없는데도 재물이 저절로 어진 사람을 일으킨다는 것을 알 수 있다.

○ 曰仁曰義, 只是一箇, 而惟其仁出於愛, 義由於敬, 故在上便喚做仁, 在下便喚做義.

'仁' 과 '義' 는 다만 하나일 뿐이다. 오직 仁은 사랑에서 나오고, 義는 공경에서 말미암기 때문에, 윗사람에게 있어서는 문득 '仁' 이라 부르고, 아랫사람에게 있어서는 문득 '義' 라 부르는 것이다.[212]

○ "不察鷄豚" ; "不畜牛羊" ; "不畜聚斂", 三段雖是平列, 而平列之中, 其要只在於不畜聚斂之臣也. 旣曰 "不畜聚斂之臣", 則可見其用人之必以賢臣, 而能絜矩於平天下也.

"닭과 돼지를 살피지 않는다." · "소와 양을 기르지 않는다." · "聚斂[213] 하는 신하를 두지 않는다." 는 세 구절은 비록 평등하게 열거되어 있지만, 평등하게 열거된 가운데 그 요점은 다만 "聚斂하는 신하를 두지 않는다." 는 것에 있다. 이미 "聚斂하는 신하를 두지 않는다." 고 했으니, 사람을 등

---

211) "未有上好仁而下不好義者也, 未有好義, 其事不終者也, 未有府庫財, 非其財者也." 라는 문장에 '未有' 라는 말이 세 번 나오는 것을 말함.

212) 이 文段은 傳文의 "윗사람이 仁을 좋아하는데 아랫사람이 義를 좋아하지 않는 경우는 없다(未有上好仁而下不好義者也)" 에 대한 설명임.

213) 聚斂(취렴) : 세금을 가혹하게 징수하여 백성의 재물을 긁어모음.

용할 때는 반드시 賢臣을 등용함을 알 수 있는데, 그리하여 능히 平天下에 이르도록 絜矩할 수 있는 것이다.

○ "不以利爲利, 以義爲利", 則所謂利者, 豈必殖貨財之謂? 以私滅公, 適己自便, 凡所以害天理者, 皆利也. 如秦發閭左之戍, 而銷鋒鏑築長城者, 便是自利底心也.

(傳文에서는) "利로 利를 삼지 않고, 義로 利를 삼는다."고 했는데, 이른바 '利'란 어찌 반드시 財貨의 증식을 말하겠는가? 私로써 公을 훼멸하고, 자기에게 맞추어 스스로 편하게 하는 등, 무릇 天理를 해치는 것은 모두 '利'이다. 예컨대, 秦나라가 閭左[214]에서 수자리 맡을 사람을 징발한 것이나 칼날과 화살촉을 녹이고 長城을 쌓은 것은 문득 '자기를 이롭게 하려는 마음'이었던 것이다.

○ 朱子曰 "此一節, 深明以利爲利之害, 而重言而結之, 其丁寧之意, 切矣." 蓋國, 不以利爲利, 以義爲利, 則上之所引者, 就道理上說, 而固足明絜矩之當務也；下之所引者, 就利害上說, 而尤足明絜矩之不容不務也. 故曰 "重言而意切丁寧矣."

朱子는 "이 一節은 '利로써 利를 삼음의 해로움'을 깊이 밝히고, 거듭 말하여 결론지었으니,[215] 그 丁寧한 뜻이 절실하다."고 주석하였다. 대개 나

214) 閭左(여좌) : 秦代에 賦役 등을 면제하고 里門의 왼편에 살게 한 貧民. 오른쪽엔 富民이 살았음. 秦代에는 본래 富民들에게 수자리를 맡게 했었는데, 인력이 모자라게 되자 閭左에 사는 貧民들에게도 수자리를 맡게 했던 것임(『資治通鑑』 卷7, 秦紀2, 二世皇帝 元年 秋7月條 참조).

215) 傳文의 두 문단이 연이어 "此謂國, 不以利爲利, 以義爲利也."라는 말로 끝맺어진 것을 말함.

라는 利로써 利를 삼지 않고 義로써 利를 삼아야 하니, '윗글에서 인용한 것'[216]은 道理에 나아가 말한 것으로서 絜矩에 마땅히 힘써야 함을 진실로 충분히 밝힌 것이요, '아랫글에서 인용한 것'[217]은 利害에 나아가 말한 것으로서 絜矩에 힘쓰지 않을 수 없음을 더욱 충분히 밝힌 것이다. 그러므로 "거듭 말함에 그 丁寧한 뜻이 절실하다."고 한 것이다.

○ "雖有善者, 亦無如之何矣." 盖這箇善人, 便是上文媢嫉有技之人也, 不容彦聖之人也. 到此境界, 事勢將迫, 方覺得善者之有也. 旣覺得善者之有, 則大事已去可知矣.

(傳文에서는) "비록 착한 사람이 있더라도 또한 어찌할 수가 없다."고 하였다. 대개 저 '착한 사람'이란 윗글의 '시기와 미움을 받은, 재주가 있는 사람'이요, '용납되지 못한, 아름답고 총명한 사람'이다.[218] 이러한 境界에 이르면 事勢가 장차 급박하여 바야흐로 '착한 사람이 있음'을 깨닫게 된다. 그러나 이미 '착한 사람이 있음'을 깨닫고 나면, 大事는 이미 지나가 버렸음을 알 수 있다.

---

216) '윗글에서 인용한 것' : 孟獻子曰 "畜馬乘, 不察鷄豚 ; 伐氷之家, 不畜牛羊 ; 百乘之家, 不畜聚斂之臣, 與其有聚斂之臣, 寧有盜臣." 此謂國, 不以利爲利, 以義爲利也.

217) '아랫글에서 인용한 것' : 長國家而務財用者, 必自小人矣. 小人之使爲國家, 菑害竝至, 雖有善者, 亦無如之何矣. 此謂國, 不以利爲利, 以義爲利也.

218) "盖這箇善人, 便是上文媢嫉有技之人也, 不容彦聖之人也."는 "대개 저 '착한 사람'이란 윗글의 '재주가 있는 者를 시기하고 미워한 사람'이요, '아름답고 총명한 者를 용납하지 않은 사람'이다."라고 해석하는 것이 原文에 가깝다. 그런데 이렇게 해석하면 '시기하고 미워한 사람'과 '용납하지 않은 사람'이 '착한 사람'이 되어, 문맥이 어색하게 된다.

○ 章內, 一則曰 "菑必逮身", 一則曰 "菑害竝至"者, 何也? 好惡失正, 則菑必逮身 ; 財用不公, 則菑害竝至.

〈傳10章〉 안에서, 한번은 "재앙이 반드시 몸에 미친다(菑必逮夫身)"[219]라 하고, 한번은 "재해가 함께 이른다(菑害竝至)"[220]라 한 까닭은 무엇인가? 좋아함과 미워함이 바름을 잃으면 재앙이 반드시 몸에 미치며, 재물을 씀이 공정하지 못하면 재해가 함께 이른다.

○ 外本內末者, 雖在於人君, 而專事聚斂者, 實由於小人. 故曰 "長國家而務財用者, 必自小人也."

근본을 밖으로 하고 말단을 안으로 한 것은 비록 人君에게 있다고 하더라도, 오로지 聚斂을 일삼은 것은 실로 小人으로부터 말미암는다. 그러므로 (傳文에서는) "國家의 어른이 되어 財用에 힘쓰는 자는 반드시 小人으로부터 말미암는다."고 말한 것이다.

○ 天下之事, 有好必有惡, 有義必有利, 則好惡之公, 義利之辨, 其惟絜矩之最初緊要處乎! 且此篇之八條目, 一是皆以絜矩爲本, 而曰格曰致, 絜矩上工夫也 ; 曰誠曰正曰修, 絜矩中流出也 ; 以至於曰齊曰治曰平者, 非絜矩不能也. 正如論語十五志學章, 不踰矩三字, 爲一章之要旨, 而十五志學, 學此矩也 ; 三十而立, 立此矩也 ; 四十不惑, 明此矩也 ; 五十知命, 知此矩也 ; 六十耳順, 順此矩也 ; 七十從心, 從此矩也. 可見其"所操

219) "好人之所惡, 惡人之所好, 是謂拂人之性, 菑必逮夫身." 을 말함.

220) "長國家而務財用者, 必自小人矣. 小人之使爲國家, 菑害竝至, 雖有善者, 亦無如之何矣." 를 말함.

者約, 而所及者廣"矣.

天下의 일은, 좋아함이 있으면 반드시 미워함이 있고, 義가 있으면 반드시 利가 있다. 그러한 즉, 好·惡의 공정함과 義·利의 분변, 이것이 오직 絜矩에 있어서 最初로 緊要한 곳이다! 또한 『大學』의 八條目은 한결같이 모두 絜矩로 근본을 삼는다. 格物·致知는 絜矩에 대한 공부요, 誠意·正心·修身은 絜矩로부터 流出되는 것이며, 齊家·治國·平天下에 이르기까지 絜矩가 아니면 불가능한 것이다. 이것은 바로 『論語』의 〈十五志學章〉[221]은 '法度를 넘지 않는다(不踰矩)' 라는 세 글자가 一章의 要旨가 되는 것과 같다. 15세에 學問에 뜻을 둠은 이 矩를 배운 것이요, 30세에 섰던 것은 이 矩를 세운 것이며, 40세에 미혹되지 않았던 것은 이 矩에 밝았던 것이요, 50세에 天命을 안 것은 이 矩를 안 것이며, 60세에 귀에 거슬림이 없었던 것은 이 矩에 거슬림이 없었던 것이요, 70세에 마음이 원하는 바를 따른 것은 이 矩를 따른 것이다. 이것으로 그 "잡은 것은 簡約하지만 미치는 곳은 넓음"[222]을 알 수 있겠다.

○ 朱子曰 "第五章, 乃明善之要; 第六章, 乃誠身之本." 蓋明善是致知, 而其要在格物, 故以要字言之; 誠身兼誠正修, 而其本在誠意, 故以本字言之. 要是要法之謂也; 本是本始之謂也.

朱子는 "(『大學章句』의) 제5장은 바로 '善을 밝히는 요점(明善之要)' 이요, 제6장은 바로 '自身을 참되게 하는 근본(誠身之本)' 이다."라고 하였다. 대개 '善을 밝힘' 은 '致知' 로서, 그 요점은 '格物' 에 있으므로, '要' 字로

221) 『論語』 爲政 제4장을 말함.

222) 주자는 '絜矩之道' 에 대한 주석에서 "所操者約, 而所及者廣."이라고 설명하였다.

말한 것이다. '自身을 참되게 함' 은 誠意 · 正心 · 修身을 겸하는 것으로서, 그 근본은 '誠意' 에 있으므로, '本' 字로 말한 것이다. '要' 란 '要法' 을 말하는 것이요, '本' 이란 '本始' 를 말하는 것이다.

附錄

<夜氣說>(『心齋遺稿』卷9 頁1-2)

晝之反爲夜, 夜者, 淸明之時也. 一氣孔神於中夜, 存則夜氣足以存此心也, 然太極動而生陽, 靜而生陰, 動靜相須, 陰陽互分, 而二氣交感, 化生萬物, 則人與物均有是氣, 而孟子夜氣之論, 獨歸之人者, 何哉? 盖人得其氣之正且通, 而物則爲氣所昏, 而不能以自通也. 人之所以異於庶物者, 以其有本然之良心, 而苟能操之, 則此心不放, 而夜氣之所養深厚矣. 夜氣之所養深厚, 則朝晝之所爲, 莫非良心之發見矣. 是以, 朱晦翁夜氣詩, 眞西山夜氣箴, 邵康節淸夜吟, 以至於陳南塘養以夜氣, 貞則復元者, 誠以夜氣, 只是一段淸明之時, 而仁義之心, 浩乎其不窮矣. 比之於水, 則天下之水, 小而溝池, 大而江河, 皆水也. 終日汩瀧, 到夜虛靜, 則人心之梏亡, 猶水之攪動也; 夜氣之生息, 猶水之澄澈也. 心本善而惡生者, 欲誘之也; 水本淸而濁見者, 穢汚之也. 去其惡而存其善, 則心復其初也; 激其濁而揚其淸, 則水得其常也. 君子觀不舍晝夜之水, 而反躬自省, 心與夜而俱淸, 功與夜而竝進, 人欲淨盡, 天理流行, 有這般氣象矣. 孟子夜氣之說, 極有力於學者, 可不勉哉?

낮의 반대가 밤이니, 밤이란 淸明한 때이다. 한밤중에는 一氣가 깊고 신령하니, 그것을 보존하면 夜氣가 이 마음을 보존하기에 충분한 것이다. 그런데 太極이 움직여 陽을 낳고, 고요하여 陰을 낳으니, 動·靜이 서로 필요하고, 陰·陽이 서로 나뉘어, 二氣가 交感하여 萬物을 化生한다. 그러한즉, 사람과 만물이 함께 이 氣를 지니고 있는 것인데, 孟子의 '夜氣'에 대한 설명은 오직 사람에게만 귀착시킨 까닭은 무엇인가? 대개 사람은 그 氣의 바르고 통한 것을 얻었으나, 萬物은 氣에 의해 어둡게 되어 스스로 통할 수 없는 것이다. 사람이 여러 事物과 다른 점은 '本然의 良心'을 지니고 있기 때문이다. 진실로 능히 그것을 잡을 수 있으면 이 마음이 달아나지 않으니, 夜氣가 기르는 바가 깊고 두텁게 된다. 夜氣가 기르는 바가 깊고 두텁게 되면, 아침이나 낮에 하는 일이 '良心의 발현' 아닌 것이 없게 된다. 그러므로 朱晦翁의 〈夜氣詩〉, 眞西山의 〈夜氣箴〉, 邵康節의 〈淸夜吟〉으로부터 陳南塘의 "夜氣로 길러서 곧으면 元을 회복한다."는 말에 이르기까지, 모두 진실로 夜氣를 다만 一段의 '淸明한 때'로 간주하고 있으며, '仁義의 마음'은 浩浩하여 그 끝이 없는 것이다. 물에 견주자면, 天下의 水은 작게는 溝池로부터 크게는 江河에 이르기까지 모두 물인데, 終日토록 물결치며 콸콸 흐르다가,[1] 밤이 되면 虛靜하게 되는 것이다. 그러한 즉, 사람의 마음이 梏亡된 것은 물이 요동치는 것과 같으며, 夜氣가 生息하는 것은 물이 맑아지는 것과 같다. 마음은 본래 善한데 惡이 생기는 것은 人欲이 유혹하기 때문이요, 물은 본래 맑은데 흐림이 나타나는 것은 찌꺼기가 더럽히기 때문이다. 그 惡을 제거하고 그 善을 보존하면 마음은 그 처음을 회복하고(復其初), 그 濁流를 치고 淸波를 일게 하면 물이 그 恒常됨을 얻는다. 君子는 밤낮을 쉬지 않고 흐르는 물을 보고 자기에게 돌이켜 스스로 성찰하나니,[2] 마음은 밤과 더불어 함께 맑아지고 노력은 밤과 더불어 함께 나아간다. 그

---

1) 汩㶁(골획, 골괵) : 물이 이리저리 부딪쳐 물결을 이루면서 콸콸 흐르는 것.

2) 『論語』 子罕 제16장에서는 "공자께서 냇가에 계시면서 말씀하시길, '흘러가는 것이 이와 같도다! 밤낮을 쉬지 않고 흐르는구나.' (子在川上曰 '逝者, 如斯夫!

리하여 人欲이 깨끗이 다하고 天理가 流行하면 저러한 氣象이 있게 되는 것이다. 孟子의 '夜氣의 학설'[3]은 學者들에게 매우 힘이 되는 것이니, 힘쓰지 않을 수 있겠는가?

不舍晝夜.')"라고 하였다. 이에 대해 朱子는 "天地의 造化는 잠시라도 쉼이 없음"을 말함으로써, "學者들로 하여금 때때로 省察하여 조금이라도 間斷이 없게 하고자 한 말씀"이라고 풀이하였다.

3) 孟子의 '夜氣說'은 〈牛山章〉(『孟子』 告子上 제8장)에 보이는 바, 그 대략은 다음과 같다. 牛山에는 본래 나무가 무성했었는데, 齊나라 도읍의 郊外가 됨으로써 그 많던 나무가 모두 베어지게 되었다. 밤사이에 조금 자라나는 것과 비와 이슬이 윤택하게 해 주는 것으로 인해 새싹이 돋아나기도 하지만, 낮이 되면 소와 양이 그것마저 뜯어먹음으로써, 牛山은 저렇듯 벌거숭이가 된 것이다. 그런데 사람들은 그 벌거숭이산을 보고는 "牛山에는 일찍이 나무가 없었다."고 하니, 이것이 어찌 牛山의 本性이겠는가? 이것은 사람의 경우도 마찬가지이다. 사람에게는 본래 '仁義의 良心'이 있는데, 낮 동안 하는 일이 그 良心을 잃게 함으로써 惡하게 되는 것이다. 그러나 밤과 새벽에는 다시 夜氣가 자라나 仁義의 良心이 소생하게 되나, 또 낮 동안 하는 일이 그것을 梏亡하게 된다. 이렇게 梏亡이 거듭되다보면 夜氣를 보존할 수 없는데, 夜氣를 보존할 수 없으면 禽獸에 가깝게 된다. 사람들은 禽獸처럼 된 것을 보고는 "일찍이 (착한) 才質이 없었다."고 하니, 이것이 어찌 사람의 實情이겠는가? 그러므로, 진실로 그 夜氣를 잘 기르면 자라나지 않는 사물이 없고, 그 夜氣를 기르지 못하면 消滅하지 않는 사물이 없는 것이다.(孟子曰 "牛山之木嘗美矣. 以其郊於大國也, 斧斤伐之, 可以爲美乎? 是其日夜之所息, 雨露之所潤, 非無萌蘖之生焉, 牛羊又從而牧之, 是以, 若彼濯濯也. 人見其濯濯也, 以爲未嘗有材焉, 此豈山之性也哉? 雖存乎人者, 豈無仁義之心哉? 其所以放其良心者, 亦猶斧斤之於木也. 旦旦而伐之, 可以爲美乎? 其日夜之所息, 平旦之氣, 其好惡與人相近也者幾希, 則其旦晝之所爲, 有梏亡之矣. 梏之反覆, 則其夜氣不足以存. 夜氣不足以存, 則其違禽獸不遠矣. 人見其禽獸也, 而以爲未嘗有才焉者, 是豈人之情也哉? 故苟得其養, 無物不長 ; 苟失其養, 無物不消."

<心統性情說>(『心齋遺稿』卷9 頁3-4)

人之生也, 得天地之理以爲性, 得天地之氣以爲情, 理與氣合, 而所以爲虛靈, 則虛靈卽心也. 一心之中, 未發而爲仁義禮知之性; 已發而爲惻隱羞惡辭讓是非之情. 故五性具焉, 而心有以主宰; 七情出焉而心有以管攝也. 張子曰 "心統性情." 此言最精切矣. 噫, 人心活物, 當動而動, 當靜而靜. 靜而具衆理, 性也, 而心所以盛貯該載此性也; 動而應萬事, 情也, 而心所以敷施發用此情也. 則心之官實爲總會於性情上矣. 是以, 心一也, 有指心之體而言者, 寂然不動之性也; 有指心之用而言者, 感而遂通之情也. 大學之明明德, 論心性而情在其中; 中庸之致中和, 論性情而心不外是, 則心也者, 妙性情之德也. 所以立大本行達道, 而心字一箇字母, 故性情字, 皆從心. 涵養其性, 這箇心也; 節制其情, 這箇心也. 然則心也性也情也, 此非有兩箇道理. 而心如器也; 性如器中水也; 情如器中水之瀉出者也. 心統性情, 當以是觀焉, 而其要只在於正其心, 然後性可存情可約矣.

사람이 태어남에, 天地의 理를 얻어 '性'으로 삼고, 天地의 氣를 얻어 '情'으로 삼으며, 理와 氣가 합쳐져서 虛靈한 것이 되니, 虛靈함이 곧 '心'이다. 한 마음(心) 가운데, 아직 발하지 않은 것은 仁·義·禮·知의 性이 되고, 이미 發한 것은 惻隱·羞惡·辭讓·是非의 情이 된다. 그러므로 五性이 갖추어짐에 心이 主宰함이 있게 되고, 七情이 나옴에 心이 管攝함이 있게 된다. 張子는 '心統性情'이라 했는데, 이 말이 가장 정밀하고 절실하다. 슬프다. 사람의 마음은 활동하는 존재로서, 마땅히 움직여야 할 때 움직이고, 마땅히 고요해야 할 때 고요한 것이다. 고요해서 衆理를 갖추고 있음은 性이니, 心은 이 性을 담고 있는 것(盛貯該載)이요, 움직여서 萬事에

응함은 情이니, 心은 이 情을 베풀어 發用하는 것(敷施發用)이다. 그러한 즉, 心의 기능은 사실 모두 性情上에 모여 있는 것이다. 그러므로 心은 하나인데, 心의 本體를 가리켜 말하는 것이 있으니, '寂然不動의 性' 이 그것이요, 心의 作用을 가리켜 말하는 것이 있으니, '感而遂通의 情' 이 그것이다. 『大學』의 '明德을 밝힘(明明德)' 은 心 · 性을 논한 것인데 情이 그 가운데 있는 것이요, 『中庸』의 '中和를 이룸(致中和)' 은 性 · 情을 논한 것인데 心이 그것을 벗어나지 않는다. 그러한 즉, 心은 '性 · 情을 妙하게 운용하는 德' 으로서, 大本을 확립하고 達道를 행하는 것이다. '心' 字는 하나의 字母로서, '性' 字와 '情' 字가 모두 '心' 을 따른다. 그 性을 涵養하는 것도 저 心이요, 그 情을 節制하는 것도 저 心이다. 그러한 즉, 心과 性과 情은 두 개의 道理가 있는 것이 아니다. 心은 '그릇' 과 같고, 性은 '그릇 가운데의 물' 과 같으며, 情은 '그릇 가운데의 물이 쏟아져 나옴' 과 같다. '心統性情' 은 마땅히 이러한 맥락에서 살펴야 하니, 그 요점은 다만 '그 마음을 바르게 한 다음에, 性을 보존할 수 있고 情을 절제할 수 있다' 는 것이다.

<人心道心說>(『心齋遺稿』卷9 頁4-6)

人之得名爲人, 可以參三才, 而出萬化者, 以能不失其本心而已. 本心伊何? 稟天地之精, 得五行之秀者, 爲人. 其初則不雜乎人僞, 而未感物也, 曷嘗有人心道心之異者哉? 心之虛靈知覺一也, 而形旣生矣, 物動於中, 始有人心道心之分, 則以形氣性命之所由, 而惟欲易流, 危而不安, 惟理無形, 微而難見. 故或以銛鋒悍馬而喩之, 或以火然泉達而喩之, 其指深矣. 是以, 人心道心, 乃舜禹相傳之旨訣, 而萬世心學之淵源也. 以舜禹之大聖, 行天下之大事, 其授受之際, 丁寧告戒, 則所以自治其心者如此，而況於世之學者乎? 此非有兩樣心，只是一人之心. 其操縱得失于一念俄頃之間，聖狂舜跖，於是焉分，可不畏哉? 學者誠能用力於聲色臭味而不爲長，持守於仁義禮知而不爲遷，必使道心，常主宰於人心，人心每聽命於道心，可也. 然則人外無道，道外無人，道須待人而後行，人能載道而得正，如飢飽寒燠之心，惻隱羞惡之心，知與愚無間，然知者就天理上做去，愚者就人欲上出來，二者之間，不啻如陰陽晝夜之相反，薰蕕氷炭之不同器耳. 朱晦翁人心道心吟曰 "因形與理別言心，其實隨形有理存." 此詩善說道人心道心之分界處也. 必也精之一之而後，中可得以執矣.

사람이 사람이라는 이름을 얻어 三才에 참여하고 萬化를 도울 수 있는 까닭은 그 本心을 잃지 않을 수 있기 때문이다. '本心' 이란 무엇인가? 天地의 精氣를 받아서 五行의 秀氣를 얻은 것이 사람이 된다. 그 처음엔 人僞와 섞이지 않았으니, 아직 사물과 감응하기 전에는 어찌 '人心・道心의 다름' 이 있겠는가? 마음의 虛靈知覺은 하나이다. 形體가 이미 생기고, 事物이 안에서 움직임에, 비로소 人心・道心의 구분이 있게 되니, 이것은 '形氣에서 말미암은 것인가, 性命에서 말미암은 것인가' 에 따른 것이다. 形氣의 欲望에 따른 것은 쉽게 흘러 위태하여 불안하고, 性命의 理에 따른 것은 形體가 없어 隱微하여 드러나기 어렵다. 그러므로 或은 '날카로운 칼끝이나 사나운 말(銛鋒悍馬)' 로 비유하고, 或은 '불이 처음 타오르고 샘이 처음 뚫리는 것(火然泉達)' [4]에 비유하는 것이니, 그 취지가 깊은 것이다. 그러므로 人

---

4) 孟子는 '사람의 本性은 善하다' 는 주장의 근거로 모든 사람에게 '四端' 이 있음을 들고, "무릇 나에게 있는 四端을 확충시켜 나갈 줄 알면, 불이 처음 타오르고 샘이 처음 뚫리는 것과 같으니, 이것을 진실로 확충시킬 수 있다면 四海를 보존하기에 충분하나, 진실로 확충시킬 수 없다면 父母를 섬기기에도 부족하다.(凡

心·道心은 바로 舜·禹가 서로 전한 旨訣로서, 萬世 心學의 淵源인 것이다. 舜·禹처럼 위대하신 聖人으로서 天下의 큰 일을 행하실 때, 그 주고받는 즈음에 丁寧히 말씀해 주신 것은, 스스로 그 마음을 이와 같이 다스리라는 것이었으니, 하물며 세상의 學者들에게 있어서랴? (人心과 道心은) '두 樣相의 마음'[5]이 있는 것이 아니요, 다만 한 사람의 마음일 뿐이다. 그것을 一念의 잠깐 사이에 '잡았는가, 놓았는가, 얻었는가, 잃었는가'에 따라서 聖·狂과 舜·跖이 이에 나뉘는 것이니, 가히 두렵지 않겠는가? 學者가 진실로 능히 聲色과 臭味에 대해서 힘을 기울여 자라나지 못하게 하고, 仁義禮知에 대해서 잘 지켜서 옮겨가지 않게 함으로써, 반드시 道心으로 하여금 항상 人心을 主宰하게 하고, 人心으로 하여금 항상 道心의 명령을 듣도록 해야 옳은 것이다. 그러한 즉, 人心 밖에 道心이 없고, 道心 밖에 人心이 없으니, 道心은 모름지기 人心을 기다린 다음에 행해지고, 人心은 능히 道心을 실음으로써 바르게 되는 것이다. 예컨대 '배고픔과 배부름, 춥고 따뜻함에 관한 마음'과 '惻隱과 羞惡에 관한 마음'은 지혜로운 사람과 어리석은 사람 사이에 간격이 없는 것이다. 그러나 지혜로운 사람은 天理에 나아가 그것들을 추구하고, 어리석은 사람은 人欲에 나아가 그것들을 추구하니, 兩者의 사이가 다만 陰·陽이나 晝·夜가 相反되고, 薰·蕕와 氷·炭

有四端於我者, 知皆擴而充之矣, 若火之始然, 泉之始達. 苟能充之, 足以保四海; 苟不充之, 不足以事父母.)"고 하였다(『孟子』 公孫丑上 제6장 참조). "불이 처음 타오르고, 샘이 처음 뚫리는 것과 같다."는 말은 '처음에는 미약하나, 나중에는 왕성하게 됨'을 비유한 것이다.

5) 心齋는 "(人心과 道心은) '두 樣相의 마음'이 있는 것이 아니요, 다만 한 사람의 마음이다.(此非有兩樣心, 只是一人之心.)"라고 하였다. 여기서 '두 樣相의 마음(兩樣心)'은 '두 개의 마음(兩箇心)'이라고 표현하는 것이 더욱 적당할 것 같다. 즉 인심과 도심은 다만 한 사람의 마음이니 결코 두 개가 아니나, 인심과 도심의 樣相은 분명히 다른 것이기 때문이다.

을 한 그릇에 담을 수 없음과 같을 뿐만이 아닌 것이다. 朱晦翁의 〈人心道心吟〉에서는 "形氣나 義理나에 따라 마음을 구별해서 말하니, 사실은 形氣를 따라 義理가 보존되는 것이네.(因形與理別言心, 其實隨形有理存.)" 이라 하였다.[6] 이 詩는 '人心 · 道心의 分界處' 를 잘 설명한 것이다. 반드시 (人心인가, 道心인가를) 精密하게 살피고, (道心을) 專一하게 지킨 다음에, 中庸을 잡을 수 있는 것이다.

<浩氣說>(『心齋遺稿』卷9 頁6-8)

先天地而無始, 後天地而無終者, 氣也. 人得天地之氣以生, 吾之氣順, 則天地之氣亦順, 故天地之氣, 乃吾氣也. 夫以孟子之自言, 亦曰 "善養浩氣"云爾, 則是氣也, 寓於尋常之中, 而塞于天地之間. 卒然遇之, 晋楚失其富, 良平失其知, 賁育失其勇, 儀秦失其辨, 是孰使之然哉? 苟非浩然之氣, 其能若是乎? 浩然二字, 帶得剛果底意思, 而相須以爲體, 相待以爲用. 怯懦者, 不可以語氣之體段 ; 粗厲者, 不可以論氣之功用. 必其體立而用有以行, 則義理所附, 凡天下之大小大事,[7] 若決江河, 而沛然莫之能禦矣. 孔子曰 "智者不惑 ; 仁者不憂 ; 勇者不懼." 釋之

---

6) 『朱子大全』 遺集 卷1 頁13에 보이는 〈人心道心三首〉 가운데 제2수의 구절이다. 제2수 전체를 소개하면, "形氣나 義理나에 따라 마음을 구별해서 말하니, 사실은 形氣를 따라 義理가 보존되는 것이네. 다만 理와 어긋나게 形氣가 홀로 작용하면, 문득 物欲이 되어 理는 모두 어두워지네.(因形與理別言心, 其實隨形有理存. 纔與理違形獨用, 便爲物欲理皆昏.)" 이다.

7) '凡天下之大小大事' 는 '凡天下之大小事' 로 표현하는 것이 더 나을 것 같다.

者謂“氣足以配道義, 故不懼”, 則勇者不懼, 非但浩然之氣, 而至於不惑不憂者, 豈非浩氣之仁智也耶? 浩然之氣, 無崖岸, 無屈撓, 充於身而舒泰, 得於心而正大, 剛可以透金石, 直可以蹈鼎鑊矣. 如堯舜之精一執中, 文武之謨訓功烈, 皆自這氣中做得來, 則吾知孟子養氣之論, 承堯舜文武之統, 而深斥告子之外義者, 其亦闢異端之意也已.

天地보다 앞서서 시작이 없고, 天地보다 뒤에도 끝이 없는 것이 氣이다. 사람은 天地의 氣를 얻어 태어났으니, 나의 氣가 순조로우면 天地의 氣 또한 순조로운바, 그러므로 天地의 氣는 바로 나의 氣이다. 무릇 孟子께서 스스로 말씀한 것도 또한 “나의 浩然之氣를 잘 기른다.”[8]는 것이었으니, 이 氣는 尋常한 가운데 붙어 있으면서 天地 사이에 가득 차 있다. 이것을 갑자기 만나면, 晋나라와 楚나라도 그 富를 잃고,[9] 良 · 平도 그 知를 잃으며,[10] 賁 · 育도 그 勇을 잃고,[11] 儀 · 秦도 그 雄辯을 잃으니,[12] 이것은 누가 그렇

---

8) 『孟子』 公孫丑上 제2장 : 敢問 “夫子, 惡乎長?” 曰 “我知言, 我善養吾浩然之氣.”

9) 晉나라와 楚나라는 한 때 ‘富國’ 으로 일컬어졌음. 『孟子』 公孫丑下 제2장에는 曾子의 “晉나라와 楚나라의 富裕함은 미칠 수 없으나, 저들이 자기들의 부유함을 내세우면 나는 나의 仁으로 맞설 것이며, 저들이 자기들의 벼슬을 내세우면 나는 나의 義로 맞설 것이니, 내가 恨스러울 것이 무엇이겠는가?(晉楚之富, 不可及也. 彼以其富, 我以吾仁 ; 彼以其爵, 我以吾義, 吾何慊乎哉?)” 라는 말이 보임.

10) 良 · 平 : 張良과 陳平을 말함. 張良은 前漢의 功臣으로서, 字는 子房임. 漢高祖의 謀臣이 되어 秦나라를 멸망시키고, 楚나라를 평정하는 데 큰 功을 세웠음. 蕭何 · 韓信과 함께 漢의 三傑로 일컬어짐. 陳平 역시 前漢의 功臣으로서, 智謀가 뛰어나 漢高祖의 天下平定을 도왔음.

11) 賁 · 育 : 孟賁과 夏育을 말함. 모두 春秋戰國時代의 勇士임.

12) 儀 · 秦 : 張儀와 蘇秦을 말함. 張儀는 戰國時代 魏나라의 遊說家로서, 蘇秦의 ‘合從說’ 에 반대하여, 列國은 秦나라를 섬겨야 한다는 連橫策을 주장했음. 蘇

게 시킨 것인가? 진실로 浩然之氣가 아니면, 그 무엇이 능히 이와 같을 수 있겠는가? '浩然' 두 글자는 '굳세고 과감하다' 는 뜻을 지니고 있으니, 서로를 필요로 하여 體가 되고, 서로를 기다려 用이 된다. 겁이 많고 게으른 자는 '氣의 體段' 을 말할 수 없고, 거칠고 사나운 자는 '氣의 功用' 을 말할 수 없다. 반드시 그 體가 서고 用이 행해져야만 義理가 附着되어, 무릇 天下의 크고 작은 일들이 (막았던) 江河를 터놓은 듯 세차서 능히 막을 수 없을 것이다.[13] 孔子는 "지혜로운 자는 迷惑되지 않고, 어진 자는 근심하지 않으며, 용감한 자는 두려워하지 않는다." 고 했는데,[14] 이것을 주석한 사람은 "氣가 道義에 짝하기에 충분하므로, 두려워하지 않는 것이다." 라고 설명하였다.[15] 그러한 즉, '용감한 사람이 두려워하지 않음' 만이 浩然之氣인 것이 아니요, '(지혜로운 사람이) 미혹되지 않음' 과 '(어진 사람이) 근심하지 않음' 에 있어서도 어찌 '浩然之氣의 仁과 智' 가 아니겠는가? 浩然之氣는 限界도 없고 굽혀짐도 없다. 몸에 가득 차서는 편안하게 펴지고, 마음에 얻어져서는 바르고 크니, 그 굳셈은 金石을 뚫을 수 있고, 곧음은 鼎鑊[16]을 밟을 수 있다. 예컨대 堯·舜의 '精一執中' 이나 文·武의 謨訓功烈도 모두 저 浩然之氣로부터 나오는 것이다. 그러한 즉, 孟子의 '浩然之氣를 기른

秦은 戰國時代의 策士로서, 燕·趙 등 六國을 合從하여 秦과 대항케 하고, 스스로 六國의 宰相이 되었음.

13) 『孟子』 盡心上 16 : 孟子曰 "舜之居深山之中, 與木石居, 與鹿豕遊, 其所以異於深山之野人者, 幾希. 及其聞一善言, 見一善行, 若決江河, 沛然莫之能禦也."

14) 『論語』 子罕 28 : 子曰 "知者不惑 ; 仁者不憂 ; 勇者不懼."

15) 孔子의 "知者不惑 ; 仁者不憂 ; 勇者不懼." 에 대해, 朱子는 "밝음이 理를 살피기에 충분하므로 迷惑되지 않고, 天理가 私欲을 이기기에 충분하므로 근심하지 않으며, 氣가 道義와 짝하기에 충분하므로 두려워하지 않으니, 이것이 배움의 순서이다.(明足以燭理, 故不惑 ; 理足以勝私, 故不憂, 氣足以配道義, 故不懼, 此學之序也)" 라고 주석하였다.(『論語集註』 子罕 28, 朱子註 참조).

16) 鼎鑊(정확) : 刑罰로 사람을 삶는 가마솥.

다' 는 논의는 '堯 · 舜 · 文 · 武의 道統' 을 계승하는 것이요, '告子의 義外說' [17]을 깊이 배척하는 것이니, 그 또한 '異端을 물리치는 뜻' 인 것이다.

<講會錄序>(『心齋遺稿』 卷9 頁26-27)

學也者, 使人求於內也, 不求於內而求於外, 非學也 ; 學也者, 使人求於本也, 不求於本而求於末, 非學也. 所謂內與本, 自得, 是也 ; 所謂外與末, 泥訓詁工詞章, 考詳略採同異, 是也. 是二者, 可不知先後緩急之序乎? 是以, 君子之學, 重內而輕外, 培本而舍末, 撿之於心, 體之於身, 而在家在鄉, 持守飭行, 不出乎彝倫日用之間, 皆實學也. 然學非讀書不能, 而讀書將以窮理也, 將以致用也. 別是非於古今人物, 求當否於應接事物, 銖積寸累, 潛心而玩索, 毫分縷析, 熟讀而精思, 渙然氷釋, 怡然理順, 脚踏實地, 動有依據, 夫然後始無買櫝還珠, 隔靴爬癢之患矣. 朱夫子答王子充書曰 "因踐履之實, 致講學之功, 使所知益明, 則所守日固." 此兩言者, 如車兩輪, 如鳥兩翼, 未有廢一而可行可飛者也. 嗚呼! 維我英鄉, 介於深隩, 先輩之遺風漸遠, 後生之渝薄日甚, 讀古書, 行古方, 寥寥無聞, 吾所以尋常慨恨於心矣.(後略)

---

17) 告子는 "仁은 內的인 것이요, 義는 外的인 것" 이라고 주장하였다. 즉 告子에 의하면, 자기의 아우는 사랑하고 남의 아우는 사랑하지 않으니, 이것은 '나를 즐거움의 기준으로 삼는 것' 이므로 '仁은 안에 있는 것' 이다. 또 남의 어른도 공경하고 나의 어른도 공경하니, 이것은 '어른을 즐거움의 기준으로 삼는 것' 이므로 '義는 밖에 있는 것' 이다. 告子의 '仁內義外說' 에 대해서는 『孟子』 告子上 제4장 참조.

學問이란 사람들로 하여금 안에서 구하게 하는 것이니, 안에서 구하지 않고 밖에서 구하면 學問이 아니다. 學問이란 사람들로 하여금 근본에서 구하게 하는 것이니, 근본에서 구하지 않고 말단에서 구하면 학문이 아니다. 이른바 '안' 과 '근본' 이란 '스스로 터득하는 것(自得)' 이 그것이요, 이른바 '밖' 과 '말단' 이란 '訓詁에 빠지고 詞章에 힘쓰며, 詳略을 살피고 同異를 가려내는 것' 이 그것이다. 이 두 가지에 대해서 先後와 緩急의 순서를 알지 못할 수 있겠는가? 따라서 君子의 학문은 안을 무겁게 여기고 밖을 가볍게 여기며, 근본을 배양하고 末端을 버리며, 마음에서 검속하고 몸에서 체현하며, 집안에 있어서나 고을에 있어서나 지키고 삼가 행동해서, 彝倫과 日用의 사이에서 벗어나지 않으니, 모두 '實學' 인 것이다. 그러나 學問은 讀書가 아니면 불가능하다. 讀書는 장차 窮理를 위한 것이요, 致用을 위한 것이다. 古今의 人物에 대해 是非를 분별하고, 事物에 應接함에 있어서 當否를 탐구하며, 작은 노력들을 쌓아나가고, 潛心하여 玩索하며, 세밀하게 분별하고 누차 분석하며, 익숙하게 읽고 정밀하게 생각하며, 얼음이 녹듯 渙然하고, 理가 순조롭듯 怡然하며, 발로는 實地를 밟고, 行動에는 依據함이 있는 것이니, 무릇 이와 같은 다음에 비로소 '買櫝還珠'[18]나 '隔靴爬癢'[19]의 근심이 없는 것이다. 朱夫子께서 王子充에게 답한 편지에서는 "踐履의 實質을 바탕으로 講學의 功을 이루어, 알고 있는 것을 더욱 밝게 하면 지키는 것이 날로 견고해진다." 고 하였다.[20] '이 두 마디 말'[21]은 수

18) 買櫝還珠(매독환주) : 함(櫝)만 사고, 진주는 돌려줌. 楚나라 사람이 鄭나라에서 珍珠를 파는데, 진주를 담고 있는 함(櫝)에다 온갖 치장을 하였다. 그러자 鄭나라 사람이 그 함만 사고, 진주는 돌려주었다고 한다(『韓非子』〈外儲〉 참조). 즉 '買櫝還珠' 란 '本末이 顚倒된 어리석은 행위' 를 뜻한다.

19) 隔靴爬癢(격화파양) : 가죽신을 신은 채 발의 가려운 곳을 긁음.

20) 〈答王子充〉(『朱子大全』 卷46 頁32-33)은 '講學과 踐履' 즉 '知와 行' 의 상호 보완 관계를 논한 것으로서, 보다 자세히 인용하자면 다음과 같다. "무릇 今日

레의 두 바퀴와 같고 새의 두 날개와 같으니, 어느 하나를 폐하고서 달리거나 날 수는 없는 것이다. 슬프도다! 우리 고을 英陽은 깊은 골짜기에 끼어 있어, 先輩의 遺風은 점차 멀어지고, 後生의 渝薄은 날로 심해져서, 옛 성현의 책을 읽고 옛 法度를 행한다는 것을 쓸쓸하도록 듣지 못하였으니, 이것이 내가 늘 마음에 한탄스럽게 여긴 바이다.(後略)

<心齋記>(『心齋遺稿』卷9 頁31-33)

* 本書의 〈解題〉 제2절 '心齋의 學風 : 治心之學' 부분 참조(11-19쪽).

의 폐단은, 講學에 힘쓰는 者는 대부분 踐履를 소홀히 하고, 오로지 踐履에 힘쓰는 者는 또 마침내 講學을 無益하게 여기어, 특히 踐履의 實質을 바탕으로 講學의 功을 이룬다는 점을 모르는 것이다. 알고 있는 것을 더욱 밝게 하면 지키는 것이 날로 견고해져서, 저 口耳의 사이에서 區區한 자들과는 같은 차원에서 논할 수 없는 것이다. 그렇지 않으면, 보존하는 것이 비록 바르고 발하는 것을 비록 살피더라도, 끝내 私意의 累를 면하지 못할까 두려우니, 헛되게 얽매여서 마침내는 發明하는 바가 없을 것이다.(大抵今日之弊, 務講學者, 多闕於踐履, 而專踐履者, 又遂以講學爲無益, 殊不知因踐履之實, 以致講學之功, 使所知益明, 則所守日固, 與彼區區口耳之間者, 固不可同日而語矣. 不然, 所存雖正, 所發雖審, 竊恐終未免於私意之累, 徒爲拘滯, 而卒無所發明也.)"

21) '이 두 마디 말'이란 '講學과 踐履' 즉 '知와 行'의 관계를 설명한 말을 가리킨다.

<大學>(『心齋遺稿』卷5 頁85)

大學于今不是糟[22) 『大學』은 이제 보니 지게미가 아니요,[23)
入頭這敬德門高[24) 저 敬에 들어가니 德의 門이 높도다.
一經十傳皆關鍵 一章의 經과 十章의 傳이 모두 關鍵이며,
三領八條盡縷毫 三綱領 八條目이 세밀함을 다했도다.
間架詳明深淺在 짜임새는 자세하고 밝아 深淺이 있으며,
規模廣大始終綢 規模는 廣大하여 始終을 감싸도다.
半年方得古人看[25) 半年 만에 바야흐로 古人의 깨달음을 얻으니,
銖寸工夫似用篙 자잘한 工夫에 상앗대를 쓰는 격이로다.[26)

22) '大學于今不是糟' 에는 '硏釋精微不是糟' 라는 校正語가 표시되어 있는바, 그대로 해석하면 '(『大學』을) 精微하게 연구해보니 지게미가 아니요' 라는 말이 된다.

23) '지게미' 란 술을 거르고 남은 찌꺼기를 말한다. 이제까지는 『大學』을 經典 가운데의 찌꺼기로 인식해 왔었는데, 『大學』을 공부하고 보니 전혀 그렇지 않음을 알게 되었다는 뜻임.

24) '入頭這敬德門高' 에는 '入頭由敬德門高' 라는 校正語가 표시되어 있는바, 그대로 해석하면 '敬을 말미암아 들어가니 德의 門이 높도다.' 라는 말이 된다.

25) '半年方得古人看' 에는 '半年看得知多少' 라는 校正語가 표시되어 있는바, 그대로 해석하면 '半年 만에 겨우 조금 알게 되니' 라는 말이 된다.

26) '銖' 란 '1냥의 24분의 1' 이 되는 무게를 뜻하고, '寸' 은 '1尺의 10분의 1' 이 되는 길이를 뜻하며, '상앗대' 란 배(舟)를 젓는 데 櫓처럼 쓰는 '긴 대나무' 를 말함. 즉 자신의 공부는 보잘 것 없는데, 수준 높은 『大學』을 활용한다는 말로서, 겸손한 표현이라 하겠다.

<論語>(『心齋遺稿』卷5 頁85-86)

尋溫大旨博而敦	大旨를 익히고 보니 넓고도 두터워서,
二十篇皆切要言	20篇이 모두 切要한 말씀이도다.
着眼看來方有得[27)	눈을 붙여 살펴보니 바야흐로 얻음 있어,
皮膚說去復何論	피부에 와 닿는 말씀 다시 논할 필요 없네.
操而存後須涵養[28)	잡아서 보존한 뒤엔 반드시 涵養해야 하니,
學者知先入道門	學者의 急先務를 아는 것이 入道의 門이라네.
爲聖爲賢都在此	聖人이 되고 賢人이 됨이 모두 여기에 있으니,
讀之可使立其根	이 책을 읽음에 근본을 세울 수 있도다.

27) '着眼看來方有得' 에는 '心目俱臻方有得' 이라는 校正語가 표시되어 있는바, 그대로 해석하면 '마음과 눈으로 함께 이해하니 바야흐로 얻음이 있다' 라는 말이 된다.

28) '操而存後須涵養' 에는 '操而存後居安宅' 이라는 校正語가 표시되어 있는바, 그대로 해석하면 '잡아서 보존한 뒤에 安宅에 居한다' 라는 말이 된다. '잡아서 보존함' 이란 '마음을 잡아서 보존함' 을 뜻하고(『孟子』 告子上 8 : 孔子曰 "操則存, 舍則亡, 出入無時, 莫知其鄕, 惟心之謂與."), '安宅' 이란 '仁' 을 뜻한다(『孟子』 離婁上 10 : 仁, 人之安宅也 ; 義, 人之正路也. 曠安宅而弗居, 舍正路而不由, 哀哉!).

<孟子>(『心齋遺稿』卷5 頁86)

鄒聖七篇義利關	鄒나라 聖人의 7篇은 義 · 利와 관계되니,[29]
義能拔本利能刪	義는 능히 근본을 캐고 利는 깎아내네.
齊梁歷聘挽三代	齊 · 梁을 두루 찾아가 三代를 꾀했으며,
堯舜必稱性一般	반드시 堯 · 舜 일컬어 性善이 一般임을 밝혔네.[30]
大大踢拳秋殺幷	크게 물리침은 가을의 殺氣와 함께 하고,[31]
岩岩氣象泰山環	우뚝한 氣象은 泰山을 둘러싸네.
不徒好辯露圭角	한갓 好辯으로 圭角을 보인 것 아니니,[32]
且看廣充體驗間	또한 擴充하고 體驗하는 사이에 살펴보라.[33]

---

29) 孟子는 鄒나라 출신인바, '鄒나라 聖人'은 '孟子'를 지칭하고, 『孟子』는 7篇으로 구성되어 있음. '『孟子』는 義 · 利와 관계된다'는 것은 『孟子』의 핵심은 '仁義와 功利'의 구별, 즉 '王道와 霸道'의 구별에 있다는 뜻임.

30) 『孟子』 滕文公上 제1장에서는 "孟子께서 性善을 말씀하실 때에는 말씀마다 반드시 堯 · 舜을 일컬으셨다.(孟子道性善 言必稱堯舜)"고 했는바, 孟子는 堯 · 舜을 예로 들어 '모든 사람은 一般的으로 善한 本性을 지니고 있음'을 밝혔다는 뜻임.

31) 踢拳(척권)은 '발로 차고 주먹으로 치는 것'인바, '大大踢拳'이란 '크게 霸道를 물리침'을 지칭하며, '가을의 殺氣'란 '義'를 뜻한다.

32) '圭角'이란 '홀의 모서리'로서, 보통 '言行이 모가 나서 남들과 서로 맞지 않음'을 뜻함.

33) '자기에게 있는 四端을 體驗하고 擴充함'을 말함.

<中庸>(『心齋遺稿』卷5 頁86)

次第三書旣貫通	『大學』·『論語』·『孟子』를 차례대로 貫通하여,
無疑然後及中庸	의심 없는 다음에야 『中庸』을 읽는다네.
九經三德方方列	九經과 三達德을 方正하게 열거하고,
一本萬殊井井同	一本과 萬殊가 整然하여 같도다.[34]
揭日傳心千聖旨	해에 걸어 전한 心法, 千聖의 趣旨요,
撑篙用力十分功	상앗대로 받친 노력, 十分의 功力일세.
古人微妙須求得	古人의 微妙한 心法, 모름지기 탐구할 것,
篇內誠樞徹始終	篇內의 誠은 始終을 꿰뚫는 樞紐일세.

---

34) 程子는 "『中庸』은 처음에는 一理를 말하고, 중간에는 흩어져 萬事가 되었다가, 끝에서는 다시 一理로 종합된다."고 했는바, 『中庸』의 내용적인 구성이 '理一分殊의 원리'와 부합되고 있음을 뜻함.

<理>(『心齋遺稿』卷1 頁51)

一箇原頭掛搭處	하나의 原頭가 걸려 있는 곳에,[35]
已包太極兩儀先	이미 太極을 포함하니, 陰陽보다 앞서네.[36]
寓於至有涵無有	至有에 붙어 있으나 無有를 머금고 있으니,[37]
所以能然且必然	능히 그러하고 또 반드시 그러한 까닭일세.[38]
體用顯微都是具	體·用과 顯·微를 모두 갖추고 있으며,[39]
精粗表裏本來全	精·粗와 表·裏는 본래 완전하네.[40]
何嘗愚智星淵別	어찌 智·愚와 星·淵의 구별 있겠는가?[41]
窮古亘今自眇綿	예로부터 지금까지 스스로 빠짐없이 이어진다네.[42]

35) '原頭'는 '理'를 말하고, '原頭가 걸려 있는 곳'은 '氣'를 말함. 朱子는 '氣'를 '理의 掛搭處'라 하였음.

36) 掛搭處(氣)에는 이미 太極(理)이 내재하는바, 理(太極)가 氣(陰陽)보다 (논리적으로) 우선한다는 뜻.

37) '至有'란 '지극한 있음'으로서 감각적으로 경험할 수 있는 '氣'를 뜻하고, '無有'란 '有가 없음'으로서 감각적으로 경험할 수 없는 '理'를 뜻함.

38) 理는 氣가 '능히 그러하고(能然)' 또 '반드시 그러하게(必然)' 운동할 수 있도록 뒷받침하는 所以然이라는 뜻.

39) '體·用'은 '본체와 작용'을 뜻하고, '顯·微'는 '드러난 작용과 은미한 본체를' 뜻함. 程伊川은 〈易傳序〉에서 "본체와 작용은 하나의 근원이요, 드러남과 은미함은 간격이 없다.(體用一源 顯微無間.)"라고 하였음.

40) '精'은 '裏'와 같은 맥락으로 '속의 정밀한 理'를 뜻하고, '粗'는 '表'와 같은 맥락으로 '밖으로 드러난 거친 理'를 뜻함.

41) 人·物을 막론하고, '萬物의 理는 모두 같음'을 뜻함.

42) 理는 形而上者로서 '生滅이 없이 영원한 것임'을 뜻함.

<氣>(『心齋遺稿』卷1 頁51)

有形以下屬乎器	形體가 있는 것 以下는 器에 속하니,
粹駁不齊稟賦餘	粹駁이 고르지 못함은 稟賦의 나머지일세.[43]
噓若塊風聲各異	塊風[44] 일면 각각 부딪치는 소리가 다르며,[45]
明如鏡水影非虛	明鏡止水처럼 밝아도 그림자는 비지 않네.[46]
一元四序流行際	一元과 四時가 流行하는 즈음과
五性七情感動初	五性과 七情이 느끼어 움직이는 처음에
交錯陰陽相對待	陰陽이 交錯하여 서로 짝을 이루어(對待)[47]
自然化化生生歟	自然스레 生生變化 이루어지네.

43) '稟賦의 나머지 일' : 氣에는 본래 淸濁粹駁이 있기 때문에, 氣를 稟賦하면 그 자연스러운 결과로 각자 淸濁粹駁이 고르지 못하게 된다는 뜻.

44) 塊風(괴풍) : 『莊子』〈齊物論〉에서는 "무릇 땅이 기운을 내뿜는데, 그 이름을 '바람' 이라 한다.(夫大塊噫氣, 其名爲風.)" 고 하였는바, '大塊' 란 '땅덩어리(地球)' 를 뜻하고, '塊風' 이란 '땅에서 이는 바람' 을 뜻한다.

45) '각각 부딪치는 소리가 다름' : 萬物의 理는 본래 같은 것과는 달리, 萬物의 氣는 본래 제각각 다름을 비유한 것임. '萬物의 氣는 본래 제각각 다르다' 는 말은 '氣에는 본래 淸濁粹駁이 있다' 는 말과 같은 맥락임.

46) 아무리 淸粹한 氣라도 그 찌꺼기가 남는다는 뜻.

47) 對待 : 陰과 陽이 서로 짝을 이루어 交感(感應)하는 것을 對待라 함. 반면에 '밤과 낮' 또는 '春夏秋冬' 이 순환하는 것 등은 '流行' 이라 함. 易學에서는 陰陽의 '對待' 를 통하여 '流行' 이 이루어진다고 설명한다(이에 대한 자세한 논의는 拙著, 『歷史哲學과 易學思想』, 성균관대출판부, 1996, 130-145쪽 참조).

<心>(『心齋遺稿』 卷1 頁51)

要存腔子本然具 腔子에 본래 갖춰진 것을 보존해야 하니,[48]
理與氣交有是名 理와 氣가 交合하여 '心' 이란 이름 생겼네.[49]
寂感會時該動靜 寂과 感이 모인 때에 動 · 靜을 포괄하니,[50]
虛靈妙處見神明 虛靈의 妙한 곳에서 神明을 볼 수 있네.[51]
從令百體由誠敬 百體가 명령에 따름은 誠 · 敬에서 연유하니,[52]
主宰一身統性情 一身을 主宰하고 性 · 情을 統攝하네.[53]

---

48) '腔子(강자)' 란 '몸속의 텅 빈 곳' 으로서 '가슴 속' 을 말함. '腔子에 본래 갖추어진 것' 이란 '본연한 상태의 마음' 즉 '순수한 마음' 을 뜻함.

49) 心에 관한 설명은 性理學者들 사이에도 異見이 분분한바, 心齋는 心을 '理와 氣가 합쳐진 것' 으로 설명함.

50) '寂' 은 '寂然不動(고요하여 움직이지 않음)' 을, '感' 은 '感而遂通(느끼어 마침내 통함)' 을 뜻하고, '動 · 靜' 은 已發(感而遂通)과 未發(寂然不動)을 뜻함. 즉 心은 已發과 未發을 모두 포함한다는 말임.

51) 虛靈과 神明은 모두 心을 形容하는 말로서, '虛靈' 은 心이 텅 비었으나 靈妙한 작용(특히 知覺作用)을 함을 뜻하고, '神明' 은 心의 知覺作用이 신비하고 밝음을 뜻함.

52) '百體' 는 肉體(四肢, 몸)를 뜻하는바, 心은 몸을 命令(主宰)하는 존재라는 것. 그런데 몸이 心의 명령에 따르게 하려면, 먼저 心을 誠 · 敬으로 다스려야 한다는 뜻임. '誠' 은 對自的인 개념으로서 '毋自欺(스스로를 속임이 없음)' 나 '眞實無妄(진실하여 함부로 함이 없음)' 을 뜻하고, '敬' 은 對他的인 개념으로서 '畏敬(머리 위에 鬼神이나 父師가 계신 듯 두려워함)' 이나 '主一無適(마음을 한 곳에 집중하여, 다른 곳으로 달아남이 없게 함)' · '整齊嚴肅(몸가짐을 단정하고 엄숙하게 함)' 등을 뜻함.

萬變發揮人極立　온갖 변화에 발휘하여 人極을 세우니,[54]
盍於方寸得其平　어찌 方寸에 平靜을 얻지 못하겠는가?[55]

<性>(『心齋遺稿』 卷1 頁52)

形而上者此之謂　形而上者란 이것을 말하는 것이니,
至善厥初本我衷　至善한 그 처음은 본래 내 마음속 本性일세.
天賦何嘗粹駁別　하늘이 부여할 때 어찌 粹・駁 구별하랴?[56]
人生均得聖愚同　태어날 때 고르게 얻어, 聖・愚가 같다네.[57]

---

53) '一身을 主宰한다'는 것은 앞 구절의 '百體를 命令한다'는 것과 같은 말임. '心이 性・情을 統攝한다'는 것은 心이 性・情을 포함하고 있으면서(包含該載), 性을 情으로 발현시키는 작용(敷施發用)을 한다는 뜻임. 이에 대한 자세한 논의는 心齋의 〈心統性情說〉(『心齋遺稿』 卷9 頁3-4) 참조.

54) '人極'이란 '인간의 標準' 또는 '인간의 道理'를 뜻함. 온갖 변화에 心이 제대로 대응함으로써 '인간의 도리'가 확립된다는 말.

55) 온갖 변화에 心이 主宰力을 발휘하여 제대로 대응하면, 方寸이 平靜해진다는 말. '盍(합)' 字는 '어찌 ……하지 않는가?'의 뜻.

56) 하늘이 本性을 부여할 때, 本性에는 '粹・駁의 차이가 없음'을 뜻함. 즉 本性은 본래 純粹至善한 것임을 말함.

57) 모든 사람은 純粹至善한 本性을 똑같이 얻었기 때문에, 이 점에서는 聖・愚의 차이가 없다는 뜻임. 性理學에서는 聖・愚의 차이는 本性에서 유래하는 것이 아니요, 本性을 담고 있으면서 발현시키는 마음(心, 氣)에서 유래하는 것이라고 설명함.

五常健順非由外　五常과 健順은 밖에서 유래하는 것 아니요,[58)]
一理渾淪只在中　一理의 渾淪함이 다만 그 가운데 있다네.[59)]
公共元來惟分內　公共은 원래 내 本分 안에 있는 것,[60)]
莫言養處更加工　기르는 곳에서 다시 노력한다고 말하지 말라.[61)]

58) '五常'은 '仁義禮智信'으로서 '五行의 理(德)'를 말하고, '健 · 順'은 각각 '乾의 德'과 '坤의 德'을 말함. 그런데 이러한 다양한 理(德)들이 본래 나의 本性 속에 모두 갖추어져 있다는 말임.

59) '一理의 渾淪함'이란 '五常과 健順을 포괄하는 하나의 理'를 말함. '一理의 渾淪함이 그 가운데 있다'는 것은 이른바 '理一分殊(理는 본래 統一的이면서, 동시에 각각의 몫이 다르다)'를 말하는 것임.

60) '公共'은 '公共性을 추구하는 德'을 말함. 性理學에서는 '本然之性'을 '공공성을 추구하는 德'으로 설명하는바, 그것은 본래 나에게 갖추어져 있다는 뜻임.

61) 本然之性은 본래 내가 지니고 있는 것이다. 本然之性(本性)은 또 形而上者이기 때문에 毁滅되지 않는 것일 뿐만 아니라 길러지는 것도 아니다. 따라서 '本性을 기른다'는 식의 주장을 전개하지 말라는 것이다. 孟子는 '存心養性'을 언급한 바 있는데(『孟子』 盡心上 1), 朱子는 '養性'이란 별도로 性을 기르는 것이 아니요, '마음을 보존함이 곧 性을 기르는 것'이라고 설명하였다(이에 대한 자세한 논의는 拙著, 『畿湖性理學論考』, 심산, 2005, 62-63쪽 참조).

<情>(『心齋遺稿』卷1 頁52)

其端有四又兼七　그 端緖는 四가 있고 또 七을 겸하니,[62]
一氣從來一理隨　하나는 氣를 따르고, 하나는 理를 따르네.[63]
外物觸形隨所遇　外物이 形氣와 感觸하여 만난 바를 따르며,[64]
中心應用各當爲　속마음의 應用은 각각 마땅하게 하네.[65]
如臨陣伍軍能進　戰列에 임한 듯 軍隊는 전진할 수 있고,
若在舟車勢自推　舟車를 탄 듯 形勢는 저절로 미루어지네.[66]
腔裏藹然分析出　마음속의 藹然한 것 분석되어 나오니,[67]
人於發處擴充之　사람들은 발하는 곳에서 擴充할지어다.[68]

---

62) '情' 에는 四端과 七情이 있음을 말하는 것임.

63) 四端은 理에서 發하고(理發), 七情은 氣에서 發한다(氣發)는 말임.

64) 이 구절은 '七情이 발하는 經路' 를 설명한 것임.

65) 이 구절은 '四端이 발하는 經路' 를 설명한 것임.

66) "戰列에 임한 듯 軍隊는 능히 전진하고, 舟車를 탄 듯 形勢는 저절로 미루어지네."라는 구절은 『孟子』 公孫丑上 제6장의 "불이 처음 타는 것과 같고, 샘이 처음 뚫리는 것 같다.(若火之始然, 泉之始達.)"는 비유에 상응하는 비유임. 불이 처음 타기 시작할 때에는 형세가 미약하나 곧이어 훨훨 타오르게 되며, 샘이 처음 뚫릴 때에는 물이 솟아나는 힘이 약하나 완전히 뚫리면 콸콸 솟아나게 됨. 이는 四端을 확충시켜 나갈 때의 形勢를 비유한 것임.

67) '藹然(애연)' 은 '우거진 모양' 을 뜻하고, '分析되어 나온다' 는 것은 각각의 경우에 알맞게 나뉘어 발함을 뜻함. 즉 四端이 마음속에 가득 차 있으면서, 경우에 따라 알맞게 惻隱之心 · 羞惡之心 · 辭讓之心 · 是非之心으로 나뉘어 발한다는 것.

68) 孟子는 "四端을 擴充할 줄 알면 四海를 보존하기에 충분하나, 擴充시킬 수 없으면 父母를 섬기기에도 부족하다." 고 말했음(『孟子』 公孫丑上 제6장 참조).

<仁>(『心齋遺稿』卷1 頁52)

天地無私與物共	天地는 私가 없어 萬物과 함께 하니,
生生大德本吾身	生生의 大德은 내 몸에 근본하네.[69]
井中見孺端隨感	어린애 우물에 빠지면 惻隱한 端緖 感應하고,[70]
堂下過牛術有因	堂 아래 소 지나면 그에 따라 방법 생기네.[71]

---

69) 『周易』「繫辭上傳」 제5장에서는 "낳고 또 낳는 것을 易이라 한다.(生生之謂易)" 고 하였고, 「繫辭下傳」 제1장에서는 "天地의 大德을 生이라 한다.(天地之大德曰生)" 고 하였다.

70) 孟子는 "이제 갑자기 어린아이가 우물에 빠지는 것을 보면, 사람은 누구나 두렵고 측은하게 여기는 마음을 갖게 된다. 이것은 그 어린아이의 父母와 交際를 맺기 위한 것도 아니요, 마을의 朋友들에게 名譽를 구하기 위한 것도 아니며, (어린아이를 구해주지 않았을 때의) 비난하는 소리가 싫어서 그런 것도 아니다.(今人乍見孺子將入於井, 皆有怵惕惻隱之心, 非所以內交於孺子之父母也, 非所以要譽於鄕黨朋友也, 非惡其聲而然也.)" 라는 것을 들어, 사람은 누구에게나 惻隱之心이 있음을 주장하고, 惻隱之心을 '仁의 端緖' 라고 하였다(『孟子』 公孫丑上 제6장 참조).

71) 齊宣王이 堂上에 앉아 있을 때, 소를 끌고 堂 아래를 지나는 사람이 있었다. 齊宣王이 그것을 보고, 어디로 소를 끌고 가느냐고 묻자, "장차 釁鍾에 쓰려고 한다." 고 대답하였다. 그러자 齊宣王은 "그만두어라. 나는 그것이 罪도 없으면서 두려워하며 死地도 끌려가는 것을 참지 못하겠다." 고 하였다. 이에 소를 끌고 가던 사람이 "그렇다면 釁鍾을 그만두라는 말씀이십니까?" 하고 묻자, 齊宣王은 "어찌 釁鍾을 그만둘 수 있겠느냐. 羊으로 바꾸어라." 라고 명하였다. 齊宣王의 이러한 조치에 대하여, 백성들은 王이 인색하여 큰 소를 작은 양과 바꾼 것이라고 조롱하였다. 맹자 역시 "王께서 만약 罪가 없이 死地로 끌려가

配了五行當屬木	五行에 배속하면 마땅히 木에 소속되고,
比諸四序始爲春	四季節에 견주면 처음이라 봄이 되네.
博施濟衆皆由此	널리 베풀어 民衆을 구제함은 여기서 연유하니,[72]
所以體之卽長人	이것을 體得함이 사람들을 길러주는 것이라네.

는 것을 惻隱히 여기셨다면, 소와 양을 어찌 가릴 수 있겠습니까?"라고 의문을 제기했다. 이에 齊宣王은 "이것이 참으로 무슨 마음인 것인가? 나는 결코 재물을 아껴서 그런 것이 아니었건만, 백성들이 나를 인색하다고 말하는 것이 당연하겠구나."라고 낙담하였다. 이에 맹자는 齊宣王에게 "낙담하시 마십시오. 이것이 바로 '仁을 실천하는 방법(仁術)' 입니다. 소는 보았고, 양은 보지 않았기 때문입니다."라고 답해 주었다. 이에 齊宣王은 맹자가 자신의 心情을 정확히 설명해 주었다고 크게 기뻐하였다. 맹자가 말하는 '仁을 실천하는 방법(仁術)' 이란, '자기와 가까운 사람들에게 먼저 더 많은 사랑을 베푼다' 는 뜻이다. 맹자의 지론은 "자기의 늙은 부모를 공경하고 이 마음을 미루어 남의 늙은 부모에게까지 미치며, 자기의 어린 자식을 귀여워하고 이 마음을 미루어 남의 어린 자식에게까지 미치라.(老吾老, 以及人之老 ; 幼吾幼, 以及人之幼.)"는 것이었다(『孟子』 梁惠王上 제7장 참조).

72) 子貢이 "만일 백성들에게 널리 (은혜)를 베풀어 백성들을 구제한다면 어떻겠습니까? '仁' 이라 말할 수 있겠습니까?"라고 묻자, 공자는 "어찌 '仁' 일 뿐이겠는가? 반드시 '聖' 일 것이다. 堯·舜도 그것을 病으로 여기셨다."고 대답한 바 있다(『論語』 雍也 28 : 子貢曰 "如有博施於民而能濟衆, 何如? 可謂仁乎?" 子曰 "何事於仁, 必也聖乎! 堯舜其猶病諸!").

<義>(『心齋遺稿』卷1 頁52-53)

行而宜制兩相用	행동함에 마땅히 제어함이 서로 用이 되니,
正路於人可使由	사람들의 正路로서 말미암게 할 수 있네.[73]
易著利和三德竝	『周易』에서는 利와 調和시켜 三德과 竝立하고,[74]
孟云羞惡四端求	孟子는 羞惡의 四端에서 구하였네.
亦吾所欲熊魚辨	또한 내가 원하는 것이라도 熊·魚를 분별하고,[75]

---

73) 『孟子』 離婁上 제10장에서는 "仁은 사람의 '편안한 집' 이요, 義는 사람의 '바른 길' 이다. 편안한 집을 비워두고 살지 않으며, 바른 길을 버리고 말미암지 않으니, 슬프도다!(仁, 人之安宅也 ; 義, 人之正路也. 曠安宅而弗居, 舍正路而不由, 哀哉!)"라고 하였다.

74) 『周易』 乾卦 文言에서는 "利者, 義之和也", "利物 足以和義"라 하였다. 이에 대해 朱子는 〈本義〉에서 "利란 生物이 完遂되는 것이다. 生物이 각각 알맞음을 얻어 서로 방해하지 않는다. 그러므로 계절로는 가을이 되고, 사람에게 있어서는 義가 되어 그 나뉨의 조화를 얻는 것이다."라고 주석하였다. 즉 '利' 는 '完遂' 와 '서로 방해하지 않음' 의 두 맥락을 지니는바, '서로 방해하지 않음의 측면' 이 '義' 와 결부되는 것이다. '三德과 병립시킨다' 는 것은 '元·亨·利·貞' (또는 仁·禮·義·智)의 하나가 됨을 뜻한다.

75) 『孟子』 告子上 10 : 물고기도 내가 원하는 것이요, 熊掌도 내가 원하는 것이지만, 둘을 모두 겸할 수 없을 때에는 물고기를 버리고 熊掌을 취하겠노라. 삶도 내가 원하는 것이요, 義도 내가 원하는 것이지만, 둘을 모두 겸할 수 없을 때에는 삶을 버리고 義를 취하겠노라. 삶도 내가 원하는 것이지만, 내가 원하는 것이 삶보다 더 심한 것이 있기에 구차하게 삶을 얻으려 하지 않는 것이요, 죽음은 내가 싫어하는 것이지만, 내가 싫어하는 것이 죽음보다 더 심한 것이 있기에 患難에 回避하지 않는 바가 있는 것이다.(魚, 我所欲也 ; 熊掌, 亦我所欲也. 二者不可得兼, 舍魚而取熊掌者也. 生, 亦我所欲也 ; 義, 亦我所欲也. 二者不可得兼, 舍生而取義者也. 生亦我所欲, 所欲有甚於生者, 故不爲苟得也. 死亦我所惡, 所惡有甚於死者, 故患有所不辟也.)

說我同心芻豢猶　내 마음을 기쁘게 함은 芻豢[76]과 같다네.[77]
是內也而非外也　이것은 안에 있는 것으로 밖에 있지 않으니,[78]
從兄敬長一身修　兄을 따르고 어른을 공경함에 一身이 닦여지네.[79]

---

76) 芻豢(추환) : '芻' 는 '꼴(말린 풀)' 또는 '꼴을 먹여서 기르는 짐승(소나 양 등)' 을 뜻하고, '豢' 은 '곡식을 먹여서 기르는 짐승(개나 돼지 등)' 을 뜻함.

77) 『孟子』 告子上 7 : (모든 사람의) 입은 맛에 있어서 같이 즐기는 것이 있고, 귀는 소리에 있어서 같이 듣는 것이 있으며, 눈은 빛깔에 있어서 같이 아름답게 여기는 것이 있다. 그렇다면 마음에 있어서만 홀로 같이 여기는 것이 없겠는가? 모든 사람의 마음이 같이 그렇게 여기는 것은 무엇인가? 理이며, 義이다. 聖人은 '우리 마음의 함께 그렇게 여기는 바' 를 먼저 얻으신 분이다. 그러므로 理와 義가 우리 마음을 기쁘게 하는 것은 芻豢이 우리의 입을 기쁘게 하는 것과 같다.(口之於味也, 有同嗜焉 ; 耳之於聲也, 有同聽焉 ; 目之於色也, 有同美焉. 至於心, 獨無所同然乎? 心之所同然者, 何也? 謂理也, 義也. 聖人先得我心之所同然耳. 故理義之悅我心, 猶芻豢之悅我口.)

78) 孟子는 告子의 '仁內義外說' 을 비판하고, 仁과 義가 모두 내 마음속의 本性에서 유래하는 것이라고 주장하였다(『孟子』 告子上 제4장 참조).

79) 『孟子』 離婁上 27 : 仁의 실질은 父母를 섬기는 것이며, 義의 실질은 兄을 따르는 것이다. 智의 실질은 仁과 義를 알아서 버리지 않는 것이며, 禮의 실질은 仁과 義를 節文하는 것이다.(仁之實, 事親是也. 義之實, 從兄是也. 智之實, 知斯二者弗去是也. 禮之實, 節文斯二者是也.)

<禮>(『心齋遺稿』 卷1 頁53)

三千三百此經曲	經禮는 3백 가지, 曲禮는 3천 가지,[80]
儀文天理與人情	天理와 人情에 따른 儀則과 節文이네.[81]
筋骸束會方能立	몸을 檢束함에 바야흐로 설 수 있으니,
等殺分明乃所生	等殺가 分明함에 이에 禮가 성립하네.[82]
和以節之由小大	調和와 節制 속에 크고 작은 일 연유하니,[83]
讓其實也得治平	辭讓은 그 실질로서, 治平을 이룰 수 있네.[84]

---

80) 『禮記』 「禮器」에서는 "禮에는 큰 것이 있고 작은 것이 있으며, 드러난 것이 있고 은미한 것이 있다. 큰 것을 덜어서도 안 되고 작은 것을 보태서도 안 되며, 드러난 것을 가려서도 안 되고 은미한 것을 크게 해서도 안 된다. 그러므로 經禮 3百과 曲禮 3千이 그 근본은 하나인 것이다.(禮, 有大有小, 有顯有微. 大者不可損, 小者不可益, 顯者不可揜, 微者不可大也. 故經禮三百, 曲禮三千, 其致一也.)"라고 하였다. '經禮'는 冠婚喪祭 · 朝覲 · 會同 등 가정이나 국가의 중대한 禮를 말하고, 曲禮는 進退 · 乘降 · 俯仰 · 揖讓 등 세세한 格式을 말한다.

81) '儀則'은 '행동법칙(격식)'을 말하고, '節文'은 '親 · 疎나 尊 · 卑에 따라 마디(구별)를 짓고, 그에 알맞게 꾸밈'을 말함.

82) 『中庸章句』 제20장에서는 "친한 사람을 친하게 여길 때의 降殺와 어진 사람을 높일 때의 等級이 禮가 생겨나는 바이다.(親親之殺, 尊賢之等, 禮所生也.)"라고 하였음. '親親之殺'란 친한 사람을 친하게 여길 때, '寸數가 멀어짐에 따라 친함을 표현하는 격식을 깎아내림'을 말한다.

83) 『論語』 學而 12 : 有子가 말하기를, "禮의 쓰임새는 調和를 귀하게 여기니, 先王의 道는 이것을 아름답게 여겼다. 크고 작은 일들이 모두 여기에서 말미암았다. 그러나 행해질 수 없는 경우가 있으니, 調和가 귀중하다는 것을 알아 調和를 추구하고, 다시 禮로 節制하지 않으면 또한 행해질 수 없는 것이다."(有子曰 "禮之用, 和爲貴, 先王之道, 斯爲美, 小大由之. 有所不行, 知和而和, 不以禮節之, 亦不可行也.")

84) 『論語』 里仁 13 : 孔子께서 말씀하시길, "능히 禮讓으로 정치를 하면 나라를 다

一心規矩皆從此　한 마음의 規矩는 모두 여기서 나오니,
日用云爲本體呈　日用云爲에 本體가 드러나네.

<智>(『心齋遺稿』 卷1 頁53)

神明妙用物能宰　神明과 妙用은 능히 萬物을 主宰하니,[85]
隨處當宜在酌斟　곳에 따라 마땅하게 함이 斟酌에 달려있네.
三達已兼仁勇德　仁 · 勇과 함께 이미 三達德이라 일컬으며,
四端包在是非心　四端에도 是非之心 포함되어 있다네.
貫通樂水觀流勢　물을 즐겨 관통하고 흐르는 형세를 살펴보며,[86]
收斂爲冬驗極陰　수렴하면 겨울 되어 陰의 극치 증험하네.[87]
燭理昭昭元不惑　理를 밝힘이 밝으면 원래 미혹되지 않으나,
惟其所惡鑿之深　오직 미워하는 바는 너무 깊이 穿鑿함일세.

스림에 무슨 어려움이 있겠는가? 禮讓으로 나라를 다스리지 못한다면, 禮는 어디에 쓰겠는가?"(子曰 "能以禮讓, 爲國乎何有? 不能以禮讓, 爲國, 如禮, 何?")

85) '神明' 은 마음을 말하고, '妙用' 은 마음의 작용을 말한다. 마음은 몸을 주재할 뿐만 아니라, 萬物을 주재하기도 한다. '마음의 主宰' 는 무엇보다도 '知覺' 작용과 연관되는데, '知覺' 을 뒷받침하는 것이 '智' 이다.

86) 『論語』 雍也 21 : 孔子께서 말씀하시길, "지혜로운 사람은 물을 즐기고, 어진 사람은 山을 즐기며, 지혜로운 사람은 움직이고, 어진 사람은 고요하며, 지혜로운 사람은 즐겁고, 어진 사람은 天壽를 누린다."(子曰 "知者樂水, 仁者樂山 ; 知者動, 仁者靜 ; 知者樂, 仁者壽.")

87) 智는 계절로는 겨울에 해당된다. 겨울이 되면 萬物은 그 생명의 근원을 땅속 깊이 감춤으로써 酷寒(陰의 극치)의 시련을 견디어 내는데, 이것을 '貞' 이라 한다. 人道의 '智' 는 天道의 '貞' 에 상응하는 것이다.

<信>(『心齋遺稿』卷1 頁53-54)

寄於四序屬於土	四季節에 붙이면 土에 해당되고,[88]
其在吾人一箇誠	우리 사람에게 있어서는 하나의 참됨일세.
足食足兵民乃立	足食·足兵 이루면 백성이 믿어 존립하나,[89]
無輗無軏孰能行	輗·軏 없으면 누가 능히 행할 수 있으랴?[90]
應酬事物惟循理	事物에 應酬함에 오직 理를 따르며,
交接友朋以敍情	朋友와 交際함에 이로써 情을 펴네.
朴實地頭工做去	朴實한 가운데 工夫를 하면,
學之終始自玆成	학문의 처음과 끝 저절로 여기서 이루어지네.

88) '信'은 五行에 배속시키면 '土'에 해당된다. 그런데 金·木·水·火는 각각 四季節 가운데 한 계절과 상응하나, 土는 四季節의 어느 하나에 배속되지 않고 四季節 전체에 골고루 관여한다고 본다. 이것을 '四季分旺'이라 한다. 같은 맥락에서, 信은 四季節에 골고루 관여하고, 仁·義·禮·智와도 골고루 관여한다고 본다.

89) 『論語』 顔淵 7 : 子貢이 政事에 대해 묻자, 공자께서 말씀하시기를 "糧食을 넉넉하게 하고, 군대를 넉넉하게 하며, 백성들이 믿게 하는 것이다." 子貢이 말하기를, "반드시 不得已하여 버려야 한다면, 이 셋 중에 무엇을 먼저 버려야 하겠습니까?" 공자께서 말씀하시기를, "군대를 버려야 한다." 子貢이 말하기를, "반드시 不得已하여 버려야 한다면, 이 둘 중에 무엇을 먼저 버려야 하겠습니까?" 공자께서 말씀하시기를, "糧食을 버려야 한다. 예로부터 사람은 모두 죽는 것인데, 백성들의 믿음이 없으면 國家는 存立할 수 없느니라."(子貢問政. 子曰 "足食, 足兵, 民信之矣." 子貢曰 "必不得已而去, 於斯三者, 何先?" 曰 "去兵." 子貢曰 "必不得已而去, 於斯二者, 何先?" 曰 "去食. 自古皆有死, 民無信不立.")

<道>(『心齋遺稿』卷1 頁54)

此理如何率性謂　이 理는 어찌하여 '本性을 따름' 이라 말하는가?[91]
當行不可少須隳　마땅히 행할 것은 잠시도 게을리 할 수 없네.
形而上者雖無跡　形而上者는 비록 자취 없으나,
由是之焉各有宜　여기에서 말미암으면 각각 마땅한 바 있다네.
飛躍鳶魚呈妙用　鳶飛魚躍은 妙用을 드러내고,[92]
寒溫裘葛在當爲　추우면 갖옷, 더우면 갈옷이 마땅한 것이네.
箇中莫說他歧惑　그 가운데 다른 길로 迷惑되지 말지니,
大路從來自坦夷　큰 길을 따라 가면 저절로 平坦하네.

---

90) 『論語』 爲政 22 : 孔子께서 말씀하시길, "사람으로서 信이 없으면 그 可함을 알지 못하겠노라. 큰 수레에 끌채마구리(輗)가 없고 작은 수레에 멍에막이(軏)가 없다면, 그것들이 어찌 갈 수 있겠는가?"(子曰, "人而無信, 不知其可也. 大車無輗, 小車無軏, 其何以行之哉?")

91) 『中庸章句』 제1장의 "天命之謂性, 率性之謂道."를 말하는 것임.

92) 『中庸章句』 제12장의 "『詩經』에 이르기를, '솔개는 날아 하늘에 이르고, 물고기는 연못에서 뛰논다.' 고 하였으니, 위와 아래에 理가 밝게 드러남을 말한 것이다.(詩云 '鳶飛戾天, 魚躍于淵' 言其上下察也."를 말하는 것임.

<德>(『心齋遺稿』卷1 頁54)

躬行心得此其本　몸소 행해서 마음에 얻은 것이 그 근본이니,[93)]
吾道不孤必有隣　우리 道는 외롭지 않아, 반드시 이웃 있다네.[94)]
足了一身無待外　한 몸에 충분하여 밖에서 기다릴 것 없으니,
據於三達豈由人　三達德에 근거할 뿐, 어찌 남에게 연유하랴?
毛輶克擧爲治具　털처럼 가벼운 것, 다스림의 도구되고,[95)]
郵速能傳過化神　역말보다 빠른 소문,[96)] 過化存神이로다.[97)]

93) 朱子는 "'德' 이란 '얻음' 이니, 道를 행하여 마음에 얻어진 것을 말한다(德之爲言, 得也, 行道而有得於心也.)"라고 설명한 바 있다(『論語集註』 爲政 제1장, 朱子註 참조).

94) 『論語』 里仁 25 : 孔子께서 말씀하시길, "德은 외롭지 않다. 반드시 이웃이 있느니라."(子曰 "德不孤, 必有隣.")

95) 『中庸章句』 제33장에서는 『詩經』을 인용하여 "德은 가볍기가 털과 같다(德輶如毛)"고 하였음. 즉 '털처럼 가벼운 것' 이란 '德' 을 지칭하는 말이요, '다스림의 도구가 된다' 는 것은 '德治' 를 일컫는 것임.

96) 『孟子』 公孫丑上 1 : 배고픈 사람에게는 먹게 하기가 쉽고, 목마른 사람에게는 마시게 하기가 쉽다. 공자께서 말씀하시기를 "德의 流行은 역말을 두어 명령을 전하는 것보다 빠르다"고 하셨다. 지금의 때를 당하여 萬乘의 나라가 仁政을 행한다면, 백성들은 거꾸로 매달린 데서 풀려난 것처럼 기뻐할 것이다. 그러므로 일은 古人의 半만 되어도 功은 반드시 倍가 될 것이니, 이것은 오직 지금의 상황이 그러한 것이다.(飢者易爲食, 渴者易爲飮. 孔子曰 "德之流行, 速於置郵而傳命." 當今之時, 萬乘之國行仁政, 民之悅之, 猶解倒懸也. 故事半古之人, 功必倍之, 惟此時爲然.)

須到此中全體實　모름지기 여기에 이르면 全體가 참되니,
盍觀終始一維新　어찌 終始를 살펴 한번 維新 않겠는가?[98]

97)『孟子』盡心上 13 : 무릇 君子는 그가 지나가는 곳에는 사람들이 모두 感化되고, 그가 마음속에 보존하는 것은 神妙하여 헤아릴 수 없어서, 위와 아래로 天地와 함께 流行하나니, 어찌 '조금밖에 도움이 되지 않는다' 고 하겠는가?(夫君子所過者化, 所存者神, 上下與天地同流, 豈曰小補之哉!)

98)『大學章句』傳2章에서는『詩經』을 인용하여 "周나라는 비록 오래된 나라이나, 그 命이 새롭다(周雖舊邦, 其命維新.)" 고 하였다. 朱子는 이에 대해 "周나라는 비록 오래된 나라이나, 文王 때에 이르러 능히 그 德을 새롭게 함으로써 그 백성들에게 미쳐서, 비로소 天命을 받은 것을 말한다." 라고 주석하였다. 즉 이 구절은 終始를 살피고 자신의 明德을 밝힘으로써 자신(또는 국가)의 命을 새롭게 하라는 말이다.

<誠>(『心齋遺稿』 卷1 頁54)

實理實心固有底　實理와 實心 모두 固有한 것이니,[99]
天人物我一原中　天 · 人과 物 · 我가 一原 중의 존재일세.
久而無息通微顯　오래도록 쉼 없으면 顯 · 微에 통달하고,[100]
學者不欺貫始終　學者가 저를 속이지 않으면 始終을 관통하네.[101]
四序五行皆此道　四季節과 五行은 모두 이 道이며,
九經三達見眞功　九經과 三達德은 참된 노력 보여주네.
許多事上爲樞紐　허다한 일에 있어 樞紐가 되니,
所以成之只在躬　그것들을 이루는 까닭 다만 내게 달려있네.

---

99) '誠'은 '참된 이치'를 뜻하기도 하고 '참된 마음'을 뜻하기도 하는바, 兩者가 모두 우리 자신에게 固有한 것이라는 뜻임.

100) 『中庸章句』 제26장에서는 "至誠은 쉼이 없다(至誠無息)"고 하였고, '至誠'은 '高明'에 이른다고 하였음. 또 『中庸章句』 제25장에서는 "至誠의 道는 미리 알 수 있으니, (…) 禍福이 장차 이름에 善을 반드시 먼저 알고 不善을 반드시 먼저 아니, 그러므로 至誠은 神과 같다.(至誠之道, 可以前知, (…) 禍福將至, 善必先知之, 不善必先知之, 故至誠如神.)"고 하였음.

101) 『大學章句』 傳6章에서는 "이른바 그 뜻을 참되게 한다는 것은 스스로를 속임이 없는 것이니, 惡臭를 미워함과 같이 하며 好色을 좋아함과 같이 하는 것으로서, 이것을 '自謙(自慊)'이라 한다.(所謂誠其意者, 毋自欺也, 如惡惡臭, 如好好色, 此之謂自謙.)"고 하였고, 『中庸章句』 제25장에서는 "誠은 事物의 終始이니, 誠이 아니면 사물이 존재할 수 없다.(誠者物之終始, 不誠無物)"라고 하였음.

<敬>(『心齋遺稿』卷1 頁55)

相傳聖學徹頭尾	서로 전한 聖學은 首尾를 관철하니,[102]
把竪工夫最喚醒	工夫하는 방법은 '불러 깨움' 으뜸일세.[103]
抵敵千邪持戰戰	온갖 邪와 맞서려면 戰戰兢兢해야 하니,
消磨百慮自惺惺	잡된 생각 털어내고 스스로 惺惺하라.
操存直内神明凜	操存하여 안을 곧게 하면 神明이 凜凜하고,
涵泳在中警覺靈	涵泳하여 안에 있으면 警覺이 神靈하네.
勿貳勿參常主一	둘 · 셋으로 흩어지지 않도록 항상 主一하여
在茲念念在茲銘	이곳에서 생각하고, 이곳에 새길지어다.

---

102) '敬' 은 聖人들께서 서로 전한 心法으로서, 聖學의 처음과 끝을 관통한다는 말. 朱子는 "敬이라는 한 글자는 바로 聖學의 始終을 貫通하는 要法이다." 라고 한 바 있다(『朱子大全』 卷55 頁27, 〈答符舜功〉 : 敬之一字, 乃聖學始終之要.).

103) '불러 깨움' 이란 '자기가 자기를 불러 깨우다' 는 뜻이다. 謝上蔡는 '敬' 을 '늘 깨어있음(常惺惺法)' 으로 설명했는데, 朱子는 瑞巖僧의 例를 들어 이것을 설명했다. 瑞巖僧은 매일 스스로 "主人翁은 깨어 계신가?" 라고 묻고는, 스스로 "깨어 계신다." 라고 대답했다고 한다(『心經附註』 卷1 頁15 참조).

<忠>(『心齋遺稿』卷1 頁55)

主宰中心自盡己	中心을 主宰하여 스스로 極盡할 것이니,
工夫到底只如斯	工夫는 결국 다만 이와 같이 할 뿐.
吾謀人處宜无妄	남을 위해 도모할 때 함부로 함 없게 하고,[104]
臣事君時且勿欺	임금을 섬길 때엔 또한 속임 없게 하라.[105]
學者關河方有守	學者의 關河[106]는 바야흐로 지킴이 있고,
身之甲冑自相須	몸의 甲冑는 저절로 相須하네.
許多道理求諸實	허다한 道理는 참됨에서 구하는 것,[107]
自我而觀便在玆	나로부터 살피면 문득 여기 있다네.

104) 曾子는 "나는 하루에 세 가지로 나 자신을 반성하노니, '남을 위해 일을 도모함에 忠하지 않았던가?', '벗과 사귐에 信義가 없었던가?', '선생님께 배운 것을 익히지 않았던가?' 이다."라고 하였는데(『論語』學而 4 : 曾子曰 "吾日三省吾身, 爲人謀而不忠乎? 與朋友交而不信乎? 傳不習乎?"), 心齋는 여기서의 '忠'을 '眞實无妄'으로 설명하는 것이다. 즉 心齋는 '忠'과 '誠'을 같은 맥락으로 설명하는 것이다.

105) 孔子는 "臣下는 忠으로 임금을 섬긴다."고 하였는데(『論語』八佾 19 : 定公問 "君使臣, 臣事君, 如之何?" 孔子對曰 "君使臣以禮, 臣事君以忠."), 心齋는 여기서의 '忠'을 '毋自欺'로 설명하는 것이다. 역시 心齋는 '忠'과 '誠'을 같은 맥락으로 설명하는 것이다.

106) 關河 : 函谷關과 潢河. 곧 험난한 關門과 건너기 힘든 江.

107) 心齋는 '眞實无妄'·'毋自欺'·'實' 등으로 '忠'을 설명하는바, 이것들은 모두 '自己의 眞實性'을 바탕으로 '他人에게 最善을 다하는 것'이다.

<恕>(『心齋遺稿』卷1 頁55)

道果遠哉本不遠　道는 과연 멀리 있는가, 본래 멀지 않도다.[108)]

此心推去與之俱　이 마음을 미루어 나가 그와 함께 하는 것.[109)]

一言可以終身者　終身토록 행할 수 있는 한 마디 말이니,[110)]

絜矩能令爲國乎　絜矩之道는 나라를 다스림에 충분하네.[111)]

己欲立時人亦欲　내가 서고 싶을 때 남 또한 서고 싶고,[112)]

我無怨處物惟無　내가 원망 없는 곳에 남도 원망 없는 것.

充然皆有同春意　이 마음 확충하면 모두 함께 봄 뜻 지니니,[113)]

這箇眞功學者符　이 참된 공부는 學者의 符節일세.[114)]

---

108)『中庸章句』제13장 : 道는 사람에게서 멀지 않다. 사람이 道를 실천하면서 사람에게서 멀게 한다면 道라 할 수 없는 것이다.(道不遠人, 人之爲道而遠人, 不可以爲道.)

109) 朱子는 '恕'를 '推己及人'으로 설명했는바, 자기의 마음을 미루어나가 자기와 남을 같은 원칙으로 대하는 것이 '恕'라는 말임.

110)『論語』衛靈公 23 : 子貢이 묻기를, "한마디 말로 終身토록 행할 만한 것이 있습니까?" 공자께서 말씀하시기를, "그것은 '恕'일 것이다. 자기가 원치 않는 일을 남에게 베풀지 말지니라."(子貢問曰 "有一言而可以終身行之者乎?" 子曰 "其恕乎! 己所不欲, 勿施於人.")

111)『大學章句』傳10章 : 이른바 平天下가 그 나라를 다스림에 있다는 말은, 윗사람이 老人을 老人으로 공경함에 백성들이 孝에 興起되고, 윗사람이 어른을 어른으로 대우함에 백성들이 弟에 興起되며, 윗사람이 孤兒를 구휼함에 백성들이 배반하지 않는 것이다. 그러므로 君子는 絜矩之道가 있는 것이다.(所謂平天下在治其國者, 上老老而民興孝, 上長長而民興弟, 上恤孤而民不倍, 是以, 君子有絜矩之道也.)

<揭示心齋名義>(『心齋遺稿』卷2 頁51)

無中含有以心名　無 가운데 有를 머금어, '心' 이라 이름하니,
靜裏斯齋不自輕　고요한 가운데 이 齋는 스스로 가볍지 않도다.
道集虛靈當室白　道는 虛靈한 곳에 모여, 비운 마음 밝아지고,
志由眞一本原明　뜻은 참된 하나에 말미암아, 本原이 밝도다.
且看義理窮新得　또한 義理를 살펴, 새로운 뜻을 터득하고,
須向工夫踐古程　모름지기 工夫를 향해 옛 工程을 밟아가네.
獨立孔門顔氏訣　孔門에 우뚝 선 顔子의 旨訣이여.
昭昭千載日星呈　천년 동안 밝게 빛난 해와 별이 드러나네.

112) 『論語』 雍也 28 : 무릇 어진 사람은 자기가 서고 싶음에 남도 설 수 있게 하고, 자기가 영달하고 싶음에 남도 영달할 수 있게 한다. 능히 가까운 데서 취하여 깨달을 수 있으면 仁을 실천하는 방법이라 할 수 있다.(夫仁者, 己欲立而立人, 己欲達而達人. 能近取譬, 可謂仁之方也已.)

113) '봄 뜻' 이란 '봄이 만물을 蘇生시키는 마음' 으로서, 곧 '天地의 어진 마음' 을 뜻한다. "이 마음 확충하면 모두 함께 봄 뜻 지닌다."는 말은 '恕가 곧 仁을 실천하는 방법' 이라는 말로서, "능히 가까운 데서 취하여 깨달을 수 있으면 仁을 실천하는 방법이라 할 수 있다."는 말과 같은 맥락의 뜻이다.

114) 學者들은 '恕' 를 '자신의 행동원칙' 으로 삼아야 한다는 뜻.

索引

ㄱ

感而遂通 378~379, 394
格物 27, 238, 245, 255, 257~261, 263~265, 268~270, 272, 274, 276~277, 297~298, 324~325, 334, 371
格物致知 154, 253, 257, 267~269, 296~298, 311
戒懼 46~47, 54~61, 67~68, 220~221
繼述 25, 123, 125, 130~131, 236~237, 279
戒愼 54, 56~57, 59
困知勉行 147, 157~158, 160
恐懼 47, 54, 56~57, 59, 268, 303, 310, 312, 314
郊禘 136~137
九經 121, 138, 141, 150~152, 239, 318, 391, 408
口耳之學 13~14
鬼神 16~17, 22, 26, 46~48, 102, 112~119, 156, 181, 201~204, 297~298, 394
謹獨 46~47, 57~58, 60~61, 68, 220~221, 324
氣 14~16, 32, 42, 48~50, 52, 66~67, 91, 95~96, 112~117, 147, 163, 165, 183, 188~189, 217~219, 231, 241~244, 375~378, 382~384, 392~395, 397
氣之發 66
氣質之性 162~164

ㄴ ㄷ

能得 245~248, 251, 253~256, 273, 288
達德 119, 121, 150~151
達道 66, 119, 121, 144, 150~151, 378~379
達孝 25, 128
大德 122, 209~211, 214~217, 398
大一統 196
道問學 26, 190~191, 193, 204~205, 267
道不遠人 103~104
道心 39~42, 129, 379~382

ㅁ

萬殊 211, 217, 238~239, 391
明鏡 14, 219~220, 264, 393
明德 74, 240~246, 249, 253~255, 261, 263, 267, 281~283, 285, 295~296, 301, 352, 379, 407
明明德 238, 240, 242~245, 249, 255, 266, 282~285, 295~296, 378~379
無心之病 312
無爲而治 230
毋自欺 219, 275, 301~303, 394, 408, 410
物格 30, 244~245, 254~255, 258~262, 272~277, 298~299
物理之極處無不到 30, 259, 272, 276~

277
勿忘 99~100, 313, 325
物我一理 259, 298
勿正 99~100, 313, 325
勿助長 99~100, 313, 325
未發 44~46, 54, 56, 61~65, 67~68, 89, 233, 263, 378, 394

ㅂ

竝育竝行 207~209, 211, 217
復其性 126, 227, 229
復其初 227, 229, 375~376
本末 122, 162, 169, 206~207, 246, 251~253, 255~256, 277~279, 294~296, 326, 386
本然之性 163~164, 396
本原 14, 17, 49~50, 56, 241, 243~244, 257, 293, 296, 298, 412
敷施發用 378~379, 395
父作子述 123~124
不踰矩 27~28, 370~371
不害不悖 207~209, 211, 217
費隱 46, 90, 95, 100, 119~120, 138, 186

ㅅ

四端 64~67, 147~148, 239, 250, 298, 380~381, 390, 397, 400, 403
四勿 164~165
私欲 17, 40~42, 191, 384
詞章 13~14, 385~386
四情 66
四七論辨 12
三綱領 27~28, 30, 151, 242~243, 249, 253, 280, 295~296, 388
三貴 164~165
三達德 20, 22, 88, 94, 146~147, 239, 242~243, 391, 403, 406, 408
相須 21, 76, 85, 235, 241~242, 248~249, 285, 309, 375, 382, 410
相資 70, 85, 152, 245, 309
索隱 90~92
生知安行 78~79, 145~147
恕 32, 104~107, 155, 217, 333~334, 341~342, 360, 411~412
西銘 339
先後本末 27, 30, 253
性善 161, 228, 239, 390
誠意 27~28, 192, 219, 258, 261, 263, 265, 267~271, 275, 280, 297~298, 301~304, 307~309, 311, 315, 324~325, 329, 334, 371~372
盛貯該載 378
省察 32, 56~58, 282, 317, 377
成化(감화를 이룸, 감화시킴) 327~328, 340~341
所當然 67, 264~265
小德 209~211, 214~217
昭穆 115, 131~133, 137
所以然 264~265, 298, 392
小學 32~33, 232~234, 240, 243, 257, 301
損益 195, 198
修身 27~28, 32, 121, 149~153, 269, 271, 277~278, 280, 296, 303, 308~309, 312~313, 315, 318, 323~325, 327, 334, 371~372
守拙 17~19
順推 260~262, 269

述而不作　197
時措之宜　176, 190
時中　43~44, 62, 72~73, 89, 189~190
愼獨　59, 302~303, 306, 350
神明　14~15, 29, 165, 201, 229, 394, 403, 409
新民　28, 151, 238, 240, 242~245, 249, 253~255, 280, 285~286, 295~296, 352
實理　23, 118~119, 156, 162, 170~173, 189~190, 212~216, 282, 304, 408
實心　23, 174, 189~190, 304, 408
心廣體胖　307~308, 330
心統性情　229, 378~379
心學　12, 38, 379, 381

ㅇ

夜氣　375~377
如保赤子　328~330
逆推　260~262, 269
力行　32, 147~150, 156~157, 291
鳶飛魚躍　99, 405
禮樂　51, 122~124, 136~137, 151~152, 231
五僻　303~304, 307~308, 318
溫故知新　192
畏敬　269, 304, 317~318, 320~321, 394
有心之病　312
惟精惟一　12, 40~41
爲己之學　23, 118
位育　69
陰陽五行　48~50, 96
義外說　385, 401
理　22~23, 29~30, 42, 45~46, 48~50, 52~55, 57~58, 62~64, 67, 71, 79, 81, 92, 96, 100, 103, 112~115, 118~119, 142, 147, 156, 166~172, 174, 176, 183, 188~189, 193, 202~204, 218, 222, 229, 234, 241~244, 258~259, 264~265, 277, 298~299, 329, 344, 350~351, 378, 380, 386, 392, 394, 397, 403~405
理到說　30, 273
已發　39~40, 44~46, 56, 65, 67~68, 89, 264, 282, 378, 394
理一分殊　339, 391, 396
理主氣資　11
理之發　66
人能弘道　103
人道　22, 26, 155~156, 204~205, 330, 403
人心　39~41, 70, 116, 128~129, 140~141, 218, 244, 356, 364, 375, 378~382
人欲　40~42, 60, 170, 220~221, 375~377, 380~381
一理　23, 46~47, 50, 67, 103~105, 114, 218, 222~223, 238~239, 259, 297~298, 331, 339, 391, 396~397
一本　17, 217, 391, 412

ㅈ

財成輔相　69
寂然不動　378~379, 394
專言　48, 113, 119, 139, 142
專言之仁　139, 144~145
正心　27~28, 99, 192, 258, 261, 267, 269, 271, 277, 280, 303, 308~309,

311, 315, 320~321, 324~325, 334, 371~372
整齊嚴肅 56, 289~290, 394
齊家 27~28, 269, 280, 296, 322~327, 334, 336~338, 343, 371
周禮 197~199, 205, 364
主一無適 289, 394
中和 60, 68, 70, 102, 223, 231, 379
中和位育 69
尊德性 26, 190~191, 193, 204~205, 267~268
存心 191~193, 238, 282, 313, 396
存養 32, 56~58, 68, 219, 238
尊賢 71, 121, 140~141, 143, 402
宗廟 116, 120, 131~133, 135~137
坐馳 16~17
主敬 240, 301
知覺 14~15, 40, 42, 103, 229, 379~380, 394, 403
持敬 219
至誠無息 97, 176~177, 184, 207~208, 408
止於至善 238, 240, 242~243, 245, 249, 284, 286~288, 292, 352
知至 98~99, 244~245, 250, 254~255, 258, 260, 271, 273~276, 298~299, 302, 308
知止 29, 244~257, 273, 286, 288
知恥 147~150
知行 74, 76~77, 85~86, 192, 245, 291~292, 309
盡己 105, 107, 175~176, 334, 361, 410
盡性 103, 161~162, 209, 227
眞實無妄 97~98, 170, 275, 394
眞知之知 142

ㅊ

錯簡 29, 251~252
着意 67, 99
滄浪歌 81
天道 22, 26, 155~156, 204, 403
天理 29, 40~41, 66~67, 99~100, 104, 128~129, 220~221, 229~230, 244, 253~254, 329~330, 368, 375, 377, 381, 402
體信達順 212~213
體用 42, 99~101, 138, 154, 169~170, 174~175, 222, 234, 241, 285, 312, 316, 362, 392
體用一源(體用一原) 47, 174, 392
推己 105, 334, 340, 342, 346~347
推行(미루어나감) 323~324, 327~328, 340~341
忠 32, 105~107, 155, 217, 282, 288, 326, 334, 361~363, 410
忠恕 104~105, 155
聚斂 367, 369~370
治心之學 18
治國 27~28, 135, 261~262, 267, 269, 274, 278, 280, 296, 325~327, 334, 336~338, 343, 348, 352~353, 362, 371
致中 60, 68
致中和 67~68, 378~379
致知 27~28, 32, 156~157, 191~193, 238, 245, 255, 258~261, 263~265, 268~269, 271, 274~275, 280, 291, 297~298, 301~302, 308~309, 324~

325, 334, 371
致和 60, 68
親親 71, 121, 140~141, 402
七情 66~67, 378, 393, 397

ⓣ

太極 23, 193, 222, 375~376, 392
太極圖說 43, 96
擇善固執 157~158, 160
通塞 50
通書 43

ⓟ

八條目 27~30, 192, 253, 261, 266, 269, 280, 295~296, 323, 334, 370~371, 388
偏言 139, 142, 145
偏言之仁 139, 144
偏全 50, 142, 163
平天下 27~28, 87, 238, 240, 267, 269, 274, 278, 280, 309, 324, 327, 334, 343, 348, 350, 352~353, 357, 362, 367~368, 371, 411
稟賦 49~50, 243~244, 393

ⓗ

學知利行 145~147, 157~160
涵養 13, 56, 154, 219, 238, 257~258, 282, 296, 298, 378~379, 389
合內外之道 174, 259, 298
虛靈 17, 42, 241, 243~244, 378~380, 394, 412
虛室生白 13~14, 16~17
顯微無間 46~47, 392
絜矩之道 27, 240, 328, 340~342, 347~349, 363, 371, 411
絜而矩之 341~343, 345, 347
絜之以矩 341~343, 345, 347
形而上 95, 395, 405, 392, 396
形而下 95
刑政 51, 151~152
互發論 11
浩然之氣 100, 313, 325, 382~384
好學 147~150, 248
孝弟慈 326~327, 331
訓詁 13, 386
焄蒿悽愴 116~117
恰好 243, 292
恰好底道理 67, 87
喜怒哀樂 61~65

心齋遺稿

庸學辨疑

中庸辨疑

序文

○人心之先於道心者蓋人心危險易蕩而難制道心微妙易昧而難見故聖人教人必先從危險難制處裁節防閑使微妙難見者擴充宣著以其用工之緩急言之也

○人心道心皆就已發處言故精一執中皆因其發而加工之事未說到靜時工夫如程林隱心學圖曰人心卽覺於欲者道心卽覺於義理者這箇覺字卽發字之義也觀於此則可知其人心道心之爲已發

事也

○中不可執而精一便是執之工夫蓋聖人義精仁熟非有意於執中而自然無過不及故有執中之名而實未嘗有所執也

○人心惟危這箇人心亦可以人欲言之乎不可以人欲言之乎程氏遺書有言人心私欲道心天理朱子初從其說而及其晚年改定其說以爲人心流於不善然後始謂人欲觀乎此則人心未便是人欲而到不知所以治之方說得人欲然舜禹授受之際所以謂人心私欲者非若衆人所謂私欲者也但微有一毫把捉底意思則雖是道心之發見而終未離人心之境所謂動以人則有妄旣曰有妄則非私欲而何須是都無此意思自然從容中道方純是道心也

○心之虛靈知覺一而已矣所謂心者指理而言乎指氣而言乎夫人之生也得天地之理以爲性又得天地之氣以爲形理與氣合所以爲虛靈知覺則所謂心者兼理氣而言

○勿齋程氏曰虛靈心之體知覺心之用此說固然矣然虛靈知覺皆兼體用而言

○大學序言河南程氏兩夫子出而有以接乎孟氏

之傳云云此序言程夫子兄弟者出得有所考以續夫千載不傳之緖云云程子之前周子作通書圖說等書始傳千載之緖則庸學序只言兩程而不言周子者抑何義蓋河南夫子爲能拈出庸學二部於戴記玉藻等諸篇之中表章之功於庸學又有大焉所以只言兩程而不言周子也

篇題

○中者不偏不倚無過不及之名中庸之名篇本是取時中之中則宜可以先言無過不及而其所以先言不偏不倚者何也名篇之義雖是取時中之中而

所以能時中者盖有那未發之中而有此未發之中然後方可以做君子之時中則此非所以先言不偏不倚者乎

○程子曰不偏之謂中不易之謂庸朱子則於不偏下足了不倚無過不及六字而又以平常換不易者何也單舉不偏二字已兼未發已發而足了不倚等六字亦不過未發已發而已矣訓以不易已包平常之義而平常故不易則換以平常亦是不易之義也

○中者天下之正道庸者天下之定理何其於中而言道字於庸而言理字耶道是總括之名理是條目

之謂而緊要都在於正字定字上盖以正字與中字合定字與庸字合然其必於中而言道於庸而言理者豈無以哉夫道者只是率性之謂而謂之道則自是流行底物事故未發之中與已發之中由寂而感由感而寂循理相代隨時合宜者無非循其性之自然而流行於日用間者也其必曰道者非以是耶理者只是當然之謂而謂之理則實是有定體底物事故無論未發已發其所以常常如此者皆是當然而有定體者也其必曰理者非以是耶

○放之則彌六合卷之則退藏於密盖費隱二字包盡乎其義也費是用之廣也隱是體之微也語其大則天下莫能載焉語其小則天下莫能破焉如鳶魚之活潑萬物之發育言道之極於至大而無外也所謂放之則彌六合也鬼神之不見禮儀之三百言道之入於至小而無間也所謂卷之則退藏於密也其他溥博如天之訓戒懼謹獨之工皆所以摸狀乎顯微無間之妙而放彌六處由體而達於用退藏密處由用而歸於體是道也散之爲萬事合之爲一理方其已發天地亦做不盡也及其未發絲毫亦無間隔也放彌六退藏密者一言以盡之費而隱而已

第一章

○天命之性夫天專言之則道也以形體謂之天以性情謂之乾以主宰謂之帝今於命性之上不曰乾曰帝而必曰天者何也盖命性主乎理而所謂天者理而已矣

○天以陰陽五行化生萬物氣以成形而理亦賦焉天命之性專以理言者也今曰天以陰陽五行云云者却似雜氣而言者何也性卽理也而人物稟生之初氣不得不與於其間也所謂理者不是懸空底物事而其於賦物爲性之際非氣則亦不能使之凝聚

成形而爲所賦與之地故將釋天命之性而推其所以流行造化之實則夫所謂陰陽五行者自不得不提說然始焉以天而主之終焉以理而結之則其謂專以理言之者於此可見而豈可以提說二五之故便謂其雜氣而言耶

○天以陰陽五行化生萬物則先言理而後言氣也氣以成形理亦賦焉則先言氣而後言理也何也若論本原則卽有理然後有氣若論稟賦則有是氣而後理隨以具故天以陰陽五行一條先言理而後言氣者以其論本原則有理而後有氣者也天卽理而

陰陽五行氣也氣以成形一條先言氣而後言理者以其論稟賦則有是氣而後理隨而具者也氣則陰陽五行而理卽天之所賦也

○天命之謂性率性之謂道性具健順五常之德道爲日用當行之路則在人固然而在萬物亦可謂具是德行是路乎萬物各具一理而萬理同出一原則人物雖有通塞偏全之不同而其曰天命率性則人與物初無間隔而所謂德所謂道者未嘗不在是也以此推之則健順之德當行之道物物莫不有焉耳

○修道之敎曰若禮樂刑政之屬是也其釋修道之敎則當以心言之而今以禮樂刑政言之者何也盖禮樂心之發也刑政心之推也樂記曰樂以治心禮以治躬則纔說禮樂刑政心在其中也

○盖人知己之有性而不知其出於天知事之有道而不知其由於性知聖人之有敎而不知其因吾之所固有者裁之也故子思於此首發明之而董子所謂道之大原出於天亦此意也性道敎三者通人物而言之則於此只言人而不言物者何也性道敎三者雖曰人物之所同而但於人較詳於物較略於人較多於物較少則章句所以只言人一邊而闕却物

一邊者盖實以人爲主也

○率性之道修道之敎兩道字微有不同上道字兼人物無輕重之可言而下道字於兼言之中轉移人事上較重矣盖率性之道言其人物同得之理而人率人之道物率物之道也修道之道言其人物不齊之氣而使之修之而品節之者乃聖人之敎也

○上段兼言性道敎三字而下段只曰道也者不可須臾離也不言性敎而單擧道字者何也盖性道敎之三言乃是一篇之綱領而道之一字又爲三言之綱領則下段所以單擧道字者以示其道重於性敎

也

○道也者不可須臾離也可離非道也然則衣食作息視聽擧履皆可謂之道歟朱子詩曰如何率性名爲道隨事如由大路行夫道之得名正以其日用當行之路而衣食作息視聽擧履只是物也物之理乃道也固不可將物喚做道而若便指物以爲道則是認欲爲道也

○戒愼乎其所不睹恐懼乎其所不聞不睹不聞之際當以何時節看得也當其未發未有睹聞之事而亦有睹聞之理盖人雖至靜之中耳未嘗聾目未嘗瞽有可睹可聞之理而無所睹所聞之事則卽其所未及睹聞之時吾所以戒懼者元不是驚惶震懼而但常要提起此心而已其所以提起此心者亦不是大段着力但常若有所敬畏云爾則不睹不聞之時不是閉耳合眼時也只是事物未形時也以此推之不睹不聞之旨謂全無所睹全無所聞則只是昏氣用事何以立天下之大本乎當此之時雖事物之接於耳目者耳不及聞目不及見而其見聞之理則愈益炯然瞭然常在心目之間矣

○君子持守之工不睹不聞之時僅能戒懼而所睹所聞之時不能戒懼乎君子之道無所不在無時不然雖當事物旣往思慮未萌而日用之間須臾之頃常存敬畏亦不敢忽則不睹不聞之時這箇敬也所睹所聞之時這箇敬也旣曰道不可離則君子戒懼之工自所睹而至於所不睹也旣曰可離非道則自所聞而至於所不聞也非謂不睹不聞然後有此戒懼之工也

○戒懼是未發工夫則亦可以涵養義理言之乎盖纔知義理便是已發而當此之時有義理之本原無義理之條件只是主宰乎敬而提撕警覺管攝乎心而整齊嚴肅此謂涵養工夫則可也謂涵養義理則不可也

○戒愼不睹恐懼不聞卽爲謹獨之意而朱夫子以戒懼謹獨分爲兩事者何也戒懼是存養之事而靜時工夫謹獨是省察之事而動時工夫則朱子分爲兩事者以其主乎靜主乎動也況不睹不聞者己之不睹不聞也獨者人之不睹不聞也其義不容不二耳

○先儒以戒懼爲靜時工夫以謹獨爲動時工夫然則靜不能動而動不能靜乎觀於大易坤復二卦可

知其戒懼謹獨之分屬動靜而靜未嘗不動動未嘗不靜也盖未有聞見而已有能聞能見之理者坤不能無陽也已有聞見而未有可喜可怒之著者復可見其心矣寂然無爲之中乘機流行之理具焉則靜中之動也乘機流行之中寂然無爲之妙存焉則動中之靜也故曰動靜無端陰陽無始而純陰閉塞之坤靜不爲無動也潛陽回斡之復動不爲無靜也則戒懼謹獨之通貫動靜亦猶坤復之互相循環者乎

○此章兼言存養省察工夫而大學則只言省察工夫者何也中庸是聖人成德之書則兼言存省而用

工於動靜上也大學是初學入德之門則只言省察而加謹於動處上也

○戒懼一節或以爲通動靜工夫或以爲主靜工夫者何也盖戒懼固當通動靜說又當專就靜處說君子修己之功自其所睹所聞至於不睹不聞無時而不戒懼則此戒懼所以通貫動靜也若於不睹不聞上只能戒懼而與愼獨之加謹於動處者相對則戒懼又自爲主靜工夫矣

○莫見乎隱莫顯乎微故君子愼其獨也獨者人所不知而己獨知之處則何以謂之莫見乎隱莫顯乎微也人不知之而己獨知之則這箇獨知之處便是見顯之機也盖人所不睹可謂隱矣而心獨知之不亦見乎人所不聞可謂微矣而心獨聞之不亦顯乎幽暗之中細微之事雖人之所不睹所不聞而其幾旣動則必將呈露於外而不可掩昭著於中而不可欺其爲見顯孰加焉

○戒懼屬之於何處謹獨屬之於何處耶如欲甚工夫則用何道耶戒懼是體統上做工夫屬乎致中工夫謹獨是切緊處加工夫屬之於致和工夫而敬者聖學之所以成始成終也戒懼謹獨不出乎敬之一

字則戒懼是幾未動而敬也謹獨是幾已動而敬也

○喜怒哀樂未發之中在聖賢則固然而在衆人亦有未發底氣象乎人受天地之中以生則無論聖人與衆人莫不有這箇未發之中也故語類曰未發之中只是泛論衆人亦與聖人都一般觀乎此則衆人亦有未發底氣象然在聖賢則喜怒哀樂未發固是爲未發之中而在衆人則亦不能無昏昧放逸之失而不得爲未發矣是故張南軒以爲衆人無未發之時朱子謂此語分別賢愚之間似太甚然所謂無者非謂本無此理但物欲交引無復澄靜之時耳以此

推之則衆人雖有未發之中豈與聖人一般也

○無所偏倚故謂之中中是不偏不倚無過不及之名而於此只曰無所偏倚而闕了無過不及者何也中有未發之中中有時中之中此乃釋未發之中故單擧無所偏倚四字而喜怒哀樂渾然在中未有偏倚過不及之差則纔說無所偏倚而無過不及自在其中也其下又曰無所乖戾故謂之和則所謂無所乖戾者非無過不及之義乎

○喜怒哀樂未發之時曾有耳無聞目無見否旣曰未發之謂中則當中之時有見聞之理無見聞之事

故程子曰若無事時耳須聞目須見朱子曰至靜之中但有能知能覺者而無所知所覺之事以二說推之則未發之時不可謂之無能見能聞之理也亦不可謂之有所見所聞之事也如古人所以祭祀時前旒蔽明黈纊充耳者雖曰欲其不得廣視雜聽而非以是爲全廢其聰明一無見聞也

○喜怒哀樂之發而皆中節謂之和子思於此不言惻隱羞惡等四者之爲情而特言其喜怒哀樂之爲情者何也和之一字在喜樂固然而在哀怒亦可以言之乎子思之論性發而爲情也不言惻隱等四者而必言喜怒等四者以明夫喜怒哀樂之旣足以該四端而又切於位天地育萬物之功也至於喜樂固是和也哀怒亦是和也怒者喜之反也哀者樂之反也則哀也怒也非有如喜樂之爲和而哀無所乖戾怒無所偏倚則其哀也其怒也當於和而已

○釋中字曰其未發則性也然則中固謂之性乎中所以狀性之體段而猶天之圓地之方故此謂天圓地方則可也謂方圓足以盡天地則不可也盖喜怒哀樂四者未發當此境界卽是人生而靜處則朱子指此爲性而其發則爲情也非以中爲性也

○此章旣以中節之和爲天下之達道而九經章又以五倫爲天下之達道者何也章句曰達道者循性之謂然則達道之道與率性之道同乎否乎指其性分之所固有而有四情之名指其職分之所當爲而有五倫之名而其實四情之發皆中節卽五倫之達道也性道之道字對言乎性敎而爲義理之名目達道之道字對言乎大本而爲和字之名狀則達道之道雖是率性之道而亦豈無差殊之可言乎

○此章七情以愛惡言之孟子四端以羞惡言之兩箇惡字微有不同盖四端理之發也七情氣之發也

則愛惡以形氣而言之羞惡以天理而言之耳
○以未發謂之中以已發謂之和則未發已發亦無内外之分乎盖未發時在中已發時在外而但發皆中節則卽此在中之理發形於外如所謂卽事卽物無不有箇恰好底道理是也然則未發之中已發之和豈非内外交相養之道乎
○釋致中和曰致者推而極之也和可以推極而中何以推極也致中之工纔着意矜持則已涉已發而所謂推而極之者亦只是略略地喚做戒懼之工也章句所謂約之二字只是釋一致字而約之則存養

之工益密矣
○中和兩段統而言之則致中和者皆可以位天地育萬物而若就之其中分而言之則天地之位本於致中萬物之育本於致和各有脈絡不可亂耳
○中和位育之功初非學者之事而於此言之者何也盖中和位育之功初非始學之所當爲而幼學壯行者不可不預究財成輔相之道則位育之功必講於學者立志之初也是何異於烏之數飛終必冲虛川之不息竟至于海者乎

第二章

○釋中庸曰精微之極致也盖中庸之道存諸中未有倚着一偏之患發於外未有過與不及之差循乎本分事皆平常如天命之性率性之道修道之教亶在其中而日用間許多道理從此出焉則豈非精微之極致乎
○中和中庸各有名目則不可以内外分而言之乎以性情言之則曰中和而旣曰性情非内乎以德行言之則曰中庸而旣曰德行非外乎中和者是人心本然之德也而這箇本然處卽内工夫也中庸者乃天下當然之則也而那箇當然處卽外工夫也致中

和時亦有踐中庸底事踐中庸時亦有致中和底意而工實相資義實相貫則庸非所謂内外交相養之道乎
○仲尼曰君子中庸仲尼祖述堯舜首末言仲尼而其他章皆稱子曰者何也夫子之道與德天下萬世莫不尊親故尊之而稱子親之而稱仲尼者亦其理之宜也所謂賢其賢而親其親者又豈獨後王之於前王而已耶
○君子之中庸也君子而時中也以聖人之事論之如大舜之不告而娶周公之誅管蔡孔子之以微罪

行亦可謂時中之道乎盖道之所貴者中也中之所貴者權也如大舜之不告而娶處變而不離乎正周公之誅管蔡以私而不害乎公孔子之以微罪行見幾而不彰君失則此三聖人之事無非時中之道也

第三章

○中庸其至矣民鮮能久矣朱子曰論語無能字論語之無此章能字則章句特書之而此章之無論語之爲德也四字則置而不論者何也論語之無此章能字則章句所以特書者盖以一能字最有力於中庸而此章之無論語之爲德也四字則置而不論者

亦以這箇四字不關於有無故耳

○以中庸之至德而謂之民鮮能者何也只言民鮮能而不言勇工夫者又何也朱子詩曰過與不及摠非中離却平常不是庸二字莫將容易看只斯爲道用無窮夫中庸之道不可容易說得而急些子便過慢些子便不及則中庸之德爲至而惟民氣質偏故鮮能知能行則中庸之道不可容易說得也大學之克明德是兼知行說而克訓曰能而克亦有勇意思則中庸二字就知行上說而旣曰鮮能則這箇能字非勇字之意乎

○中庸其至矣乎擇乎中庸以中庸之至而亦有擇之者乎中庸之至德本無可擇而過與不及皆非中故必着擇之一字則擇乎中庸擇而合乎中庸也

第四章

○道之不行也我知之矣知者過之云云知愚屬知賢不肖屬行而聖人以道之不行爲由於知愚之過不及以道之不明爲由於賢不肖之過不及必交互說去者何也下段繼之曰人莫不飮食也鮮能知味也獨言知而不及行者何也知無無行之知行無無知之行而曰知曰行不可闕一則所以互換說去者

以示夫知行相須之義也行道者必以明道爲先則未有知之明而不能行者也其於知字雖或單行說去而行未嘗不在是也

○賢知之過似若勝於愚不肖之不及而皆以不行不明言之者何也孔子曰過猶不及盖道以中庸爲至則賢知之過雖若勝於愚不肖之不及而其失中則一也

第五章

○道其不行矣夫先知後行者君子之功則宜若先言不知之端後言不行之端而單言其不行者何也

惟其不知是以不行故以道其不行之言繼之則不行之訓承上章鮮能知味之知而言也

第六章

○舜之大知專以知言而必以用中言之者何也知如大舜旣曰用中則以其知行之兼備也盖知旣至則行亦隨焉知而不能行者非眞知故此章專爲知而發而兼言用中者以明行之至者以知之眞也

○舜其大知也與好問而好察邇言其斯以爲舜乎舜之好問已知而問之乎未知而問之乎不曰其斯以爲大知而必曰其斯以爲舜乎者何也大知指側

微之時而言乎指天子之時而言乎生知安行舜之知也而惟其閭巷細微之事芻蕘淺近之理雖聖人亦有所不知則好問好察不是已知而故問也只是未知而實問也正如帝堯廣運之德而必曰舍己從人夫子天縱之聖而必曰問禮問官則帝堯孔子之事亦有雖知而未能自信必取質于人也而若云其斯以爲大知則只是舜之靠於此而成其大知也今云其斯以爲舜乎則可見大知是舜之自有底物也不曰其斯以爲大知而必曰其斯以爲舜乎者此也側微之時這箇知也天子之時這箇知也舜之大知是乃終身之事而不必爲天子之時方見其爲大知也然觀其用中民一句則爲天子之時益見所用之潤則益見不自用而取諸人之廣矣

○好察邇言何關於大舜之道而必以是言之歟孔子聞孺子滄浪之歌而曰小子聽之清斯濯纓濁斯濯足盖滄浪之歌常言俗語也聖人聲入心通無非至理而陳氏以爲孔子耳順之驗則舜之好察邇言亦猶是也言雖至近而至理寓焉人之所忽而舜必好察則非洞見道體精粗無差別不能然也

○舜之知自是聖人事而其與顔子之仁子路之勇

竝稱者何也大舜之聖道德兼備萬善具足則宜無一善一藝之成名而舜之好問好察乃其全體中一段知也故於是焉就其一事而以明學者之事擧其一端而以示入德之方則此不過借其目而言之耳是豈大舜之偏長於知一邊而必以大知言之乎

第七章

○人皆曰予知驅而納諸罟擭陷阱之中而莫之知避也此言知禍而不知避也旣曰知禍則可以避而莫之避者何也禍是人人之所避而莫之知避則特禍在毫忽之間耳人何嘗驅之於靠擭亦何嘗驅之

於陷阱而納之者以喩其禍機之所伏耳盖言其見利而不見害也要之知禍而不知避者行險僥倖之謂而卒未免危亡之禍則是豈知不足以避禍而然也特患在不知不覺之地也

○人皆曰予知擇乎中庸而不能期月守也擇乎中庸則可以守之而其曰不能期月守者何也所擇者雖善而所知者未眞則能擇而不能守也朱子釋擇中庸之義不曰好問用中之道而只曰好問用中之事則觀於一事字可知其這箇擇字輕輕說去而不能期月守則擇之雖善而知之未眞也故旣得之而復失之仍不得爲知也夫子所謂知及之仁不能守之是也

第八章

○擇乎中庸得一善則拳拳服膺而不失之矣顔子之於道不可謂得一善而只以得一善言之者何也此章專以行言而以能擇言之者何也顔子之於道擇之精而守之固知之眞而行之篤聞一善言而牢着脚跟見一善行而細着心胸推而至於萬理明盡之後則得一善者固不是只守一善也知行二者有如足目之相須輪翼之相資凡人之於道擇之也在乎知守之也在乎仁則豈可謂知不至而能行者哉知及之而仁能守之則此章專爲行而發而兼言擇中之知者盖以行之至者由乎知之眞也

第九章

○天下國家可均也爵祿可辭也白刃可蹈也中庸不可能也六章言舜之知八章言顔之仁則此章當以不能勇言子路之勇而必曰中庸不可能者何也勇只是勇於知行而不在知行之外也知行之有過不及而不能中庸者以勇之有過不及也五章以不行起舜之知七章以不明起顔之仁則此章似當以不能勇起子路之勇而曰中庸不可能者盖天下可均知之勇也爵祿可辭仁之勇也白刃可蹈勇之勇也勇非不可能勇亦有過不及而知行之合於中庸爲難故不曰不能勇而曰中庸不可能以起下章子路之勇也

○天下國家之可均與大學之平天下有所不同盖國家可均資之近似者能以力爲之也未必合中庸之道而大學之平天下則修己治人之術理財用賢之事各有恰好底道理則眞可謂盡中庸矣不但止於可均而已

○均天下蹈白刃是知勇之事而較其二者則孰爲尤難乎盖事莫難於均天下亦莫難於蹈白刃則均天下蹈白刃俱是至難而若就其中又求其難則均天下似尤難於蹈白刃也

○章句曰三者亦知仁勇之事盖均天下辭爵祿蹈白刃非眞箇知仁勇故必着亦字而亦字卽似字之義也

第十章

○舜之知顔之仁由之勇俱是三達德則上二章無大舜之問知顔子之問仁而此章所以特記子路之

問强者亦承上章之意以明夫擇中庸而守之者非强不能而所謂强者又非世俗之强也

○中立而不倚此與篇題中者不偏不倚之中意有差別盖中立不倚時中之中中之用也不偏不倚未發之中中之體也

○和而不流中立不倚爲中庸之强而朱子以柳下惠爲和而不流伯夷爲中立不倚則夷惠之行亦可謂中庸乎君子當和時便能不流當中時便能不倚隨時處中然後方可謂中庸之强而下惠只能和而不流而不能中立不倚伯夷只能中立不倚而不能和而不流則此其所以爲偏也中庸二字着此夷惠分上不得矣

第十一章

○索隱之隱與費隱之隱不同盖隱字與怪字相對則是常道之外者而欺世盜名之學也隱字與費字相對則是常道之中者而由用推體之學也則索隱之隱是隱僻之隱也費隱之隱是隱微之隱也

○君子遵道而行半塗而廢以君子而亦有半塗廢之事乎半塗而廢者旣曰力不足則以君子而亦有力不足之患也

○半塗而廢與論語中道而廢者不同盖人不可以一槪論也有這般氣質底人有這般性懶底人所謂氣質者擔擔負荷而自住於道也所謂性懶者安於故常而不進於道也則中道而廢者欲進而不能也半塗而廢者當强而不强也中道而廢猶賢乎半塗而廢也

○上言吾不爲之矣下言吾不能已矣盖索隱行怪不當强而强也遵行廢半當强而不强也則聖人所以不爲不已者當看其不當强所當强耳

○君子依乎中庸這箇依字與依仁之依字相似盖

不違之意也依字從人從衣如人着衣之象則中庸之理至顯至實而君子旣不爲索隱則其所知者卽此至顯至實之理而一毫不曾違矣中庸之道至平至易而君子旣不爲行怪則其所行者至平至易之道而一息不曾違矣所謂依者雖曰不違之意而元無用力而然者故深味而想像之則見其於中庸之道與之爲一而無有彼此之別日用之間動靜之際中庸是已

○遯世不見知而不悔唯聖者能之如沮溺之徒遯世不悔則可也謂之聖人則不可也盖道之所貴者

中也中之所貴者權也則依乎中庸不知不慍者是固成德之事而果於忘世長往不返者是箇一節之士則其不可以同日而語明矣

○遯世不悔與論語人不知而不慍者不同盖慍者是己而非人也悔者徇人而忘己也是知不知不慍者自反之至也不悔云者自信之至也則不慍也不悔也亦豈無差殊之分也耶

○此篇大旨以知仁勇三達德爲入道之門而其要則不過曰由知仁勇以合乎中耳知者所以知此中也仁者所以體此中也勇者所以强此中也知仁勇三達德一言以蔽之曰中而已

第十二章

○君子之道費而隱夫道者率性而已固衆人之所能知能行而今必曰君子之道者何也率性之道雖衆人之所能知能行而非君子不能知不能行故獨擧而歸之君子亦猶大哉聖人之道之意也

○旣曰君子之道費而隱則費隱之道亦可以形而上下者分而二之乎大凡以性與氣言之則形而上者謂之性形而下者謂之氣以道與器言之則形而上者謂之道形而下者謂之器而至於費隱不然夫

所謂費者隱之用也隱者費之體也一體一用互爲其根而元不相離則其不可以費隱分作形上形下也

○夫婦之愚不肖可以與知能行旣曰君子之道則是主丈夫言而第四章言道之不行不明處亦以丈夫爲主則此必幷及於婦人以爲夫婦之愚不肖可以與知能行者何也易曰乾道變化各正性命夫人之生也各一其性而無極之眞二五之精妙合而凝乾道成男坤道成女二氣交感化生萬物萬物生生而變化無窮則天命之性率性之道人與物男與女

均得之故於此特擧而言之以見婦人之愚不肖者亦可以與知能行則其賢且知者從可推知而命與性均得之實亦可見矣

○天地之大也人猶有所憾則天地之大亦不能盡道而第二十六章乃以此道之至誠無息專歸於天地而曰天地之道第二十章又以此道之眞實無妄專歸於天而曰天之道者何也自道而言之則天地亦萬物中一物而自萬物言之則其中得道之多而至誠無息者除了聖人則莫如天地故凡言至誠無息者必曰天地之道也自天地言之則其中得道之

多而眞實無妄者除了一地則莫如天故凡言眞實無妄者必曰天之道也況天地之於此道雖有所不能盡而此亦極其至而言之以見此道之至大耳

○語大天下莫能載焉語小天下莫能破焉道之至大天地亦不能盡則雖謂之天地莫能載莫能破可也而今以天下言之者何也章首旣曰君子之道則莫能載莫能破一是皆主於人而盖言其天下之人莫有能載之破之也

○夫婦之愚可以與知焉及其至也雖聖人亦有所不知焉夫婦之不肖可以能行焉及其至也雖聖人亦有所不能焉所知所能者亦有所不知不能則這箇至字是知至之至乎是極至之至乎與知能行就一事上說不知不能就全體上說則這箇至字非知至之至而乃極至之至也若是知至之至則聖人固有所盡知盡行也何必不知不能也

○程明道擧鳶飛魚躍此與必有事焉而勿正心之意同一活潑潑盖鳶飛魚躍道體自然之妙也勿忘勿助學者下工夫處也程子比而同之者何也纔着意便是正助纔不着意便是遺忘而勿正勿忘勿助在於非着意非不着意之間則鳶魚之理豈不在於

是乎夫鳶魚之飛躍天理之自然也勿忘勿助長人事之自然也道之體用流行發見充塞天地雖未嘗有一毫之空闕一息之間斷而其在人之日用之間則初不外乎此心故必此心之存而後方見其全體呈露妙用顯行無所滯礙則程子以爲同一活潑潑者只取其天理人事之自然而不容私意於其間也

○道之體用無所不在而必寓於鳶魚者何也盖理外無物物外無理則鳶魚之飛躍莫非費隱之理而道之體用寓於鳶魚者此也

○造端乎夫婦察乎天地夫婦與天地小大不同而

今曰造端夫婦察乎天地者何也人倫之至近而道不可離則洋洋乎峻極于天矣人事之至密而道行乎其間則昭昭乎持載于地矣正如易首乾坤而其效至於彌綸天地詩首關雎而其化至於參贊天地則此章所以造端夫婦而察乎天地者從可知矣

第十三章

○道不遠人與人能弘道之意不同盖此以主道而言之彼以主人而言之主道而言之則率性也主人而言之則盡性也然則人同是道道本一理而道不遠人者率性之謂道也人能弘道者盡性之謂人也則一以就率性上說一以就盡性上說

○上言道不遠人下言忠恕違道不遠盖道不遠人者以天理而具人事也忠恕違道不遠以人事而至天理也上言天理人事之自然無間也下言天理人事之極盡功夫也

○執柯伐柯其則不遠盖以柯伐柯彼柯長短之法在此柯也以人望人所以爲人之道在此人也故伐柯者必以是法而求諸柯也治人者必以是道而求諸人也則柯之於柯其則之不遠猶人之於人其道之不遠也

○忠恕違道不遠此學者之事而及其得道之後以忠恕言之乎旣曰忠恕違道不遠則忠違道之體不遠恕違道之用不遠故可以因此得道而及其得道之後則道之體渾然一理也何事乎盡己也道之用自然流行也何事乎推己也到此地位則體只可謂之誠而忠不足以名也用只可謂之仁而恕不足以名之也

○君子道四一節只言父子君臣兄弟朋友而獨闕夫婦一倫盖四者當分上中下三節看所求乎子未能於事父則我亦人之子也所求乎臣未能於事君則我亦人之臣也若曰所求乎婦以事夫未能則我可以爲婦之夫也不可以爲夫之婦也此章只言父子君臣兄弟朋友而不言夫婦者豈非夫無事夫之道乎

○所求乎朋友先施之未能也父子君臣兄弟皆無先施二字而獨於朋友言之者何也盖父之求子有尊卑之序君之求臣有上下之别以至於兄之求弟莫不皆然而惟其朋友一倫平等耳同志耳其交也一般其施也一般所爭只在先後之間耳上三者皆無先施二字而獨於朋友言之者以其三者之倫有

等威之截然而朋友有同等之道也

○不願勿施恕也未能一焉忠也而先言恕後言忠者何也施己不願二句恕之事也而爲忠之用也君子道四一節忠之事也而爲恕之本也恕爲忠之用忠爲恕之本而君子之道先有及人之恕而後有盡己之忠故先言恕而後言忠也雙峰饒氏所謂先論勿施於人然後反之以責其所以盡己者是也

○言顧行行顧言盖言者行之表也行者言之實也言隨行後行在言前而言行自不相違則此是言顧行行顧言也

第十四章

○素字之釋或曰見在或曰素來兩箇訓釋不無優劣之可言盖素來云者有從前之意而非目今事也見在云者乃目今之事而非從前意也今日富貴則今日行乎富貴矣明日貧賤則明日行乎貧賤者此之謂見在而若以爲素來則昨日富貴明日貧賤反仍素來所行可乎是知向來之謂素來明在之謂見在而見在之釋有切於行素位不願外素來之釋不切於行素位不願外則欲其行素位而不願外者不在於素來而必在於見在乎

○居易俟命雖是一套事而居易者可以俟命俟命者不能於居易也則居易俟命不無輕重之分也

○此章全言其素位而行而末句復以失諸正鵠反求諸身則此就身上說也似不以素位言之然射以觀德俟以明倫則觀德明倫豈非素位而行者乎

○射有似乎君子盖射有不中自責於己者射者而行有不得反求諸己者君子則射者君子其心一也射之中與不中只正於己而無求於人正如君子之得與不得爲所當爲而無慕乎外也

第十五章

○行遠自邇登高自卑盖適千里之遠者必自距步始陟萬丈之高者必自邱垤始則君子之於道豈可一蹴到哉刑于寡妻而御于家邦造端夫婦而察乎天地則遠之自邇高之自卑從可知矣

○妻子好合兄弟既翕妻子之先於兄弟何也盖難化者婦人也易失者兄弟也兄弟之離必起於婦人而非刑于寡妻者未易至于兄弟則妻子所以先於兄弟者此也

○如鼓琴瑟朱子曰鼓琴瑟和也從古以來言夫婦者必以琴瑟喩之者何也盖琴瑟之和者豈謂琴聲

與瑟聲之相和哉無論琴與瑟其聲之和不和專在於鼓之之如何是則妻子之好合與否亦在於和之之如何耳故曰妻子好合如鼓琴瑟則以夫婦而喩琴瑟者其以是耶

第十六章

○鬼神之德乃鬼神實然之理也有是理便有是氣有是氣便有是理則爲德二字兼言理與氣而章句所謂二氣一氣者雖專以氣言之理便在是矣

○首一節鬼神之盛德統言造化陰陽之氣而第三節齊明盛服以下專言人事一邊者何也盖造化之

鬼神隱而難見祭祀之鬼神發而易見故拈出易見之鬼神以明難見之鬼神則旣言二氣又言人物死氣者夫孰非示鬼神之理也

○鬼神無形與聲雖欲視之而弗見雖欲聽之而弗聞這之字最有意義不可泛然看矣

○體物而不可遺體物下只曰不遺可也而今必曰不可遺者何也不遺者是以鬼神之自不遺而言也不可遺者是以物之所不能遺而言也鬼神不遺故物不能遺而鬼神不見不聞則其不遺之妙無以知之故必於物不可遺處見得鬼神之果無物不體而物雖欲遺不可得矣所以言體物而必曰不可遺者是也

○鬼神之理旣曰不見不聞則何以爲體物而不可遺耶微妙之體不可見聞而昭著之用遍體乎物則卽此不見不聞之時而可知體物不遺之妙矣

○洋洋乎如在其上如在其左右盖祖考之精神便是自家之精神故祭之可以洋洋如在而至於天地山川鬼神將如之何但所當祭者苟以至誠相感其精神魂魄無不感通凡人物精氣皆自一理中出天地山川鬼神自有降格底道理矣

○人死則其氣消盡理之必然也但王者七廟祭始祖大禘祭始祖所自出者若使其氣消盡已久則何以受子孫之享而洋洋如在其上如在其左右耶易之萃渙二卦以王假有廟言之夫祭始祖及祭始祖所自出者無論祖先之氣消與否苟有自家之誠敬則已消之氣豈無洋洋如在之道乎

○洋洋如在章句曰百物之精也盖以人之鬼神言之則方其生也其用物弘而聚精多故及其死也其氣發揚于上而爲昭明焄蒿悽愴者固可謂百物之精而若以凡千鬼神言之則又隨物而各有其精如

山川之祭則山川之精發見以至於郊望五祀等之祭其精之發見莫不皆然則此豈非百物之精乎

○上言鬼神之德則竝稱鬼神而下言神之格思則獨以神言之者何也盖散而静者爲鬼發而動者爲神則鬼不必言而神可以言也

○首章曰莫顯乎微卒章曰知微之顯此章曰夫微之顯其旨同乎異乎所謂微顯似有不同盖迹未形而幾已動則善惡之念莫逃於此心之靈卽莫顯乎微也有諸内而形諸外則爲己之學當謹於立心之

初卽知微之顯也往者屈而來者伸則情狀之妙難掩於實理之著卽夫微之顯也然則莫顯乎微知微之顯者專以心言而所謂夫微之顯以理言也

○誠之一字無所不在而始見於鬼神章何也此章言天地造化功用之大故言誠字以明天地之化莫非一箇實理之所爲而况誠爲此篇之樞紐則如户之樞衣之紐居中而絜四外也然則誠之所以始見於鬼神章者以其鬼神之理在在處處無所不該而徹上下貫終始也

○此篇大旨不出乎達道達德故自首章至二十章無非所以發明達道達德而中間插入鬼神何也達道達德只是誠也鬼神之德亦是誠也則中間之插入鬼神以其貫乎達道達德者不過曰誠而已

○章下曰兼費隱包大小盖專言而具備曰兼不言而自在曰包則兼者兼擧而明列其事包者包括而嘿會其意

第十七章

○舜其大孝也與德爲聖人云云舜之大孝莫過於瞽瞍底豫而此章稱道只以尊富饗保言之者何也盖顯而易見者瞽瞍底豫之爲大孝也幽而難知者

尊富饗保之爲大孝也則此章之不言瞽瞍底豫而只言尊富饗保者豈非微顯闡幽之意也耶

○中庸之道非一而必以孝德稱之者何也盖中庸中許多道理一是皆以人倫爲本而五箇達道九箇經常所以行之者人倫也則欲明中庸之道者必以孝德稱之也

○天之生物必因其材而篤焉則栽者培之固可謂之篤而傾者覆之亦可謂之篤乎盖篤是加厚之意則栽者培之固是加厚之道而傾者覆之亦是加厚之道也

○上言大孝下言大德不可以本末言之蓋大孝之尊富饗保卽大德受命之驗也大德之受命爲王卽大孝尊保之致也孝何嘗不由於大德也德何嘗不行於大孝也只是一而已

第十八章

○無憂章句曰此言文王之事此言武王之事此言周公之事武王之有天下周公之制禮樂此其爲武王周公之事而乃若文王父作子述則亦可以文王之事言之耶蓋道之所貴者中而中之所貴者不過曰時而已武王恰値應天順人之時周公恰値制禮

作樂之時而文王恰値無憂之時如父作於前則可無憂於前而不必更作於前也子述於後則可無憂於後而不必更述於後也若使文王不肯以無憂自安而有所制作纘述於當日則戎衣之擧不俟武王制作之事不待周公矣豈復合中庸之道乎文王當無憂之遇而能善處之以盡中庸之道則此其所以文王之事也然則作述明是文王之事而其與武王周公之事一串貫來矣

○無憂者文王則此是文王之事而不言盡道獨歎其無憂何也蓋安然而盡中庸之道只是際遇之極盛處而這箇際遇最是難得則言文王之事而獨歎其無憂者此也

○若使文王不値父作子述之時則抑將預爲武王周公之事乎聖如文王雖不値父作子述之時而預爲武王周公之事斯未之信也前無父作則雖欲化行南國三分有二而亦有所不能也後無子述則雖欲化行南國三分有二而亦憂其或墜也文王只隨其時遇之所値以盡中庸之道而乃幸而遇父作子述之時則豈不是他遇之極盛處耶

○上章言舜之大孝則尊富饗保上特言德爲聖人

而此章言武王之纘緖則其尊富饗保與大舜同而不言德者何也蓋舜性之也又以揖遜而有天下武王反之也又以征誅而得天下故大舜則特言德而武王則不言德也

○武王末受命周公成文武之德追王太王王季追王之禮獨及於太王王季而不及於文王者何也追王文王之義出於武王反政之初則周公又何必追王文王哉嘗觀泰誓稱文王爲文考又觀武成稱文考爲文王而仍稱其祖太王王季則周公所以追王太王王季者乃文王之德也武王之志也故曰成文

武之德而不言文王者武王旣追王矣武王旣追王而不及太王王季則以其末受命而其序有未暇也然則中庸雖不言追王文王而旣成文武之德則追王之意文王與焉故也

○周公旣成文武之德則追王太王王季而不言追王武王者又何也周公弟也武王兄也以弟尊兄便是非禮則追王之不及固其然也盖太王肇基王迹王季其勤王家而亦越文王克成厥勳誕膺天命則此其追王之意也追王之禮文王之志也而武王承之武王之業也而周公成之故曰成文武之德而如

武王之有天下固無怪於三世之功德則追王之禮亦當與太王王季文王比幷而以周公所處言之則制禮作法都在於自家手分而不在乎他何以追王如三王者乎追王之禮在祖則當然而在兄則不然也然則周公因文王之孝武王之志其所以追王者上及於太王王季而不言追王武王者以其禮制定於周公故也

○此章三達字與下章達孝之達字相應則追王之禮何不於達孝章入之而於此發之乎周公追王之禮在德而不在孝則其所以不入於達孝章而於此發之者豈無以哉盖太王王季之大功德大事業本自當王而上世禮法簡略不曾有此義例而周公能盡中庸之道上以體天理下以當人心而創立此制直從道理爲天地之常經古今之通誼而不是體貼了文武孝思尊崇其私親則追王之禮不可入於達孝章而發之於此也

第十九章

○善繼善述此武王之孝也而武王之孝觀於書之立政篇可知矣其言曰亦越武王率惟敉功不敢替厥義德率惟謀從容德以幷受此丕丕基盖用此義

德之人而拯民危急者文王所以安天下之功而循其功而不敢替者武王之孝也任此容德之士而貽謀宏遠者文王所以遺後嗣之謀而循其謀而不敢違者武王之孝也用文王義德之人而受此丕基任文王容德之士而纘其丕緒則所謂敬其所尊愛其所親者非繼述之大者耶

○不曰善繼父之志善述父之事而必曰善繼人之志善述人之事者這箇人字通武王周公而言之也

○旣言春秋修其祖廟又言宗廟之禮所以序昭穆也春秋之祭何祭宗廟之祭何祭也春秋屬乎時祭

宗廟屬乎祫祭時祭故修其祖廟祫祭故序其昭穆然春秋時豈無序昭穆等也大祫之祭亦豈無修祖廟等也但祫祭重而時祭輕春秋一條卽輕以明重也宗廟一條擧重以該輕也

○陳其宗器則宗器天子之器也似與上文祭祀之禮通乎上下者相反何也宗器之可陳無論天子與大夫士上下通行之器也盖宗器先世所藏之重器而擧周之赤刀大訓天球河圖之屬以爲證則春秋宗器之陳惟天子爲然而其與上文所制祭祀之禮通乎上下者雖若牴牾然大夫士亦豈無宗器之可

陳者乎

○昭穆之位先儒論說不一盖昭常爲昭穆常爲穆則不可以祧遷之位而穆爲昭昭爲穆也且宗廟之制但以左右爲昭穆而不以昭穆爲尊卑故五廟同爲都宮則昭常在左穆常在右而外有以不失其序一世自爲一廟則昭不見穆穆不見昭而內有以各專其尊必大祫而會於一室然後序其尊卑之次則凡已毁未毁之主又皁陳而無所易惟四時之祫不陳毁廟之主則高祖有時而在穆意或如此則高之上無昭而特設位於祖之西禰之下無穆而特設位於曾之東也歟

○貴賤之賤字與逮賤之賤字不同盖貴賤之賤字指公侯卿大夫中之位在下者言也逮賤之賤字指賓之弟子主人兄弟之子也

○事死如事生事亡如事存死亡二字無乃重疊乎死字與生字相對而不可以對存字則死是初終之謂也亡字與存字相對而不可以對生字則亡是旣葬之謂也然則死字與亡字不同死以始死言亡以旣亡言則死亡之不爲重疊從可知矣

○郊社之禮禘嘗之義不出乎執圭奠斝而其有關

於治道者何也致其誠敬仁孝者郊社禘嘗之禮而治國之道莫不本於誠敬仁孝則能明郊社禘嘗之禮者豈不能治其國乎

○魯之郊禘非禮而夫子於此以郊禘言者何也言其郊禘之禮嚴其上下之分也盖郊社之禮先郊而後社郊祭天而惟天子得行之而社則上下可通行也禘嘗之義先禘而後嘗禘大祭而惟天子得行之而嘗則上下可通行也不王不禘之法魯之所當諱者而夫子所以必言郊禘之禮者以諸侯之不得通乎天子而不足於魯之郊禘非禮之意隱然自見於

不言之表矣
○上文如序昭穆序爵序事專而宗廟之禮言而此則兼言郊禘者何也周公所制之禮通乎上下之情而嚴其上下之分則宗廟之禮通上下之情也郊禘之禮嚴上下之分也

第二十章

○哀公問政而子曰文武之政布在方策孔子旣不得位則以文武之政告之者何也文王爲方伯武王爲天子則地位時勢不同而同謂之政者何也凡君問皆稱孔子對曰而於此只以子曰言之者何也孔

子雖不得位而其答哀公問政之言皆論得位之事則夫子之得邦家而其施爲做措可知故以文武之政告之而况此引孔子之言以繼大舜文武周公之緖明其所傳之一致而體用全備費隱兼該者皆是堯舜以來精一執中之嫡傳也雖爲魯哀公發而實萬世君師之要道也文武二王一爲方伯一爲天子則地位時勢固自不同而其政則一而已凡君問皆稱孔子對曰者尊君也而九經獨以子曰言之者豈無以哉家語有孔子對曰而於此只言子曰者蓋子思刪其繁文以附于篇耳

○其人存之人字與爲政在人之人字不同盖上箇人字包君臣而言下箇人字指賢臣而言
○仁之一字有專言處有偏言處修道以仁則此仁字是專言之仁仁者人也則此仁字是偏言之仁兩箇仁字亦不無所指之不同耳
○修道以仁與孟子所謂仁也者人也合而言之道也之義不同修道以仁則道是泛說底仁是切要底而觀孟子仁與人合而言之方是道則道是行出底而當然底事物故曰共公之名也仁是我心之德故曰人心親切之妙而今有當然之事喚他做道自得

而喚他做仁不得也
○親親仁之事也尊賢義之事也親之至也而親之之中自有降殺者這是禮也尊之至也而尊之之中自有等差者這是禮也則斯豈非禮生乎親親尊賢者耶
○上文言仁義則親親先於尊賢下文論九經則尊賢先於親親者何也仁爲萬善之長而卽人心而論之則親親爲先賢爲國家之器而就治體而言之則尊賢是急語固各有攸當耳
○仁者人也義者宜也其釋仁字只言具此生理便

有慈愛而不言心之德其釋義字只言分別事理各有所宜而不言心之制者何也一體一用元不相離則心之德自在於愛之理矣心之制不外於事之宜矣

○此言仁者人也而孟子曰仁也者人也所言之仁不無偏全之分盖此是偏言底仁彼是專言底仁

○旣曰知天知人則此知字當如何看也知天知人知其理也則是知也非聞見之知而乃眞知之知也

○思事親不可以不知人是先知人而下條曰不順乎親不信乎朋友是先順親何也知人與信友不同知人者事親之本信友者順親之效而知人之賢否然後能尊之尊賢則有以講明乎道故先知人而如子賤之爲君子本於尊賢取友是也信友必先順親而親悅然後友信故先順親而如舜之克諧以孝是順親也四岳以其孝而擧之是信友也

○五者天下之達道也君臣父子夫婦昆弟皆無所屬字而獨於朋友有之交二字者何也交則爲朋友無交則不在朋友之列而其與君臣父子等四者之不待交而成者有所不同則獨於朋友而有之交二字者以朋友之實相交而成者也

○知仁勇之仁與修道以仁之仁雖有愛與無私之分而其心則一也盖修道以仁之仁以愛言也知仁勇之仁以無私言也而無私者仁之體也愛者仁之用也自其切於五達道而言之則曰愛也自其切於躬行而言之則曰無私也要之無私則可以兼乎愛矣而曰愛者偏言之仁也曰無私者專言之仁也詳略之不同也而其爲仁則亦豈有同異之可言者乎

○五達道只言君臣父子等而不言長幼然言他昆弟朋友之倫而自包長幼之序盖兄友弟恭而長者爲兄少者爲弟則長幼之序自在於昆弟之道矣與朋友交而長者長之幼者幼之則長幼之倫可驗於朋友之交矣

○生知安行爲仁學知利行爲知而朱子以生知安行爲知學知利行爲仁者何也生知與學知地位不同安行與利行等級有異而知底較大仁底較淺則生知安行屬知而不可以爲仁也學知利行屬仁而不可以爲知也

○知仁勇三者或以分言之或以等言之盖分字指理而言等字指氣而言則分字等字是從理氣上分別出來也

○好學近乎知然如顔子之好學不但止於近乎知而已蓋旣仁且勇者顔子而知亦顔子好學中一事則知仁勇三達德之兼備者其惟顔子乎

○知恥之勇無甚緊關而竝列於好學之知力行之仁者何也着力做去便是勇也而勇之於知仁猶土之於四行信之於四端而無所不在則勇是勇於知仁之謂也

○章句以三近爲勇之次而本文以好學力行知恥分言其知仁勇者何也且力行與勉行同乎否乎通一人入德之功而旣要好學又要力行又要知恥者

此所以爲勇之次也而若以氣稟各有虧欠者言之則少知者便要好學以近知少仁者便要力行以近仁少勇者便要知恥以近勇而氣稟至此則須是靠勇做主也然則合言乎勇之次者蓋言其一人入德之用功也分言乎知仁勇者蓋言其人生氣稟之各異也力行近乎仁則力字爲重本不能行而力以行之則如所謂力疾之力而比之勉而行者又其次也力行與勉行似有差殊之分耳

○知斯三者則知所以修身不曰知修身而曰知所以修身者何也旣曰知所以修身則所以二字已包了三近中許多工夫也蓋槪言則好學自近知力行自近仁知恥自近勇而細言則好學力行知恥之中又有許多等級始而好學以破愚者漸至於不愚也始而力行以去私者漸至於無私也始而知恥以起懦者漸至於不懦也由未近而以求近由旣近而漸歸於知之成功之一方是身無不修也不曰知修身而曰知所以修身者便是包含三近中許多工夫而說到得知所以修身則達德全達道行而所以治人治天下國家者不外是矣

○九經之下落處惟在於修身二字上蓋這箇修身

便是接上面修身說來則前面許多說話皆是爲修身而設也後面許多工夫皆是自修身而推也故上文說達道達德而結以修身下文說治天下國家有九經而始於修身則大學之釋新民而必先自新者卽此理也

○九經是治天下之事而不言禮樂刑政何也蓋政者爲治之具刑者輔治之法禮樂所以出治之本則自修身至懷諸侯無非禮樂刑政之事也

○九經所以先言其效而後言其事者爲欣動哀公行九經而看此三節緊緊注到事上去則欲哀公之

實實行之也
○來百工則財用足者通上下而言也盖通功易事農末相資而財用足則似是單貼在下者說而玩其日省一段則又未嘗不貼在上者說也
○非禮不動所以修身也視聽言動無非修身之事而獨以動言之者何也一動字包得視聽言動而分言則視聽言動各自爲一統言則視聽言動無非動耳
○嘉善而矜不能何獨於遠人爲然耶盖遠者人之所易忘也而能嘉之矜之厚之道也

○齊明不動之前當用何工夫乎格致是爲學之最初下手則齊明不動之前當用格致工夫
○四前定字當以何者爲本耶言事行三句擧一段而言道前定一句擧全體而言則道前定者豈非言事行之根本乎
○獲上信友順親誠身明善之中一是皆以誠身爲本盖該體用兼動靜者這箇誠身則誠身一節豈非涵養應接之工乎
○誠身雖是順親之道而凡事皆欲先立乎誠則獲上信友順親皆所以誠身也

○天道人道之誠一有之字一無之字盖去此之字而聖人所以安行之誠也着此之字而賢人所以勉行之誠也一箇誠也而之字之有無有安勉之分焉
○誠者天之道誠之者人之道此與忠者天道恕者人道之意似有不同盖誠字之分天人則有以淺深言也忠恕之分天人則非以優劣論也
○誠者天道在聖人固然而在吾人亦可謂天道耶天道流行賦予於人而人受之以爲性此天命之本然者便是誠也則無論聖凡高下莫不有自然之實理故以爲天道也

○誠爲一篇之樞紐則天道人道之誠直承乎鬼神之誠誠身之誠也盖鬼神之誠不可揜是以天道言誠而誠是眞實之理也此章之誠身有道是以人道言誠而誠是眞實之心也所以於此總兩者而言之曰誠者天之道誠之者人之道則天道之誠總管乎鬼神之誠也人道之誠包括乎誠身之誠也
○學問思辨屬知篤行屬行人之於道行之非艱而知之惟艱守之非難而擇之爲難必也學問思辨而知之眞然後行自然到也擇之精然後守自然固也則擇善有學問思辨四件工夫而固執只有篤行一

件工夫者蓋以眞能致知則力行工夫自易故也

○博學之章句只言學知利行而不言困知勉行者何也章句既指爲擇善固執之目則當兼學利困勉而不言困勉者蓋以下文有己百己千方指困勉之一等人也

○博學審問愼思明辨篤行五者非是一件事而語其用功則不無先後次序之可言也

○有不學學之不能不措也既能矣又安用問有不問問之不知不措也既知矣又安用思有不思思之不得不措也既得矣又安用辨而必至於明耶今以

讀書一事言之習其句讀者是學而能也通其大義者是問而知也以至於思而得則如求獲其精微之意也辨而明則如分別其界限之極也徒習句讀而不通大義則固不可以明善既通大義而不求獲精微之意與既獲精微之意而不分別其界限之極者皆不可以明善言也此所以既學而能矣又不可不問既問而知矣又不可不思既思而得矣又不可不明也

○君子進學之方氣質有高下之分用工有多少之別而在聖人當惜寸陰在衆人當惜分陰則己百己千蓋爲其氣質昏弱者言也

○既曰果能此道則此道二字指擇善固執之道而不但言困知勉行也亦當言學知利行也

第二十一章

○誠則明矣明則誠矣誠字下明字下皆着則字而指義差別蓋誠則明者誠卽明明卽誠也明則誠者明自明誠自誠也一箇則字而上則字意緊下則字意慢觀於章句無不二字可以二字可知其微意矣

○誠有至誠思誠之分焉誠明則誠是至誠而明誠則誠是思誠也明有明睿明辨之別焉誠明則明是

明睿而明誠則明是明辨也兩誠字兩明字不可作一樣看矣

○誠明之性與盡性之性不同誠明之性是箇功用之性也所謂性之之性也盡性之性是箇全體之性也所謂性善之性也

第二十二章

○贊化育參天地朱子以地頭言之蓋贊便是功用地頭參便是品位地頭則至誠盡性已是贊也已是參也

○至誠盡性之盡字兼內外該本末無所不盡而與

盡禮盡義盡智之盡字相似矣

○贊化育是固天地氣質上事而纔落氣質便有過不及則必賴聖人之贊助也張子所謂形而後有氣質之性焉善反之則天地之性存焉者此也

○章句曰人物之性亦我之性此人物之性所同也孟子集註曰仁義禮智之稟豈物之所得而全哉此人物之性不同也二說自相牴牾何也性有本然之性有氣質之性而性無人物之殊則以本然言也性有偏全之分則以氣質言也語固各有所指之不同耳

第二十三章

○其次致曲曲能有誠不曰致曲則誠而曰曲能有誠者何也曲與誠本非二件事也由曲而致之卽有誠也致得一分曲便有一分誠致得十分曲便有十分誠則不曰致曲則誠而曰曲能有誠者此也

○純善無惡者本然之性也粹駁不齊者氣質之性也則致曲之道非本然之性而乃氣質之性也

○形著動變之功指內而言乎指外而言乎顏子之四勿有制於外而養其中曾子之三貴有養於中而見於外則如致曲所以形著動變者內外交相養也

第二十四章

○至誠與天地同德而與天地同德則其氣化運行與天地同流矣興亡之兆禍福之來感於吾心動於吾氣而如有萌焉無不前知況乎誠心之至求乎蓍龜而蓍龜告察乎四體而四體應則至誠所以達乎神明而無間故曰至誠如神也

○成湯囚夏臺文王拘羑里周公避東山孔子危陳蔡或處君臣之變或處兄弟之變或處橫逆之變此固聖人不幸之甚者而理之所未必者也厄之自外而至者也至誠之前知者理也而理外之事聖人未嘗容私於其間則知與不知非所較計於無妄之災而素患行患蒙難得正使桀而終釋夏臺之囚使紂而終脫羑里之拘此莫非湯文之至誠前知也避憂疑之地而末乃致成王之感悟郊迎任天生之德而先知其桓魋之不敢害己則亦莫非周孔之至誠前知也

第二十五章

○自成自道蓋誠者自然成就之謂也道者自己做去之謂也觀於章句一則曰所以自一則曰所當自者可知其兩自字微有自然自己之分屬耳而道則

這道字是天地間本有底理也自道則這道字是曰用間當行底事也然則而道之道如性道之道自道之道如修道之道則兩道字之不同亦可見矣

○章句曰誠者物之所以自成物之所以自成則此物字天地也萬物也人也事也皆在物之一字內也蓋這物字包攝甚闊非對人而稱之物乃兼人而言也天地間象緯流峙飛潛動植凡有形氣者固是物也而人亦物也人之動作云爲交接之事亦物也故誠者自成一句朱子以爲孤立懸空說底而包羅廣大不專指人而人在其中則不是單屬對人之物也

惟其不專指人故不可言所當自成而云所以自成則所以二字盖凡物非此不成而責重之義自可見矣

○朱子曰誠以心言本也道以理言用也不曰體而曰本者何也若曰體用則是內外動靜相敵對而不見誠之重處也必曰本用則是內外動靜不相對而方見誠之重處也則言本而不言體者以明夫誠爲重也

○於天而言其心於人而言其理言本而不語其末言用而不語其體者何也天有自然之誠而誠有自然之心人有當然之道而道有當然之理故言心於天言理於人而物有本末道有體用則言本而末自在也言用而體自該也

○誠者自成而道自道何其於誠而必以心與本言之於道而必以理與用言之耶誠以心而爲本者心具此實理也道以理而爲用者道行此實理也盖人欲成己則必自其眞實無妄之心故曰誠以心言本也有是本則可以行道故曰道以理言用也則誠以心言之者是就管攝衆理處說心也道以理言之者是就散在事物處說理也就管攝衆理處說心則謂

之本也就散在事物處說理則謂之用也

○章句曰誠以心言本也此誠字恐當以實理言而此以心言者盖以物之所由生而言則理爲心之本而以物之所自成而言則心爲理之本乎抑以物之所以自成人之所當自行二句直解本文正意而下又重複轉換說以明夫上一句雖是自然之理而實主宰萬事之本也下一句雖是自去做底而乃自然固有之理也乎或有問旣說物之所以自成而又云誠以心言則莫是心者物之所存主處否朱子曰誠以心言則是就一物上說凡物必有是心而有是心

然後有是事則所謂誠以心言者承物之所以自成而言也就見成人物上指其所存主者而言原其物之所由生則固實理之爲也然得此實理而自成則心固實理之主宰也道以理言則亦就日用當行之理而言也非指在天之實理也重複轉換以下雖與雲峰之說大綱相似而實不同也上句旣說誠者物之所以自成而承之以誠者以心言則不應上下各異其指也朱子旣曰凡物必有是心則是通人物之自成處言而專就人分上主宰萬事而言則恐不可也

○誠者物之終始不曰始終而必曰終始者何也蓋天下之物靡不有初鮮克有終則不曰始終而必曰終始者以示夫圖厥終之義也

○上一節兼言誠與道而下一節單擧誠字者何也蓋誠以心言本也旣爲之本則第二條只言誠不言道者以其誠爲重也旣曰誠之爲貴則人之實心有以自成而道之在我者亦無不行矣

○合內外之道與上文自道之道似有分別蓋自道之道字有人所當行之意內外之道字有體用一原之意則彼以理之當然而言也此據理之本然而言也

○上文旣言自成自道而下文又以成己成物言之者何也有體而無用非學也有用而無體非學也體用兼備然後方可謂之學則上言自成自道而下言成己成物者以示夫明體適用之學也

○知仁勇三者乃入道之門而此章只言仁知不言勇然兩箇成字帶得勇底意思蓋盡己成就仁也而盡己成就處勇也因物成就知也而因物成就處勇也

第二十六章

○故至誠無息故者承上之辭也如盡性章說到至誠而致曲章緊承有誠也致曲章說到至誠能化而前知章緊承至誠也前知章說到至誠如神而自成章緊承誠者也以至自成章說到時措之宜則此章緊承至誠無息而以故字接之則理所應也

○顏子之三月不違仁亦可以至誠無息言之乎旣無虛假自無間斷者至誠無息之謂也自非大而化之之聖不足以當之則顏子之三月不違仁不可謂不實於三月之內而其仁也只是守之也非化之也豈可以至誠無息言之乎

○徵則悠遠悠字之義當於何考驗歟聖人之道從容不迫而書曰在寬又曰克寬所謂在寬也克寬也皆是悠字之義而於舜則光天之下至于海隅蒼生於湯則萬邦從欲以治何莫非從容不迫之道乎

○悠遠博厚等四者亦有次序之可言乎一箇至誠已該了悠遠高厚則悠遠時自能博厚也博厚時自能高明也不可謂自悠遠而漸進於博厚也亦不可謂自博厚而漸進於高明也這箇數則字是一時并到之謂而所謂一時并到者以其至誠之自然而然也

○聖人與天地同其用而凡功用之所積者廣博而深厚則所發者高大而光明悠久而無疆故博厚仁也而仁足以載此物也高明知也而知足以覆此物也悠久勇也而勇足以成此物也如曰厚德載物德洽民心則博厚之載物也如曰其知如神就之如日則高明之覆物也與夫博厚之有終高明之無疆皆自悠久上做得來也而使天下之民親賢樂利各得其所天下之物各正性命保合太和則悠久之所以成物也

○同是悠久而上文曰悠久下文曰悠也久也者何也這箇悠久統而言之則悠卽久久卽悠也分而言之悠自悠久自久也前之所以有一義者統言之謂也後之所以有二義者分言之謂也

○上言博厚配地高明配天而下文今夫天一條又以天地順言之者何也以聖人而爲天地則後天而奉天時矣以天地而爲聖人則先天而天不違矣而況上節就功用上說下節就功效上說而以功用言之則一節深於一節博厚所以先於高明也以功效言之則一節順於一節昭昭所以先於廣厚也

○高厚猶人之形體悠久猶人之元氣而聖人之德

至大至宏無所不包如寬裕溫柔之仁便是博厚也文理密察之知便是高明也發强剛毅之勇便是悠久無疆也

○章句一則曰聖人與天地同用一則曰聖人與天地同體其義亦可言之乎同用是說覆載成之自然及物而謂之功也同體是說高厚久之渾然至實而謂之德也覆載成之時已有高厚久之體高厚久之時已有覆載成之用則言用而體未嘗相離也言體而用未嘗不包也

○悠久自指至誠也無疆自指天地也但上句獨言

配而此句不言配者盖以悠久無疆只在於上兩句而見更無儀象之可言配也非謂較上句更進一層也

○天自有不貳之誠地自有不貳之誠而誠卽理也然則所謂不貳者專以理言不以氣言

○爲物二字承上句天地之道而明其天地之爲物由此不貳之誠也生物二字承上句爲物之誠而明其萬物之化生得其不貳之誠也爲物之物字如下文所謂天之昭昭地之撮土而至於無窮也生物之物字如下文所謂載萬物覆萬物而至於不測也

○上文旣言不貳不測以明其天地之至誠無息而又就其中拈出高厚悠久之道以明其天地之自然各極其盛而乃能有下文生物之功也要之高厚悠久對上文不貳則不貳是體而高厚悠久是用也對下文生物不測則生物不測是用而高厚悠久是體也天地之道豈非兼内外而言者乎

○旣曰日月星辰繫焉而又曰萬物覆焉旣曰載華嶽振河海而又曰萬物載焉則萬物爲天地之覆載而日月星辰及華嶽河海不爲天地之覆載乎覆載二字只是就總冒處說而日星與河嶽特覆載中一物耳盖天之生物不過曰覆而已地之生物不過曰載而已日月星辰之繫無非覆於天之下也華嶽河海之載振無非載於地之上也指日月星辰之繫而必謂非天之所生可乎指華嶽河海之載振而必謂非地之所生可乎天之代明迭運日月星辰而所以代明迭運者是亦天之所生之物也地之流峙融結華嶽河海而所以流峙融結者是亦地之所生之物也萬物不但爲天之所覆而日月星辰之繫亦可爲天之所覆也萬物不但爲地之所載而華嶽河海之載振亦可爲地之所載也

○盖曰文王之所以爲文也純亦不已不曰德而曰文者何也存諸中者德也發於外者文也不曰德而曰文者以其道之顯者謂之文也德外無文文外無德則言文而德在是矣

第二十七章

○旣言大哉聖人之道而復言其優優大哉者何也大哉是賛歎之辭也極於至大而無外者大哉之聖道也入於至小而無間者大哉之禮儀也然是皆以道之費隱處言之故洋洋一節旣以功用言之優優一節亦以功用言之則非以語大而天下莫能載語

小而天下莫能破皆是言用之廣故也此所以大哉二字贊歎於先而於語小處亦以大哉二字贊歎之也盖兩大字皆從廣字意來也

○發育萬物是天地之道而必以聖人之道言之者何也聖人亦一天地也則天之大蕩蕩難名是帝堯化育之道而孔子贊堯也必稱大哉之堯維天之命於穆不已是文王贊育之道而周公之頌文也必稱於穆之文則此章所以言峻極發育之功而必以聖人之道言之者盖聖人與天地合其德也

○發育以道之功用而言之峻極以道之體段而言

之則所謂發育也峻極也者盖就氣字上說而旣有是氣亦有是理則言氣而理不外是矣

○待其人而後行朱子曰總結上兩節一節擧其道之大者而言也一節擧其道之小者而言也道之大者何人行之道之小者何人行之乎道有大處有小處自其大者觀之則必待德性弘大之人而後可行是道之大也以其小者論之必須學問精密之人而後可行是道之小也

○以上之各章誠字或以天之實理言或以人之實心言或言其功用或言其功效然是泛言至誠之道

而道須人以行則這箇時中又爲一篇之主意故篇將結殺處始說出其人二字所謂其人者卽有此至德凝此至道以行時中之道者也居上居下在治在亂無不得時措之宜則體旣立於吾身而用可行於天下矣

○苟不至德至道不凝焉德之於道若是其重乎德之所存道之所存則有這般至德者無往而非這般至道矣德之於道顧不重哉

○尊德性道問學二者不可偏重而史氏言象山之學以尊德性爲主朱子之學以道問學爲主二家之

學各有所偏者何也以尊德性而闕却問學工夫者象山之學也以道問學而兼了尊性工夫者朱子之學也則二家之學固不可均謂之偏重也

○朱子以上四者皆爲存心之屬下四者皆爲致知之屬而存心致知以難易言之則何者爲難何者爲易乎存心是守之於已然而致知是推之於未然則存心非難而致知爲難也

○此章存心先於致知而大學八條目致知工夫在誠正之先者何也以大小而分先後則存心居先而致知居後以知行而分先後則致知在先而誠正在

後

○此章之溫故知新與論語之溫故知新各有所重盖溫故然後有以知新而溫故又不可不知新則一以重溫故上說一以重知新上說然則同一溫故同一知新而子思之訓所重者在溫故而不在知新以成德言也夫子之訓所重者在知新而不在溫故以入德言也

○尊德性道問學以工夫言之則不可以分言乎盖太極靜而生陰陰中有陽動而生陽陽中有陰無相離獨立之時然猶可以分而言之况存心致知雖是

一事而心與理自有內外存與致自有動靜則豈可以不分言之乎

○明哲保身不但止於默容而已盖不驕不倍是亦明哲保身之道也足興足容是亦明哲保身之事也則子思所以引詩者是通證上文不驕不倍足興足容故結之曰其此之謂與而陳氏專以默容爲保身則於道理似不全矣

○其言足以興而所以言者道也其默足以容而所以默者亦道也言有可言之道故言必興焉默有可默之道故默必容焉言之道卽默之道也默之道卽言之道也

第二十八章

○反古之道非灾也而愚賤而自用自專則灾害必至也

○生今世反古道旣謂之灾及其身則後世欲行先王之道者皆可謂反古之道而灾及其身乎愚好用賤好專纔着好字終是主張私意分上較多而若德爲聖人尊爲天子而追先王已成之法立萬世常行之道則彬彬制度郁郁儀文損益之當然也古今之通誼也亦何憂灾異之及身而禍患之竝至也

○灾及其身盖天下之本在國國之本在家家之本在身而這箇身字是天下國家之際接處故於此拈出身字也

○今天下車同軌書同文行同倫天下軌文倫何以同之乎天下至大難可同之而三者之皆同其惟大一統之義乎盖天下之車作者非一人也而皆同軌天下之文字書者非一手也而皆同文天下之行行者非一人也而皆同倫者豈不以非天子不議禮不制度不考文而無敢自用自專而反古者哉制度所以爲法故車以之同軌考文所以合俗故書以之同

文議禮所以制行故行以之同倫要莫非統一天下之義耳

○非天子不議禮而又曰吾從周夫子之從周獨非議禮者乎周之禮時王之法制也今日之所用也而聖如天縱旣不得位則不得不從周而其從之也此不過循當世之法而未嘗有制作之事則謂之議禮可乎夫子所謂述而不作是也

○殷周之禮皆可謂之學而夏禮獨謂之說者何也夫子殷之裔而周之人也殷雖已亡而天乙制作之禮猶有存於猗那詩大戴禮之諸篇周雖已衰而蒼

姬損益之禮時方用於書同文車同軌之天下則其所以近而可據見而可詳者斯可以着得學字而至於夏之禮時世遠矣雖以夏后之孫而猶有莫徵之歎則聖人於此但當說吾之所知而已從何處考證而亦如學殷學周之爲也

○夫子不從夏殷而特從周禮者盖以時有遠近之別制有古今之異而豈非麻冕純儉吾從衆之意乎

○此章章下曰爲下不倍而言下章章下曰居上不驕而言先言爲下不倍後言居上不驕者何也盖先言不倍後言不驕者所以順接乎至聖配天至誠經綸等數者耳盖居上不驕爲下不倍上下先後之異未必別有他意也但先言爲下不倍而後言居上不驕則與其下極言至聖至誠配天經綸等處相接然後語順矣不然而中間揷入說爲下不倍一段則語有斷續而不順矣烏乎其可也

第二十九章

○王天下者始受命爲天子也議禮制度考文所以新天下之耳目一天下之心志而國不異政家不殊俗動而世爲天下道行而世爲天下法言而世爲天下則遠之而有望近之而不厭則人安得不寡過也

所謂寡過者非謂天下寡過也謂天下之人得以寡過也人得寡過則皆遵義遵路而會極歸極矣

○前章稱鬼神之德曰視之而不見聽之而不聞此章又曰質諸鬼神而無疑旣曰不見不聞則何以謂之質諸而無疑也眞西山詩曰莫謂幽難質無愧是無疑夫鬼神固無形聲而盡在我之道合神明之德則此所以質諸而無疑也

○有身此有德有德此有應則六者之中本諸身爲要也胡氏所謂功用之宏大悠遠只在人主一身上者是也

○聖人與天地合其德與鬼神合其吉凶而此曰建天地質鬼神則天地以道言鬼神以迹言

○知天知人本非二事而知人之至則知天之至也就鬼神而言則便是天之理也就聖人而言則便是人之理也非知天者較深而知人者爲較淺爲有兩層也

○知天知人所操者約而所包者廣矣盖天地鬼神其理一也纔說鬼神卽該天地一句而以知天結之先聖後聖其揆一也纔說後聖卽該三王一句而以知人結之則信乎知天知人四字豈不總括了本諸

身以下六節之事乎然則無疑知天與天地不悖相應不惑知人與三王不謬相應而旣知其人則道未嘗不本諸身也德未嘗不徵諸民也朱子所謂知天知人只擧後世與鬼神而總結上四句之義者非虛語矣

○行而世爲天下法言而世爲天下則盖言者行之表也行者言之實也行以迹言之而有事可據則人皆法之也言以理言之而無迹可見則人只則之也然則分法則於行與言者盖以行是已行之事而法就法度上說言是未成之事而則就準則上說

○章下曰承上章居上不驕而言亦人道也夫建天地不悖質鬼神無疑似是天道而以人道言之者何也盖建天地不悖質鬼神無疑總承上章居上不驕而其要在尊德性道問學工夫上做出來則安得不爲人道也其與愚而好自用章之言爲下不倍之類同一人道也

第三十章

○祖述堯舜憲章文武盖夫子之删書斷自虞書而爲始夫子之定禮必就周禮而考證以其遠而可宗者堯舜精一之學也近而可守者文武大備之政而

旣宗堯舜則堯舜前農軒自包於宗堯舜之中矣旣守文武則文武前禹湯自該於守文武之中矣

○夫子旣祖述堯舜則子貢只言文武之道未墜於地而不言堯舜者何也世之相遠而難拚者堯舜之道也時之相近而易知者文武之道也堯舜文武其道則一揆而遠邇則不同矣以子貢之善觀聖人而不言堯舜獨言文武者豈不以周政之近且備耶

○朱子曰皆兼内外該本末而言陳氏釋之曰細底道理爲本爲内麤底道理爲末爲外盖細底道理雖曰爲本爲内而豈無爲末爲外乎麤底道理雖曰爲

末爲外而豈無爲本爲內乎無論道理之麤細皆兼內外該本末而言

○此章總論孔子之道德而竝育竝行不害不悖者只言天地不言孔子然聖人一天地也天有至誠無息之道而聖人亦有至誠無息之道焉地有博厚持載之道而聖人亦有博厚持載之道焉則所以言天地者乃形容聖人也然則竝育竝行與不害不悖者雖只言天地而天地之所以爲大者卽孔子之所以爲大也

○道竝行而不相悖不曰四時日月而必曰道者何

也易曰一陰一陽之謂道此道字兼四時日月而言也盖四時焉有寒暑往來之道日月焉有黃白盈虛之道故一道字所操者約而所包者廣則凡天地間四時之錯行日月之代明無非道也所以明四時日月之迭運互照者必以道字言之也

○竝育竝行者是統而觀之也不害不悖者是析而觀之也竝育竝行與不害不悖是同時事也則固可以分合論也不可以先後論也自物而言則竝育竝行者固在此而不害不悖者亦在此也自天地而言則竝育竝行者大德之統體乎小德而不害不悖者小德之分行乎大德也

第三十一章

○聰明睿知足以有臨盖臨者自上臨下之義而此所謂至聖之德首出庶物然後足以臨下也故大學序文中有曰一有聰明睿知能盡其性者出於其間則天必命之以爲億兆之君師有這般盡性之德者有這般君師之責則卽此是聰睿足臨之義而夫所謂聰明睿知之足臨者大槪是有過人處方服得人也

○至聖只言聰明睿知而不言心然心者一身之主

宰萬事之根本則纔說聰明睿知心在是矣盖聰雖以耳而所以聽者心也明雖以目而所以明者心也曰睿曰知純以心言而知者是心之本體也睿者是心之思慮也

○溥博淵泉似有大德意思而必以屬之於小德川流者何也盖大德小德本無二致敦化川流只是一事則溥博淵泉似是大德而屬之以小德者此也

○溥博如天章句曰充積極其盛而發見當其可也盖極其盛當其可之說雖發於此節而極其盛當其可之實已盡於上節盖充積極其盛而發見當其可

則固不是上節未極其盛而於此方言其極盛也亦不是上節未當其可而於此方言其當可也旣曰溥博淵泉則充積極盛之意自在其中也旣曰而時出之則發見當可之意自該這裏也而必於此節而言之者是不過推到極大極盡處說去耳

○凡有血氣者莫不尊親故曰配天盖血氣二字所該者極廣而體信達順之效可合乎天之廣大也盖血氣非徒人也禽獸亦血氣也草木亦血類也如麒麟遊郊鳳凰來儀蓂莢生庭之類都有這尊親底意思而只看此等異類都在天之下而尊親乎天則尊親至誠可知然後其與下文配天之義更有體會而且盡人性便盡物性亦是實理如此也况乎尊莫大於天也德莫盛於天也有是聖德之實者有是聖德之名而尊之所至如天之尊也德之所及如天之德也則其曰配者聖卽天也天卽聖也天與聖一也

第三十二章

○經綸立本知化似是小德而屬之於大德敦化者何也大德一箇誠也而經綸立本知化不越乎誠則這便是大德也

○夫焉有所倚盖不倚之謂中而經綸立本知化不

倚於一物則卽此是中庸也

○知化育之知字與下章知遠之近知風之自知微之顯知字較有不同盖此章之一知字以聖人至誠之功而言也下章之三知字以學者立心之始而言也一箇知字而聖人之知學者之知不同矣

○朱子曰此皆至誠無妄自然之功用經綸立本知化皆以存主處言而必曰功用者何也經綸立本知化就存主處說而存主之中自有功用之妙焉

○上章曰凡有血氣者莫不尊親此章曰苟不固聰明聖知達天德者其孰能知之盖彼言小德此言大德而小德者條理分明人所易見也大德者實理渾淪惟聖能知也

○朱子曰其淵其天則非特如之而已夫如天如淵其淵其天雖有表裏微顯之分而亦無高下優劣之可論盖如天如淵者以衆人而觀聖人也其淵其天者以聖人而觀聖人也然語其聖人則只是一箇聖人也

○於至聖之德則曰小德之川流於至誠之道則曰大德之敦化至聖至誠分大小而言之者何也小德是零碎底大德大德是合聚底小德則一體一用大

小雖殊而亦非有兩事也盖德之發見者至聖也道之存主者至誠也一本而散爲萬殊萬殊而合爲一本者有如忠之有恕中之有和竝育竝行不害不悖則此非大德之敦化而小德之川流者乎

第三十三章

○知風之自則風乃設譬之意而非以吾氣所發而謂之風也盖知其身之得失由其心之邪正也

○前章曰魚躍于淵此章曰潛雖伏矣亦孔之昭盖一理流行無物不有而魚躍于淵亦理之所寓則所以明此理之自然昭著也己所獨知其幾輒見而魚

潛在淵亦甚昭然則所以晢君子之必謹其獨也

○內省不疚無惡於志所疚者何事所惡者何事耶人心至靈而毫髮之微少有自欺則必有不能慊於中者此所謂疚也此所謂惡也

○相在爾室尚不愧于屋漏盖涵養須用敬而入道莫如敬則屋漏之處只是敎做存養工夫者其必曰持敬之方也

○不動而敬不言而信旣曰不動則何以謂之敬旣曰不言則何以謂之信耶明鏡不照而尚見其光也止水未波而尚知其清也則君子敬信之心固無動靜語默之間故不但動容貌以敬而容貌未動之前已無不敬矣不徒出辭氣以信而辭氣未出之前已無不信矣

○潛伏一節兼善惡上說相在一節就善一邊說

○君子不賞而民勸不怒而民威於鈇鉞民勸民畏之前當用何工夫耶不賞而勸不怒而威自戒懼謹獨上來耳盖潛伏之者謹獨之事也相在云者戒懼之事也戒懼者統體做工夫而保守天理也謹獨者切緊加工夫而檢防人欲也自戒懼而約之以至於至靜之中無少偏倚而其守不失則不待賞而民自

勸自謹獨而精之以至於應物之處無少差謬而無適不然則不待怒而民自畏也然則不賞而勸不怒而威者其要只在戒懼謹獨而戒懼謹獨者勸善畏威之本也勸善畏威者戒懼謹獨之效也

○前章曰中庸其至矣乎此章曰不顯惟德盖中庸之德衆人之所同也不顯之德聖人之所獨也

○無聲無臭者此不過形容不顯篤恭之妙而開闢中又着細密寬緩中又着謹嚴則德雖無形迹之可尋而自有形迹之可尋道雖無聲色之可見而自有聲色之可見體用兼備動靜相涵則非如釋氏虛無

寂滅之學矣

○始言天命之性末言上天之載則曰命曰載不同何也盖命猶令也載則事也自一理之有萬處言之則是命也而命卽理也自萬事之歸一處言之則是載也而載亦理也始言一理則無極而太極也末合一理則太極本無極也首章言一理之發出故言命而不言載也末章言萬事之歸宿故言載而不言命也

○此章多引詩而不言書盖以首章中和二字觀之中以狀性之德和以著情之德而詩出性情感發興

起者非如書之記載政事則此章所以必引詩申申說去者皆所以養中和之德也朱子所謂古人辭有餘而意無窮者多援詩以諷詠其餘意眞可得此章引詩之義矣

中庸辨疑終

大學辨疑

序文

○古之大學與今之大學有異焉三代盛時禹湯文武之所以爲大學之敎者當以何者爲主耶天下無性外之事而聖賢無性外之功則三代大學之敎不過曰復其性而已盖古之大學以身爲敎今之大學以書爲敎則古之大學卽今之大學也天生蒸民有物有則而但爲氣稟所拘物欲所蔽不能知其性之所有全其性之所賦則天必命之以盡性之君天必作之以知性之師君以治之以全其性師以敎之以

充其性此三代所由敎也夏曰校殷曰序周曰庠學則三代共之皆所以明人倫也明人倫之道惟在於明善而復其初也

○小注雲峰胡氏曰智則心之神明所以妙衆理云云番易沈氏曰智者涵天理動靜之機云云夫智者是衆理也是天理也今曰妙衆理涵天理云爾則未免以理包理之病矣

○聰明睿知受天命爲億兆之君師治而敎之若神農黃帝之時則未聞師敎之法者何也盖上古風氣未濟民性淳厚不言而信無爲而治則師敎之道未

必如後世之備而亦或有設官之教逸落無傳也耶

○小注朱子曰樂之教又親切虁教胄子只用樂夫樂也者乃天地中和之氣而所以蕩滌其邪穢消融其渣滓和順其道德自不覺其手之舞之足之蹈之則禮樂射御書數之中五音六律之樂又切於胄子也彼胄子之性未免爲氣質之所偏則聖人所以因其性而教之導其樂而救之欲其矯其偏而歸於中道也

○人生八歲皆入小學及其十有五年皆入大學若其八歲十五以後做得甚工夫耶盖大小學之分屬於八歲十五者盖言工夫之淺深有此年數之大概而本不以此爲限境界也年雖二十而自爲八歲時節年雖三十而自爲十五光陰一邊做小學工夫一邊做大學工夫不害其竝進而兼補一擧而兩得則畢竟成就爛漫同歸於八歲入小學十五入大學矣然則八歲十五以後從事於大小學者不患其扞格勤苦之病而苟以一敬字爲大小學之宗旨則這敬字徹上下貫終始而果不爲吾心上大小學乎

○小學教之之道皆及於王公以下庶人之子弟而大學則獨及於天子之元子衆子公卿大夫元士之嫡子而不及於庶人者何也聖人之教因其才而篤焉如小學灑掃應對之節此固庶人之所當行而大學修己治人之道固非庶人之所能與故小學則兼言庶人大學則不及庶人而旣曰凡民俊秀皆入大學則凡民亦庶人之類也

○小注新安陳氏曰性分固有是理是體職分當爲是事是用陳氏之說分別事理體用太甚盖性分固有雖曰是理是體而事與用在其中矣職分當爲雖曰是事是用而理與體不外是矣

○此篇序單言曾氏中庸序兼言顔曾盖單言曾氏者以明其作爲傳文者乃曾氏一人也兼言顔曾者以示其傳得道統者實顔曾二子也論其著述惟有曾氏而言其道統亦有顔氏則立言之或略或詳從可知矣

○此篇序以爲有補於國家化民成俗之意中庸序以爲有助於初學行遠升高之工盖大學是學者之事而教在其中故以國家之化民成俗而言之中庸是教者之事而學在其中故以初學之行遠升高而言之以其教學之相須而竝行耳

篇題

○旣曰孔氏之遺書則首章何不言孔子曰三字耶此篇非夫子之言而只以其遺意述之爲書也則述其遺意而直謂之孔子曰者恐其冒稱聖師之言故其不着孔子曰字以示夫不敢直謂孔子之言又不着曾子曰字以明夫不敢創爲作述之意而特書大學之道者其意若曰此雖非孔子之言而亦嘗取質於丈席問答之間故朱子亦曰盖孔子之言而曾子述之盖者是疑而不敢斷之意則其非孔子之言者明矣而這述字亦可見遺意之特成曾子之手也況其下傳文是亦門人之述曾子意也亦未嘗稱之以

曾子曰則何必於首章特稱孔子曰如論語記言之凡例也遺字當玩味耳

○不曰孔子之遺書而必曰孔氏之遺書者何也一章經文孔子之訓也十章傳文曾子之述也篇首總而名之曰孔氏之遺書而若曰孔子之遺書則只言孔子之遺書不該曾子之遺書而凡言孔氏者猶孔門孔家也則不但言孔子之遺書也亦可該曾子之遺書也先儒以爲此孔氏自當兼孔曾而言此豈非一副當證案乎

○獨賴此篇之存而論孟次之程子之說只及大學論孟而不及中庸者何也大學規模節目之詳論語操存涵養之實孟子體驗充廣之端無非切於學者日用工夫而至於一部思傳乃聖門傳授極致之言也萬殊之歸宿處隱而莫之見一理之退藏處微而不可知則固非後學之所易得而聞之故程子之教未遽及之豈不以三書旣通然後會其極於中庸乎

經一章

○大學之道這學字固不可專以用功言又不可專以成功言其必曰由用功而至於成功然後方可以得明體適用成己成物之學矣

○此篇所謂道者四首曰大學之道又曰絜矩之道又曰君子有大道又曰生財有大道許多道字一是皆以明德爲本也

○首言明明德而不曾說主敬工夫者盖以一敬字已具於小學故也

○這箇明德不是心性外別件物事而治心復性之要莫切於明是德之本原則以示其是心是性之體用者明德是已故不曰心曰性而曰明德也

○程子曰大學初學入德之門也朱子曰大學者大人之學也一以初學言之一以大人言之盖規模節

目取道至徑則初學之入德也修己治人體用兼該則大人之學也

○小注北溪陳氏理與氣合所以虛靈然則虛靈兼理氣而言也此與張子所謂合虛與氣有性之名者同義然或問玉溪盧氏曰虛主理言靈兼氣言此以虛靈分理氣而言也二說相須其義始備

○明德中也有至善新民中也有至善則大學之道不過曰明德新民而今以止至善竝列爲三綱領者何也土於四行無不在則不可以五行稱之而竝稱其五行勇於知仁無不包則不可以三達言之而竝

言其三達德盖四行非土則無以生也知仁非勇則無以行也今以明新比之則四行也知仁也止善比之則土也勇也然則止至善固可謂明德新民中寸分恰好處而竝列爲三綱者以其必止於至善然後德乃明而民乃新也

○大學之道則曰大人之學小學之書則曰小子之學盖同是學也而一是灑掃應對進退等事一是窮理修己治人等事則小而曰子以未離乎子弟之職也大而曰人以充滿乎形氣而爲人也

○人之所得乎天而虛靈不昧此言明德理氣妙合之謂也人生稟賦之初理先於氣乎氣先於理乎凡人之生必得是理然後有以爲健順仁義禮知之性必得是氣然後有以爲魂魄五臟百骸之身則明德天稟之初理氣之妙合雖無先後之可言而若論本原則理先乎氣若論稟賦則氣先乎理耳

○虛靈不昧以心言而包性情在其中虛底是性靈底是情

○釋至善處旣以事理言之又以天理言之盖自散在事物而言則曰事理而明新之自然而然者非天理之極乎自人心得於天而言則曰天理而明新之

當然而然者非事理之極乎事理與天理只是一而已

○自然極至之謂至善工夫極至之謂知至而知止則旣物格而知其至善之所在也致知則始格物而欲其所知之無不盡也然則至善之至字與知至之至字不同知止之知字與致知之知字有異

○明德新民止至善三者如基之設盤定靜安慮得五者如基之下子方其設盤時無以辨局路之黑白先後而及其下子時可以尋局路之次第脈絡則此所以旣言明德新民止至善而繼言定靜安慮得也

○知行工夫須着竝進知愈明則行益篤行愈篤則知益明有如輪翼之相資足目之俱到其知其行不可闕一則自知止至能得皆兼知行而言

○朱子曰得謂得其所止旣曰得其所止則知止能得渾爲一事而下文章句以知止爲始能得爲終者何也射者知的而後中的則知止能得是射者之知的而中的也行者識路而後到家則知止能得是行者之識路而到家也則知止能得雖是一事而此爲始彼爲終者亦宜矣

○知止則可無慮矣又安有慮一節工夫耶知止是

平時講究工夫能慮是臨時硏審工夫無事之時固當講究臨事之時又當硏審則此知止後不可不慮而非知止亦未能慮也

○小注朱子曰安而后能慮非顏子不能也安而能慮尙在能得之前則今曰非顏子不能者何也安字如恭安之安慮字如積慮之慮凡人平時講究之工靡不有知止一節而及其臨利害遇事變或爲氣稟所拘或爲物欲所蔽施爲做措之間不能硏幾審度而無以到能得地位則如顏子之怒而當理甲不移於乙過而鋤根前不復於後然後方可謂到此地位則安能慮慮能得惟顏氏子一人耳

○章句曰知之則志有定向或問曰能知所止則方寸之間事事物物皆有定理二說似有牴牾盖志有定向事有定理二說相須其義始備而知之而志有定向之時事物之定理可包矣知止而事物定理之時吾志之定向可知矣

○明新止三者是工夫之總腦知止一節是工夫之準程而不說知止則無下手地頭故綱領之下拈出知止一節以示夫三綱領之進步節次也

○章句曰安謂所處而安小注曰安是就身上說盖

凡人之所知可以安處則安可以安身則安所謂處安身安只是一而已

○上言知止有定下言知所先後盖知止之知字重如大易所謂知終終之之知字也知所之知字輕如孟子所謂知皆擴充之知字也

○上段旣對知止能得則下段結辭亦當對擧而但曰知所先後不言得所先後者何也先其始之謂先後其終之謂後而先以知止言也後以能得言也知先後云者是知其知止之爲先能得之爲後而先後二字卽是知得之意則說他知先後三字而已該了

能得之義矣始是所當先而知止爲始也終是所當後而能得爲終也知所先而先之旣結知止之義知所後而後之又結能得之義則何必復言得所先後以結之耶

○諸儒以知止有定物有本末及聽訟章爲格物致知章之錯簡欲掇此而補彼退溪非之曰取正寢之材補廊廡之缺此說絕滲漏無病敗矣

○物有本末事有終始於物稱本末於事稱終始者何也先明己德而以新其民則物有本末先致其知而能得所止則事有終始盖言其爲學之先後則理

會一己之物而後理會天下之物故明德爲新民之本論其用工之次第則知其事理之當然而後盡夫天理之極處故知止爲能得之始其序不可亂而功不可闕如此

○知所先後則近道矣上文知止等五后字下文物格等七后字皆不用後字而必用此后字者何也盖本與末相對始與終雙峙潤論其工夫之間架有一先一後之分而如知止等五后字物格等七后字上段生中段中段生下段其效相因則此非先後之相遠也殊不知後與先相對則這後字大有先後之界分而后與后相因則這后字略有次第之差殊然抑有一說焉後與后古字通用有如摯與至通用修與脩通用之類別無微意於其間也

○物有本末事有終始則兼言事物致知在格物則單言物字盖兼言者事物相分單言者事在物中故明德新民物也知止能得事也而至於致知在格物則無一物之不到者卽無一事之不窮也

○本末先言本固也而始終先言終者何也凡君子之道謀始非難而圖終爲難成始非難而成終爲難則終先於始者以明夫有始而有終也然則能得之

工最是學者之難進處而欲使學者原始而要終故必以一終字先之以其知止能得有輕重之分也書所謂念終始典于學中庸所謂誠者物之終始盖此意也

○這箇近道雖就知上說而所以近道者以其用工夫處知所先後故或問中旣曰進爲有序而注解中又云不知先後便倒了則可見先後之自重而不是全未着工夫只泛泛然僅知其序便爲近道耳

○此篇只言格致而不言涵養之工者何也涵養本原已具於小學故所以大學直以格致爲先而不言

涵養然曰顧諟曰敬止曰誠正曰定靜則其中自兼涵養之工矣

○致知在格物者似一時竝進之工而又曰物格而后知至則亦似有先後之序者何也在字緊得些子而字承上起下格物時吾之知自到於物致知時物之理自至於心非是格物而又致知亦非致知而又格物故曰致知在格物而至於收功之時則必須物之理旣盡然後其知乃至而不得無先後之序故曰物格而后知至也

○物者物之理也知者心之知也而今曰致知在格

物者何也窮格在物之理能致在我之知則盖物我一理纔明彼卽曉此而合內外之道也

○釋格物則曰窮至事物之理釋物格則曰物理之極處無不到盖格物以工夫言物格以功效言而窮者是用力之謂也到者不用力之謂也則着窮字於格物而換到字於物格者是也

○旣言致知在格物而又言物格而后知至則不曰知致而曰知至者何也至字得致之一半而事半功倍則曰致曰至自有工效順逆之不同故致字在知之上則有推致用力之義也至字在知之下則是已得極至之名也初頭逆推之工不可不下致字以曉其用力推去之方而末梢順推之效不可不下至字以明其知得極盡之驗則致在乎未至之前而至在於致極之後也

○聖門之學專以心意爲本而八條所以先格致後心意者盖以曰心曰意包在明德裡許而格致爲學者之最初下手處也

○上文先言治國下文先言物格雙峰饒氏曰上一節逆推工夫下一節順推功效逆推之工何以在前順推之效何以在後耶盖用工逆而難功效順而易

學者不可以不知大本而使學者必知大本故先言治國而逆而推之旣知大本又不可以不知其效故先言物格而順而推之逆推故在前順推故在後

○小注朱子曰性發爲情其初無有不善卽當加夫明之之功心發爲意便有善有不善不可不加夫誠之之功執此說而論之盖情有善惡意無善惡若曰情有善惡則何以加明之之功而惟其意無善惡故所以加誠之之功而且明德章句旣曰有時而昏則這昏字非不善乎誠意章句欲其必自慊則這慊字非善乎朱子所謂情無有不善意便有善不善者無

乃記錄之誤耶
○致知在格物格物者還是事未至時格耶抑事既至後格耶有鏡於斯物未照時鏡之體無不明而物既照後鏡之用無不明矣有衡於斯物未稱時衡之體無不正而物既稱後衡之用無不正矣則君子之心卽一箇鏡也衡也未發而爲鑑空衡平之體已發而爲鑑空衡平之用則格是到那所在而有事已至時格底有事未至時格底則格物之道固當如明鏡之應與未應而姸媸自照權衡之稱與不稱而輕重自正耳

○格物則物必有所當然之則所以然之故盖所當然之則理之實處而所以然之故理之原頭則所當然與所以然者皆指理而言也
○意者心之所發則似意在心後而今曰欲正其心先誠其意者何也盖與物相感者意也而物纔動意意便牽心則欲正其心者必先乎誠意也
○致知之道莫先於格物而格物之道亦莫先於明人倫則明人倫豈非格物之切要處耶
○心者本也意特心之發耳今欲正其心先誠其意則似是倒了說去者何也今夫治家者先去蟊賊而後家可以寧靜種田者先去稂莠而後田可以下種則欲正其心者不可不先誠其意而心之爲物元無形影則須從所發而必下工夫則除了許多惡根而心可以自正耳
○八條目皆有先後次第則了一節而後做一節耶格致誠正修齊治平雖有先後之序而一時竝進齊頭做去則豈可謂了一節而後做一節耶
○古之欲明明德於天下者先治其國則治平天子諸侯之事也固非始學之所當議而射者之的行者之歸亦學者立志之初所當知也故自天子至於庶

人一是皆以治平爲分內事也況大學之敎乃爲天子之元子衆子公卿大夫士之適子與國之俊選而設焉是皆將有天下國家之責而不可辭者則所以素敎而預養者安得不以天下國家爲己事之當然而求其正本清源之道哉
○大學言格致而後誠正中庸言尊德性而後道問學一則知先而行後一則行先而知後者何也大學入德之書也中庸成德之書也以入德言則知先乎行以成德言則行先乎知而知外無行行外無知則格致屬知而行在是矣尊性屬行而知不外矣

○誠意自修之首進德之基而徹上徹下無所不包則誠意一節雖在於格致之下而纔說格致帶得誠意底意也

○意者心之所發也心者身之所主也意旣實矣則心可以無病而猶有忿懥等四者之病而點檢其心心旣正矣則身可以無偏而尙有親愛等五者之偏而收斂其身有則改之無則加勉者豈非精而又精緊而又緊者乎

○八條目一是皆以格致爲主而逆推工夫無不統於格致順推功效無不管於格致則曰誠曰正曰修

皆是格致上做去也曰齊曰治曰平皆自格致中流出也則格物致知其惟學者之最初下手處乎

○欲其極處無不到到字之義以何物形容乎今夫南釗人之往建陽也須得到郡縣廳上而方可謂之至也若只到建陽境上而不可謂之至也則格物者所以實行到那般地頭而猶南釗人之直到建陽方休耳

○誠意之意與致志之志有公私之分志是向去底意意是較量底志也

○意易發而難制心本虛而不昧則卽其所發之意而可知所主之心故釋心意處先言所發後言所主也

○誠正修三者不無淺深小大之別而論其淺深則誠意工夫較深而正心工夫較淺論其小大則誠意較緊細而正修地位又較大又較施展也

○致知知至比之於行路之人有方行郡邑而方至京師者有已歷郡邑而已至京師者致知工夫如方行郡邑而方至京師也知至功效如已歷郡邑而已至京師也

○格物注欲其極處無不到也物格注物理之極處

無不到也晦齋則兩處皆讀曰厓申駱峯論此以厓辭爲是而苟知此意則功效注雖云極處是固亦無妨退溪則不取晦齋之言特取申公之言曰物格注吐或厓或是兩無所礙其詳見於溪集

○物格等而后字與上文知止等而后字似有不同蓋知止節五箇而后字一知止便直貫到能得也物格節七箇而后字却逐層各有境界遞下也則知止至能得相去不遠而有如中庸之形動變化也物格至治平地步稍間而有如孟子之善信聖神也

○致知在格物則無兩層工夫而至於物格知至則

雖着而后二字而其與下文意誠心正等而后之例當作一般看了耳

○知之眞切則意已誠矣如何而又有誠意之功耶就至與誠之交關親切則纔知至而便不須疑貳也就致與誠之各項用功則知已至而須更去誠意也

○旣曰物格而后知至則所謂知至者知之而至於何處耶今有一條蠟燭於此而光之所及者八窓玲瓏無處不照一室通達無物不明則方可謂之蠟燭而知至者要須四至八到無所不至然後乃謂至也則這箇知至正如蠟燭之無一不到耳

○物理之極處無不到則這到字固非物理之自到於吾心也亦非吾心之自到於物理也物理之到處卽吾心之所到也吾心之到處卽物理之所到也然則所謂到者到盡之謂也如理到精到懇到之到而言物理之極處自到盡無餘也

○格物物格同一格也而格物須有窮之之工物格須有至之之效則格物非無窮底意思而所重者在乎窮也物格非無至底意思而所重者在乎至也

○朱子曰物格者物理之極處無不到此言物理之極處而補亡章釋物格而不言物理之極處者何也旣曰物理之極處無不到則盖衆理之極處卽無不到之處也理依然自在事物而吾之窮究無一不到處耳至於補亡章則乃合表裏精粗而言其無不到則巨細相涵本末都具渾淪乎無處之可言耳

○自天子至於庶人壹是皆以修身爲本則修身之本庶人與天子同而治平之責亦與天子同乎修身爲本治平爲末則天子與庶人本同而末亦同矣盖大學之道乃爲天子之元子衆子公卿大夫元士之適子與凡民之俊秀而敎之以窮理正心修己治人之術是皆將有天下國家之責而不可辭者則雖位

非在上大人之位而學則同一大人之學也

○前一節以本末終始知所先後順結而此一節以本亂厚薄反結者何也本末終始是自有底而先後是人做底有得失故前節以知所先後順結而此節以本亂厚薄反結之以明知所先後則本末終始不失其序而可以進於道也不知先後則本末終始有所舛繆而遠於道也

○經一傳十朱子定以爲曾子之述曾子之意而其中誠意章却有曾子曰三字者何也傳十章曾子之意也曾子曰曾子之言也而曰言曰意較有不同則

誠意章之特加曾子曰三字者以明其曾子所嘗警戒之辭而令人惕然有深省處耳

○文理接續血脈貫通云云盖一章之自明起二章自新之意二章之用極起三章所止之說四章之知本起五章致知之語且顧諟明之顧字爲誠正修三章下工夫之綱領作新民之作字爲齊治平三章下工夫之綱領止於敬之敬字總爲傳六章全體下工夫之綱領則凡此數者皆所以承上起下而文理接續血脈貫通耳

○十章傳文有文理接續處有始終精密處而所以自言今不盡釋者盖指其不盡釋某文之通續於某文不盡說某訓之精深於某訓耳

傳首章

○康誥言克明德帝典言克明峻德聖人之德本自光明固無待於克明而康誥帝典皆言克明者何也今夫鏡本光明而磨之則鏡自明焉火本光明而噓之則火自明焉至於聖人亦然德本光明而少有怠忽則不能明焉故此帝堯文王所以夙夜慥慥不息而克明其德也

○天之明命本無形象則有何顧諟之道耶盖明命

雖無形象而日用之間實理流行則其所以顧諟之道只在於靜存動察四字上政如忠信篤敬之參前倚衡矣

○克明峻德小注臨川吳氏曰著明明德之效也夫克明者是明之之功而吳氏以效言之者盖以此德全體之大也

○皆自明三字承上文克明德顧諟明明峻德三者而言耳

○克明德自明之始事顧諟明自明之中事明峻德自明之終事而以淺深言之則克明德爲淺而顧諟明爲深顧諟明爲淺而明峻德爲深也

○傳首章引書而不引詩傳三章引詩而不引書者何也傳首章釋明明德而書之言德處較多傳三章釋止至善而詩之言止處最多則兩章中或引書或引詩者皆因文解義之意耳

傳二章

○湯之盤銘曰苟日新日日新又日新盤是沐浴之盤而成湯之必以此爲銘者何也盖盤者常用之器也銘者自警之辭也古之聖賢兢兢業業無少間斷故必就日盥之器而以銘日新之工者盖爲朝夕警

省之資而其亦几席觴豆刀劍户牖莫不有銘之意也

○康誥曰作新民君處九重之內何以知四海之外億兆之人自新之時而振作之耶經文曰明明德於天下夫明德人己之所同得而明己明人體用相須故天下至大兆民至夥而必曰明明德於天下則如康誥之作新民是亦明明德於天下之意而天下之心卽一人之心故行一善政聞一善言則莫不有感發興起之端者便是自新之機也聖人因以鼓舞而振作之何必家喻而户說也

○君子無所不用其極章句曰自新新民皆欲止於至善也夫文王詩之命維新卽自新新民之極也用其極三字似專指文王詩自新新民之義而其實則承盤銘之自新康誥之新民而言耳

傳三章

○此釋止至善而於玄鳥之詩則曰物各有所當止之處於綿蠻之詩則曰人當知所當止之處物與人分而言之者何也物是泛言底人是切言底而物亦人也人亦物也言物而人在其中言人而物在其中則物各所止之處豈無人當知止之義也人當知止之處豈無物各所止之義也但邦畿千里惟民所止則不得不就物上說而子曰以下孔子說詩之辭則不可不就人上說耳

○民之止畿鳥之止隅固非止至善而此不過借止畿止隅之止字以明止至善之止耳

○詩之穆穆文王於緝熙敬止以大學之序言之則有知止能得而今曰於緝熙敬止者何也以學者言之則先知所止然後方得所止而聖人安於所止則不待先知而後得也此所以不言止得而只言敬止也

○仁敬孝慈信五者是日用常行之大節目故於此特言之而旣言仁敬等五者則忠在於不言之中也

○仁義禮智根於心見於外而有穆穆之容記所謂和順積中英華發外易所謂美在其中暢於四支者是也

○敬止是聖人安行之敬而程子以主一無適整齊嚴肅言之謝氏以惺惺法言之尹氏以其心收斂不容一物言之無非爲學者垂敎之微言至論然若就其中求其所當先務則整齊嚴肅一段是切至工夫而片片說與人矣朱子所以深取此說者以其有着

實下手處耳

○淇澳之竹固無關於武公之學然苟能默識而旁通之則猗猗綠竹交關於武公之學蓋竹本上武公見其上則思所以下學而上達竹本密武公見其密則思所以銖累而寸積竹乃美盛而武公之德亦與之美盛竹乃漸長而武公之德亦與之漸進彼亭亭之勁節萋萋之翠筠何嘗不關於武公之學哉

○道學自修小注陳氏曰學所以致知知視行爲易此知易於行也中庸博學之小注陳氏曰擇善處眞能知之則行處功自易也此知難於行也蓋以知行

之先後次第言之則知易而行難也以知行之輕重緩急言之則知難而行易也

○切磋喩學問而就知上說琢磨喩自修而就行上說則一箇至善是固恰好處而切磋琢磨求其止於是而已

○道學自修言其止至善之由恂慄威儀言其止至善之象盛德至善言其止至善之實則章內所言皆釋止至善之義耳

○此章之如切如磋如琢如磨與子貢所言如切如磋如琢如磨之義不同此以知行之難易而言之彼以義理之無窮而言之

○淇澳烈文兩詩亦有次第之可言乎蓋此兩節相表裏而上節卽此節之本原此節卽上節之效驗則兩節中所引亦豈無次第之可言乎

○此兩節咏歎淫泆其味深長蓋淇澳言盛德至善烈文言親賢樂利而今讀其書卽其事宛然如聖人之在目而咏歎乎其辭淫泆乎其義則其味之深長不啻如義理之芻豢日用之飮食矣

傳四章

○此章釋本末而綱領條目之間必以此立傳者何

也經文物有本末下有終始先後而旣以此章釋本末則何不釋其終始先後耶本末乃運用綱條之一大關捩不知本末則無下手地頭故綱領條目之間依經文次第立傳者是也誠知先其本而後其末先其始而後其終則終始先後之義已該了釋本末之中耳

○釋本末之義必以聽訟爲首者何也明德爲本新民爲末而聽訟末也無訟本也則聽訟無訟之本末卽明德新民之本末也傳四章之釋本末必以聽訟爲首也

○此謂知本盖聽訟而無訟者以己德旣明而民德自新則得其本之明效也此非所以知本者乎

○此章非綱領條目而以本末釋之者何也纔說本末綱條在中而明德爲本新民爲末則聽訟無訟之本末卽明德新民之本末也修身爲本家國爲末則聽訟無訟之本末卽修身齊治之本末也本末二字豈非綱領條目之第一關鍵耶

傳五章

○間嘗竊取程子之意盖朱夫子一生精力盡在格致一章而竊取之意如程子十六條之說也而上兩

條者皆言格物致知所以當先而不可後之意也次九條者皆言格物致知所當用力之地與其次第工程也下五條者又言涵養本原之功所以爲格物致知之本者也竊取之意其在斯乎詳見或問

○知字不可以一槪論知有萬理明盡之知又有吾心本來之知自其萬理明盡之知而言則必待物理窮格之後而盡其知也經文所以物格而后知至也自其吾心本來之知而言則惟在物理窮格之前而有其知也此章所以因其已知而益窮之也

○曰致吾之知曰莫不有知曰知有不盡曰因其已知四箇知字只是一而已表裏精粗無不到則就物格上說全體大用無不明則就知至上說

○用力之久而一朝豁然貫通焉盖曾子工篤三省妙悟一貫而方其做三省之時銖累而寸積及其聞一貫之時心融而神會則此是用力之久而豁然貫通處也

○此章文體與他章不同而朱子所以補其遺亡不效文體者非特自謙也亦非不能也只是鄭重尊閣之意耳

○補文處不入敬意則盖敬已成就了一部小學而

亦如經文之首言明德不說主敬也

傳六章

○毋自欺是誠意自謙是意誠則一以就工夫上說一以就功效上說

○知爲善以去惡小注曰此知字帶從上章致知之知字來盖知爲善之知字輕致知之知字重今以知爲善之知字從致知之知字來竊恐未然

○知至了如何到誠意又說毋自欺耶毋自欺三字爲誠意之最初下手處則固不是知至而更不加毋自欺之工也

○兩言愼獨盖誠意工夫都在兩自字而上之所以愼獨欲其自謙也下之所以愼獨防其自欺也

○此章言愼獨而有必字中庸言愼獨而無必字者何也大學專是用工地頭中庸包擧全體大原則齊固愼獨而着此必字以用工言也去此必字以成功言也

○誠其意者欲其必自謙而毋自欺則正心修身之工已無不至而正心章言四有之病修身章言五僻之病者何也緊一緊者君子接續之工則不以誠意而不察其病也盖四有心有偏私處五僻身有偏私處而日用應接之間斯須不戒則必陷於一偏而心不正身不修矣誠意之初雖着十分工夫而豈可謂意苟一誠更不加工而心自正身自修耶

○此章之誠其意之誠與中庸誠之不可揜之誠所指不同彼以實理言此以實心言

○君子之毋欺處說得細密小人之自欺處說得麤粗而曰細密者指君子隱然心術之微也曰麤粗者指小人顯然詐僞之著也

○人之視己如見其肺肝然則肺肝卽己之肺肝也

○厭然消沮閉藏之貌盖消沮字有消縮沮表之態

閉藏字有閉匿藏掩之意則此四字善形容小人見君子之情狀也

○此謂誠於中形於外小注雙峰饒氏曰此誠字是兼善惡說盖小人實有是惡故其惡形見於外則此專指惡一邊而言之也今饒氏兼善惡說者恐是記錄之誤耳

○閒居一段是小人之情狀則何關於君子愼獨之工耶盖君子於小人之揜惡詐善處思所以戒之而實無是惡也思所以警之而實有是善也則小人之閒居一段豈非君子之惕然深省處而必謹其幽獨之中乎

○言雖幽獨之中而善惡之不可揜如此可畏之甚也盖善不可畏而一念方萌善惡所分則豈非可畏之甚者乎十目所視十手所指者一心上善惡之幾耳

○愼其獨曾子平日所嘗警戒之辭而非所以釋經者故門人特加曾子曰三字以別之也

○心廣體胖則意已誠矣而又曰誠其意者何也必誠其意故所以廣胖則旣言廣胖而又言誠意者以明夫廣胖之樂只在於誠其意也

○旣曰心廣體胖則更有下章四有五僻許多病痛者何也察之精切而善惡之分判矣爲之誠實而自欺之萌祛矣其效至於心廣而體胖則更有下章四有五僻許多病痛者盖誠意爲自修之首而意極其誠則心正身修之本已在於此故誠意末端極言心廣體胖之效而或問亦曰内外昭融表裏澄瑩心無不正身無不修而非謂恃此而不着正修之工也

○經曰欲誠其意先致其知又曰知至而后意誠欲誠而先致其知知至而后意誠者何也欲誠意而先致知則所重在乎致知也序之不可亂也知至而后意誠則

所重在乎意誠也功之不可闕也

○每章皆連兩事而獨此章單擧誠意饒氏以爲知行不可連說誠正不可連說此則似不然矣知行豈無相須底工夫誠正豈無相資底工夫乎若如饒說則知行判而爲二物誠正分而爲二歧矣

傳七章

○忿懥恐懼好樂憂患四者人常之所不能無而今以有所爲病者何也喜怒憂懼固不可無亦不可有則一有字帶得留着之病矣盖忿懥等四者卽是重疊之辭則許多病痛由此而生也烏得無有所之病乎

○一有之而不能察盖一是四者之一而有一於此則心不得其正也

○小注朱子曰意有善惡之殊意或不誠則易於爲惡心有偏正之異心有不正則爲物欲所動盖心有偏正則固可正其偏處而意有善惡則惡者其可謂之誠乎恐是記錄之誤耳

○意之不誠是私意上錯了心之不正是公道上錯了則意之病痛較重心之病痛較輕

○忿懥等四者害則俱害而不可執一爲最害也亦

如意必固我之病也

○小注雲峰胡氏曰在正其心此正字盖謂心之用不得其正此正字是說心之體胡氏此說分別體用太甚而章句曰四者皆心之用又曰用之所行或不能不失其正則曰正其曰其正者皆心之用耳

○忿懥等四者說有心之病視聽食三者說無心之病有心於此故無心於彼無心於此故有心於彼則有心無心同是一病而上節注之察字察此心之有無也下節注之察字察此心之存否也纔察其有心則便察其無心也其所察之之道只是一而已矣

○恐懼逼緊乎眼前而蒼黃失措之謂也憂患預防乎思慮而禍福利害之來也則恐懼與憂患相似而實不同也

○旣曰視則何以謂之不見旣曰聽則何以謂之不聞耶盖視與見不同聽與聞有異在外者視聽也在心者見聞也目之司視耳之司聽不得不視聽於物來聲至之間而苟或心不要視乎這箇物則物自過於目而不見其物之爲何物也心不要聽乎這箇聲則聲自過於耳而不聞其聲之爲何聲也心不在而視不見聽不聞者是也

○正心章言忿懥等事而不言正心之方修身章言親愛等事而不言修身之道者何也誠意二字已兼正心修身而言則二章所以只言其病者是也

○章句察字敬字直字卽朱子所以補其略處也

○視而不見聽而不聞食而不知其味則見在何處聞在何處味在何處耶盖君子之學本於心而心不存主則視簡而不見聽諷而不聞至於味亦然則一箇身心都無關涉終歸於昏迷不省耳然則以一心之放而見聞味三者惟在彼而已

○心之一物體用竝備或指體之存乎內而有在軀殼之內或就用之發乎外而有在視聽之上則兩說皆得之矣

傳八章

○上章以有所言之此章以之其所言之同一所字而上章有所爲病此章偏僻爲病而不可以之其所爲病也

○五者之心雖因待人接物處發見而五者之僻最爲自家身心上病痛則就他待人接物處省察者所以就吾身心上襯貼用工夫耳

○衆人之許多病痛爲君子之頂門上一針則章句

所以言衆人者乃所以曉君子而於常人之病痛處君子必察乎此而好惡得中耳且這箇衆人非愚蠢之謂而乃君子中之衆人也

○此章修身以五僻言之中庸修身以齊明盛服非禮不動言之盖五僻之修身以治外言也九經之修身兼內外言也則兩處修身有疎密之分耳

○五者在人本有當然之則而必以五僻爲病者何也五者在人固不可無亦不可偏則這箇僻字帶得偏着之病也

○五者之中敖惰不當有則不瑕害於君子之德乎敖

惰雖非好事而敖其所當敖則固無害於君子之德也如孔子之取瑟而歌孟子之隱几而臥非謂孔孟爲敖惰也謂敖惰之在孔孟做處如是而已則何嫌於同般敖惰乎亦何慮學者之傲物輕世乎

○君子之於人旣知其惡則何以好之旣知其美則何以惡之乎盖常人之情偏於好則不知其惡偏於惡則不知其美而至於君子則不然於其所好而必察其惡焉於其所惡而必察其美焉雖知其惡而可以好之則好之雖知其美而可以惡之則惡之此非仁人所以能愛人能惡人者乎

○好而知其惡惡而知其美者天下鮮矣正心以後猶難言之故曰天下鮮矣盖親愛之過則爲褻狎矣賤惡之過則爲忿疾矣畏敬之過則爲足恭矣哀矜之過則爲姑息矣敖惰之過則爲侮慢矣其病皆起於不能察焉察之於心而不能察之於身則不知不覺病痛發露親愛畏敬哀矜而僻者是偏於好也偏於好而美中有惡則便不知也賤惡敖惰而僻者是偏於惡也偏於惡而惡中有美則便不知也如人有九分美一分惡則雖是當好他而亦要知他有此一分之惡也人有九分惡一分善雖是當惡他而亦要知他有此一分之美也僻者皆不復顧則夫正心以後猶難言之而天下不亦鮮乎

○上言親愛等五者而此只言好惡惡美然親愛等五者工夫已該於好惡惡美四字上矣

○莫知其子之惡莫知其苗之碩盖言溺愛貪得之病也家之不齊只在於溺愛貪得者何也身與物接惟愛易偏惟欲難克而家不齊之許多病痛尤在於愛與貪二者則其所以特擧二者而戒之者盖就其易偏難克處言之耳

○上言好而鮮知其惡也所以下引莫知子之惡以

證之也上言惡而鮮知其美也所以下引莫知苗之碩以明之也則上下文之所言自不無旨義之相貫耳

○八條目末端順結其語而獨修身章反結之曰此謂身不修不可以齊其家者何也順結者其意差輕反結者其意差重家之齊不齊只係於身之修不修而不但如七箇條目其序相因而已則其所以不順結而必反結者以其順結不如反結之爲有力也盖修身卽躬行之事也齊家卽推行之事也若不躬行無以推行則必以躬行推行對待說去而纔着兩箇

不字帶得飜轉話法則可見其修身章之反結都由於歸重修身之意而此退溪所以取陽村入學圖說也

○小注雙峰饒氏曰有所忿懥等而能密察是謹獨以正其心也之其所親愛等而能加察是謹獨以修其身也密察加察有所不同者何也盖正心之工一節深一節修身之工一節濶一節故或言密察或言加察也

傳九章

○治國必先齊其家夫誠意正心修身以上皆無必

先二字而獨於齊家章曰必先齊其家者何也盖心與身之間相去不遠家與國之間分際濶遠則欲言齊治之要舍二字奚以哉夫格致齊頭之工也誠正一身之事也而家之於國有小大之分焉國之於家有遠近之別焉則將言治國之道而旣着必字以示夫家之不可不齊也又着先字以明夫家之不可不先也必字如必有事之必字先字如知所先之先字則必先二字大有力於齊治之道也

○孝弟慈本是事親事兄愛子而必以事君事長使衆言之者何也盖事親孝故忠可移於君事兄弟故順可移於長愛子慈故惠可移於衆則忠孝弟順慈惠只是一而已

○不出家而成敎於國盖家之本在身國之本在家而修齊治平之道不越乎孝弟慈三者則家齊於上而教成於下矣

○齊家章言孝弟慈三者而平天下章歷擧孝弟慈三者家之所以孝弟慈國之所以孝弟慈不無難易淺深之分焉夫孝弟慈則一也而家與國有化與推之別焉盖化者自身敎而動化也推者推此道而廣充也惟化故可推惟推故皆化而非化推不行非推

化不周則家之孝弟慈非無推行而以成化爲本也國之孝弟慈非無成化而以推行爲主也况家之孝弟慈國之孝弟慈有工夫功效之不同耳

○上言不出家而成敎於國下言是以有絜矩之道何其家國則必言敎字天下則必言道字乎地有遠近之別故言有道敎之分盖家國近矣天下遠矣近故止言乎敎敎是躬行化下言也遠故重言乎道道是政事制度言也

○引康誥曰如保赤子使衆之道非一而必以如保赤子言之者何也凡人慈幼之心得於天而使衆之

道合於人則卽此慈幼之心而可知使衆之道盖赤子之欲不能自言慈母之心獨得所欲而雖不中亦不遠者愛出於誠彼己不隔以心求之不待勉强則君之養民之道亦當如慈母之於赤子而所欲與聚所惡勿施則其惟保民之道乎

○心誠求之此誠字與誠意之誠字不同盖心誠求之則就天理自然上說必誠其意則從念頭方萌處說

○自赤子之不言而觀之雖不中赤子之所欲自慈幼之眞心而論之亦不遠赤子之所欲則不中不遠

之義亦當如此看得耳

○未有學養子而後嫁者也盖慈者人道之大端而衆心之所同則慈本於天而無一毫勉强之心愛出於誠而無一息安排之意則所謂未有學養子而後嫁者特就其慈幼之眞心言之也

○一家至小一國至大何以一家仁讓而一國興仁讓乎盖家國一理物我無間則一家之仁讓而豈不能一國之興仁讓者乎

○上文言孝弟慈而此節只言仁讓然仁者心之德也讓者禮之實也則仁讓二字已包了孝弟慈三者

而旣曰仁讓則乃化之也非推之也

○堯舜帥天下以仁而民從之桀紂帥天下以暴而民從之人性本善則旣從善而又從惡者何也只就人性本善處言之則堯舜與桀紂其民一也而特以堯舜之民以堯舜之仁爲君桀紂之民以桀紂之暴爲君則信乎君者生民之主而萬邦之表也君如堯舜帥之以仁則堯舜之帥民旣是順人之性而民不得不從也君如桀紂帥之以暴則桀紂之帥民雖是反人之性而民不敢不從也張子所謂性本善故順之而無不善本無惡故反之而爲惡者是也

○堯舜桀紂之民其從仁宜矣而其從暴何也文武興而民好善幽厲興而民好暴誠以君之所令一出於所好故善惡雖殊而其民好則一也然則堯舜之仁焉而民乃從之桀紂之暴焉而民亦從之者豈非文武幽厲之興而民所以好善好暴者乎

○有諸己而後求諸人無諸己而後非諸人者自是君子分上事而固非衆人之所可能也然則此章之說盖以有天下國家者勢不可不以責他而至於衆人自修之道則有諸己而不必求諸人也無諸己而不必非諸人也

○己有善而求人之有善己無惡而非人之有惡者是固終身行之之恕而至於無善則不求人之善有惡則不非人之惡者不可以終身行恕論之也

○齊家以後旣言恕則修身以前當言忠矣盖格致誠正修五者自其盡己處言之也齊治平三者自其推己處言之也則一恕字宜於治國平天下之事而不宜於格致誠正修之事也故八條目皆無恕字而獨於治平兩章方言恕字也

○之子于歸宜其家人宜其家人而后可以教國人朱子曰之子猶言是子此指女子之嫁者而言也女

子何以宜家人而教國人耶易之家人卦曰利女貞又曰風自火出家人君子以言有物而行有恒夫家道之正直雖是利女之貞而言行之能謙是固君子之事則今以大學之治國章言之則首句之宜家指女子之宜家也次句之宜家指君子之宜家也則治國之事明是君子之道而不可與論於一女子耳

○詩咏婚姻之事而起興於物者有二義焉見唐棣之芳華而起興者以時物爲興也引關雎之有別而起興者以比類爲興也惟此桃夭之詩盖所以起興於時物而亦不無比類之義耳

○桃夭之篇蓼蕭之什徒從齊家上推出治國來而以而后點醒在字之義則今此鳲鳩之詩其儀不忒是說身修上事也正是四國是說國治上事也而其間却未說齊家底事故傳者補其爲父子兄弟足法一句於其中則盖父子兄弟都是我家裡面事而今君子之爲父子兄弟者足法則一家無不則而象之而后民乃法之也

○此章言治國在齊家之事而通結上文故曰治國在齊其家又三引詩結之曰此謂治國在齊其家考之他章皆不然而此獨再言治國在齊其家者何也

朱子曰清廟之瑟一倡而三歎誠以此說參之於治國章則旣結上文而復三引詩者所以詠歎上文之事也盖古人辭有餘而意無窮者多援詩以咏歌其餘意則今治國章之再結治國在齊其家者欲使齊家治國之人歌咏而振作感發而鼓動必如此桃夭之宜家人而后可以教國人也必如此蓼蕭之宜兄宜弟而后可以教國人也必如此鳲鳩之父子兄弟足法而后民法之也

傳十章

○上之於民有尊卑之分則何以上老老而民興孝

上長長而民興弟上恤孤而民不倍耶觀夫張橫渠西銘一篇所以明分殊一理之義而所謂民吾同胞者盖以天下爲一家中國爲一人則這便是一視同仁之德而其曰尊高年所以長其長慈孤弱所以幼其幼者天下之老一也故凡尊天下之高年者乃所以長吾長也天下之幼一也故凡慈天下之孤弱者乃所以幼吾幼也則君子之於民雖有尊卑之分而其好德之良心秉彝之所同得則上之所以老長恤孤而民之所以孝弟不倍者是也

○上行下效捷於影響推己及人各得分願則化之

在於興孝之等推之在於絜矩之道

○旣言興孝興弟不倍而又言絜矩之道者何也盖徒善不足以爲政徒法不能以自行則君之於民旣有以化之而興其孝弟不倍之心必有以推之而遂其孝弟不倍之願者此非由孝弟而能絜矩者乎

○如心爲恕則絜矩是恕者之事而凡施爲做措曰惟心爾

○這箇絜矩非絜而矩之乃絜之以矩也其詳見於朱子答江德功書

○天下之本在國國之本在家而平天下之道不越乎齊家治國則不齊其家而未有能治其國也不治其國而亦未有能平天下故此章釋平天下而老老長長恤孤以齊家言之興孝興弟不倍以治國言之耳

○凡事有接與處之分焉則上下前後左右就際接上說使事先從交就處置上說盖君子知夫人同此心心同此理故其與人接必有以揆度於其間而曰上曰下曰前曰後曰左曰右接之之境也曰使曰事曰先曰從曰交處之之道也於其接之之境思其處之之道以此準彼視彼猶此務使上下四旁均齊方

正而無缺然不滿之處則是以謂絜矩而盖擧天下之圓無不出於規也擧天下之方無出於矩也君子以此矩而絜之居上而施之下者如此則居下而施之上者亦當如此也居前而施之後者如此則居後而施之前者亦當如此也居左而施之右者如此則居右而施之左者亦當如此也推此心以往處之各得其宜待之各當其可則人人皆滿其分願而天下平矣

○上下則固分明而前後左右何所指而言耶待前底心便折轉來待後而待左底心便折轉來待右則

前後左右與上下都只一樣心如竝坐不撞肱則恐妨礙左邊人又妨礙右邊人如此則左右俱不相妨而此便是以左之心交於右以右之心交於左也如户開亦開户闔亦闔有後入者闔而勿遂則前人之開所以待後之來而自家亦當依他恁地開也前人之闔恐後人之有妨所議而自家亦當依他恁地闔也則此是不以後來而變乎前之意也如後面更有人來則吾不當盡闔了門也而此又是不以先人而拒乎後之意也如此則前後處得都好而便是以前之心先於後以後之心從於前也朱子所謂物物皆

有前後左右意者是也

○所惡者在於何處毋以者在於何處耶己所不欲勿施於人則自我而言曰所惡自人而言曰毋以盖推己及物者絜矩之道也以己度人者亦絜矩之道也而所惡云者皆是就吾身切近處說也毋以云者方是推以及物之事也則所惡處在於自家也毋以處在於他人也

○所惡於上毋以使下等節只言惡而不言好者以其好已在於上文故也盖老老長長恤孤君之所好也興孝興弟不倍民之所好也則下面言其惡足矣何必更言乎所好也是故上下前後左右只說得惡一邊不說得好一邊而以示夫所惡一條相對乎上文興孝等之所好也

○絜矩之道或做九箇人或做七箇人或做三箇人盖上下也二人前後也二人左右也二人而我各在於上下前後左右則便是做九箇人也我合在於上下前後左右則便是做七箇人也以至於上之所以待我我之所以待下我當在於上下二人之中則此非所以做三箇人乎

○絜矩二字爲治國平天下之綱領而一章之內所

以明能絜矩與不能絜矩也

○小注雲峰胡氏曰人之心本無間於己是以有絜矩之道己之心能不間於人此之謂絜矩之道胡氏之說固然然是以有云者方引起絜矩之事也此之謂云者將覆解絜矩之義也如此看得似不妨耳

○民之所好好之民之所惡惡之愛民之道非一而必以好惡言之者何也盖愛民之道雖非一端而其所以愛之之實則莫不由好惡中出來故得其所好則好之就其所惡則惡之一好一惡天下之心同也爲人上者以民之心爲己之心以己之心度民之心

所好於民者己亦好之而與聚焉所惡於民者己亦惡之而勿施焉則斯所謂民之父母而愛民之道莫切於此也

○父母之於子爲之就利避害未嘗頃刻而忘懷則以民之父母言之者盖就其公好惡而愛民如愛子也

○有國者不可不愼則其釋平天下而必以有國言之者盖以天下之本在國而分殊理一故也

○旣曰有國者不可不愼則這愼字固非愼獨之愼又非愼德之愼而其要只在與民同好惡也

○一篇之中多言命字得衆則得國失衆則失國者不易之命也善則得之不善則失之者不常之命也而善則得之者卽得國之謂也不善則失之者卽失國之謂也以至於自稟受而以理言之者顧諟之命也自膺受而以德言之者維新之命也稟受之明命初不外乎膺受之新命而膺受之新命本不離於稟受之明命則不易之命與不常之命顧諟之命與維新之命似若不同而命以我德命以天下者皆天之命也但必自明其德之命則能受天下之命又未嘗不同也

○德爲此篇之綱領而又爲治國平天下之大本則愼德所以明德而旣曰愼德則已包了新民止至善之事也

○古之君子先謹乎德而有德則天下歸仁斯有人矣有人則莫非王土斯有土矣有土則任土作貢斯有財矣有財則量入爲出斯有用矣曰人曰土曰財曰用無一不本於德也

○有財此有用則財用果可爲治平之要務耶盖食爲民天民惟邦本而政在養民旣富方穀則爲國絜矩之大者莫切於理財用而所謂理財用者不過曰

取之有道用之有節各當於義而已

○洪範之八政食貨爲首夫子之論政足食居先則信乎財用之於天下國家有不可一日緩而今曰德爲本財爲末者以財而對德言也

○旣曰外本内末而爭民施奪則此特論其是非而已未及乎利害也

○上言財聚則民散下言生財有大道上下所訓自相牴牾者何也財聚與生財不同財聚是聚民之財也生財是生民之財也則所以斥財聚者卽生財之義也豈相牴牾也

○財聚民散財散民聚猶易之損下益上損上益下之義而能絜矩與不能絜矩也

○此以言之出入明貨之出入者何也君有逆命而民有逆辭上貪於利而下人侵畔則言之出入如貨之出入也

○商紂以自焚而起鉅橋鹿臺之財德宗以出走而豊瓊林大盈之積皆以身發財之效也此數君者以非道取人之財而人以非道奪之則此豈非悖入而悖出之貨乎

○湯惟其仁也故天命人心眷而歸商紂惟其不仁

故天命人心轉而歸周則此卽善則得之不善則失之效而且善不善之得失惟在於有德而有人悖入而悖出也

○楚國無以爲寶惟善以爲寶亡人無以爲寶仁親以爲寶則寶者財也善仁人也平天下之道莫大於理財用人故引楚書舅犯之語而以明之也

○不寶金玉而寶善人不寶得國而寶仁親者卽賤貨而貴德也楚書舅犯之言若是襯着於絜矩內本外末之義也

○小注四明李氏曰楚爲春秋所惡舅犯特覇王之佐耳大學參稽格言以垂訓萬世乃於此乎取何歟蓋天下之善無窮君子之取善亦無窮此章所以用楚書舅犯者正如孟子之羞稱管晏而特取其晏子巡狩述職省耕省斂等善語也

○如有容與寔能容首尾相應如有容者從休休中得其氣象也寔能容者從有技彥聖五句中得其精神也

○有技者有才之人彥聖者有德之人故於有技則曰若己有之於彥聖則曰其心好之則盖有之好之亦有淺深之不同也

○發於外而有限者口之稱美也存諸中而無窮者心之好慕也則其心好之不啻若自其口出者以其在心之好有甚於在口之好也

○能愛人者謂之仁人可也而能惡人者似不可謂仁人然吾之好惡一出於至公無私則不徒能愛人之謂仁人而至於能惡人處苟非仁人不能也

○朱子曰若此者知所愛惡矣而未能盡愛惡之道盖君子之於賢否曰擧曰退則知所愛惡矣不先不遠則未盡愛惡矣

○好惡之失正常人之情而好惡之得正聖人之心故

匡章之不孝通國惡之而孟子謂其情有可恕仲子之廉潔齊人好之而孟子斥其不近人情者盖以衆惡而必察衆好而必察之道也以其至公無私故眞得能好能惡則不可以拂人之性論之也

○朱子曰發己自盡謂忠循物無違謂信此與論語三省章之注盡己之謂忠以實之謂信有所不同盖其忠信則一也而彼以省身言故釋忠信則以盡己以實言之此以治平言故釋忠信則以發己循物言之以其有體用之分也

○君子有大道則盖言其修己治人之術也生財有

大道則盖言其厚生足國之事也所指各不同耳

○朱子曰三言得失而語益加切盖得衆得國失衆失國之得失以人言也善則得不善則失之得失以身言也忠信則得驕泰則失之得失以心言也故曰三言得失而語益加切也

○朱子曰循物無違謂信凡物之白者同謂之白而不可謂之黑也物之黑者同謂之黑而不可謂之白也至於君子絜矩之道亦然於其好惡則隨其好惡而好惡焉於其理財則隨其理財而理財焉於其用人則隨其用人而用人焉好惡理財用人之各當其可此循物無違之謂也

○剝民之財者固不可有厚民之財者亦不可無則上文旣闡徇財之非而此節又曉生財之道者是也

○財者末利也以末利而謂之大道則以明足國之道在乎務本而節用也觀於周禮天官冢宰篇以九貢之法致邦國之財以九賦之法令田野之財用者皆所以廣儲蓄備凶荒而兢兢於豊耗浩暴之間則此所謂大學生財之道也

○朱子曰自此至於終篇皆一意也盖生衆食寡爲疾用舒者卽有德有財之謂而下面仁者以財發身則以仁財對言乎前德財也不以利爲利以義爲利

則以義利亦對言乎前德財也故曰自此至終篇皆一意也

○生之爲之則指在下者而言也食之用之則指在上者而言也則上下之分可以推知矣

○生財之大道君子之大道同一大道而苟就其中細分則生財之大道是君子大道中一事耳

○財則一也仁者惟其公也故財散民聚而身尊不仁者惟其私也故損身貫禍而崇貨則發身發財之分只在於仁不仁之如何耳此則孟子所謂仁則榮

不仁則辱之意也且仁者之以財發身蓋言其散財之效也是豈仁者之眞有箇以財發身之心也哉

○仁者以財發身一句只含糊說去則正恐人之誤認以財發身把作爲仁看了故以三箇未有反覆言之而以明夫府財之保有必由於其事之有終其事之有終必由於下之好義下之好義必由於上之好仁則可見其仁者之無意於財而財自發身也

○曰仁曰義只是一箇而惟其仁出於愛義由於敬故在上便喚做仁在下便喚做義

○不察鷄豚不畜牛羊不畜聚斂三段雖是平列而

平列之中其要只在於不畜聚斂之臣也旣曰不畜聚斂之臣則可見其用人之必以賢臣而能絜矩於平天下也

○不以利爲利以義爲利則所謂利者豈必殖貨財之謂以私滅公適己自便凡所以害天理者皆利也如秦發閭左之戍而銷鋒鏑築長城者便是自利底心也

○朱子曰此一節深明以利爲利之害而重言而結之其丁寧之意切矣蓋國不以利爲利以義爲利則上之所引者就道理上說而固足明絜矩之當務也下之所引者就利害上說而尤足明絜矩之不容不務也故曰重言而意切丁寧矣

○雖有善者亦無如之何矣蓋這箇善人便是上文媢嫉有技之人也不容彦聖之人也到此境界事勢將迫方覺得善者之有也旣覺得善者之有則大事已去可知矣

○章內一則曰菑必逮身一則曰菑害竝至者何也好惡失正則菑必逮身財用不公則菑害竝至

○外本內末者雖在於人君而專事聚斂者實由於小人故曰長國家而務財用者必自小人也

○天下之事有好必有惡有義必有利則好惡之公義利之辨其惟絜矩之最初緊要處乎且此篇之八條目一是皆以絜矩爲本而曰格曰致絜矩上工夫也曰誠曰正曰修絜矩中流出也以至於曰齊曰治曰平者非絜矩不能也正如論語十五志學章不踰矩三字爲一章之要旨而十五志學學此矩也三十而立立此矩也四十不惑明此矩也五十知命知此矩也六十耳順順此矩也七十從心從此矩也可見其所操者約而所及者廣矣

○朱子曰第五章乃明善之要第六章乃誠身之本

盖明善是致知而其要在格物故以要字言之誠身兼誠正修而其本在誠意故以本字言之要是要法之謂也本是本始之謂也

大學辨疑終

庸學辨疑

原文